U0902417

蔡 昉 / 主编

“大流行”经济学

应对疫情冲击与恢复经济增长

Economics of Pandemic:
Weathering the Storm and Restoring the Growth

中国社会科学出版社

图书在版编目（CIP）数据

"大流行"经济学：应对疫情冲击与恢复经济增长／蔡昉主编.
—北京：中国社会科学出版社，2020.5
ISBN 978－7－5203－6253－5

Ⅰ.①大… Ⅱ.①蔡… Ⅲ.①流行病—影响—经济发展—研究
Ⅳ.①F061.3

中国版本图书馆 CIP 数据核字（2020）第 065736 号

出 版 人　赵剑英
策划编辑　王　茵
责任编辑　马　明　李凯凯
责任校对　沈丁晨
责任印制　王　超

出　　版　中国社会科学出版社
社　　址　北京鼓楼西大街甲 158 号
邮　　编　100720
网　　址　http：//www. csspw. cn
发 行 部　010－84083685
门 市 部　010－84029450
经　　销　新华书店及其他书店

印刷装订　北京君升印刷有限公司
版　　次　2020 年 5 月第 1 版
印　　次　2020 年 5 月第 1 次印刷

开　　本　710×1000　1/16
印　　张　28.25
字　　数　304 千字
定　　价　118.00 元

凡购买中国社会科学出版社图书，如有质量问题请与本社营销中心联系调换
电话：010－84083683

前　　言

被世界卫生组织命名为 COVID－19 的新冠病毒肺炎，演变为全球范围的大流行（pandemic），覆盖几乎世界上所有的国家和地区，感染人数已经以百万计，成为一起百年不遇的公共卫生危机。这起危机事件不仅直接夺走众多人口的生命，伤害众多人口的健康，还通过对经济活动的毁灭性影响，危害人们特别是低收入人群的生计，也威胁着人类的生存。迄今为止，疫情大流行尚未达到峰值，造成的生命影响和经济冲击也未可充分估量。但是，越来越多的证据和分析显示，此次疫情及其造成的经济冲击和社会震荡，很可能超过过去一个世纪中的任何类似危机事件，无论是自然灾害所致，还是金融风暴所致。

疾病大流行总会带来巨大的经济冲击，使单个国家和世界整体的正常发展偏离既定的轨道，对经济社会都造成严重的伤害。相应地，疫情之中最大的挑战是如何保障人民的基本生活，疫情之后的最紧迫任务，则是如何恢复正常经济活动。所以，在某种程度上来说，经济学家像流行病学家、公共卫生专家和医务工作者一样，在应对疫情的人类共同努力中，也有着义不容辞的职业责任。或者说，即便那些仅有百分之一的经济学家赞成，甚至只有百分之一适用性的政策工具，如今就到了那百分之一的时刻。

中国社会科学院的经济研究人员，在疫情暴发、传播、防控的整个过程中，都密切关注着相关的经济影响，从各自的专业领域进行了及时的调查、分析、研究，并提出了相应的政策建议。在一定程度上可以说，大家一度认为疫情在中国国内的流行是一次短暂的冲击，因此很多研究是即时的，政策建议也着眼于短期的应对。我们曾经以为，一旦疫情得到控制，便可以渐进地、审慎地复工复产，中国经济即可回到正常的轨道。随着新冠病毒疫情在全球范围的肆虐，世界经济迅速进入深度衰退，必然对中国经济复苏产生巨大的负面影响。经济研究者大都认识到，无论是应对大流行本身还是实现中国经济的复苏，都必须从认识上、战略上和措施上立足于持久战。

本书所反映的，便是中国社会科学院经济研究者从现状趋势、近期对策以及更为长期的角度思考和分析结果，作者分别考查了新冠病毒疫情全球大流行对中国经济不同方面的影响，从需求和供给两方面分析了“三农”工作、产业和供应链、就业和民生、中国经济与世界经济相互影响、对公共卫生和风险防控的含义等问题。为了探讨新冠病毒疫情及其经济影响的不确定性特征，以及相应的政策选择，我们也邀请了彭文生先生撰文。

病毒像一个任性的魔鬼，仍在全球肆虐，疫情对经济和民生的影响也在扩大和加深。相应地，对问题的分析也需要随时更新。

不过，把每个特定时点的分析与认识记录下来，立此存照，无疑有益于随着疫情及其对中国和世界经济影响的发展，为深化自己的研究提供必要的基点。因此，我们不揣浅陋地把阶段性成果奉献给同行和关心相关问题的朋友，同时衷心期待读者的批评与建议。

2020 年 4 月 16 日

本书作者写作分工

绪　论	蔡　昉
第一章　新冠肺炎疫情的经济影响	李雪松 等
第二章　对“三农”的影响及对策	魏后凯　芦千文
第三章　对工业经济的影响及对策	史　丹 等
第四章　供应链冲击与修复对策	贺　俊
第五章　第三产业冲击及应对	夏杰长
第六章　疫情的需求侧影响及应对	张晓晶
第七章　疫情的供给侧影响及应对	黄群慧
第八章　复工复产进程及对策	都　阳

目　录

绪　论

2020年对于中国来说是一个格外重要的年份。按照党的十九大部署，这一年预计完成一系列重要的标志性经济社会发展指标，宣告全面建成小康社会宏伟目标的实现。特别具有标志性的是国内生产总值（GDP）和城乡居民收入在2010年基础上分别翻一番，以及农村贫困人口按现行标准实现全部脱贫。这一年还是“十三五”规划的收官之年。由于2020年春节前后新型冠状肺炎疫情暴发并大范围传播，始料未及地严重干扰了正常的社会经济活动，对完成全年经济社会发展目标带来严峻的挑战。

在实施了检测甄别、收治病人、防控、隔离和“封城”等一系列严格且有效措施后，疫情正在中国逐渐得到有效控制的情况下，被世界卫生组织命名为COVID－19的新冠病毒肺炎进一步演化为“全球大流行”（pandemic，世界卫生组织定义的疾病传播最高级别），几乎蔓延到所有国家和地区，世界主要经济体皆遭受疫情的严重冲击，进而分别因主动隔离产生的经济活动萎缩，或者因主动调整或因恐慌引起市场震荡，使世界经济迅速进入衰退状态。与此同时，由于担心疫情境外输入和境内反弹，复工复产也举步维艰。即是说，全球疫情大流行以及加速衰退的世界经济反过来形成对中国经济的复苏产生严重阻碍。很显然，在这种形势下中国经济难以独善其身，实现预期的经济复苏需要付出巨大的努力。

一 "灰犀牛"事件、"黑天鹅"事件还是"青蛙"事件？

经济研究领域通常习惯于把这次新冠病毒肺炎的影响，分别与以往的流行性传染疾病造成的经济冲击，或者与经济危机和金融危机的影响进行比较。然而，这次疫情的发展及其经济影响与以往大不相同。与任何经济衰退和金融危机最大的不同之处，在于这次疫情本身演变以及各国的应对时机与措施具有更加不可预测的性质，进而产生的经济冲击及应对效果也有极大的不确定性。

新冠肺炎疫情暴发并演变为全球大流行，具有演进过程和演进结果的多变性和多重性，造成的经济冲击因素不仅充满了可以预期的风险，更具有风险之外的诸多不确定性特征，在疫情之中造成对经济活动和市场的冲击之外，更给疫情之后的经济复苏带来特别的难度。因此，对于最早有效地控制住疫情传播并着手复工复产的中国，我们宁可把新型冠状肺炎疫情后经济恢复的困难预估得更大一些，只有在认识上做到未雨绸缪，才能在政策上做到有效应对。

首先，疫情的发生在某种程度上符合一般认为的"灰犀牛"

事件特性。人们通常用“灰犀牛”事件类比那些比较常见以至见怪不怪的风险事件，虽然是大概率事件却常常为人们所忽略。即使不谈20世纪及以前的历史，类似的流行疾病自人类进入21世纪以来已经暴发多起，包括2003年的非典型性肺炎（SARS或简称“非典”），在2002年11月到2003年7月，造成全球总感染人数8096例，共致774人死亡；2009年的H1N1病毒性流感，导致死亡人数估计在15.17万人到57.54万人之间；2012年的中东呼吸综合征（MERS）广泛传播，死亡率高达35%；埃博拉病毒症（EVD）则长期以来不断阶段性暴发，死亡率极高①。

早在2018年，全球知名企业家和慈善家比尔·盖茨便撰文警告：这个世界特别是美国远远没有对下一次疫情大流行做好准备。他预测可能发生的大范围流行疾病，会造成全球高达三千万以上人口的死亡，认为世界应该给予高度重视，敦促各国从情景模拟、作战演练、预防演习等方面更好认识疾病会如何扩散，以及如何从隔离措施和信息通报等方面进行响应，以避免恐慌和失策②。遗憾的是，几乎所有的国家都没有做好充分的准备，以及众多国家的应对严重失当，均被他不幸而言中了。

经济学界也不乏对这种潜在风险的关注。世界银行报告和学术研究文献表明，对于这种风险的忽视主要表现为相关的投资缺

---

① Richard Baldwin and Beatrice Weder di Mauro, “Introduction”, in Richard Baldwin and Beatrice Weder di Mauro (eds), *Economics in the Time of COVID-19*, London: CEPR Press, 2020, pp. 6-7.

② Bill Gates, “Innovation for Pandemics”, *The New England Journal of Medicine*, 378 (22), 2018, pp. 2057-2060.

失。例如，从对发展中国家流行疾病的预防性支出援助来看，一方面表现为总体数量的长期不足；另一方面表现为发达国家政府仅仅在出现严重疫情的情况下才会临时抱佛脚，大幅度提高援助水平，事后则又把已有的支出规模降了下来①。这就是说，准备不足是重视不够的结果，政府和社会都倾向于把大概率的“灰犀牛”事件视同为小概率的“黑天鹅”事件，以侥幸的态度对待。

其次，这次疫情在一定意义上也具有“黑天鹅”事件的特性。“黑天鹅”事件比喻那些比较少见的因而常常出乎人们意料的风险。毕竟，造成全球大流行的疫情事件并不多见。对中国人来说记忆犹新的“非典”疫情，也已经是17年前的事情，其他在世界上流行的传染性疾病皆未产生波及中国的影响。因而，从时间上和空间上，小概率事件预期都给我们设置了思想和行动障碍，以致各国从认识层面和工作层面，都没有对这次疫情的暴发和最终的严峻程度做足准备。

然而，新冠肺炎疫情的发展更具独特性的地方，在于它不断呈现出出人意料的演变过程，以致流行病学和公共卫生学的专家们对其认识也更新不迭，甚至疫情早发国家所提供的信息和经验也一再被疫情后发国家的决策者所忽视。相应地，疫情对经济活动的干扰性质及对经济复苏的影响，也具有变数众多和不确定性极强的特点，产生一连串山重水复的变化效应。从这个意义上，

---

① Olga Jonas, “Pandemic Risk”, *Finance & Development*, December 2014, pp. 16 – 18.

“灰犀牛”和“黑天鹅”都不足以充分刻画此次疫情的特性。或许，“青蛙”更能说明这种易变性。

青蛙与某些两栖动物在生长发育的过程中，在形态构造和生活习性上会发生非常显著的变化，生物学称之为变态发育（metamorphosis）。譬如，青蛙从水中的受精卵到水中的蝌蚪，再到水中的幼蛙直至演变为水陆两栖的成蛙，形态的建立、生理特性、行为和活动方式以及生态表现均发生了显著的变化。此外，许多蛙类还具有变色的特性，类似于变色蜥蜴，也会制造出扑朔迷离的效果。

基于新冠病毒天然具有的变异概率大、变异速度快的机理，以及这次新冠病毒肺炎所具有的流行病学能够解释或尚未能够解释的演变轨迹，它在流行过程中，在传染方式、传染性、病死率、治疗有效性、影响对象的群体特点等诸多方面表现出多变性。这种多变性相应造成其对经济社会活动影响的巨大不可预测性。换句话说，经济学惯于使用的从以往数据中获知未来变化趋势的职业技能，在这种情况下常常力有不逮。

例如，在之前的某个时间点上，经济学家曾经根据当时新冠肺炎疫情发展，得出这一次疫情与第二次世界大战后的历次疫情大流行都不同，因为这次疫情冲击到了世界上最重要的经济体[①]。谁承想不久之后，这场疫情便演变为全球大流行，除了少

---

① Richard Baldwin and Eiichi Tomiura, “Thinking Ahead About the Trade Impact of COVID – 19”, in Richard Baldwin and Beatrice Weder di Mauro (eds), *Economics in the Time of COVID – 19*, London: CEPR Press, 2020, pp. 59 – 72.

数岛国或托管领土外，世界上的国家几乎无一幸免。此前所做的前瞻性判断很快变成了“事后诸葛亮”。从这个意义上，把这次疫情的全球流行及其产生的经济后果视为一种“青蛙”事件，可以在认识上使我们更习惯于意外的变化，在应对实际中更立足于前瞻性，更善于进行相机决策。

二　经济复苏：V形、U形抑或W形？

在以往的很多经济衰退或者各种类型经济危机之后，人们通常希望看到一个V字形的复苏，即从景气谷底一路回升，直至恢复到衰退或危机之前的状态。在这次新冠病毒疫情在中国发展的一段时间里，我们曾设想疫情将主要局限在国内。既然疫情传播遵循感染人数先期迅速上升，到达峰值后开始迅速减弱，直到消失这样一个流行病学的倒V字形曲线，那么，其对经济的冲击性影响以及随后的经济恢复，本可以指望遵循一个紧随倒V字形流行曲线的V字形轨迹。

当时做出这样的预期并非不现实。总体来说，2003年中国发生“非典”疫情时就经历了这样的情形，确实出现过一条倒V字形的流行病学曲线（图0－1），以及随后呈现的V字形经济复苏曲线。2003年的“非典”疫情流行时间短，在全球总感染人数中，中国内地和香港特别行政区占87.5%，其他则分散在不同国家和地区。由于除加拿大以外受到疫情影响的大都为相对小的经济体，中国当时的经济总规模也仅占全球GDP的4.3%，因此，当时并没有对世界经济产生显著影响。

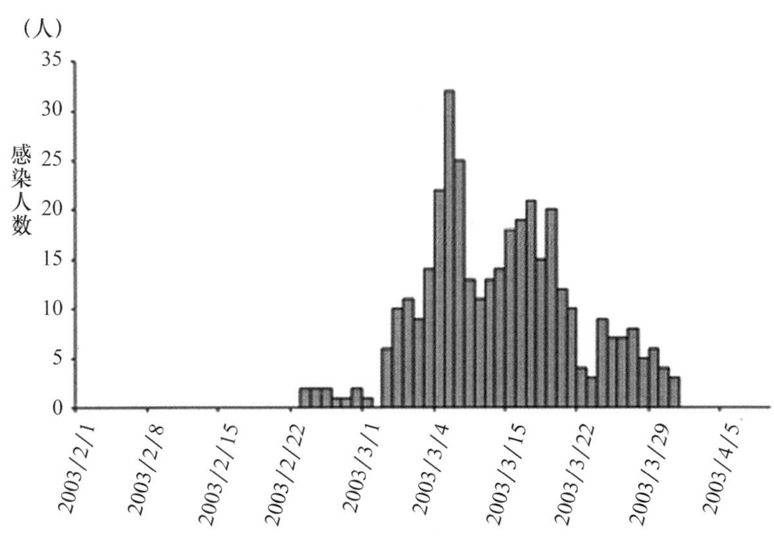

图 0-1 全球“非典”感染的流行病学曲线

资料来源：https：//www. who. int/csr/sarsepicurve/2003_04_08/en/index1. html。

实际上，“非典”疫情的暴发高峰发生在 2003 年 3 月，中国经济遭遇的疫情负面影响则是在那之后才显现出来，并且仅限于第二季度。人们的外出活动受到阻碍等因素造成第二季度居民消费的抑制。然而，在 2003 年下半年乃至第二年，居民进行了补偿性的额外消费，在很大程度上把需求的损失弥补了回来。

例如，从社会商品零售总额来看，2003 年 5 月与上年同期相比仅增长 4.5%，但是，下半年这个增长率便逐渐向 10% 逼近，而 2004 年全年均大大高于 10%。再从 GDP 增长率来看，2003 年第一季度为 11.1%，第二季度降至 9.1%，第三季度和第四季度便回升至 10%，全年也实现了 10% 的增长速度。也就是说，对应这个“来也匆匆去也匆匆”的疫情以及相应的流行病学倒 V 字形曲线，随后形成了一个完美且迅速完成的 V 字形经济复苏曲线。

变异性大、传染力强、传播范围广的新冠病毒肺炎，在中国的疫情防控成效逐渐显现，已经进入倒 V 字形曲线后半段甚至尾声的同时，境外感染人数开始大幅度上升，并且早在 2020 年 2 月 26 日，世界其他地区的新增确诊人数便超过中国（不含台湾地区）。从全球范围看，新冠肺炎疫情的流行病学曲线已经在中国之外开启了第二条倒 V 字形曲线，并处于迅速向上攀升的前半段，至于究竟在何时以及在何种程度上达到峰值，迄今为止尚无从预测。或者说，如果将其同中国的倒 V 字形曲线相衔接，全球流行病学曲线正遵循一个倒 W 字形的趋势发展（图 0－2 和图 0－3）。

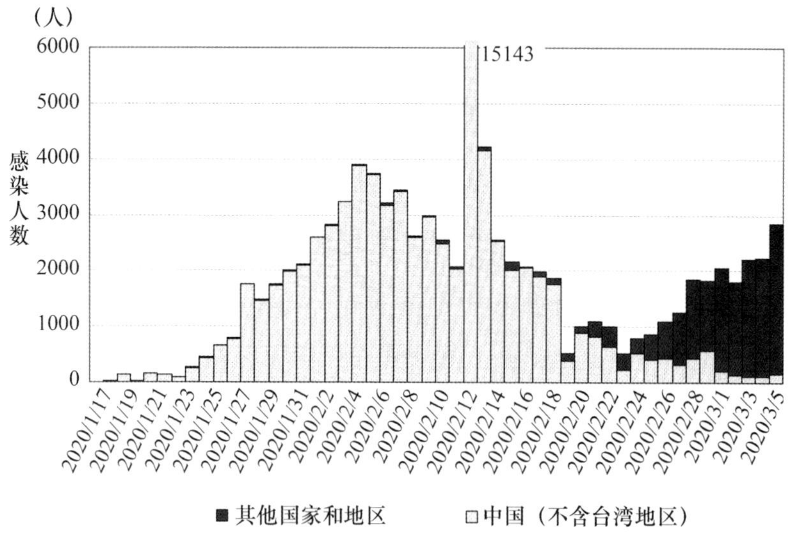

图 0－2 新冠肺炎疫情的全球流行病学曲线（2020 年 1 月 17 日—3 月 5 日）

资料来源：https：//www. ecdc. europa. eu/en/geographical-distribution-2019-ncov-cases。

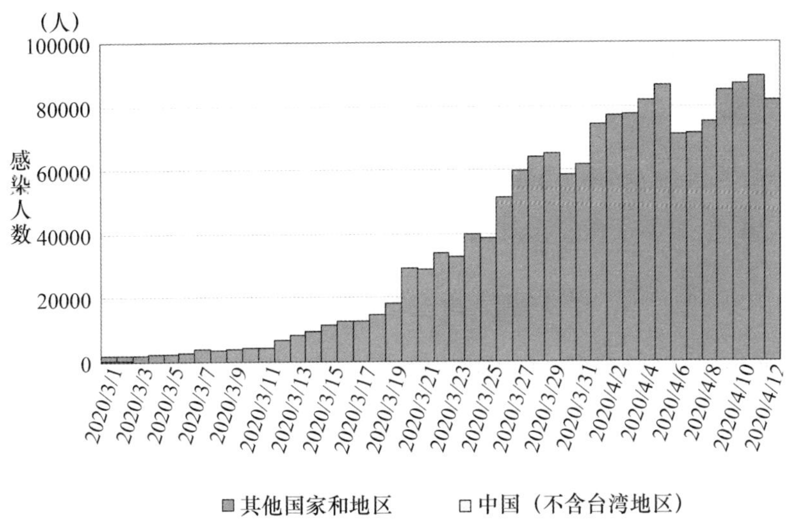

图0-3　新冠肺炎疫情的全球流行病学曲线（2020年3月1日—4月12日）

资料来源：https：//www.ecdc.europa.eu/en/geographical-distribution-2019-ncov-cases。

2019年12月31日到2020年4月16日，全球已经有206个国家和地区发生新冠肺炎感染病例，累计约203万人，其中中国（不含台湾地区）之外的确诊数超过194万人。中国与世界其他国家和地区之间，形成了先后继起的关系。以最近14天确诊人数占全部累计确诊人数的比例来观察疫情发生的先后顺序和发展态势，以2020年4月16日为基准期，中国这个比例为1.2%，美国为66.1%，欧洲为48.0%，非洲为63.8%，美洲为43.9%，世界总体为54.3%[①]。一方面，从全世界和各地区情况看，新增感染人数的增长已经处于略微减慢的阶段；另一方面，

① 参见欧洲疾控中心网站：https：//www.ecdc.europa.eu/en/geographical-distribution-2019-ncov-cases，2020年4月17日浏览。

将中国与其他国家和地区相比较，在中国基本控制住疫情传播的情况下，其他国家和地区还处于上升阶段。人们普遍认为，全球疫情大流行是否得到最终控制，不取决于最先走出疫情大暴发的国家和地区，而取决于最后取得成功控制的国家和地区。同理也可以说，中国经济的最终复苏，即便不取决于最后控制住疫情的那些国家和地区，至少也受到主要经济体和世界经济总体的制约。

疫情的全球大流行给世界经济带来的毁灭性影响必然是全球性的，分别从全球经济总量、制造业增加值、货物和服务出口总额以及对外直接投资等各个方面推动世界经济走向衰退。即便在疫情于全球范围内得到控制、经济活动重新启动的情况下，制造业供应链的断裂、大规模失业从而收入损失导致的贫困率提高及消费力下降，以及单边主义、民族主义、贸易保护主义等政策的普遍抬头，甚至造成经济全球化的明显倒退，都会使得单个国家和世界经济将来恢复起来难度更大，所需时间也更长。

中国完整表现出来的流行病学倒 V 字形曲线，一旦与世界其他地区整体处于上升阶段的流行病学倒 V 字形曲线交接起来，很容易得出判断，中国经济复苏的轨迹不再可能是我们原来预想的 V 字形了。如果说，在发生这个全球疫情趋势变化之前，我们只需紧紧盯住自身的复工复产目标，如今，我们需要一只眼睛盯着中国经济的复苏，另一只眼睛盯着其他国家和地区以及世界经济的表现。

换句话说，在经济全球化的背景下，以及中国作为一个开放型大国经济体，其他主要经济体以及全球经济遭受的冲击，必然在很大程度上影响中国经济的复苏，至于世界经济走向深度衰退这种可能性，也必然极大地干扰中国在疫情稳定后经济恢复的进程和政策实施的选项。

国际货币基金组织根据迄今为止的趋势，大幅度修正了先前对2020年世界经济的预测，预计世界经济将为负增长，全球平均为-3.0%，发达经济体平均为-6.1%，新兴市场经济体和发展中国家平均为-1.0%，虽然在主要经济体中，中国依然表现不凡，但预测的GDP增长率也仅为1.2%[①]。中国国家统计局公布的第一季度GDP增长率为-6.8%。无论是从季度数据本身还是据此推算的全年预期增长率来看，无疑都是改革开放以来最低的增长速度。

固然，对于在疫情全球大流行下世界经济究竟衰退到何种程度，目前做出任何确定性的预测都为时过早。不过，考虑到新冠病毒疫情的不确定性及其经济影响特点，我们不妨以鲁比尼博士的一项分析作为参照情形。他认为世界经济面临三重风险，可能出现疫情大流行得不到控制、应对事件的经济政策工具不足和地缘政治发生“白天鹅”事件三种情形[②]。从底线思维出发，我们目前可以做出的判断是，中国经济几乎不再能够指望原来预期的V字形复苏轨迹。更具体来说，预期中国经济复苏，需要考虑到

① International Monetary Fund, *World Economic Outlook*, *Chapter One*: *The Great Lockdown*, Washington, D. C.: International Monetary Fund, April 2020, pp. ix, 7.

② Nouriel Roubini, “A Greater Depression?”, *Project Syndicate*, 24 March, 2020, http://www.project-syndicate.org/.

以下几种可能的模式，争取尽可能好的结果。

第一种可能性是，中国经济受到其他国家经济状况显著恶化以及世界经济严重衰退的影响，在经济恢复过程中步伐明显慢于原有预期。即便在相对好的复苏结果下，也会在原来预期的V字形轨迹基准上有所延迟，即需要有较长的时间在谷底或回升途中徘徊，形成一个U字形复苏轨迹。更不乐观的情形是可能形成一个“浴缸状”复苏，即受全球供应链断裂的干扰，在复工复产困难更大的假设下，经济景气处于谷底的时间将更久，进而经济增长回归潜在增长率的路程更长。

第二种可能性是，与全球新冠肺炎疫情的流行病学倒W形曲线相对应，中国经济的复苏在更大程度上受到世界经济衰退的拖累，形成较大跨度的W字形经济复苏轨迹，即复苏过程出现反复。甚至在更不乐观的情况下，特别是中国经济反复受到供给侧和需求侧的干扰，经济活动在回升过程中既需要花费更长的时间，甚至可能发生更多次的循环反复。

第三种可能性是，如果新冠病毒不像“非典”病毒那样在肆虐不长的一段时间之后便突然消失，而是病毒继续发生变异、在时间地点上呈现时隐时现的特征，以致新冠病毒肺炎成为一个长期存在、周期性出现的流行疾病，则可能形成一个与之对应的经济周期类型，经济增长也会遵循一个横向的S字形曲线波动。除非在各个国家都能形成群体免疫力，或者有效的疫苗研制成功，并且能够惠及世界上每个地方的每个人，否则世界和每个地区的经济活动从此会定时或不定时地发生停摆现象，中国经济相应也会受到影响。

三　这一次的“一样”与“不一样”

经济学家习惯于说：千万不要浪费掉一次经济危机。意思是说，由不同起因导致、后果严重程度不一的各种经济衰退和经济危机，终究造成人们不希望看到的或大或小对国家经济和人民生计的伤害，如果不能最大限度地从惨痛经历中汲取教训，这些代价就白白付出了。此外，经济学家还乐于争论诸如这一次（危机）与上一次究竟是一样还是不一样的问题。其实，历史经验反复表明，每一次经济危机都有其自身独特之处，同时每一次危机也与其他的危机有诸多共同之处，遭受危机伤害的国家、社会和个人，无疑都感受到切肤之痛，也各有各的不幸。

经济史上充满了经济衰退、金融危机以及疫情大流行造成的经济灾难，这些事件通常是经济理论和经济政策讨论的长期热门话题，在某种程度上也可以说，对这些惨痛教训和应对经验的总结，孵化并催生了许多经济学的理论创新。从世界范围看，这场新冠肺炎疫情还远远不会完结，因此，我们目前的任务尚不是对之做出总结或者进行反思。毋宁说，从以往事件的经验、教训及其相关理论讨论中，着眼于对这次应对疫情冲击具有的针对性和借鉴意义，我们可以从若干重要角度提出问题进行比照和思考，既讨论不同冲击事件之间所具有的共同点（“一样”），也讨论各次冲击之间不尽相同的地方（“不一样”）。

第一，面对重大冲击性因素，宏观经济政策做出及时反应很重要，并且根据历史上的经验，政策响应在大多数情况下总是偏于保守的，常常跟不上现实的需要而颇显被动。所以，每一次或者每一步政策响应，从事后看来都不存在所谓的“反应过度”问题。特别是面对具有高度易变性和不可预测性的大流行疫情，政策响应能够及时和到位，对于消除事件演变趋势不确定性与政策取向不确定性产生的叠加效应，进而避免导致双重市场恐慌十分重要。

在凯恩斯看来，经济活动的决策常常来自于行为者本身的冲动性，而并非总是来自于对期望均值的预估，因此，人类本性的弱点会造成经济和市场的不稳定性。这就是经济学家所谓的“动物精神”。[①] 这种冲动性在个体的经济决策中必然显示出非理性的特点，可以说既在逻辑之中又不符合逻辑本身。我们也可以从另一个角度认识经济活动的这种特性，即经济活动受到冲击性干扰的情形，既可以表现为期望均值的降低，也可以表现为该值的方差的增大[②]。

期望均值的降低通常表现为投资者的退缩和投资的减少进而导致产出的下降，主要是对风险的反应；方差的增大则表现为投资活动和产出的波动，以及资本市场和大宗产品贸易等市场大幅

---

① ［英］约翰·梅纳德·凯恩斯：《就业、利息和货币通论》，华夏出版社 2004 年版，第 124 页。

② 克鲁格曼在谈到特朗普贸易政策的不确定性时，认为它是期望均值的减小而不是方差的增大。参见 Paul Krugman，“Tariff Tantrums and Recession Risks：Why Trade War Scares the Market So Much”，*The New York Times*，7 August，2019。然而，如果我们把“风险”与“不确定性”做出区分的话，克鲁格曼所说的期望均值的降低指的是风险增大的后果，而由于难以预测以及信息不充分造成的不确定性，更多表现为方差的扩大。

度震荡中因不确定性因素所造成的部分。既然是由“动物精神”所驱动的投资活动，就其常态而言天然就存在着估价过高因素或泡沫成分，遇到风险性和不确定性的突然提高，人们必然根据他们自己所能获得的信息进行解读，产生所谓的流传性叙事并据此做出反应。①

这时，即便不去深究这种反应究竟是理性的市场调整，还是非理性的心理恐慌，抑或是对扭曲信息做出的不恰当反应，或者是对不确定信息做出的错误解读，终究会给市场和经济带来不能承受之乱。风险与不确定性的差别在于，前者是可以由特定的信息反映出来的，所以，市场对其做出的反应至少从理论上说是可以预测的；而后者的本质就在于信息的不充分性、不可获得性甚至扭曲性，因而市场据此做出的反应是难以预料的。

对于新冠肺炎疫情的不可预测性，市场所做出的反应，最充分地表现在2020年3月9日、12日、16日和18日，美国股市在极短时间内发生的四次熔断，成为继1987年10月19日“黑色星期一”（当时尚未建立熔断机制），以及熔断机制建立后，于1997年10月27日发生第一次熔断之后最惨烈的股市暴跌。美国宏观经济政策因此做出大幅度的动作，并非仅仅是出于对选票的考虑，也并非不知道降息政策并不直接对症，只是要阻止恐

① 值得注意的是，罗伯特·席勒曾经预见到2000年的互联网泡沫破裂和2007年的房价下跌，并且根据叙事经济学原理提前警告了新冠肺炎疫情导致的巨幅市场震荡。关于他的叙事经济学，请参见Robert J. Shiller，“Narrative Economics”，*Cowles Foundation Discussion Paper*，No. 2069，January 2017。

慌及其导致的大幅震荡的规定动作而已。

应该说，为了避免恐慌及其引发的实体经济大幅下滑从而对民生的影响，政策及时并大力度做出反应，即便尚不能做到准确对症，也仍然是必要的。与此同时也要看到，这种在一定程度上仅具有象征意义的政策举动，并不能代替更具有针对性和实质性的政策举措，后者才真正具有纾困和救助的效应。

第二，新冠肺炎疫情造成的经济冲击是双重的，即从需求与供给两侧相继或同时造成对实体经济的冲击，并相应反映在生产要素市场和大宗产品市场表现上面。虽然市场状况是根据影响需求和供给两方面因素的匹配和交织情形所决定，但是，一般来说在市场经济条件下，短期冲击大多来自需求侧，而供给侧的因素主要影响较长期的经济增长表现。

作为逆周期调节的理论和政策来源，宏观经济学特别是其中的经济周期理论是为解决需求侧冲击而诞生的，相应地，宏观经济政策工具箱中的“十八般兵器”，也主要是为此而设计的。虽然各国经济史都见证过供给侧冲击事件，如20世纪70年代的石油冲击和各种自然灾害冲击，总体而言，宏观经济政策在应对供给侧冲击方面缺乏经验，在可供选择的手段上也常显捉襟见肘。

中国面临的新冠肺炎疫情对经济的冲击，从一开始就表现为需求侧与供给侧两重因素的交织。为了严格执行社交距离、“封城”和隔离等措施，与人员流动相关的消费活动和聚集性的消费活动，如住宿、餐饮、旅游、娱乐、客运等消费需求受到致命的抑制，与此相关的生产经营领域也同其他行业一样相应停止。由于中国处在疫情冲击的第一波，停工停产的供给侧安排导致对很多其他国家生产者供货的延误甚至中断。当国内疫情好转，复工复产的逐步推进有望改变供给状况时，不仅停产时断裂的供应链修复起来困难重重，进一步而言，全球疫情大流行造成的制造业停产、萎缩则为中国生产者设置了新一轮需求侧冲击。

这种冲击效应是叠加的，产生的后果十分严重，因此，政策实施不仅必须有超大超强的力度，还需要面对诸多两难的抉择。以劳动力市场状况为例，在很多劳动者找不到工作的同时，还存在着企业招工难的困难，表现在劳动力市场指标中，则是一方面失业率高企，另一方面求人倍率也保持在较高的水平。因此，政策选择既要充分挖掘传统工具箱的存货潜力，也要尝试改变思路和路径，以更丰富的想象力，把功夫同时做到画里画外。

第三，新冠病毒对生命和健康的伤害固然对所有人“一视同仁”，但是，在富裕国家和贫穷国家之间，在不同收入水平的群体之间，基本健康状态存在巨大差异，对于获得免疫、治疗、康复机会的可得性，以及对于疫情经济冲击的程度和承受力都是不尽相同的。诺贝尔经济学奖获得者安格斯·迪顿在回顾疫情大流行和人类抗击历史时指出，预防和治疗流行性传染病的技术，通常是按照社会等级序列自上而下逐级传递的。因此，对这位揭示美国“绝望而死”现象的经济学家来说，在病毒面前，并非人人生而平等。①

诚然，在现代社会，医疗技术的普惠性和可得性大大提高，

---

① Angus Deaton, “We May Not All Be Equal in the Eyes of Coronavirus”, *Financial Times*, 6 April, 2020.

而且，面对新冠病毒，无论是发达国家的亿万富翁和政要精英，还是发展中国家挣扎在贫困线上的非正规就业者，确有同样多的机会受到感染，受到感染后都会付出健康甚至生命的代价。然而，避免感染是否有选择的机会、患病后能够获得怎样的救治、疫苗一旦面世能否及时受益，特别是受疫情冲击的影响性质和程度如何，却毋庸置疑地存在着国家之间和社会人群之间的巨大差异。美国许多数据显示，非洲裔和拉丁美洲裔美国人感染新冠病毒肺炎后死亡率数倍于白种人，这些事实便是大流行面前并非人人平等这一假说的最新证据。

无论是什么原因导致的经济危机，对人们产生的冲击不应该从其数量级评估，而需要就其性质来进行判断。例如，一场金融危机可能给金融行业造成数以万亿美元计的损失，同时因波及实体经济而造成大量挣取最低工资的劳动者丧失岗位。具体到个人，银行家和工人遭受损失的金额也不可同日而语，但是，在前一情形中，银行家损失的是资本所有者的钱，投资人面临的是资本收益的多少或有无，而在后一情形中，劳动者及其家庭失去的却是关乎生存的基本收入。

因此，在新冠肺炎疫情大流行时，低收入国家和低收入群体因不具备完善的医疗保障条件，更大的概率会首当其冲，生命和健康受到更大的威胁与伤害；进而，当疫情进入高峰期，“封城”和隔离等措施造成经济活动休止，脆弱的国家缺乏充足的资源和财力维系必要的检测、救治并保障居民基本生活，普通劳动者也更容易失去工作乃至收入来源，在暴露于生命健康风险中的同时陷入生活困境；而当经济开始复苏时，正如经济增长并不产生收入分配的涓流效应一样，普通劳动者的生活也不会随着经济的整体复苏自然而然回到正常轨道。

第四，在面对新冠肺炎疫情冲击的情况下，货币政策与财政政策需要协同发力，财政政策因其具有针对性更强、实施机制更直接见效等特点，应该发挥更重要的作用。本来，这两个宏观经济政策工具箱之间的分工和配合关系，一直是宏观经济学中被长期关注的话题，近年来又迎来一个新的讨论高潮，其中一些研究领域的发展以及得出的政策实施建议，获得越来越多的认同或关注，也出现在美国总统候选人的竞选主张之中。

在关于经济长期停滞的原因究竟在于供给侧因素还是需求侧因素的争论中，虽然很多更根本的认识尚未取得一致，但是，人们也不自觉地形成了某些共识，其中之一即是认为，货币政策并不能独自承担刺激经济增长的重任。由于发达国家处于长期低利率甚至负利率状态，以及实施量化宽松政策，在遭遇经济冲击的情况下，货币政策工具必然捉襟见肘，宏观经济调控的空间十分地狭促。因此，人们认为应该更多地使用财政政策手段。但是，在政策工具的选择上一直以来却莫衷一是。

针对新冠肺炎疫情的特殊冲击，人们可能会暂时搁置种种观点分歧，取得更多的政策共识。在诸如发生战争和灾难等紧急状态下，用于维护国家安全、国民经济和人民生计的必需支出，如补贴居民收入、对中小微型企业的纾困，以及支付基本社会保险等，既是政府的天然责任，也是居民个人和民营经济所难以承受的。同时，在这种特殊的艰难时刻，正常的公共财政收入也无法满足大规模额外支出的需要，这就要求政府根据自身的财政结构特点和各种支出项目的性质，分别通过提高一般公共财政赤字率或者增加政府债务予以解决。①

可见，在货币政策与财政政策协同作用中，财政政策如今有着居于主角位置的趋势，而货币政策重在配合前者的实施。疫情大流行下不得已的停工停产，最先带来的是公开失业和就业不足，进而居民的收入遭受损失甚至丧失殆尽，严重威胁低收入家庭的基本生计。即便在有条件或者完全复工复产的情况下，被中断的供应链也需要时间进行修复，何况全球疫情大流行还可能进一步断裂供应链。因此，财政大规模支出确保社会保险和社会救助的充分给付，较之保障金融环节的流动性充足远为重要和对症。

经济学家甚至其中曾经担任过中央银行家的那些人越来越愿意承认，面对这场疫情影响，货币政策的作用相对而言居于辅助性地位，职责是确保政府纾困和救助政策的实施可以得到货币的支撑，同时不会受到市场上流动性不足的制约。例如，两位美联储前主席伯南克和耶伦在一篇合作的文章中指出，货币政策此时的作用在于满足以下需要：其一，在居家隔离和电子交易条件下对流动性的额外需求；其二，在这种特殊情况下，贷款人在放贷时需要额外的信心；其三，无论是短暂疫情过后的经济复苏，还

① Mario Draghi, “We Must Mobilise As If for War”, *Financial Times*, 27 March, 2020.

是疫情持续更久致使企业和家庭受困，都需要信贷能够做到招之即来。① 此外，货币政策还需承担他们没有提及的货币财政功能（monetary financing）。

第五，新冠肺炎疫情在中国和全球发展的特点和方向，决定经济复苏的时间、方式、路径和效果。因此，政府采取的各项措施，都需要依据事件发展的进程和顺序，按照宏观政策的类型和手段特点，选择恰当的出台时机。在疫情暴发的早期，流行病学倒V字形曲线处于峰值前的上升阶段，为了控制疫情大范围传播，最重要的任务莫过于实施严格的防控措施，包括“封城”、隔离、取消聚集活动等，这时不可避免要减少甚至遏止经济活动。而在疫情发展达到峰值之后，倒V字形曲线进入下行阶段，复工复产就摆在了议事日程。进一步，在确保疫情传播可以得到控制的情况下，经济复苏便居于更高的优先序。

相应地，宏观经济政策以及其他政策手段也受疫情特点的影响，需要选择恰当的时机依次出台，否则不能取得预期的成效。例如，旨在刺激居民消费特别是鼓励补偿性消费的政策，在社会尚处于隔离状态时就不能产生预期效果；旨在保持必要且充分流动性的货币政策，可能在不同阶段都是需要的，但是应该与每个时点的主要政策目标相适应，而不应成为一个独立的目标；旨在恢复和刺激投资的宏观经济政策，也不能实施于全社会普遍隔离

---

① Ben Bernanke and Janet Yellen，“How the Fed Can Lesson Lasting Damage from the Pandemic”，*Financial Times*，19 March，2020.

期间以至经济活动开始恢复之前；至于保障居民基本生活的社会托底政策，从一开始便不能缺位，应该以各种形式贯穿疫情发展及其经济冲击的始终。

第六，也是最后，疫情防控与恢复经济活动都是不得不为的硬要求，必须科学处理两者之间存在的取舍权衡和两难决策。虽然新冠病毒肺炎死亡率低，但是，也正是这个特点使其流传速度快，最终因感染人数巨大而造成生命健康的损失。因此，以全社会动员的方式实行严格防控措施，是不可避免的，也是中国为世界所贡献的一个经验，是放之四海而皆准的硬道理。与此同时，在疫情得到总体控制的条件下，及早复工复产也是头等大事，同样是颠扑不破的硬道理。然而，两个硬道理之间的确存在着取舍权衡因而两难抉择的关系。

实施武汉等重点地区“封城”，配之以全国范围并有地区特点的隔离措施，是一个成功的经验。利用疫情发展的时间差换取防控措施的空间分离，采取以时间换空间的双轨制过渡方式，按照地区之间疫情发展的阶段性特点，把防控和复工复产任务重点做出区分，最终使中国最早控制住疫情，率先开始经济复苏。正是由于在前一阶段不惜代价地进行防控，才得以在确保感染人数不发生反弹的前提下，在后一阶段加快经济复苏的进程。这个成功做法也提供了一个处理疫情防控与复工复产关系的基准模式。

鉴于世界上其他地区仍处于新冠病毒疫情流行病学倒 V 字形曲线的上升阶段，包括中国在内的各国经济复苏过程中还可能经历 W 字形的轨迹，甚至，人类很可能将与这个病毒的流行长期打交道，因此，根据中国应对疫情的成功经验和遭遇过的两难处境，可以把这种空间与时间分离的双轨制过渡模型，进一步扩展为时间和空间并行的更新版本，可以在具备必要的检测和收治等条件的情况下酌情实施。

这个版本的模型有以下几个关键步骤。首先，在具备一系列基本条件的情况下，对于敏感人群尽可能做到全面检测，以便分期分批地把检测后的人群分为两组——安全组和风险组。其次，在确保两组人群充分隔绝因而不发生相互交叉的情况下，让安全组人群随即进入复工状态，同时对风险组人群继续隔离并进行连续排查。最后，随着检测和收治的覆盖面越来越大，安全组人数的比重逐步扩大，风险组人数相应缩小，双轨制加快向安全的单轨过渡。通过采取这种过渡办法，防控隔离与复工复产之间的时间差便可以实现最小化。

这次新冠肺炎疫情大流行及其对全球造成的经济冲击，与历史上的疫情大流行、经济衰退和其他危机事件有着诸多的相似性。例如，疫情本身的不确定性和信息的不充分性、政府对形势的判断不及时致使决策失当、当事人推卸责任的“甩锅”举动、事件导致的市场震荡和经济复苏的徘徊踟蹰等，都是经济史上耳熟能详的情景。

同时，此次疫情事件也有诸多独特之处。除了新冠病毒本身演化显现出极端“狡猾”的特点及其造成疫情传播方式的特殊性之外，更重要的是，中国经济在世界经济中已经占有极大的比重，对世界经济的增长贡献独一无二，中国制造业在全球供应链中占据了中枢地位，中国经济增长正在进行动能的转换，以及世界处于更高全球化阶段的同时，逆全球化暗流也被推向高潮，等等。这些都对中国和世界应对这场经济冲击提出了前所未有的挑战。

此外，这次疫情及经济影响事件的发生及在演变过程中，也暴露出一系列在常态条件下被忽视的问题。例如，公共卫生应急响应体系、全球化条件下国家之间协同合作、紧急物资的储备和调运、制造业供应链的维护与修复等，都在疫情事件中遭到严峻的挑战。正因为如此，经济学家需要进行更深刻的思考，以便提出对解决所面临各种困境的对策建议，同时能够未雨绸缪预见将来。

四 在适应多变性中复苏中国经济

新冠肺炎疫情大流行本身及其对一个国家造成的经济冲击，最大的特点是其多变性以及由此导致的不可预测性。针对这一特点，中国经济在复苏的过程中，既需要保持高度的警醒，随时掌握全球疫情最新进展并对准确的信息做出及时反应，也需要保持足够的耐心和定力，守住自身的底线不放松。这就是说，坚持稳中求进的工作总基调，经济复苏部署和推进需要适应多变性和不确定性，政策抉择应该在处理变与不变的辩证关系之中进行。据此，以下尝试就中国经济率先复苏政策的若干重要方面做出初步分析，并提出相应的政策建议。

首先，在新冠病毒疫情全球大流行趋势及其经济影响的不确定性中，坚定不移推动中国经济率先复苏。作为世界第二大经济体以及经济增长最快的国家之一，近年来，中国对全球经济增长的贡献率高达 30% 以上。因此，在其他经济体乃至世界经济陷入衰退的情况下，中国经济的率先复苏不仅是中国自身的事情，对世界经济也绝不是零和博弈，而必然产生极为重要的正面溢出效应。更重要的是，中国经济迅速恢复到增长常态对世界的意义，也不仅仅是一个抽象的总量概念，而是可以从诸多重要方面对其他国家以及世界经济做出贡献。

在新冠肺炎疫情全球大流行，同时中国率先控制住国内疫情因而转向复工复产的情况下，中国将以自身强大的生产能力为其他国家提供急需的医疗设备、防护用品和药品，提供富有抗疫经验的医护人力资源援助。例如，在各国纷纷进入疫情暴发高峰期的情况下，从呼吸机到医用口罩等中国制造的各种用品，以及派出的医疗专家团队，已经在全球抗疫中发挥着重要作用。此外，在一些贫困国家特别是“一带一路”沿线国家遭受疫情冲击，进而陷入极端困难时，中国必将一如既往地提供人道主义援助。

中国迄今仍然保持着全球制造中心的地位，具有强大的制造业配套能力，也是世界上唯一拥有联合国分类标准中全部工业类别的国家，分别具有 41 个两位数大类、207 个三位数中类和 666 个四位数小类的工业部门。2018 年，中国货物出口总额占全世界的 12.7%。由于中国的货物出口总额中制造业比重高达 93.4%，因此，中国的制造业出口规模居全球第一位，占全球制造业出口的比重为 17.2%，比居于第二位的德国高出 74.0%。

在此次疫情暴发之前，经济全球化遭遇到单边主义、民粹主义、民族主义和贸易保护主义等各种政策倾向的冲击，美国也对包括中国在内的诸多重要经济体发起贸易战，并推动与中国经济及供应链脱钩。然而，疫情冲击下的世界经济挑战反而更加显示全球化的不可逆转性。中国经济在复苏过程中及之后，以自身的生产和供货维护并修复全球供应链，进而阻止经济全球化的倒退，将会发挥的作用是不可替代的。

中国不仅拥有世界上最大规模的人口和占第二位的经济总量，也拥有最多数量的中等收入人口，由此形成的超大规模市场及其潜力，将为随后的世界经济复苏提供巨大的需求拉力。一方面，中国社会在恢复正常生活之后，居民消费不仅在补偿性和替代性方面产生巨大的反弹，还会因公共卫生等因素产生引导性消费，形成超大规模的新需求增长点。另一方面，在恢复经济增长和稳定就业的过程中，也会形成超常规模的投资活动。这些需求因素，在经济全球化条件下都必然产生显著的外溢效应。

其次，以稳定就业、保障民生和实现脱贫目标为最高优先序，努力实现经济社会发展目标任务。中国长期向好的经济社会发展基本面没有变，也不会因为突发的疫情冲击而改变，即生产要素供给和生产率都不会受到长期影响。因此，总体完成预定的经济社会发展目标，特别是对于全面建成小康社会具有标志性的目标，仍然是必须付出巨大努力去争取的任务，不应有丝毫的懈怠。

然而，新冠肺炎疫情的全球大流行，毕竟是百年不遇的严重冲击事件，已经直接或间接地给中国经济社会造成巨大的负面影响，也必然会对实现全年经济社会发展的具体指标造成一定程度的干扰。因此，降低对某些具体的数量指标的要求，如年度GDP增长率的预期也是实事求是的。事实上，在2020年第一季度GDP增长率为－6.8%的情况下，如果全年仍然坚持5%—6%的增长率，反而会产生我们不希望看到的副作用。

与此同时，我们应该从以人民为中心的发展思想出发，合理确定经济复苏以及实现目标所需努力的优先序。虽然中国已经走出疫情扩散的最严峻时刻，但是，前期造成的对宏观经济的不利影响已经十分严重，加上全球疫情大流行造成供应链断裂，实体经济遭受的冲击已经远远超过2003年"非典"疫情和2008—2009年国际金融危机。相应地，就业也必然遭遇前所未有的冲击，进而影响城乡居民收入的实际增长，对普通家庭维持基本生活造成巨大的困难。

参照一个判断经济是否陷入"衰退"的经验指标——"萨姆指数"①，即观察最近三个月失业率平滑水平，是否比过去11个月中的最低点高出0.5个百分点或以上，可以看到，2020年前三个月的城镇调查失业率平滑值为5.8%，已经比2019年4月和5月的5.0%（过去11个月中的最低点）这个失业率高出0.8个百分点（图0－4），并且预期高失业率仍会保持一段时间。从宏观经济景气角度解释这个指标，标志着经济景气已经进入低

① Claudia Sahm, "Direct Stimulus Payments to Individuals", in Heather Boushey, Ryan Nunn, and Jay Shambaugh (eds), *Recession Ready: Fiscal Policies to Stabilize the American Economy*, Washington, D. C.: The Hamilton Project and the Washington Center on Equitable Growth, 2019.

点，而从居民基本生活保障角度看，则意味着在民生保障方面亟待出台必要的政策应对措施。

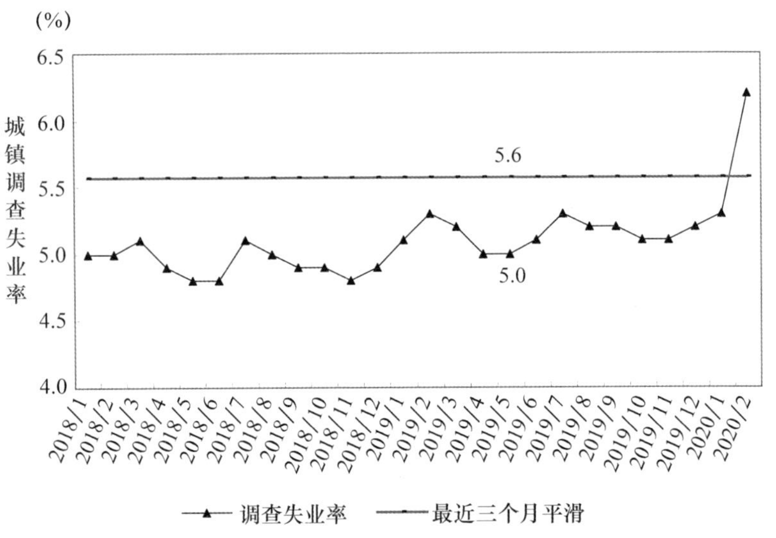

图0－4　城镇调查失业率和“萨姆规则”

资料来源：作者根据国家统计局网站（http：//www.stats.gov.cn/）数据计算。

应对这次新冠肺炎疫情对就业的强烈并且可能具有持续性的冲击，更加积极的就业政策应该包含更多超常规的措施，才能达到通过稳定就业保障民生的目的。第一，一切旨在恢复经济活动从而刺激经济增长的宏观经济政策，都同时具有促进就业的效应，应最大化予以调动实施，并把就业优先政策纳入宏观政策层面。第二，针对失业成因中的结构性、摩擦性和周期性因素，有针对性地运用各种相关的政策手段降低整体失业率。第三，坚持社会政策托底，结余失业保险金除返还用于援企稳岗之外，还应该用于扩大支付范围，特别是覆盖未加入失业保险的返城失业农民工。此外，还需要通过设计更具普惠性、更直接快捷的项目，直接向受到疫情冲击的家庭支付现金。

作为保障和改善民生的重要要求，实现农村贫困人口全部脱贫的目标不可动摇，也在实现全年目标任务中居于首要地位，执行中应不遗余力。党的十八大以来，全国农村贫困人口累计减少9348万人，也就是说在2012—2019年，每年实现脱贫人数都超过1000万人。2020年的任务是实现余下的551万农村贫困人口脱贫，按照近年来的脱贫速度，即便考虑到出现局部返贫现象可能加大工作难度，结合深入实施乡村振兴战略巩固脱贫成果，经过努力实现目标本来也是可以充分预期的。

然而，始料未及的新冠病毒疫情本身以及进行防控采取的措施，不可避免地阻碍了农民工外出打工。特别是，在务工收入占农村家庭收入比重很高，以及外出务工作为脱贫重要途径的情况下，贫困地区和贫困家庭的外出打工收入大幅度减少，既会妨碍最后一批贫困人口的脱贫，也会造成一些刚刚脱贫的家庭返贫。在这个预计的决战与特殊的挑战并存的时候，需要以超常规的手段加大“最后一公里”的扶贫力度，其中最有效的办法，是政府把所有不能达到脱贫标准的农村人口全部、无条件纳入最低生活保障范围。

再次，在利用超大规模市场优势复苏经济的过程中，需要恰当处理好促进居民消费与扩大建设投资的关系。在疫情发生之前，第三产业和居民消费已经成为中国经济增长的主要贡献因素。例如，在拉动中国经济增长的需求“三驾马车”（净出口、投资和消费）因素中，最终消费对 GDP 增长的贡献率，2018 年达到 76.2%。在最终消费构成中，城乡居民消费占到 70.0%。同时，第三产业和居民消费也是遭受疫情冲击最直接最严重的领域，因此，在疫情之后促进第三产业复工复产和激发居民消费活力，应该是恢复经济活动、稳定就业和保障民生的切入口。

按照世界银行统计，2018 年全球最终消费总规模为 62.6 万亿美元，其中中国占全球总额的比重为 11.6%，占中等偏上收入国家的比重高达 46.9%。虽然就人均收入水平和人均消费水平来说，中国与发达国家相比都还有较大的差距；但是，由于中国的庞大人口规模和经济规模，其最终消费总额已经相当于欧元区国家加总水平的 71.8%。从消费行为的经济理性和以往的经验来看，在疫情后的经济复苏过程中，会产生一些特殊的居民消费倾向，应通过保障基本收入的政策手段刺激消费行为，通过商业模式创新和市场细分等方式，提高产品和服务的可得性和便利性，充分挖掘其扩张潜力。

一是可补偿性消费。一般来说，一旦冲击性事件对正常消费产生的抑制得到解除，消费者受实际需要和心理需要两方面因素驱动，对于那些需求弹性大因而也是消费受到最明显抑制的商品和服务，会产生超常规的购买需求。在疫情防控过程中消费支出大幅度减少的一些家庭用品，特别是相对高端并且不适宜于线上购买的品牌商品，譬如高级化妆品等即属于此类。

二是可替代性消费。在某些商品或服务的需求不能得到满足的情况下，那些具有相似效用或者相同消费偏好的其他商品或服务，可以成为替代消费的对象。例如，受疫情影响最大并且恢复起来难度较大的聚集性、体验式消费，如旅游、影剧院、群体性消费等，便可以转向更具私密性且具有类似效用的其他消费项目，或采用不同的消费方式实现。

三是可引导性消费。这是指随着消费理念的变化，消费者偏好可以在一定时期内得以培养的消费内容。诸如新冠肺炎疫情这类持续时间长、付出巨大生命和健康代价的公共卫生事件，会诱发出与健康生活相关的新型消费行为，居家隔离也诱发出一些消费习惯，都可以形成新的消费热点。这方面包括对于保健类产品、体育健身活动、改善家居卫生和环境的装修、心理疏导性的活动，以及更具私密性的交通工具等需求。

在经济发展的常态下，促进居民消费的根本途径在于扩大就业和增加收入，以提高消费力，以及提高社会保障水平和覆盖率从而减少消费者的后顾之忧。然而，在遭遇巨大灾害冲击以及恢复时期这种非常态情况下，稳定和复苏居民消费的主要举措，应该是依靠各级政府的公共支出职能，实施有效兜底的基本生活保障政策。

从居民可支配收入与居民消费支出之间的差额来判断，家庭储蓄率随着在收入分组中位置的上升而提高。这就是说，低收入家庭的储蓄率非常低，因而抵御就业和收入冲击的能力也很弱。由于最低生活保障等常规救助制度，在识别对象和反应速度等方面存在着不足，难以充分覆盖新冠肺炎疫情下受冲击的人群规模，因此，需要一项诸如全民发放现金这样的普惠性救助政策，才能实现在保障民生的前提下进而刺激居民消费的目标。

超大规模市场优势同时反映在中国具有扩大投资的巨大潜力上面，而在特殊情况下，扩大建设投资也是中国经济复苏的必要推动力。特别是那些旨在补短板和优化结构的基础设施投资，对国内供应链依赖程度高以及改善国内配套能力的建设项目，公共卫生领域和战略应急物资储备设施建设，以 5G 基站、工业互联网和人工智能等为代表的新基础设施建设，以及带动就业弹性大、乘数效应明显的工程建设，都是在这个特殊的时刻所需要的。

然而，在利用投资手段实施经济刺激的时候，需要充分汲取以往的教训，把握并守住几条不应突破的底线。要坚持发挥市场配置资源的决定性作用，避免产生不良债务积累和杠杆率的不合理提高，不产生新的低效产能和过剩产能，不发生系统性风险及其隐患的积累，不在污染防治攻坚战取得成效以及供给侧结构性改革成效方面发生任何倒退。

同时，也要防止经济增长形成对投资需求拉动的依赖，避免回归到传统发展方式上面。以往在宏观经济遭遇需求侧冲击时，资本形成对经济增长的贡献率就会显著提高，一旦形成对投资的依赖，需求结构就会失衡，从而损害经济增长的可持续性。长期以来，投资在中国经济增长的需求拉动中占据主导地位，经济快速增长也总是伴随着高投资率。并且，扩大投资常常被用来作为遭遇经济冲击（如出口下降）时的替代需求因素。

例如，在 1998—2018 年的 20 余年中，资本形成对 GDP 增长的贡献率超过50%是一种常态，并且GDP增长率与资本形成贡献率高度正相关。在同一时期的GDP增长需求因素中，资本形成的贡献与净出口的贡献呈现出显著的负相关关系。加大投资拉动的刺激政策，必须重视这种付出过代价的前车之鉴，避免在实施过程中重蹈覆辙。

最后，把恢复经济活动、稳定增长速度、保障民生等紧迫任务与长期改革和发展的目标紧密结合。经济史表明，危机往往是充分暴露短板和结构性矛盾的时刻，相应地，应对危机和走出困境，也可以通过加快推进既定的长期改革和发展任务，在取得立竿见影效果的同时也可以产生长期可持续性的结果。新冠肺炎疫情暴露出的巨大经济社会短板和风险，最为突出的莫过于不完全或非典型化的城镇化。与此同时，城镇化也预期可以对中国经济社会长期发展做出重要的贡献。紧迫任务和长期目标的这一相会，就提出加快以农民工在城镇落户为核心的新型城镇化的紧迫任务。

2019年，中国在达到常住人口城镇化率60.6%的情况下，户籍人口城镇化率仅为44.4%。也就是说，全国有2.27亿人口常住在城镇却没有取得城镇户口。这个人群的主体（高达76.7%）就是离开户籍所在乡镇外出务工的1.74亿农民工。这种状况造成的一些显著影响，譬如减少劳动力有效供给，降低资源重新配置效率，以及削弱制造业比较优势等现象，已经得到了经济学家的关注。然而，在付出惨痛代价的情况下，这次疫情暴露出大规模人户分离和家庭成员异地分居现象的明显弊端。

设想每年春节期间有70%的外出农民工返乡，在极短时间内形成的交通运输压力，就可以产生高达1.2亿人的全国范围超常态流动。这次新冠肺炎疫情集中暴露出这种非典型化城市化的弊端，即在正常情况下返乡与返城造成的春运困难之外，额外地形成了人员密集流动产生的疾病流行风险、农民工不能及时返城复工造成的企业经营严重困难、农民工和农村居民收入大幅度减少，以及制造业供应链断裂乃至损坏的风险。

因此，加快推进新型城镇化，加大推动农民工及家庭成员在务工所在城镇落户的户籍制度改革力度，不仅可以从以上方面降低未来的经济社会风险，而且可以从增加劳动力供给、降低制造业成本、提高劳动生产率、提高基本公共服务均等化水平、改善收入分配和扩大居民消费等诸多方面，促进中国的经济社会长期可持续发展。

（蔡　昉）

第一章　新冠肺炎疫情的经济影响

作为第二次世界大战以来最严重的全球危机，新冠肺炎疫情全球大流行对世界和中国经济造成了前所未有的巨大冲击，导致全球经济急剧陷入衰退，给中国经济发展带来多重严峻挑战。这次疫情冲击导致的全球危机本质上是民生危机，疫情全球大流行的未来发展走势仍存在极大的不确定性，经济恢复到常态可能需要更长时间。

第一节　疫情扩散机制及其经济影响机理

一　疫情扩散的机制

新冠肺炎疫情在世界范围内大面积扩散，使得持续低迷的世界经济雪上加霜，本质上是人类对于新生病毒性传染病缺乏足够认识，尤其是难以在短期内准确刻画疫情走势，增强了经济活动以及疫情本身的不确定性。

Baker 等人指出，这些不确定性包括病毒本身的威力、抗原及抗体检测的可用性、医疗系统的承受性、有效疫苗的开发期、最终的致亡规模、社交隔离期限、疫情的近短期经济冲击、疫情消退后经济复苏速度、政府干预政策的持续性、消费模式改变的程度，以及对企业存亡、创新及人力资本投资的中长期影响等多个方面。[①] 传染病对于经济运行的影响，相当于在经济系统中加入了一个准外生变量，而此变量本身如何变，需要一个充分的认识过程。因此，研究产出变量受到疫情冲击的规模，应当对疫情的扩散具有基础的认识。

流行病模型被广泛用于分析传染病的扩散。Kermack 和 McKendrick 的基础性工作为流行病模型的发展提供了一个蓝本。他们认为，根据被传染病伤害的不同情况，可把人群分为未感染者（Susceptible，下文简称 S）、已感染者（Infected，下文简称 I）和退出者（Removal，下文简称 R）三大类，退出的方式要么是康复要么是死亡且会对总人口规模产生影响。病情严重程度不同决定着患者面临着不同的死亡或康复概率，流行病模型直面的核心问题是理解上述三大类人群规模的动态变化以及主要影响因素。[②]

作为一般性的简化数学模型，Kermack 和 McKendrick 假定，疫情暴发期间不考虑出生率和其他死亡之间的差别，将总人口视

---

① Baker, S. R., Bloom, N., Davis, S. J. and Terry, S. J., “Covid-Induced Economic Uncertainty”, *National Bureau of Economic Research Working Paper Series*, No. 26983, 2020.

② Kermack, W. O. and Mckendrick, A. G., “A Contribution to the Mathematical Theory of Epidemics”, *Proceedings of the Royal Society of London*, *Series A*, 115 (772), 1927, pp. 700 – 721.

为一个常数，三大类人群实际对应到个体是三种状态，在每个单位时间区间内，三种状态之间的转换概率外生给定。出于对结束疫情的考虑，需要判断持续转换的状态最终稳定于何处，即弄清疫情结束的条件是再也没有未感染者，还是在感染、康复以及死亡等因素之间存在相互作用，而很多人并不会被感染？如果初始人群中，所有未感染者染病的机会相同，并且获得完全免疫的途径是经历患病—康复过程，疫情的结束并不必然要求所有人都染病，在给定感染率、康复率和死亡率的情形下，存在一个不会导致感染者人数增加的人口密度阈值。他们的研究主要从人口密度的角度解析了可能导致传染病快速扩散或趋于消退的阈值，并未直截了当地提出社会政策建议。由于他们对三大类人群相对数量演进及其影响因素的分析，为流行病模型的发展提供了基础性视角，被后来的研究者广泛称为 Kermack-McKendrick 模型，或 SIR 模型。

由于经典 SIR 模型的一般性，放松其前提条件或者纳入更多可能影响疫情传播或持续的因素，可以得到更为丰富的含义。

例如，在一个仅包含“未感染—感染”过程的简明传染病模型中，Kremer 放松了初始人群的同质性假定，基于对模型中传播参数的内生化设定，分析不同类别人群的行为受到艾滋病疫情流行的影响。[①]

---

① Kremer, M.,“Integrating Behavioral Choice Into Epidemiological Models of Aids”, *The Quarterly Journal of Economics*, 111 (2), 1996, pp. 549 – 573.

Tassier介绍了SIR模型的几种特殊形式，包括仅考虑未感染—感染（SI）的形式、仅考虑未感染—感染—康复（SIS）以及在SIR模型中增加人口的动态性等情形，从传染病引起外部性的角度，对私人部门与公共部门的决策以及经济计量方法进行了分析。[①]

Wang和Hennessy以SIS模型为基准，在动态博弈过程中考察了面临动物源传染病时，政府的一般性最优策略。[②] 新型冠状病毒肺炎暴发以后，以SIR模型为基础的不同扩展被公共卫生学家和经济学家所广泛应用。[③]

二 疫情扩散的经济影响机理

传染性病毒通过人的社会活动广泛扩散，产生巨大的负外部性，政府决策也将不可避免地陷入挽救生命和稳定经济的两难境地。[④] 根据SIR模型的序列演进，当疫情的严重性被公众广泛知晓，理性未感染者会自觉压缩与人接触的机会，减少经济活动以降低从S态进入I态的可能性。而染病者即便未被政府部门限制其活动范围，由于其本身健康条件变差以及为了尽可能地从I态

---

① Tassier, T., "The Economics of Epidemiology", *Springerbriefs in Public Health*, Springer, 2013.

② Wang, T. and Hennessy, D. A., "Strategic Interactions Among Private and Public Efforts When Preventing and Stamping Out a Highly Infectious Animal Disease", *American Journal of Agricultural Economics*, 97 (2), 2015, pp. 435–451.

③ Atkeson, A., "What Will be the Economic Impact of Covid-19 in the Us? Rough Estimates of Disease Scenarios", *National Bureau of Economic Research Working Paper Series*, No. 26867, 2020.

④ Adda, J., "Economic Activity and the Spread of Viral Diseases: Evidence From High Frequency Data", *The Quarterly Journal of Economics*, 131 (2), 2016, pp. 891–941.

通过康复而进入 R 态，也将自动限制其经济活动强度，均衡的结果便是整个经济活动发生收缩。经济活动的哪些方面在疫情扩散过程中受到直接影响，以及还会在多大程度上受到始料未及的冲击，是多数经济学家关注的重点。[①]

除了人员密集接触型经济在传染病流行期间突然停摆，给经济造成直接的中短期影响之外，如果病毒的危害性超过预期，大面积疫情还可能产生中长期的不利后果。

从人力资本的健康维度来看，Almond 发现，西班牙大流感暴发期孕育的人口，成人之后具有更高的失能比例、更少的教育获得和收入，以及社会经济地位更低。[②]

Mckibbin 和 Sidorenko 指出，死亡降低了生命年限，疾病降低了劳动效率，从而减少了社会劳动力供给；人力资本投资会伴随预期的下降而减少；商业成本增加，增加了政府财政压力；持续的传染病还会对国家的储蓄和投资产生影响。[③]

---

① Barro, R. J., Ursúa, J. F. and Weng, J., "The Coronavirus and the Great Influenza Pandemic: Lessons From the 'Spanish Flu' for the Coronavirus's Potential Effects on Mortality and Economic Activity", *National Bureau of Economic Research Working Paper Series*, No. 26866, 2020; Keogh-Brown, M. R., Smith, R. D., Edmunds, J. W. and Beutels, P., "The Macroeconomic Impact of Pandemic Influenza: Estimates From Models of the United Kingdom, France, Belgium and the Netherlands", *The European Journal of Health Economics*, 11 (6), 2010, pp. 543 – 554; Lee, J. and Mckibbin, W. J., "Globalization and Disease: The Case of SARS", *Asian Economic Papers*, 3 (1), 2004, pp. 113 – 131; Ludvigson, S. C., Ma, S. and Ng, S., "Covid19 and the Macroeconomic Effects of Costly Disasters", *National Bureau of Economic Research Working Paper Series*, No. 26987, 2020.

② Almond, D., "Is the 1918 Influenza Pandemic Over? Long-Term Effects of in Utero Influenza Exposure in the Post-1940 Us Population", *Journal of Political Economy*, 114 (4), 2006, pp. 672 – 712.

③ Mckibbin, W. and Sidorenko, A., "Global Consequences of Pandemic Influenza", *Reports from a Turbulent Decade*, *10th Anniversary Collections*, The Lowy Institute for International Policy, 2013, pp. 244 – 246.

Bell 和 Gersbach 警示，如果缺乏足够的保障，流行疾病造成的长期持续高死亡率，会破坏人力资本形成，并让经济陷入瘫痪。[①]

不过，Young 认为，经历疫情的“洗礼”之后，也不必太过悲观。他以南非为例的研究发现，艾滋病等传染病尽管严重破坏了劳动力，且不利于孤儿形成人力资本，不过，其在客观上对人力资本的破坏程度要小于对普通劳动力的破坏，增加了劳动力的稀缺性和妇女的时间价值，同时，疫情扩散会促进人们限制不健康行为、降低南非等地区生育率，提高下一代教育水平和人均消费水平。[②]

针对新型冠状病毒肺炎疫情的全球大流行，尽管截止到 2020 年 4 月仍然不能让人确切看到终点将止于何处，经济学界基于不同情境的判断普遍认为疫情扩散为经济社会增加了沉重负担。

Barro 等人认为，对于新型冠状病毒肺炎疫情对经济社会的影响，可以从 1918—1920 年的西班牙大流感的破坏力中窥见一斑。如果套用西班牙大流感死亡率情形到当前世界人口水平，最为悲观的情形对应着骇人听闻的死亡规模。[③] 进入他们研究样本

---

① Bell, C. and Gersbach, H., “Growth and Enduring Epidemic Diseases”, *Journal of Economic Dynamics and Control*, 37 (10), 2013, pp. 2083 – 2103.

② Young, A., “The Gift of the Dying: The Tragedy of AIDS and the Welfare of Future African Generations”, *The Quarterly Journal of Economics*, 120 (2), 2005, pp. 423 – 466.

③ 最为严重的情况下，2% 人口的死亡率代表着全球 1.5 亿人的死亡。参见 Barro, R. J., Ursúa, J. F. and Weng, J., “The Coronavirus and the Great Influenza Pandemic: Lessons From the ‘Spanish Flu’ for the Coronavirus's Potential Effects on Mortality and Economic Activity”, *National Bureau of Economic Research Working Paper Series*, No. 26866, 2020。

的典型国家GDP将下降6%，私人消费下降8%，经济下行堪比2008—2009年的国际金融危机。尽管当前的人口跨国流动频率远高于20世纪20年代，并不利于疫情的快速消退，但现代的公共卫生识别技术、病例隔离条件等方面都远好于西班牙大流感时期。

然而，Bartik等人针对美国小型企业的问卷调查表明，如果将结果进行外推，新冠肺炎疫情对经济的破坏远大于西班牙大流感。①

Eichenbaum、Rebelo和Trabandt以美国的情形为例，将私人行为博弈、卫生机构充足性、政府对疫情的管控、疫苗及特效药预期等因素纳入扩展的SIR模型。考虑到疫情的扩散渠道主要是通过人们在消费场所的交往、工作场所的接触，以及其他社会活动的随机接触，并考虑到疫情扩散速度会受到已感染人群规模的影响，因此有必要针对不同的扩散场景、不同人群以及疫情发展的不同阶段而实施管控。较为理想的情景模拟表明，在精准实施最优管控措施的情形下，新型冠状病毒肺炎疫情的峰值感染率为总人口的0.9%，死亡率为总人口的0.2%，疫情暴发后第一年的消费下降16.8%。而如果不实施管控，尽管消费在竞争均衡时仅会下降7%，但峰值感染率和死亡率将高达4.7%和0.4%。因此，如何在拯救更多人的生命和稳住消费等经济活动方面进行统筹，是摆在决策者面前的难题。②

---

① Bartik, A. W., Bertrand, M., Cullen, Z. B., Glaeser, E. L., Luca, M. and Stanton, C. T., "How are Small Businesses Adjusting to COVID-19? Early Evidence from a Survey", *National Bureau of Economic Research Working Paper Series*, No. 26989, 2020.

② Eichenbaum, M. S., Rebelo, S. and Trabandt, M., "The Macroeconomics of Epidemics", *National Bureau of Economic Research Working Paper Series*, No. 26882, 2020.

随着新冠肺炎疫情的广泛传播，导致人员密集接触型经济部门休克式紧急关闭，发达经济体货币政策当局大多迅速启动了类似2008—2009年应对国际金融危机的货币政策工具。

Guerrieri等人通过构建一个“凯恩斯供给震动”模型指出，供给侧的负面冲击可能会导致需求侧过度反应，需求不足所引致的产出和失业损失，会远大于供给侧本身震动导致的产出和就业损失，新型冠状病毒肺炎疫情在营业场所关闭、劳动者离职以及企业退出等方面带给经济的冲击，就具备这样的特征。因此，Guerrieri认为，常规的财政政策不及宽松的货币政策奏效，最优策略是关闭人员接触密集型部门，并向受影响的劳动者提供充足的支付保障。[①]

Faria-e-Castro认为，新冠肺炎疫情导致的经济震动相当令人悲观，导致美国20%的失业率，以劳动收入和银行信用为依靠的住户将受到最严重的影响。从总需求的外部性考虑，人员接触密集型服务部门的突然停摆，在一般均衡逻辑的作用下，必然会将经济活动下滑传导至非服务部门和金融部门，失业的增长引起违约潮，金融系统受损将加重衰退。他以美国为例，基于非线性动态随机一般均衡模型，分别模拟了在非服务部门增加政府购买、降低所得税、增加失业保险、实施无条件转移支付、政府向服务类企业员工支付工资等财政政策的效应。Faria-e-Castro认

① Guerrieri, V., Lorenzoni, G., Straub, L. and Werning, I., “Macroeconomic Implications of COVID-19: Can Negative Supply Shocks Cause Demand Shortages?”, *National Bureau of Economic Research Working Paper Series*, No. 26918, 2020.

为，对于收入影响最大的居民户借款者，增加失业保险是最有效的工具，尽管储蓄者更偏好于无条件转移支付，如果以稳定受影响部门的就业为目标，那么协助增加流动性的财政方案也是奏效的。①

第二节　全球经济陷入衰退并可能引发系列次生风险

新冠肺炎疫情在2020年初暴发并迅速发展为全球大流行（Global Pandemic），成为21世纪以来最为严重的全球公共卫生危机事件，也成为对全球经济造成始料未及负面影响的重大冲击性因素。在疫情大流行影响下，全球经济将无可避免地陷入严重衰退。疫情的广泛扩散和持续蔓延也将引发连锁反应，引致系列次生风险。

一　疫情冲击之下全球经济陷入衰退

在新冠肺炎疫情暴发之前，国际组织预测2020年全球经济将会出现2%左右的增长，这意味着全球经济并不存在走向衰退的经济基本面基础。然而，新冠肺炎疫情的突然暴发并迅速蔓延，造成全球范围内前所未有的隔离，全球经济从原来的基本平

---

① Faria-e-Castro, M., "Fiscal Policy During a Pandemic", *Federal Reserve Bank of St. Louis Working Paper Series*, No. 2020－006D, 2020.

稳迅速转向急剧衰退，演变成仅次于“大萧条”（Great Depression）的“大封锁”（Great Lockdown）危机。

新冠肺炎疫情全球大流行导致全球经济出现急剧衰退。疫情大流行同时在需求侧和供给侧对全球经济造成了巨大冲击，疫情严重国家和地区实体经济遭遇了“休克式”冲击，严重阻断了正常的经济活动，全球经济急剧陷入衰退。IMF预计全球经济将陷入超过2008年国际金融危机影响程度的大衰退，2020年上半年全球经济将出现显著萎缩，全年经济增速也将转为-3.0%，出现仅次于20世纪30年代“大萧条”时期的负增长。

鉴于各国为控制疫情采取了边境封锁措施，疫情全球大流行严重影响了国际贸易活动，导致全球人员流动、货物贸易中断，全球供应链断裂，使本已低迷的全球贸易雪上加霜。2020年全球贸易额将陷入2008年国际金融危机以来最严重下跌。

随着全球供应链中断，全球范围广泛的停产停工，新冠肺炎疫情对全球外商直接投资（FDI）将造成更为严重的负面冲击。联合国贸发会预计2020年全球FDI将下降30%—40%，出现21世纪以来最严重的下滑。

美欧日等发达经济体集体陷入严重衰退。随着美国疫情进入暴发期，工业生产和服务业经营中断，经济遭遇严重萎缩，2020年第二季度甚至会出现不亚于“大萧条”时期的严重衰退。虽然美国推出2.2万亿美元大规模财政刺激方案和无上限量化宽松政策，希望帮助受疫情冲击严重的行业和中小企业存续下来，支持失业人员渡过难关，但在生产经营活动因疫情大规模中断情况下，上述措施难以阻止经济急剧萎缩，2020 年第二季度美国 GDP 可能下降更多，全年将陷入深度衰退。此外，除了急剧下跌的 GDP，暴增的失业亦成为美国决策者的严重困扰。由于失业者的抗议，美国联邦政府急于在疫情尚未得到有效控制的情况下重启经济。这无疑将增添疫情控制难度，并增加疫情失控风险，进而导致经济因再次严控疫情遭受更为严重的打击。随着疫情在欧洲广泛扩散，加之经济基本面本就相对脆弱，欧洲经济也将陷入显著负增长，特别是疫情相对严重的意大利、西班牙，其经济增速下滑尤其明显，IMF 预计两国 2020 年均将出现相对于 2019 年经济增速超过 9 个百分点的下跌。日本经济原本位于相对较低的增长区间，疫情影响之下也将陷入深度衰退。

新兴和发展中经济体经济增速大幅下行，且前景不确定性更大。新兴和发展中经济体方面，虽然根据 IMF 在 2020 年 4 月《世界经济展望》中的预测，其整体经济增速依然维持正值，且国别下降幅度小于发达国家，但是 IMF 也强调这是基于当前疫情分布情况且疫情能够在第二季度得到有效控制的假设前提下做出的预判。随着疫情扩散，新兴和发展中经济体的实际经济增长情况可能远比预测情况更为糟糕。分国别看，经济处于脆弱复苏中的巴西预计将再次陷入显著负增长，而本就受到油价下跌影响的俄罗斯，以及遭遇电力供应瓶颈的南非，预计在疫情冲击下经济增速将双双大幅下降，都将进入明显的负增长区间。印度经济增速近年来处于全球较高水平，但是其疫情的发展具有很大不确定性，经济增速也将不可避免进入大幅下行区间。

二　疫情全球大流行或引发多种次生风险

在疫情全球大流行冲击之下，全球多方面矛盾凸显，如果持续时间较长，将加剧对全球经济的冲击，并可能引发多种次生风险，甚至不排除在部分国家引爆经济金融危机。

1. 疫情持续时间或将超出预期，导致对经济冲击持续时间更长，程度更深

鉴于疫情扩散后，会带来更大的扩散效应以及医疗物资挤兑效应，控制难度会显著加大。尤其值得注意的是，疫情在医疗水平相对较低的发展中国家也进入了快速扩散期，大大增加了全球防控压力。根据世界卫生组织估计，疫苗研发可能需要12—18个月甚至更长时间。在目前缺乏专属特效药物的情况下，即使2020年第二季度控制住了疫情扩散，也并不排除疫情二次甚至多次复发风险。在疫情全球扩散且各国疫情演变周期不同步的背景下，率先稳住疫情的国家其经济增速也会因他国需求萎缩而陷入被动式下降，且疫情持续时间越长，这种被动式下降时间越久。

2. 疫情对全球供应链造成严重破坏，将加剧全球化阶段性退潮

目前各国疫情演变并不同步，虽然我国国内疫情已经得到相对有效遏制，但是欧美却步入疫情暴发期，导致断裂的供应链短期内难以修复。个别发达国家利用疫情加紧收缩其产业链的全球布局。疫情引发全球供应链重构风险，一些跨国公司基于风险原

因存在将生产本土化和区域化的安排，一些发达国家政府有意通过支持政策鼓励海外企业回流，加速供应链本土化，这将加剧全球化的阶段性退潮。此外，在全球疫情持续蔓延之际，部分国家相继加大对粮食、蔬菜和水果的出口贸易管制，提高了贸易壁垒。

3. 在疫情应对方面，各国竞争有余而合作不足，掣肘全球合作抗疫及恢复经济进程

近年来，大国关系发生显著变化，中美关系从合作走向竞争，G7 内部，美国与其他盟友对立愈加明显，欧盟内部分歧与日俱增，全球范围内民族主义和分裂主义广泛崛起。这造成在抗击疫情和稳定经济方面出现了与 2008 年国际金融危机时期国际积极合作共克时艰不同的局面——大国之间相互指责和竞争有余而合作不足。一方面疫情源头何在成为大国在外交中互相指责的借口。另一方面，大国在国际市场争夺抗疫物资，为求自保以邻为壑。在最需要全球团结一心共克时艰的时期，大国之间的不信任程度却空前上升，陷入了对疫情防控和稳定经济极为不利的困境。

4. 各国应对经济衰退政策空间有限，刺激政策效果因供应链中断而大打折扣

一方面，发达国家利率水平普遍已经很低，全球债务水平已经升至新高，导致刺激经济的货币财政政策空间有限。另·方面，财政和货币宽松通过扩大需求提振经济应对传统经济衰退有效，然而在疫情导致正常生产消费活动中断情况下，提振经济效

果大打折扣。此外，不同于2008年国际金融危机中断的是资金流，能通过注入资金加以解决，疫情之下中断的是供应链，难以仅仅通过注入资金加以解决。

5. 警惕疫情持续扩散引发金融危机等系统性风险

企业营收和家庭收入锐减显著限制了其偿债能力，金融业将面临较大债务违约压力，IMF警告称疫情对金融业的冲击程度堪比2008年国际金融危机。2020年2月以来全球金融市场发生动荡，新兴经济体出现大规模资本外逃，全球近半数国家向IMF恳求应急资产支援，疫情持续扩散或将导致部分经济金融脆弱的新兴经济体发生金融危机。新冠肺炎疫情大流行导致的经济急剧衰退还可能导致缺少主权货币的西欧国家出现债务违约风险。随着国际市场对原油需求大幅萎缩，油价低位徘徊，中东地区石油输出国可能出现财政危机和主权债务危机风险。联合国粮农组织近日发出警告，因不断增多的国家拟启动部分粮食出口限制，全球可能面临粮食短缺危机，并可能在部分国家引发粮价大幅上涨的风险。

第三节 疫情对中国经济运行产生明显负面冲击

一 疫情冲击下，经济增长明显下降

疫情暴发后，中国经济同时遭遇供给侧和需求侧冲击，疫情的全球大流行又使中国经济同时遭遇外需和内需冲击，2020年第一季度中国GDP增长率为-6.8%，经济增长遭遇前所未有的

大幅度下跌。疫情发生后，中国加强疫情网格化防控和集中隔离措施，国内部分城市“封城”，国际部分国家相继采取限制入境措施。工厂开工延迟，生产减少，规模以上工业增加值大幅下降。受疫情冲击，企业家悲观预期加深，固定资产投资需求大幅减弱。同时，消费需求大幅减少，春节期间的旅游、交通、娱乐、体育消费大幅下降。虽然医疗行业满负荷运转，电子商务需求增加，但总体而言消费和第三产业受到冲击较大。

新冠肺炎疫情对居民消费的负面影响在疫情防控初期极为明显。为减少人员外出和公共聚集，亲友聚餐、休闲购物等绝大部分春节消费活动被取消，后续难以弥补。同时，关闭景区景点及公共消费场所的措施，使得旅游、电影、KTV 等本应处于旺季的休闲娱乐消费基本停滞。

居民生活与消费服务业的生产经营因消费需求下降而受到冲击。大量被取消春节假期订餐的餐饮企业事先就已完成原料采购，加上滞留员工的成本负担，预计将面临较大损失。同时，旅行社、景区、住宿等旅游相关企业收入骤减，电影市场失去了屡创票房新高的“春节黄金档”，教育行业寒假培训收入也明显下降。以小微企业为主的沐浴、美容、美发等生活服务业则遭遇大面积停业。零售业方面，虽然口罩、消毒液等防护用品及重点药品销量有所上升，但农产品、日用必需品等民生物资“保供”成本较大，加上本应进入购销旺季的服装、家电及奢侈品销售明显下降，总体影响十分消极。此外，受地区间通行不便等因素影响，交通运输等生产性服务业也受到了较大负面影响。

虽然2020年3月制造业复工率达到80%以上，但餐饮、航空、旅游等服务业复工率仍然较低。同时因海外疫情暴发，海外订单急剧减少或遭取消，进出口受阻，供应链中断，部分地区和部分出口企业复工难以复产，产能利用率处于低位。2020年第一季度，全国工业产能利用率为67.3%，比上年同期下降8.6个百分点。

二 就业遭遇突发冲击，城镇失业明显增加

新冠肺炎疫情造成2020年第一季度失业率攀升，隐性失业规模较大。如果考虑农民工返乡后未能返城导致劳动参与率下降等因素的变化，失业问题更加严峻。2020年2月城镇调查失业率达到该数据正式发布以来的最高值，失业明显增加。主要原因在于疫情直接冲击消费和中小微企业，与消费密切相关的服务业和中小微企业是就业的主体。

2020年第一季度末，企业复工仍然不足，企事业单位人员招募后延，制约了对劳动力的需求。创新创业活动受疫情影响较大，不少原有的创新创业平台项目质量不高，疫情冲击加速了部分“温室式”创新创业平台的消亡。同时，劳动力市场也出现了一些新的积极因素，线上招聘、线上面试等人员招募方式不断涌现，加快了人岗匹配速度，在线教育、金融、科技等高端服务业以及网络零售等“零接触”经济受疫情影响相对较小，就业韧性较强。

如果以5%左右的城镇调查失业率代表就业比较充分的状

态，疫情暴发后城镇调查失业率超过这个水平，随着时间延长，这些失业现象有可能向严重的周期性失业转化。

二　食品价格上涨明显，结构性通胀通缩并存

新冠肺炎疫情暴发后，口罩、消毒液等防疫用品因供不应求，价格出现较快上涨。蔬菜、水果、肉类等对物流依赖度较高的商品，也在部分地区出现了供需传导受阻的局面。消费者面对菜价、肉价上涨，买菜买肉难；生产者却面临库存积压，卖菜卖肉难。受疫情影响，对餐饮、住宿、旅游、交通运输、电影等大部分服务业的需求断崖式下跌，均衡价格大幅走低，甚至处于有价无市的状态。

疫情全球大流行之后，价格变化趋势更趋复杂化。部分欧美发达国家“封城”“封国”后，国际航空业遭受重创，国际原油需求大幅减少，沙特与俄罗斯限产谈判破裂，原油价格大幅下跌。中国原油进口对外依存度超过 70%，国际原油下跌带动中国原油和下游化工产品价格下跌。疫情加大各国风险意识和经济主权意识，俄罗斯、越南等农产品出口国限制粮食出口，加大中国粮食价格上涨压力。

2020 年第一季度中国一般物价呈现出典型的结构性特征。一方面，第一季度受猪肉等食品价格上涨影响，CPI 仍处于高位；此外，更能表征宏观经济冷热状态的核心 CPI、PPI、GDP 平减指数均较为低迷。2020 年 2 月和 3 月核心 CPI 仅比上年同期上涨 1.0% 和 1.2%；PPI 下降 0.4% 和 1.5%，工业领域面临结

构性通缩风险。

四 贸易规模明显下降，货物贸易顺差大幅收窄

随着疫情全球大流行，多个国家采取限制入境措施，国际经济和人员交往大幅减少，海外需求明显萎缩，出口减少，中间品进口面临供应链中断风险。另外，为保障能源和食品安全，中国在全球疫情蔓延后，加大原油、粮食、猪肉等基础产品进口。总体上因疫情防控措施阻断国际贸易和国际投资，货物贸易顺差大幅收窄。

根据海关统计，以美元计，2020 年第一季度中国货物进出口总额同比下降 8.4%，出口下降 13.3%，进口下降 2.8%。进出口相抵，贸易顺差 132 亿美元，比上年同期大幅下降 81.9%。根据外管局统计，2020 年 1—2 月中国服务贸易逆差 326 亿美元，比上年同期显著收窄 24.8%。由于人员跨国流动受到疫情制约，有一些国家采取了限制措施，如停止签证、停航、停止举办展会等，与中国的人员交流处于暂停状态。出境旅游是中国服务贸易逆差中占比最高的一项，随着国际旅行中断，出境旅游逆差显著下降。生产性服务贸易规模也因货物贸易萎缩而缩小。

五 疫情持续时间仍是影响未来冲击的主要因素

疫情导致的经济衰退与传统的经济衰退不同，政府救助措施可以缓解民生困局，但通常的货币刺激措施难以发挥作用。疫情发生后，贷款增速放缓，对居民新增贷款减少；货币供应和储蓄

存款增速提高，充分表明疫情防控状态下，货币流通速度降低、居民贷款需求不足和对未来收入的悲观预期。

2020 年 3 月中国疫情防控形势持续向好，复工复产加快推进，主要经济指标降幅出现明显改善。与 1—2 月相比，第一季度中国经济负增长幅度好于预期，经济社会发展大局稳定。农村地区和农业生产受疫情影响相对较小，网络经济、数字经济相关的新兴服务业以及金融业保持增长。第一季度中国第一产业增加值下降 3.2%，第二产业增加值下降 9.6%，第三产业增加值下降 5.2%。第一产业和第三产业下降幅度低于第二产业。信息传输、软件和信息技术服务业，金融增加值分别增长 13.2% 和 6.0%。但是生产端和支出端的数据存在相当大的裂口，疫情防控导致的生产、收入和支出循环不畅、有效需求不足问题仍相当突出。未来经济的发展仍取决于国内外疫情的持续时间和防控成效。

第四节　疫情大流行给中国经济发展带来多重严峻挑战

在全球经济陷入深度衰退之际，中国经济不可能独善其身，疫情全球大流行给中国经济发展带来多重严峻挑战。

一　实体经济遭遇外需冲击，经济增长面临的不确定性明显加大

2020 年第一季度国内疫情暴发对中国经济产生了第一波冲

击，经济下降6.8%。疫情全球大流行对第二季度的中国经济将产生第二波冲击。疫情全球大流行迫使美欧国家越来越多地采取封闭和隔离措施，而北美和欧洲长期以来一直是中国的主要出口市场，疫情大流行将导致这些地区需求锐减，中国实体经济将面临更大的外需萎缩冲击。在这样的背景下，第二季度即便中国内需有所恢复，但外需下滑冲击也将明显抑制经济增长。

疫情在发达国家及发展中国家蔓延，形成的扩散暴发式流行病曲线具有波浪式特点；检测技术、预防和治疗用药及疫苗研发正在快速推进，这些因素给未来国际疫情发展带来高度不确定性。对于具有高度传染性的病毒而言，新冠病毒引发的国际疫情大流行有可能超过6个月并长期化，从而演变为季节性流行病。对于疫情的波动式发展以及由此带来的世界经济衰退，均应保持高度戒备，并做长期预案。在这样的背景下，2020年下半年及全年中国经济增长面临的不确定性明显加大。

二 进口供应链中断风险加剧，企业供应链安全问题凸显

在中国外贸结构中，中间品贸易占进口比重长期保持在60%—70%，占出口比重也在40%以上。疫情全球大流行特别是近期美欧处于暴发期，不少企业停产停工，对中国来源于北美和欧洲的进口供应链将造成严重冲击。

美国、德国、法国等国家在机械设备、汽车与船舶制造、发电设备、航空航天、精密仪器、医疗器械、医药化工等领域处于中国产业链上游，是一些重要原材料和零部件的供应来源地。如

果疫情持续时间较长，中国进口供应链将存在中断风险。

三 全球产业链布局调整加快，企业外迁压力加大

在新一轮产业革命和技术变革、发达国家产业战略布局调整以及各种“反全球化”势力的共同作用下，发达国家正在利用疫情收缩其在全球价值链的参与度，将中高端制造环节回流至本国，将中低端环节转移到东南亚、非洲、东欧等地，中国在全球产业链中的重要地位正在被逐步弱化，企业过快外迁压力加大。这次疫情全球大流行进一步加剧了这一趋势。美国在遭受疫情冲击后，更加重视“美国制造”“购买美国货”，依据其“国家紧急状态法”“国防生产法案”，部分产业链特别是医疗产业链回流已成定势。

在疫情大流行冲击下，一些产业链一旦断裂可能永远无法恢复。一些跨国公司出于业务稳定性的长远考虑，可能调整以中国为中心的生产链条，以便降低对单一供应商和供应来源地的依赖。在疫情和中美经贸摩擦的双重影响下，包括宝马公司、苹果公司等在内的一批有影响力的跨国企业已经在考虑和谋划调整其全球采购—生产—组装—销售的空间布局。

四 脱贫攻坚任务更加艰巨，返贫问题进一步凸显

2020 年脱贫攻坚收尾阶段的主要任务是解决剩余约 550 万贫困人口的脱贫问题，这本身是脱贫难度最大的人群。疫情全球大流行成为叠加在原有致贫因素上的又一个重大风险因素，可能

将一部分已脱贫人群重新推向贫困，并可能产生放大效应。脱贫攻坚的收尾工作和成果巩固将同时面临更多挑战。

一是全球性衰退将使社会性扶贫资源投入受到压缩，形成脱贫攻坚合力的难度加大。二是贫困人口参与市场的增收机会减少，已形成的增收机制难以巩固，未脱贫者通过就业实现脱贫的渠道受到挤压。外需收缩导致农村劳动力外出务工机会减少，一些尚未脱离脆弱期的扶贫项目和扶贫车间可能会停摆甚至流产。三是居民消费更趋谨慎，乡村旅游等文化性消费受到抑制，贫困家庭从业收入相应减少。特色扶贫产品需求萎缩，出口受限迫使产能压缩，直接影响贫困户的变现能力。

五　就业机会明显减少，特定群体就业压力明显加大

疫情大流行导致出口企业面临着大面积退单、毁单，制造业出口及其关联产业就业堵点将从疫情前期的“无人做事”转变为后期的“无事可做”，全球经济衰退对出口的冲击可能导致中国外贸企业出现失业潮，普通制造业工人和农民工就业将出现很大的压力。供应链局部阻塞或断裂，具有引起全产业链就业塌方的风险。

即便国内服务业、建筑业较大程度恢复，也难以快速抵消外贸企业的就业损失。疫情大流行还将削弱服务业提供新成长劳动力就业和产业转移就业的能力。疫情暴发之后，不少企业已经取消了年度招聘计划，就业形势尤其是应届大学毕业生就业压力明显增大。外部环境恶化导致岗位增长乏力，还将增大解决劳动纠

纷、就业歧视等问题的复杂性。

六　全球金融市场剧烈震荡，外部金融环境骤变

在疫情全球大流行剧烈冲击下，当前全球股、债、汇以及大宗商品市场均处于动荡期。美国股市暴发了历史性的四次熔断。美欧日及新兴市场国家股市均出现了20%—40%的跌幅。国际石油价格由55美元/桶一度下跌至25美元/桶以下。资金加速向安全资产聚集，具有标志意义的美国十年期国债收益率跌至1%以下，全球负利率国债的规模进一步扩大。

相比而言，国内金融市场尚且较为稳定，截至2020年3月末上证综指仅比疫情暴发前下跌12%。一方面，全球市场恐慌情绪蔓延难以避免地会对国内资本市场造成负面影响，一些受疫情影响较大的行业和企业的资产价格容易出现暴跌，仍应高度关注并防范金融风险；另一方面，由于国内外疫情防控阶段错位，人民币资产可能体现出阶段性避险属性，加之美欧央行量化宽松释放大量流动性，一段时期内海外资金可能加速流入中国市场，给跨境资本管理和人民币汇率政策带来新挑战。

（李雪松、汪红驹、冯明、李双双、张彬斌）

第二章　对“三农”的影响及对策

新型冠状病毒肺炎（简称“新冠肺炎”）疫情发生后，经过3个多月的艰苦努力，中国疫情防控形势持续向好，境内首轮疫情流行高峰已经过去，但境外疫情正在加剧蔓延，中国面临境外疫情输入风险大幅增加，因此疫情防控措施常态化会持续较长一个时期。新冠肺炎疫情及其防控措施，对经济社会正常运行和全球产业链供应链稳定造成巨大冲击，也影响到农业农村发展、农民务工和生活秩序，加大了实现脱贫攻坚目标和农村全面建成小康社会目标的难度。整体上来看，新冠肺炎疫情对农业农村的影响程度不如工业和城市。2020年第一季度，全国第一产业增加值下降3.2%，其降幅是三次产业中最小的。[①] 然而，由于农业农村发展基础薄弱、农村经营主体质量不高、农民增收潜在风险较多等原因，新冠肺炎疫情对乡村旅游、农产品销售、农资供应

① 《统筹疫情防控和经济社会发展成效显著　3月主要经济指标降幅明显收窄》，2020年4月17日，国家统计局网站（http://www.stats.gov.cn/tjsj/zxfb/202004/t20200417_1739327.html）。

等农村服务业以及农民务工就业、农村基础设施和公共服务建设等影响较大、影响持续时间更长。对此，要在科学精准做好农村疫情防控工作前提下，有序恢复农业农村经济秩序，稳定农民工务工就业，努力促进农民增收，加快推进脱贫攻坚、基础设施和公共服务建设，确保全面建成小康社会和全面打赢脱贫攻坚战两大目标任务圆满实现。

第一节　疫情对“三农”的影响

新冠肺炎疫情的蔓延，既造成人们的心理担忧和恐慌，也通过严控交通、封村封路、停产停工、禁止聚集等防控措施，对正在进行的生产经营、务工就业和生活娱乐等造成显著影响。新冠肺炎疫情的影响，活跃度越高的活动受影响程度越大，对人员流动和聚集、物资流通越依赖的活动受影响程度越大，影响的持续时间不以防控措施中止而消除，会逐步显现出来。虽然中国境内疫情防控向好态势持续巩固、经济社会运行秩序加快恢复，但国际疫情持续蔓延，需要以疫情防控常态化防范疫情输入。据此判断，新冠肺炎疫情对“三农”的影响将是全面的、深入的、持续的，农业方面主要是新型农业经营主体、农业生产性服务、农业要素和鲜活农产品供应等受到较大影响，导致农业生产成本上涨、经营风险加剧；农民方面主要是外出务工受阻，失业风险增加，收入增长减速不可避免，部分群体减收风险值得警惕；农村方面主要是乡村产业发展受到较大冲击，脱贫攻坚项目实施和基础设施建设进度被延后，以及在疫情面前暴露了应对公共安全事件的公共服务能力短板。疫情期间，各个地方政府和部分农村经营主体主动采取措施应对疫情冲击，推动了新产业、新业态、新模式的加速发展，一定程度上减缓了疫情影响。

一　农业生产保持总体稳定但经营风险明显增加

各地开始采取严格的疫情防控措施时，多数地区大田农业生产处于“农闲”状态，农业生产所受影响集中于相对活跃状态的当季“菜篮子”产品种植或养殖，以及新型农业经营主体的生产经营活动。针对疫情对农业生产造成的影响，国家及时采取措施恢复农业生产秩序，确保农产品正常供应，如严格执行“绿色通道”制度、压实“米袋子”省长负责制和“菜篮子”市长负责制、印发《当前春耕生产工作指南》、加快养殖行业上下游企业复产、解决禽水产品积压和“卖难”问题等。这些措施使得农业生产总体保持稳定，春耕春播春管进展顺利，农产品市场供应总体充足。然而，疫情防控措施对农业生产的要素投入和产销衔接造成了较大冲击；国际疫情持续蔓延，世界经济下行风险加剧，不稳定因素显著增多，也使国内农业要素供给、农产品价格、农业产业链运行面临更多不确定性。整体上看，短期内农业生产增加成本、减少收益已成定局，长期内农业生产秩序和农产品供给会保持总体稳定，但农业经营主体会面临较大的风险。

1. 农林牧渔业投资出现大幅度下降

在疫情防控期间，一些农业基础设施和经营建设项目停工，要素流动、物资供应和产品销售受阻，农林牧渔业投资出现大幅度下降。据国家统计局的数据，2020 年 1—3 月，全国农林牧渔业固定资产投资（不含农户）同比下降 12.1%。[①] 降幅较大的主要是 1—2 月，全国农林牧渔业固定资产投资同比下降 24.7%，其中，农业投资下降 31.9%，林业投资下降 17.4%，畜牧业投资下降 7.7%，渔业投资下降 41.9%，农林牧渔专业及辅助性活动投资下降 18.5%。在各行业中，渔业和农业投资下降幅度大，分别比同期全国固定资产投资平均下降幅度高 17.4 个和 7.4 个百分点。这说明，新冠肺炎疫情对渔业和农业投资的影响更为严重。1—2 月，全国农林牧渔业民间固定资产投资下降 26.3%，下降幅度比农林牧渔业固定资产投资高 1.6 个百分点。[②]

2. 新型农业经营主体面临经营困难

相比小农户，家庭农场、农民合作社等新型农业经营主体规模较大、实力较强，且超越传统农业生产周期，要素产品交易频繁，更容易受疫情防控措施的影响。农村封村封路、禁止人员聚集和村外人员进入，直接限制了新型农业经营主体的要素和产品交易。据调查，小农户处于农闲状态的比例为 51.74%，新型农

① 《2020 年 1—3 月全国固定资产投资（不含农户）下降 16.1%》，2020 年 4 月 17 日，国家统计局网站（http：//www. stats. gov. cn/tjsj/zxfb/202004/t20200417_1739329. html）。

② 数据来源于国家统计局国家数据库（http：//data. stats. gov. cn/easyquery. htm？cn = A01）。

业经营主体处于农闲状态的比例为 18.8%，相应超过八成（81.2%）的新型农业经营主体日常生产经营活动受到影响[①]；近七成（68.59%）家庭农场的日常生产经营活动受到疫情影响[②]。其具体影响主要集中在雇工受限、农资供应受限和产品销售受阻等方面。由于正常经营活动受到干扰，新型农业经营主体资金周转困难，导致很多正常经营活动难以为继、陷入经营困境。在复工复产措施推动下，新型农业经营主体的生产活动逐步得到恢复，但在疫情防控常态化下，城乡居民的餐饮和休闲消费明显减少，且难以在短期内恢复，将使新型农业经营主体面临较长时间的经营困难时期。

3. 对鲜活农产品销售和价格影响较大

境内疫情迅速蔓延期间，一些鲜活农产品出现滞销，经营主体承受较大损失。菜、肉、蛋、奶、鱼、果等“菜篮子”农产品多数需要现产现销。农村封村封路、停产停工期间，城乡畜禽屠宰、活禽交易、餐饮场所、集贸市场等大都关停，使本处于消费旺季的鲜活农产品供求秩序被打乱，出现了较为严重的滞销。短期产品无法销售出去，只能承受损失，甚至主动宰杀幼崽、倾倒产品以止损。据调查，养殖场中分别有 6.3% 和 27.3% 遇到原料奶被拒收和被限量收购，有 86.7% 遇到原料奶被降价；因为

① 数据来自中国社会科学院农村发展研究所农村组织与制度研究团队于 2020 年 2 月 11—14 日开展的线上调查。

② 中国社会科学院农村发展研究所家庭农场发展监测研究团队：《新冠肺炎对家庭农场生产经营的影响及对策建议》，中国社会科学院城乡发展一体化智库《研究专报》2020 年第 3 期。

被拒收、限收或无法运出，有 12.5% 的养殖场有倒奶情况；截至 2020 年 2 月底所调查养殖场头均损失达到 476 元。[①] 疫情防控常态化下，尽管采取了多方面措施，但全面恢复正常仍需要一定时间。

受新冠肺炎疫情以及非洲猪瘟等因素叠加影响，疫情期间农产品价格曾出现较大幅度上涨。据国家统计局的数据，2020 年 1—3 月，食品烟酒价格同比上涨 14.9%，其中，鲜菜价格上涨 9.0%；畜肉类价格上涨 80.8%，其中猪肉价格上涨 122.5%，牛肉价格上涨 21.0%，羊肉价格上涨 11.2%。但是，分月度看，3 月主要农产品价格环比均出现了下降趋势，虽然其同比价格指数仍在不断上涨。不同的是，鲜果价格均在同比下降，1—3 月下降了 5.6%。[②] 鸡蛋价格也一直在下跌，目前已经跌至谷底，出现了严重的滞销和“卖难”问题。

4. 农业生产成本因服务供给受限升高

小农户和新型农业经营主体都把自身不经济的环节，如农机作业、农资运输和配送、农产品营销和运输、农技服务等外包给农业服务主体。封村封路期间，农业生产性服务受到很大影响，主要是需要进村或跨区的服务不能正常进行，农资销售店、农产品和农资运输主体、农机服务主体等大都停止服务。据调查，约

---

① 刘长全、王术坤、韩磊：《新冠肺炎疫情对中国奶牛养殖业的影响及对策建议》，中国社会科学院城乡发展一体化智库《研究专报》2020 年第 3 期。

② 《2020 年 3 月份居民消费价格同比上涨 4.3%》，2020 年 4 月 10 日，国家统计局网站（http：//www.stats.gov.cn/tjsj/zxfb/202004/t20200410_1737879.html）。

四分之三（75.65%）的农业服务主体受到疫情影响难以正常开展服务，其中因担心疫情停止服务的占30.22%、受交通限制停止跨区服务的占27.11%。[①] 疫情蔓延期间，因为不能正常雇工和采购农资以及不能正常提供服务，服务成本有所上升，超过四分之三（76.3%）的服务组织认为总成本会不同程度增加。[②] 农业服务主体服务成本升高，传递给农业经营主体，加上采取防疫措施付出的额外成本，将使当季农业生产成本明显升高。据调查，家庭农场的生产总成本平均提高22.9%，超七成总成本增加20%—40%。[③] 目前，农业生产秩序加快恢复，但疫情防控常态化下，疫情对农业服务供给和农业生产经营的影响始终或多或少地存在，这将使2020年农业生产成本升高不可避免。

5. 主动应对疫情的新业态新模式加速涌现

面对疫情冲击，很多农业经营主体和服务主体主动采取措施降低经营损失。各地政府为减轻疫情对农业造成的冲击，鼓励农业经营和服务主体创新生产经营方式，维护农业生产经营秩序，加快了新业态新模式的生成。一是新型农产品直销模式加快普及。很多地方的农产品运销企业采用线上下单、线下无接触配送的方式，建立城市居民或社区与农业经营主体的直接联系，解决

① 数据来自中国社会科学院农村发展研究所农村组织与制度研究团队的线上调查。

② 张瑞娟、董莹：《新冠疫情对农业社会化服务组织的影响》，《中国发展观察》2020年第3—4合期。

③ 中国社会科学院农村发展研究所家庭农场发展监测研究团队：《新冠肺炎对家庭农场生产经营的影响及对策建议》，中国社会科学院城乡发展一体化智库《研究专报》2020年第3期。

了鲜活农产品的产销衔接难题。二是新型农产品电商模式加速发展。疫情蔓延期间，物流中断和销售网店关闭造成了一些地区特色农产品的滞销。物流恢复后，各地都积极采用新型电商模式，如视频直播带货等，加快滞销农产品销售，显现了电商助农优势。三是农业生产托管模式加快推进。不少地方的农业服务主体，线上与农户签订服务协议，提供统一的农业作业服务，并利用视频平台直播作业过程，既避免了与农户直接接触，也保证了作业质量、促进了增产增效。四是农业服务网络或体系优势加快显现。各地具有健全网络或体系的服务主体如供销社系统等，在保障农资供应、农产品运销、维护农业生产秩序方面发挥了突出作用。这些新的变化展示了现代农业发展的新趋势。疫情冲击形成一种倒逼压力，推动现代农业生产方式与传统农业的加快渗透融合。

二　农民增收和生活秩序受到不同程度影响

全国各地开始采取“封城”、封村、封路等措施时已是农历春节。大多数农村外出务工、经商、上学等的人员已集中返乡。随着疫情防控措施的持续，农村居民的正常生活秩序、生产经营活动、务工就业行为等受到不同程度的冲击。疫情防控常态化下，这些影响会不同程度地持续，使得农村居民增收面临不确定性，减收风险显著增加。

1. 农民工返岗受阻“失业”压力增大

为防控疫情，各地都做出了延长春节假期的安排，延期复工复产。全国20多个地区推迟10天开工复产，企业正常生产时间普遍大幅压缩。[①] 同时，各地还要求非生活必需和防疫需要的商场、门店、餐饮、娱乐、工厂等停业停工，限制跨区域的交通运输和人口流动，严格执行流动人口居家隔离措施。这导致相当一部分农民工不能按期返岗就业，待业无业时间较长，甚至“失业”都不可避免。农民工主要在小微企业和个体工商户就业，复工复产的难度更大、进度更慢；加之农民工就业稳定性较低，灵活就业人员比重高，受疫情影响程度明显高于其他就业群体。据工业和信息化部监测数据，截至2020年2月26日，中小企业复工率仅有32.8%[②]，而当时大中型企业复工率已接近八成。直到3月29日，中小企业复工率才达到76.8%[③]。与大中型企业相比，小微企业复工复产进度明显滞后。截至2020年3月7日，全国返岗复工农民工7800万人，占春节返乡农民工的60%[④]，尚有相当比例的农民工未返回。考虑到各地复工复产进度和农民工返岗前的隔离时间，2020年农民工的务工时间普遍减少30天到60天，如果考虑失业风险，部分农民工的待工待业时间可能更长。更重要的是，随着疫情对宏观经济影响的逐步显现，以及

① 《国家统计局工业司副司长张卫华解读工业企业利润数据》，2020年3月27日，国家统计局网站（http：//www. stats. gov. cn/tjsj/sjjd/202003/t20200327_1735115. html）。

② 班娟娟、钟源：《中小企业复工复产率超过30%　新一轮纾困中小微企业政策将落地》，2020年2月28日，新华网（http：//www. xinhuanet. com/politics/2020－02/28/c_1125636614. htm）。

③ 车柯蒙：《工信部：我国中小企业复工率已达到76.8%》，2020年3月30日，人民网（http：//finance. people. com. cn/n1/2020/0330/c1004－31654104. html）。

④ 张毅：《疫情冲击下失业率上升　统筹政策实施将带动就业形势改善》，2020年3月16日，国家统计局网站（http：//www. stats. gov. cn/tjsj/sjjd/202003/t20200316_1732415. html）。

疫情全球蔓延扰乱正常的全球产业链和供应链秩序，会最先影响到处于全球产业链和供应链上游的劳动密集型产业。这些正是农民工就业集中的产业领域，会使得外出农民工面临更大的就业压力，失业风险也会显著增加。目前，部分以出口为导向的工业园区、加工小镇和企业，已经出现订单被取消或新增订单大幅减少的现象。2020 年 1—3 月，中国出口总额 33363 亿元，同比下降 11.4%。[①]

2. 农民收入增速下滑甚至减收风险加大

疫情对农业农村生产经营和农民务工就业的影响，最终会反映到农村居民收入的变动上。疫情冲击下，农村居民收入增速下滑将不可避免，个别产业、不同来源的减收不可避免，部分群体减收风险不容忽视。2020 年第一季度，农村居民人均可支配收入实际下降 4.7%，其中外出务工农村劳动力月均收入下降 7.9%。[②] 据叶兴庆等在疫情发生初期的评估，相当部分种植户收益面临下滑，全年农民工人均工资收入名义增长速度可能下降 1.45—2.46 个百分点，农村居民人均可支配收入名义增长速度可能下降 2.59—3.59 个百分点。[③] 另据调查，农村居民户在 2020 年 2 月中旬预估全年收入受疫情影响情况，只有 1.38% 认为全年收入保持以往增速，超过四分之三（76.8%）认为全年

① 《统筹疫情防控和经济社会发展成效显著　3 月主要经济指标降幅明显收窄》，2020 年 4 月 17 日，国家统计局网站（http：//www.stats.gov.cn/tjsj/zxfb/202004/t20200417_1739327.html）。

② 《2020 年一季度居民收入和消费支出情况》，2020 年 4 月 17 日，国家统计局网站（http：//www.stats.gov.cn/tjsj/zxfb/202004/t20200417_1739334.html）。

③ 叶兴庆等：《新冠肺炎疫情对 2020 年农业农村发展的影响评估与应对建议》，《农业经济问题》2020 年第 3 期。

收入将减少5%以上（见图2－1）。具体来看，疫情发生越严重受影响程度越深，新型农业经营主体和非农经营主体受影响程度更深，农业中的经济作物种植和畜禽养殖、非农产业中的生活性服务业受影响程度更深。2020年2月下旬开始，各地都出台措施推进复工复产，疫情对农民收入的影响随着复工复产进程而逐步趋弱。但各地复工复产需要一个过程，加上疫情发展态势的变化，都弱化了保持农民持续增收的基础，需要对农民减收风险保持高度警惕。在疫情防控常态化下，受宏观经济和对外贸易不确定因素影响，农民工外出务工收入承受的减收风险要明显超过就近就地务工收入和经营性收入。

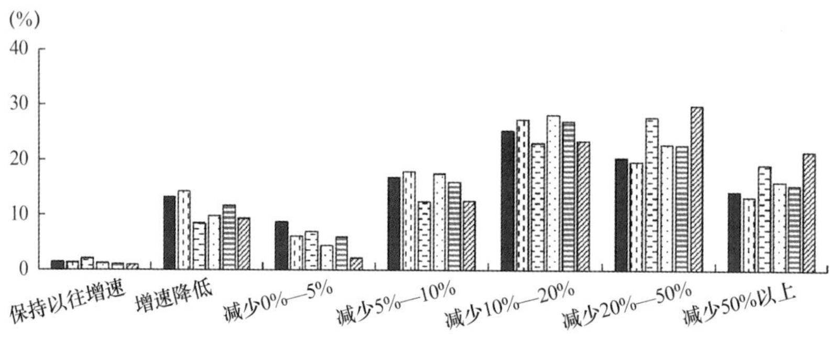

图2－1　不同类型农村居民样本户预估的全年收入受影响情况

资料来源：中国社会科学院农村发展研究所农村组织与制度研究团队于2020年2月11—14日开展的线上调查。

3. 农民临时性消费骤减日常消费被抑制

春节期间外出人员集中返乡，走亲访友聚餐的传统习俗活动密集，是农村居民消费旺季。疫情防控措施采取后，农村节日活动停止，农民绝大多数居家生活，节日期间的临时性消费明显减少，受减收风险影响日常消费可能被抑制较长时间。一是肉类和蔬菜出现量缺价涨现象。近年来，农村交通运输和食品零售迅速发展，备“年货”[①] 习俗淡化，不易储存的鲜活农产品逐步现买现用，这使得封村封路、限制交通后，部分鲜活农产品供应紧张、价格上涨。据国家统计局发布的数据，2020 年 1—2 月，农村居民消费价格同比上涨 6.3%，上涨幅度比城市高 1.3 个百分点；价格上涨主要由畜肉类和鲜菜类等食品价格上涨带动，其中农村畜肉类价格同比上涨 90.0%，农村鲜菜类价格同比上涨 13.3%。[②] 但 3 月这种情况已发生转变，当月农村居民消费价格环比下降 1.3%，其中畜肉、蛋、水产品、鲜菜、鲜果等食品价格均环比下降。二是节日期间的临时性消费需求陡降。因农村限制人员流动和聚集、交通物流中断和停产停工，由节日活动引起的临时性消费骤减。具体分为三种情况：需要即时加工、运输和配送的加工食品、活禽、鲜蛋、活鱼、鲜奶、水果等跨村跨区供应受阻，导致农村居民的相应消费被动性减少；出于疫情防控需要，农村普遍禁止农民走亲访友，导致酒水、饮料、鲜花、玩具、蛋奶、点心等礼品消费明显下降；聚会宴请、休闲娱乐等活

① 以往农村备“年货”习俗浓厚，进入农历腊月下旬会把除夕到第二年正月十五甚至二月初二期间家庭日常生活和招待亲朋所需的食品储备充足。

② 数据来源于国家统计局国家数据库（http://data.stats.gov.cn/easyquery.htm?cn=A01）。

动的停止，使得相应的餐饮、住宿消费出现断崖式下跌。据国家统计局发布的数据，受疫情影响，2020 年 1—3 月，乡村消费品零售额 10725 亿元，同比下降 17.7%，其中 3 月同比下降 15.1%[①]；农村居民人均消费支出 3334 元，同比下降 5.4%（扣除价格因素，实际下降 10.7%）[②]。三是日常生活消费可能被抑制较长时间。相比城市居民收入和消费水平，农民收入和消费水平总体偏低，在因疫情导致的减收风险持续期内，其日常消费会被抑制，主要是生活必需品以外的生活改善型和娱乐型消费会明显减少，如优质肉蛋奶、新鲜蔬菜、有机农产品、休闲旅游等，农村低收入群体生计脆弱，收入受影响后，生活可能陷入困境，面临食品短缺。

三　农村补足全面建成小康社会“短板”难度加大

2020 年中央一号文件强调，脱贫攻坚最后堡垒必须攻克，全面小康“三农”领域突出短板必须补上。疫情的突然发生和严控措施的持续，既延迟了实现目标任务的具体项目、具体工作的进度，也暴露出在乡村治理体系和治理能力现代化方面的基础设施、公共服务的薄弱环节，从而加大了农村完成全面建成小康社会和全面打赢脱贫攻坚战两大目标任务的难度。

---

① 《2020 年 3 月份社会消费品零售总额下降 15.8%》，2020 年 4 月 17 日，国家统计局网站（http：//www. stats. gov. cn/tjsj/zxfb/202004/t20200417_1739331. html）。

② 《2020 年一季度居民收入和消费支出情况》，2020 年 4 月 17 日，国家统计局网站（http：//www. stats. gov. cn/tjsj/zxfb/202004/t20200417_1739334. html）。

1. 乡村产业发展受到较大冲击

乡村产业振兴是乡村全面振兴的关键，也是农民持续稳定增收的基础。促进乡村产业振兴，需要发挥新型经营主体和服务主体的骨干和带动作用，全面推进现代高效农业与二三产业深度融合。而疫情及防控措施对新型主体和非农产业发展影响最为明显，需要一定的时间来恢复、巩固和加强。一是新型经营主体和服务主体发展受阻。在疫情冲击之下，新型农业经营主体和服务主体会经历一个困难时期，非农产业经营主体也不可幸免，甚至因为错过了一年中最重要的经营旺季，所承受的损失更大（见图2－2）。二是乡村非农产业恢复相对缓慢。近年来，乡村非农产业加速发展，特别是新业态、新模式涌现的休闲旅游、健康养老等生活性服务业成为乡村产业振兴的新动能。在疫情冲击下，农村的餐饮、住宿、休闲、旅游景点、娱乐场所暂停营业，加工运输经营主体延期复工。由于乡村经营主体多是小微企业和个体工商户，再加上城乡居民外出就餐、旅游、休闲等消费短时间难以恢复，乡村非农产业复工复产的进度要慢于城乡复工复产的整体进度，且经历的困难时期会更长。三是产业下沉和要素下乡通道不畅。城乡产业融合和城市优质要素下乡有赖于城乡产业链的有机衔接。疫情防控措施导致城乡交通运输、要素流动和生产性服务的中断，影响到城乡产业链的正常运行，导致已经联通的城乡产业融合和要素下沉通道被中断。同时，在因疫情冲击从而宏观经济整体呈现要素供应趋紧的背景下，农村产业发展将面临更大的资金、人才、服务、技术等要素约束，这些都会影响到疫情后期乡村产业的发展。

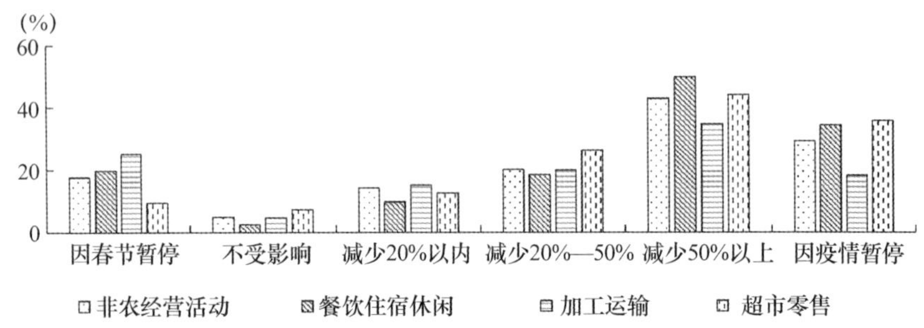

图 2－2　2020 年 2 月非农经营活动样本户经营活动和当月经营收入受影响情况

资料来源：中国社会科学院农村发展研究所农村组织与制度研究团队于 2020 年 2 月 11—14 日开展的线上调查。

2. 农村基础设施项目进度延后

农村水、电、路、网以及人居环境、公共服务基础设施滞后是实现农村全面小康的重要突出短板。疫情发生后，农村停产停工措施已经使建设中和即将开工的基础设施项目延迟。疫情防控期间，这些项目复工复产面临多重困难，普遍反映开工不足，会影响到农村基础设施建设的整体进度。一是防疫难。农村的施工主体，多是本地或临近地区的中小微企业，它们普遍面临防疫物资短缺、防疫能力不足的问题，恢复施工后的人员集聚，提高了防疫压力，也增加了额外成本支出。二是雇工难。据调查，约两成村民因担心疫情而停止下地干活、外出务工或非农经营，这造成了农村经营主体的雇工难题。[①] 项目施工主体同样面临雇工难，特别是外地技术人员和工程管理人员难以返回。三是运输难。疫情防控限制交通期间，农村物资运输的绿色通道主要针对农资、农产品和生活必需品，并未包括工程项目施工所需的建筑材料、器材等。在防疫期间，不少村庄对外村人员车辆“一禁了事”，把畅通道路的政策执行为“放开大路，收紧村口”。四是资金难。对于中小微施工主体来说，本来实力就弱、资金也紧张。在疫情持续的情况下，农村的雇工工资、运输成本都会较大幅度提升，原料价格也存在上涨可能，无疑加大了它们的资金压力。疫情冲击之下，各地经济和财政收入普遍呈现负增长态势，2020 年 1—2 月全国地方一般公共预算本级收入同比下降 8.6%[②]，而财政支出压力增大，乡村建设和恢复生产资金缺口巨大，由此将影响农村基础设施建设的财政投入水平，从而影响后续新开工建设的基础设施项目进度。

3. 农村公共服务能力短板显露

在突发疫情面前，以往考虑不充分的农村公共服务薄弱环节充分暴露出来。一是农村公共卫生服务能力短板。虽然乡镇卫生院、村卫生室普遍建立起来，但应对突发疫情的医疗设施水平、疾病防控体系、人员专业素质和服务能力等方面明显不足。二是农村社会动员能力短板。疫情初期，基层组织动员村民主要靠传

① 数据来自中国社会科学院农村发展研究所农村组织与制度研究团队的线上调查。

② 《2020 年 1—2 月财政收支情况》，2020 年 3 月 24 日，财政部网站（http：//gks. mof. gov. cn/tongjishuju/202003/t20200324_3487618. htm）。

统的广播喇叭，与村民的信息接收方式脱节。据调查，村民了解疫情信息主要通过网络媒体（88%）和广播电视（63%），比例明显超过村庄喇叭（23%）。[①] 长期以来，农村社会动员体系建设一直被忽视，社会动员的组织制度、程序设置、人员配置、设备设施等几乎“空白”。尤其是农村应急响应机制尚不完善，对公共安全事件的响应较慢。三是农村基础设施管护能力短板。疫情发生后，既因为封村封路，也因为担心感染，很多村庄的垃圾转运和厕所维护受到影响，导致村庄垃圾堆积、厕所无法使用的现象凸显。这充分暴露了农村基础设施运营维护能力的不足。四是基层组织应用新媒体新媒介能力短板。互联网社交平台、智能手机等在农村普及度相当高，已经深入村民生活的方方面面。但较少有基层组织主动利用互联网平台开展相关活动，主要是因为利用互联网的意识和能力不足。正因为基层组织没有积极主动地利用互联网提供公共服务、开展乡村治理，才为网络谣言的传播提供了可乘之机。

4. 脱贫攻坚增添新的困难挑战

2020 年完成剩余 551 万贫困人口脱贫、52 个贫困县摘帽和 2707 个贫困村出列[②]，仍是一场硬仗。突然发生的疫情，又给脱贫攻坚带来了新的困难和挑战。贫困地区虽然疫情不重，但由于产业基础薄弱，内生发展动力不足，脱贫成果亟待巩固，这次疫

---

① 数据来自中国社会科学院农村发展研究所农村组织与制度研究团队的线上调查。

② 《国务院新闻办就决战决胜脱贫攻坚有关情况举行新闻发布会》，2020 年 3 月 12 日，中国政府网（http：//www. gov. cn/xinwen/2020 -03/12/content_5490339. htm）。

情无疑会进一步加大脱贫难度和返贫风险。一是制约了贫困人口和刚脱贫人口外出务工增收。据国务院扶贫办统计，2019 年全国有 2729 万建档立卡贫困劳动力在外务工，这些家庭 2/3 左右的收入来自外出务工，涉及 2/3 左右建档立卡贫困人口[①]，因此务工收入持续增加对能否脱贫至关重要。疫情使部分贫困人口滞留在家，不能外出务工就业。截至 2020 年 3 月 27 日，全国 25 个省已经外出务工的贫困劳动力有 2000 多万，相比 2019 年外出务工的人数还有 500 多万人暂时没有出去，有意愿外出的劳动力还有 561 万人；没有脱贫摘帽的 52 个贫困县，已经外出务工的人数是 211.78 万人，占 2019 年外出务工人数的 83%。[②] 疫情在全球蔓延，将叠加疫情冲击和国际贸易恶化双重因素，影响到吸纳贫困人口就业较多的产业部门，导致贫困人口外出务工机会的不稳定，加剧务工收入减收风险。二是限制了产业发展对脱贫攻坚的促进作用。扶贫产业项目多是特色农产品，需要现产现销，对外部市场和服务支撑依赖度高。疫情防控期间，由于人流物流和生产服务阻断，消费需求大幅减少，导致一些贫困地区特色农产品出现滞销，扶贫产业项目效益下滑。贫困户本身经营能力弱，因服务短缺和产品滞销造成的经营困难会更严重，恢复的难度也更大。三是延迟了扶贫项目复工开工和建设进度。疫情防控期间，由于防控要求和人流物流限制，一些扶贫项目处于停工或

---

① 习近平：《在决战决胜脱贫攻坚座谈会上的讲话》，《人民日报》2020 年 3 月 7 日第 2 版。

② 《4 月 1 日：国务院联防联控机制介绍做好疫情期间脱贫攻坚和民政服务工作情况》，2020 年 4 月 2 日，中国政府网（http：//www.gov.cn/xinwen/gwylflkjz77/index.htm）。

开工不足状态，不能按计划推进。在疫情防控和脱贫攻坚双重压力下，贫困地区政府部门和村两委组织力量明显不足，对口帮扶和东西部扶贫协作工作难以正常开展[①]，这些都会迟缓扶贫项目实施进度。据2020年4月1日国务院联防联控机制发布的数据，中西部22个省份安排扶贫项目37万个，开工的有22万个，开工率仅有60%[②]，远低于全国规模以上工业企业超过98%的开工率。四是加大了已脱贫人口返贫和贫困边缘人口致贫风险。据各地初步摸底，已脱贫人口中有近200万人存在返贫风险，边缘人口中有近300万人存在致贫风险。[③] 在已脱贫的地区和人口中，有的产业基础薄弱，增收渠道单一且不稳定，疫情冲击无疑会加大返贫和致贫风险。特别是刚刚脱贫摘帽的深度贫困地区，产业发展刚刚起步，农民收入来源尚不稳定，对外部冲击尤为敏感，疫情冲击导致产业发展夭折、家庭收入下降的风险较大，需要高度警惕“因疫返贫”“因疫致贫”。

第二节　支持“三农”应对疫情的对策措施

实现决胜全面建成小康社会、决战脱贫攻坚目标，不会因疫情冲击而降低要求。疫情发生以来，习近平总书记多次强调，要

---

① 郭晓鸣、高杰：《新冠疫情对脱贫攻坚的冲击及应对建议》，中国社会科学院城乡发展一体化智库《研究专报》2020年第5期。

② 《4月1日：国务院联防联控机制介绍做好疫情期间脱贫攻坚和民政服务工作情况》，2020年4月2日，中国政府网（http：//www.gov.cn/xinwen/gwylflkjz77/index.htm）。

③ 习近平：《在决战决胜脱贫攻坚座谈会上的讲话》，《人民日报》2020年3月7日第2版。

统筹做好疫情防控和经济社会发展工作，努力实现全年经济社会发展目标任务，实现决胜全面建成小康社会、决战脱贫攻坚目标任务。[①] 落实这一要求，必须统筹做好疫情防控与“三农”工作，积极采取多方面政策措施，全面落实农业农村优先发展，尤其要优先满足脱贫攻坚和农村补短板的人财物需求，大力促进农民就业创业增收，全力弥补疫情造成的损失，确保如期完成脱贫攻坚和农村全面小康目标任务。立足当前，着眼长远，在科学精准做好农村疫情防控工作的前提下，应对新冠肺炎疫情对“三农”的影响，应从以下几个方面着手。

一　多策并举加快乡村产业发展

疫情防控取得积极成效后，从中央到地方都采取措施统筹疫情防控和经济发展，有序恢复经济秩序，减少疫情造成的负面影响。目前，各地农业农村经济秩序正在迅速恢复过程中，要在疫情防控常态化条件下，制定实施支持农业农村产业发展的政策措施，帮助乡村经营主体渡过难关，并营造良好的发展环境，稳定和刺激农业农村产业投资，为乡村产业发展注入更多动力。

1. 尽快恢复农业农村经济秩序

要坚定不移贯彻新发展理念，深化农业供给侧结构性改革，

---

① 习近平：《在统筹推进新冠肺炎疫情防控和经济社会发展工作部署会议上的讲话》，《人民日报》2020 年 2 月 24 日第 2 版。

分区分级恢复农业生产和农村经营活动，加快形成同疫情防控相适应的农业农村经济运行秩序。因地制宜调整优化复工复产中的防控措施，及时梳理和取消前期应急防控时采取的、与目前恢复生产生活秩序不相适应的措施。在保障必需的防控物资和应急处置能力同时，打通农村人流、物流、资金流的“堵点”“断点”，解决农村经营主体的用工、资金、原材料供应等需求；加强对农村经营主体的防疫指导服务，尽快建立适应农业生产和农村经营活动的常态化疫情防控机制；加强重要农业投入品生产和市场运行调度，保障春耕春播春管和全年农业生产农资供应；统筹抓好生产发展、产销衔接、流通运输、市场调控、质量安全等各项工作，加强技术指导服务，及时解决生产瓶颈问题。

2. 确保粮食安全和重要农产品供给

随着新冠肺炎疫情的全球蔓延，多国因疫情“封关”，部分国家出台政策停止、限制甚至禁止粮食等农产品出口。为此，要坚持“以我为主，立足国内、确保产能、适度进口、科技支撑”的国家粮食安全战略，全面落实粮食安全省长负责制，充分调动农民种粮和地方抓粮两个积极性，稳定粮食播种面积和产量，提高粮食综合生产能力和产品质量，确保粮食稳产增效和有效供给。同时，要全面落实“菜篮子”市长负责制，切实保障肉、蛋、奶、水产、蔬菜、水果等农产品稳定供应和市场价格稳定。特别是，要落实非洲猪瘟防疫责任，稳定和提升养殖主体复养信心，并在财政、税收、金融、保险、用地等方面加大政策支持力度，促进生猪产业加快恢复发展，全力保障猪肉市场有效供给。

3. 促进新型农业经营主体加快发展

一方面，在帮助新型农业经营主体尽快恢复产能、度过困难时期的同时，要着眼于提升其风险应对能力和综合竞争力，通过财政、信贷、担保、保险等支持措施，及时化解疫情造成的经营损失，防范资金链断裂导致大量破产倒闭现象发生，并采取有效措施提高新型农业经营主体经营者素质和能力，切实解决新型农业经营主体管理不规范、制度不健全等问题。要引导新型农业经营主体调整优化生产结构，与农户签订中长期流转合同，推广实物计租货币结算、租金动态调整、土地入股保底分红等利益分配方式，引导形成稳定地租，保护流转双方合法权益。[①] 另一方面，加快发展农业生产性服务，动员实力较强的服务主体提供统一、标准的专业化服务，重点支持集中育秧、机插秧等关键环节及代育代插、代耕代种等农业生产托管服务，加强营养、育种、兽医及大数据应用等方面的专业化服务，推广普及“线上签约+直播监督”服务新模式，发挥集体经济组织、农民合作社组织农户对接服务主体作用。要组织做好服务主体跨区作业，确保道路畅通、对接顺畅，解决部分地区农机作业能力不足问题。根据实际需求，出台不同环节服务业务的补贴或税费减免政策，

① 中国社会科学院农村发展研究所家庭农场发展监测研究团队：《新冠肺炎对家庭农场生产经营的影响及对策建议》，中国社会科学院城乡发展一体化智库《研究专报》2020年第3期。

以解决因疫情服务成本升高的问题。

4. 加快培育新产业新业态新模式

抓住疫情后新产业新业态新模式涌现的有利时机，围绕发展富民乡村产业，瞄准产业链关键环节，打造各具特色的农业全产业链，形成有竞争力的产业集群，推动农村一二三产业融合发展，为乡村产业振兴增添新动力。要鼓励返乡就业创业创新，为返乡留乡人员创业提供更为便捷的政策支持和服务支撑，提高乡村新产业、新业态吸纳就近就业的能力。支持销售企业联合生产基地，整合生产端优质资源，形成高效运行、顺畅联结的农业完整产业链；推广种养结合循环农业、培育“线上销售+线下配送”新模式，拓展乡村旅游、休闲农业、健康养老等新产业，为农民创造更多的经济价值。

5. 营造良好环境促进乡村产业投资

稳投资是稳增长的关键。为对冲疫情影响，要积极营造良好发展环境，全面促进和刺激乡村产业投资，提升投资者信心，稳定农业农村经济增长。要针对当前疫情，设立专门瞄准新型经营主体和服务主体的支持政策，进一步延长税费优惠、贷款支持和延期续费期限，出台租金、水电气费等减免政策，取消小微经营主体和个体工商户获取政策的冗余要求。结合农村综合性服务中心建设，整合乡镇政府和基层组织服务力量，为农村经营主体提供政策咨询、项目申请、资源对接、税费缴纳、会计代办等服务，减轻他们的运行成本和发展阻力。

二　千方百计促进农民持续增收

疫情冲击下已经形成的收入损失不可挽回，要确保农民持续增收，必须在稳定收入来源的基础上推动农民增收提速。这就要求为外出农民工稳定就业和再就业创造条件，为滞留在乡的农民工提供更多就业机会，为提高农业和非农产业经营效益提供支撑，为特困群体和因疫情受损失严重的群体提供有效的保障。

1. 稳定农民工务工就业收入

在当前和今后一段时期内，要把稳就业扶持政策的着力点放在农民工群体上，加强农民工输出地与输入地对接，做好点对点、区对区、一站式输送返岗工作，消除不合理的流动限制，帮助农民工尽快回到工作岗位或找到新的工作。出台吸纳农民工就业的用工奖励政策，以项目扶持、税费减免、购买服务等调动用工主体雇用农民工的积极性。帮助困难群体就业，向贫困地区定向投放就业岗位，及时推出农民工转岗再就业培训项目。加强农民工就业动态监测，预防发生欠薪等农民工权益得不到保障的情形，为农民工维护权益提供支持。

2. 扩大就近就地就业机会

加快设立乡村保洁员、水管员、护路员、生态护林员等公益性岗位，重点安置低收入和贫困家庭、优抚对象的劳动力。对疫情期间带动较多劳动力就业的家庭农场、专业大户、农民合作社、涉农企业等给予专项奖励，将扶持政策与吸纳就业挂钩。加大新型职业农民、致富带头人培训，将有意愿返乡创业的农民工作为重点培育对象。加大农村创业的财税、融资、用地、项目等支持力度，简化审批流程，提供创业辅导，鼓励就近就地自主创业。

3. 发挥政策稳定收入作用

要扩大粮食生产者补贴，加大农业支持保护补贴力度，调整优化补贴结构，进一步完善以高质量绿色发展为导向的新型农业补贴政策体系，切实提高农业支持保护政策的增收促进作用。瞄准新型农业经营主体和服务主体，实行对稳产增效作用显著的主体或环节的临时性补助，带动小农户衔接现代农业、分享农业产业链增值收益。探索建立应对突发应急事件的奖励机制。很多农村居民参与到疫情防控工作中，并为此耽误了农业生产、务工就业，应该为他们提供相应的实物或现金奖励。参照一些地方发放生活消费券的做法，对农村低收入群体进行定向补贴，保障陷入困境农民的基本生活；面向城乡居民的消费券向农村产品和服务倾斜，有效扩大农村消费需求。

三 加大力度补齐全面小康短板

完成农村基础设施和公共服务补短板任务，关键是把因疫情耽误的进度赶回来，把因疫情暴露的新短板列入工作范围，这需要更多的人力、财力和物力投入。为此，必须集中更多资源，充分利用滞留在乡的农民工，加快推进农村基础设施和公共服务项目，并统筹考虑增强农村应对疫情防控等公共安全事件的能力。

1. 加快推进农村基础设施建设

为统筹新冠肺炎疫情防控和稳定经济社会发展，中央已经明确要加快推进国家规划已明确的重大工程和基础设施建设。当前，农业基础设施、农村公共服务设施、信息化设施、人居环境设施等都属于薄弱环节，国家应在投资和政策上给予优先支持。农业基础设施方面，要重点支持高标准农田建设、农田水利设施更新、标准化圈舍建设等，以为疫情后快速恢复经营奠定基础；农村公共服务方面，应把疫情防控中暴露出的公共卫生服务设施和综合应急能力短板列入农村基础设施建设的重点；农村人居环境方面，应把村内道路、地下管网、垃圾和污水处理等设施建设列上重要议程；农村信息化方面，重点加快农业大数据平台、智慧农业、智慧村庄等设施建设。此外，还要加快在建基础设施项目进度，适合村庄自主建设的项目，鼓励集体经济组织和农民合作社承接；探索农户自主建设“入户”部分设施，引导滞留农民工有序参与；切实提高农村基础设施运营管护能力，建立专业化、常态化的运营管护队伍，培育公益性服务组织。

2. 加快补齐农村公共服务短板

农村公共服务是全面建成小康社会的突出短板，而农村应急管理则是这一短板中的短板。对此，在统筹疫情防控与经济社会发展中，应以提升农村综合应急能力为重点，加快补齐农村公共服务短板。一是提高农村公共卫生服务能力。着重建立农村应急物资储备制度，完善农村公共卫生服务体系，加强农村公共卫生人才队伍建设。二是健全农村应急组织体系。加强各部门的联动配合，明确县、乡镇、村的职责分工，构建“县统筹、乡镇负责、村为主”三级联动机制，推动应急管理工作重心下沉。三是强化农村安全风险防范。农村各种灾害事故和矛盾纠纷较多，应针对不同类型突发事件的特点和诱发因素，扎实做好农村应急预警预案、风险排查和安全防范工作。四是完善农村灾害救助体系。设立财政专项救助基金，调动市场主体参与救助的积极性，形成政府、企业、市场互动的灾害救助体系。五是提高基层组织新媒体新媒介应用能力。结合村级服务平台建设，推广普及互联网信息服务平台，鼓励基层组织通过新媒体新媒介提供公共服务，推动乡村治理与新媒体新媒介的融合，切实提高基层组织治理能力。

四　统筹施策确保实现脱贫攻坚目标

确保如期打赢脱贫攻坚战，是党中央向全国人民做出的郑重承诺，是实施乡村振兴战略的重要基础，也是全面建成小康社会的底线要求和硬任务。化解疫情对脱贫攻坚造成的不利影响，需要按照分区分级的要求，因村制宜、精准施策，统筹做好疫情防控和精准扶贫工作，加快推进脱贫攻坚项目进度，高质量完成剩余脱贫攻坚任务，全面提高脱贫质量，确保如期实现脱贫攻坚目标。

1. 高质量完成剩余脱贫攻坚任务

贫困地区必须坚持疫情防控和脱贫攻坚两手抓，做好二者的统筹衔接。[①] 要在加强疫情防控的同时，加快恢复生产生活秩序，高质量全面完成剩余脱贫攻坚任务，努力将疫情影响降到最低。要继续聚焦“三区三州”等深度贫困地区，进一步加大资金和政策支持力度，新增资金适当向受疫情影响较重地区倾斜；要积极创造条件有序推进农村危房改造、农田水利等工程以及企业、就业扶贫车间等经营主体复工复产，鼓励复工重点企业优先录用贫困劳动力，多渠道做好贫困劳动力外出返岗务工和就地就近转移就业工作；利用国家应对疫情加大投资以及当前滞留本地劳动力较多的时机，加快实施和启动一批脱贫致富项目，切实做好剩余农村贫困人口退出和贫困县摘帽工作，集中力量打好深度贫困歼灭战。

2. 增强脱贫的稳定性和可持续性

防止返贫和新发生贫困是提高脱贫质量的关键，也是打好脱贫攻坚战的根本。为全面提高脱贫质量，对于已经脱贫的贫困人口，一定时期内要保持政策的稳定性、连续性，做到脱贫不脱政策，“扶上马、送一程”；要通过加大产业扶贫、就业扶贫和扶志扶智的力度，加大异地扶贫搬迁后续扶持力度，形成具有竞争力的长效扶贫产业，以及持续稳定增收和减贫的长效机制，增强

---

① 魏后凯：《疫情之下做好三个统筹 全面打赢脱贫攻坚战》，《中国国情国力》2020 年第 2 期。

脱贫人口的自我发展能力，从源头上消灭造成返贫和新发生贫困的土壤；要进一步加强对返贫人口和新发生贫困人口的监测预警，及时精准制定扶持政策，建立防止返贫致贫的动态帮扶机制，实现脱贫的可持续性。

（魏后凯、芦千文）

第三章　对工业经济的影响及对策

新冠肺炎疫情是中华人民共和国成立以来暴发的传播速度最快、感染范围最广、防控难度最大的重大突发公共卫生事件，也是近百年来出现的全球大流行的重大传染病疫情。新冠肺炎疫情在2020年第一季度对中国工业经济造成严重冲击，对工业经济的中长期影响则取决于疫情在全球的持续时间、各国抗疫举措的有效程度，以及疫情之后各国为了恢复经济推出的政策对冲力度。到2020年4月初，全球新冠肺炎仍呈多点暴发并扩散蔓延的趋势，世界卫生组织已经将其定义为最高危险等级的“全球大流行”，北美和欧洲多国疫情形势严峻，尚未出现疫情拐点迹象，未来发展形势不甚明朗。综合现有国内外对疫情发展趋势的预测，如果在联合国和世界卫生组织牵头下，各国积极参与，全球联防联控，调配医疗资源，全球疫情有望在2020年10月得到控制，年底基本清零；但如果各国对疫情采取不同的应对措施，在经济停摆的损失和强硬的防控措施之间权衡取舍，疫情会在经济基础薄弱、卫生条件较差、抗疫措施不完善的国家大肆蔓延，并且随着人员流动在全球出现反复，直至新冠病毒疫苗和新药研制成功完成临床试验，进行大规模群体接种和针对性治疗，这种情境下，全球疫情持续时间可能长达1—2年。[①]

新冠肺炎疫情造成的全球经济损失已经超过2008年世界金融危机，是世界经济自第二次世界大战结束后最严重的衰退。[②]国际机构和主要国内外研究机构不断下调2020年经济增长预期，全球经济陷入危机和衰退的可能性随着疫情蔓延不断增加。因此，无论全球疫情是否能够在2020年底得到基本控制，无论世界经济是否能够在明年出现有力反弹，新冠肺炎疫情对中国工业经济造成的巨大负面冲击都不会在1—2年的较短时间内得到完全修复，疫情极大程度上将对中国工业经济多个层面产生中长期深远影响。本章在对疫情已经造成的对中国工业经济严重冲击分析的基础上，对疫情造成的中长期深远影响进行研判，并提出近期实现“转危为机”，中长期增强工业经济韧性的政策建议。

第一节　疫情对工业经济的短期冲击

疫情作为外生的非经济性冲击，对工业经济运行的短期影响

---

① 《张文宏、李兰娟等7位专家解析全球新冠疫情走向》中表示“德国拿出两年时间来应对疫情”，新浪网（http：//news. sina. com. cn/c/2020-03-29/doc-iimxxsth2495280. shtml）。

② 2020年3月23日，经济合作与发展组织秘书长安赫尔·古里亚接受英国广播公司（BBC）采访时表示，新冠肺炎大流行造成的经济损失已经超过2008年国际金融危机和2001年的“9·11”事件。2020年4月7日，国际劳工组织也发布消息，认为新冠肺炎疫情造成的全球经济损失已经远超2008年国际金融危机，是第二次世界大战结束以来国际经济合作面临的最大挑战。

具有特殊性：一是突发性，构成工业经济系统预期之外的突然冲击；二是系统性，冲击通过供应链和需求侧机制在工业经济系统内传导扩散，各工业行业、各区域面临系统全面冲击；三是破坏性，对工业经济正常运行产生严重破坏；四是阶段性，破坏效应在初期最大，随着冲击因素得到控制逐步衰减；五是结构性，对不同工业行业、区域和企业类型的影响存在结构性差异。具体来看，本次新冠肺炎疫情在国内流行及管制措施对中国工业经济短期冲击影响范围广泛、破坏程度大，且在不同行业、不同区域和不同企业类型间存在差异。疫情在全球蔓延对外向型行业的负面影响已经显现，与抗疫相关的制造业在全球需求激增的情况下实现快速复工扩产。疫情暴发彰显了中国工业经济庞大供给能力和快速适应能力，也暴露出应对非经济冲击的“韧性”不足。

一　国内疫情对工业经济运行的冲击

1. 疫情对工业经济运行的总体影响

破坏力之大前所未有。新冠肺炎疫情对中国工业经济运行产生了前所未有的短期破坏（见图 3－1）。受疫情冲击最大的 2020 年 2 月，工业增速陡然下降，当月工业增加值同比下降 25.9%，环比下降 26.6%，为 1990 年以来单月最大跌幅；制造业 PMI 跌至历史最低点，制造业经济活动急剧萎缩。工业企业生产时间大幅压缩，开工严重不足，导致工业企业产能利用率较

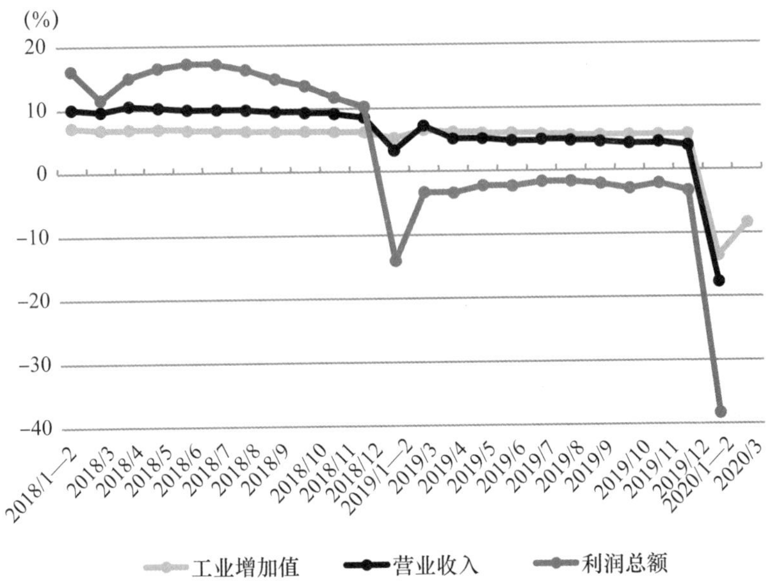

图3－1　2018年以来工业经济主要指标月度累计同比增速变化

资料来源：国家统计局，月度数据，http：//data. stats. gov. cn/easyquery. htm? cn = A01。

低，企业面临严重的产能损失。① 同时，工业投资需求、非必需品消费需求和出口需求同时下降②，新增订单大幅下滑，2020年1—2月工业企业产品销售率同比下降0.7个百分点，产成品存货周转率下降，库存明显攀升。在产销双降的情况下，工业企业用工、折旧、摊销等成本及财务费用等刚性支出不减，防疫又大幅增加成本，利润降幅远高于收入降幅，1—2月规模以上工业

① 2020年第一季度全国工业产能利用率为67.3%，比上年同期下降8.6个百分点。

② 2020年1—2月，全国工业投资、商品零售总额、工业出口交货值分别同比下降27.5%、17.6%、19.1%。

企业营业收入、利润总额分别同比下降17.7%、38.3%，营业收入利润率同比降低1.17个百分点，亏损企业数量同比增加32%，企业亏损面扩大至36.4%。

影响范围之广前所未有。与2003年“非典”疫情的影响局限在部分行业和个别区域不同，新冠肺炎疫情首先使湖北经济停摆，随着疫情在全国蔓延，叠加春节假期影响，疫情造成的负面冲击很快通过供应链、产业链在行业和区域间交叉传导，最终造成全国范围内的工业供应链网络、销售体系和物流体系瘫痪，企业复工困难重重。2020年1—2月，41个大类工业行业中有39个行业增加值同比负增长，31个省（自治区、直辖市）工业增加值全部负增长。

随着国内疫情得到有效控制，疫情的负面影响快速减弱。2020年3月工业经济运行状况明显好转，当月工业增加值同比下降1.1%，环比增长32.1%，工业产出规模已经接近去年同期水平。从供给看，疫情对潜在生产能力破坏不大，从2月上旬开始，全国工业开始有序复工①，员工逐步返岗，物流体系日益通畅，工业企业产能利用率稳步上升，国内工业供应链重新打通。3月制造业PMI较2月强劲回升16.3个百分点至52.0%，其中生产指数上升幅度最大，回升26.3个百分点。从需求看，工业

① 全国采购经理调查数据显示，截至2020年2月25日大中型制造业企业复工率达到85.6%，3月25日复工率进一步提高至98.7%。工信部数据显示，截至4月14日全国规模以上工业企业平均开工率已达99%，人员复岗率达94%，主要工业大省在3月底已经全面开工。

投资品需求和耐用消费品需求因疫情延后，但大多并未消失，疫情得到控制后产品需求有所回暖，重新激发工业市场活力。不过，3 月工业投资依然同比大幅下降 21.1%，降幅仅比 1—2 月收窄 6.4 个百分点，汽车、家电、家具等产品零售额依然同比大幅下降，需求恢复仍需较长时间。疫情冲击减弱后，供给恢复速度明显快于需求恢复速度，产销衔接并不顺畅[①]，需求疲软成为制约工业经济恢复的主要因素。

2. 疫情对不同行业影响程度分析

虽然疫情全面冲击各工业行业，但对不同行业的影响机制和冲击程度有显著差异，这主要取决于各行业的供应链特征、产业链特征、要素结构特征和需求特征。从供应链特征看，供应链体系复杂且地域分散的行业面临的供应链断链风险更大，组织协调生产的成本更高，受到疫情冲击较大，尤其是供应链高度依赖湖北省的行业首当其冲。从产业链特征看，产业链条长的行业易受冲击，且处于产业链下游的最终产品生产所受冲击程度大于处于产业链中上游的原材料、零部件生产。从要素结构特征看，劳动力密集度高、对物流体系依赖程度大的行业，受到疫情冲击较大，自动化程度高的行业则容易率先复工。从需求特征看，抗疫所需的穿戴用品、消毒用品、医疗器械等防疫应急物资需求激增，国产替代加速，相关行业直接受益[②]；民生保障类产品、生

---

① 2020 年 3 月工业企业产品销售率同比下降 4.1 个百分点，环比下降 2.4 个百分点。

② 以呼吸机为例，国内三甲医院主要采购欧美厂商生产呼吸机，国产率低。疫情暴发后，国产呼吸机紧急进入采购范围，仅鱼跃医疗呼吸机新增占有率就超过一半，国产替代进程大幅提前。

活必需品、基础原材料及部分高技术产品[①]的需求所受冲击较弱，相关行业受冲击相对较小；耐用消费品、资本品需求被动延迟，相关行业受冲击最大。

就工业的三大门类看，由于采矿业和电力、热力、燃气及水生产和供应业的生产条件和市场需求受疫情影响较小，各项指标降幅不大；制造业增加值、营业收入和利润总额等指标降幅远超其他两大门类（见表3－1）。就工业41个大类看（见图3－2至图3－4），约有1/2的行业受到重度冲击，2020年1—2月行业增加值和营业收入同比下降20%以上，主要包括汽车、家具、纺织、服装、机械设备、电气设备、金属制品、文体用品、橡胶塑料、建材、造纸、印刷、非金属矿采选等相关行业。其中汽车制造业是受疫情冲击最大的行业[②]，1—2月增加值和营业收入降幅均在30%以上，主要源于其供应链的复杂性和需求的高弹性，且湖北省是全国最重要的汽车零部件供应基地。约有1/4的行业受到中度冲击，1—2月行业增加值和营业收入同比下降10%—20%，主要包括食品、饮料、电子信息制造、化学原料、金属矿采选、煤炭采选等相关行业。食品、饮料等生活必需品行业的营业收入降幅小于增加值降幅，且出厂价格大涨拉低了疫情对利润总额的冲击。计算机、通信和其他电子设备制造业的产销降幅不

① 2020年1—2月高技术制造业投资下降16.5%，低于制造业投资的降幅（31.5%）。半导体分立器件、集成电路等部分高技术产品产量实现较大幅度增长。

② 根据中汽协的统计数据，2020年2月全国乘用车产量和销量的降幅均在80%以上，出现断崖式下跌。第一季度汽车制造业产能利用率仅为56.9%。

大，但由于供应链成本攀升导致利润大幅下滑。约有 1/4 的行业受到轻度冲击，1—2 月行业增加值和营业收入同比下降 10% 以内或实现正增长，主要包括医药、燃料化工、钢铁、有色、非金属矿采选、公用事业、烟草等相关行业。石油和天然气开采业、烟草制品业是仅有的两个增加值和营业收入实现正增长的行业，二者的利润总额也大幅增长。钢铁、有色等流程型行业增加值降幅较小，主要产品产量实现正增长。

表 3－1　　2020 年 1—2 月工业三大门类运行情况　　（单位：%）

行业门类	工业增加值同比增长	营业收入同比增长	利润总额同比增长	亏损企业数量同比增长	企业亏损总额同比增长	亏损企业占比
工业总计	－13.5	－17.7	－38.3	32.0	24.3	36.4
采矿业	－6.5	－10.5	－21.1	22.7	28.0	35.7
制造业	－15.7	－19.1	－42.7	33.2	24.6	36.4
电力、热力、燃气及水生产和供应业	－7.1	－7.6	－23.2	11.6	20.0	36.3

资料来源：国家统计局，月度数据，http：//data. stats. gov. cn/easyquery. htm? cn = A01。

2020 年 3 月各行业生产状况全面好转，41 个大类行业中有 16 个行业增加值实现同比增长。不同行业产出恢复速度差别较大，主要取决于供应链和市场需求的恢复情况。以医药制造和计算机、通信和其他电子设备制造为代表的高技术制造业成为最大亮点，需求回暖带动复工后产出快速恢复，当月增加值同比大幅增长 8.9%，率先走出疫情冲击的阴霾。从行业增加值 3 月同比

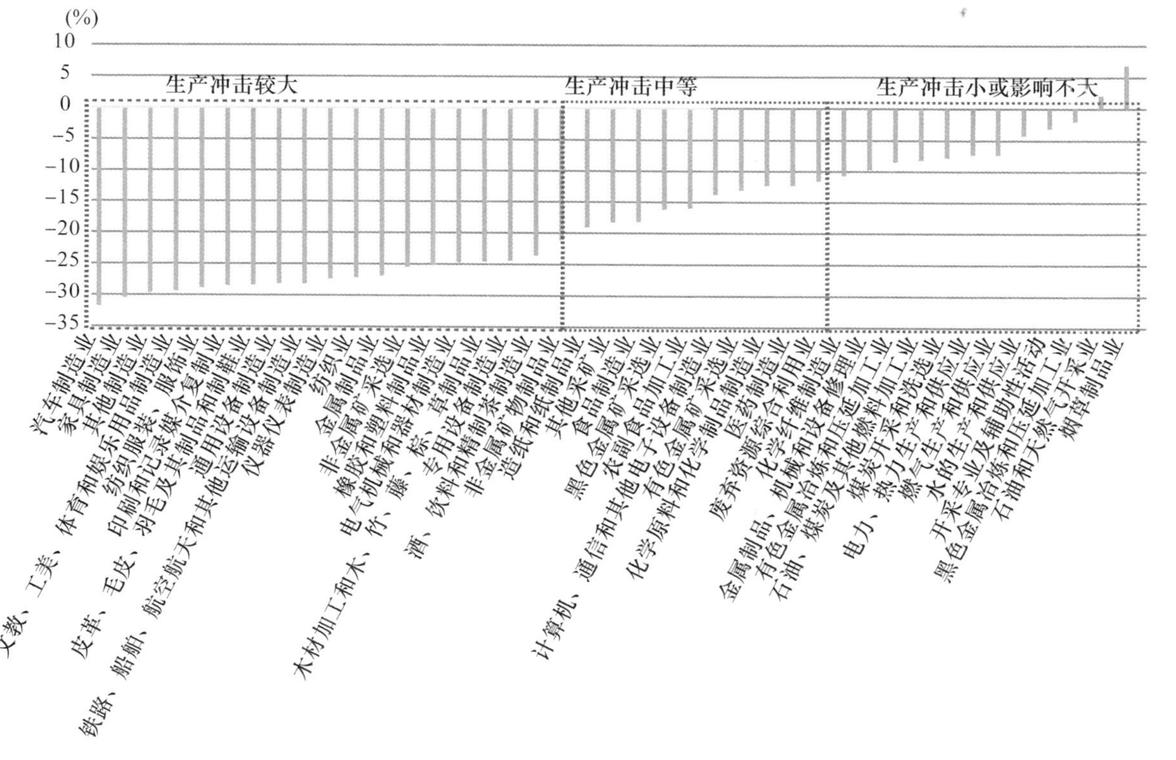

图 3-2　2020 年 1—2 月份规模以上各工业行业增加值同比增速

资料来源：国家统计局，月度数据，http：//data. stats. gov. cn/easyquery. htm？ cn = A01。

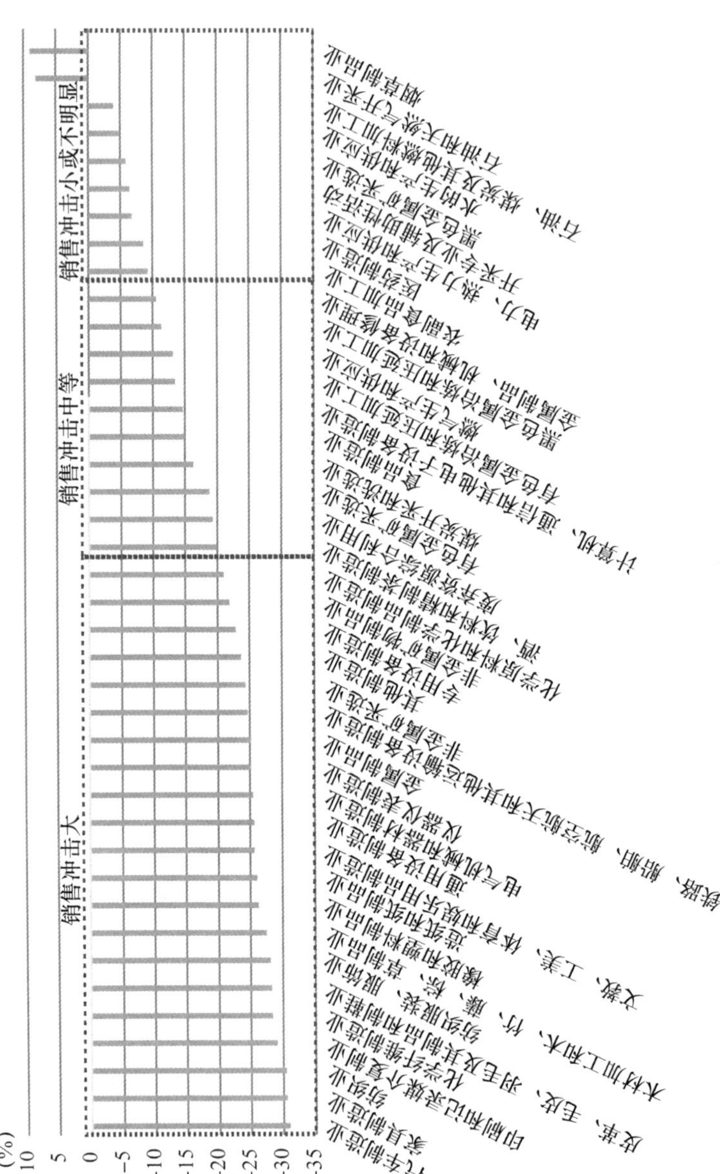

图 3-3　2020 年 1—2 月份规模以上各工业行业营业收入同比增速

资料来源：国家统计局，月度数据，http://data.stats.gov.cn/easyquery.htm? cn = A01。

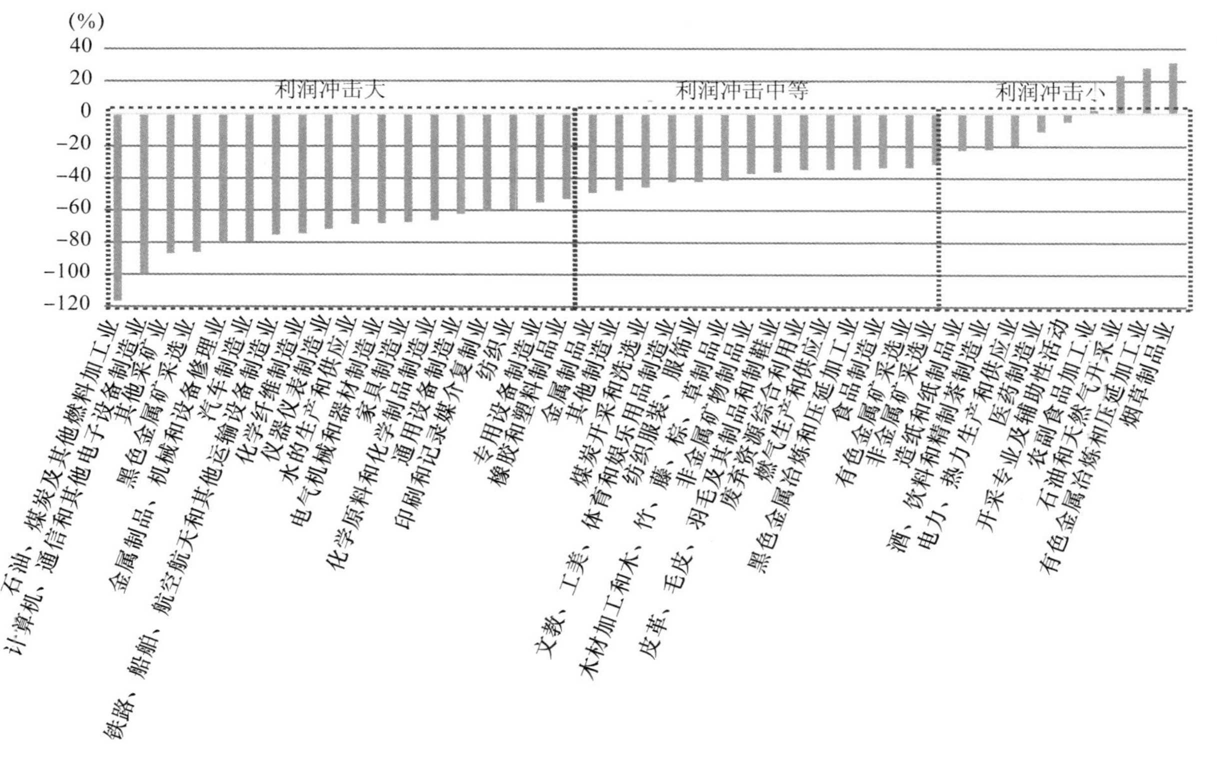

图 3－4　2020 年 1—2 月份规模以上各工业行业利润总额同比增速

资料来源：国家统计局，月度数据，http：//data. stats. gov. cn/easyquery. htm? cn = A01。

增速相较于1—2月同比增速的变化来看，铁路船舶航空航天设备、电气设备、机械设备、食品、纺织等行业产出恢复速度较快，3月降幅大幅收窄或转为增长；汽车制造因面临多重困境而恢复缓慢，3月增加值依然同比大幅下降22.4%；钢铁、有色、采矿、公用事业等行业继续保持稳健运行。

3. 疫情对不同地区影响程度分析

由于不同区域疫情严重程度和工业结构存在较大差异，疫情对各区域工业经济的冲击程度不同。首先，疫情越严重的省区，工业增加值下滑幅度越大，二者之间存在高度相关性（见图3－5）；其次，生产受疫情重度冲击的行业（如汽车、设备制造、轻纺）在工业结构中的占比越高，工业增加值下滑幅度越大。整体上，发达地区的工业经济受疫情冲击程度大于欠发达地区。分四大板块看，2020年1—2月东部地区和中部地区工业增加值降幅最大，依次下降16.9%、16.7%，东北地区下降11.5%，西部地区下降7.6%。分省区看（见图3－6），1—2月湖北工业增加值降幅高达46.2%，重庆、广东、吉林、上海4个省（直辖市）工业增加值降幅在20%以上，是受疫情冲击最严重的区域；新疆、宁夏、云南、甘肃、内蒙古5个省（自治区）工业增加值降幅在5%以内，受疫情冲击较弱。不过，发达地区的复工速度也明显更快。3月东部地区和中部地区工业增加值同比降幅均在1%以内，降幅较1—2月分别收窄16.2个、15.9个百分点；西部地区同样表现优异，3月工业增加值同比增长4.3%；东北地区则产出恢复缓慢，疫情进一步放大了其工业结构滞后和竞争力

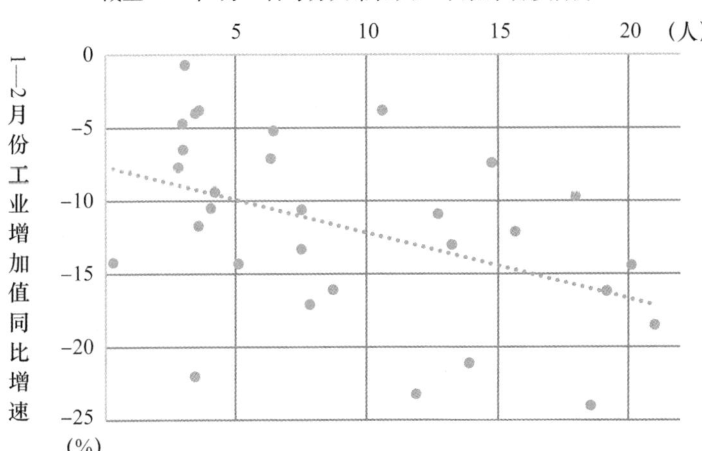

图3-5　各省市区（除湖北省）确诊病例数与工业增加值之间关系

资料来源：国家统计局，分省月度数据，http：//data. stats. gov. cn/easyquery. htm？cn = E0101；各省（自治区、直辖市）卫生健康委员会。

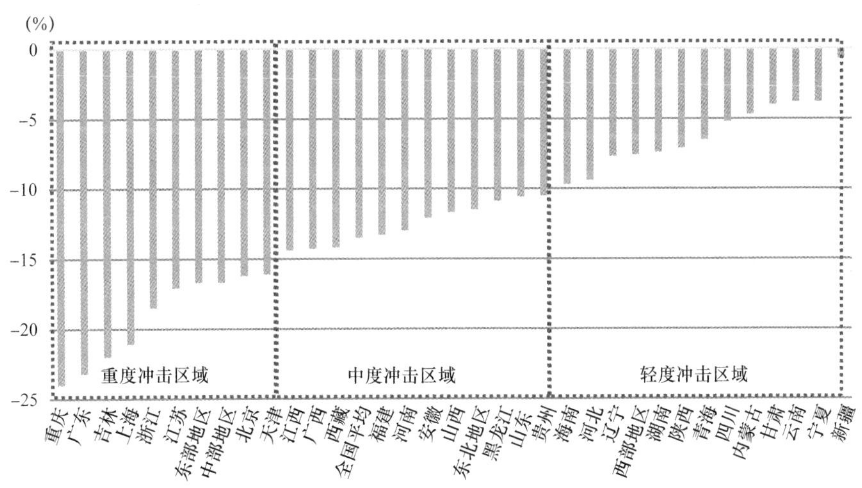

图3-6　2020年1—2月各省市区（除湖北省）工业增加值同比增速

资料来源：国家统计局，分省月度数据，http：//data. stats. gov. cn/easyquery. htm？cn = E0101。

不足的劣势，3 月工业增加值继续同比大幅下降 7.1%。

4. 疫情对不同企业类型影响程度分析

除了受所处行业的影响外，疫情对企业的冲击程度还与企业复工能力和抵御资金风险能力直接相关。企业所有制类型和规模不同，受疫情冲击的程度也不尽相同。从所有制类型看，国有控股企业多处于产业链上游的关键环节，对下游影响大，复工进度更快①，且企业规模普遍较大，资金链压力小，因此国有控股企业所受冲击程度远低于其他类型企业（见表 3－2）。外商及港澳台商投资企业、私营企业相对处于产业链下游，供给风险和需求风险明显更高，2020 年 1—2 月停工损失巨大。3 月私营企业加快停工期间积压订单的生产，暂时实现产出企稳。从企业规模看，大型企业具备更好的复工条件和资金条件，率先复工并带动了中小企业复工②，所受冲击较小；中小型企业劳动保护措施有限，难以快速复工复产，且收入下滑导致大部分企业现金流紧张③，所受冲击较大，且存在因现金流枯竭大量倒闭的风险。从 2020 年 2 月和 3 月制造业 PMI 指数看，大型企业的生产经营状况最优，其次为中型企业，最后为小型企业。

---

① 根据《经济日报》报道，早在 2020 年 2 月 17 日中央企业所属 2 万余户生产型子企业开工率已超 80%，石油石化、通信、电力等行业开工率超 95%，开工率全国遥遥领先。

② 根据工信部数据，截至 2020 年 3 月 28 日全国规模以上工业企业平均开工率达到了 98.6%，而中小企业开工率仅为 76%，4 月 15 日中小企业开工率提高至 84%。

③ 近期清华大学经济管理学院、北京大学汇丰商学院联合调研 995 家中小企业，结果显示，67.1% 的企业账上现金余额最多可以维持 2 个月，85.01% 的企业最多可以维持 3 个月。

表 3－2 2020 年 1—2 月主要所有制类型工业企业运行情况 （单位：%）

行业门类	工业增加值同比增长	营业收入同比增长	利润总额同比增长	亏损企业数量同比增长	企业亏损总额同比增长	亏损企业占比
工业总计	－13.5	－17.7	－38.3	32.0	24.3	36.4
国有控股企业	－7.9	－11.5	－32.9	19.6	27.7	48.4
股份制企业	－14.2	－16.9	－33.6	31.9	21.0	35.1
外商及港澳台商投资企业	－21.4	－21.7	－53.6	31.7	34.9	49.3
私营企业	－20.2	－20.5	－36.6	35.3	20.3	32.8

资料来源：国家统计局，月度数据，http：//data. stats. gov. cn/easyquery. htm？ cn = A01。

二 疫情全球蔓延对工业经济运行的影响

在中国疫情逐步得到控制的情况下，从 2020 年 2 月下旬开始疫情却在全球快速扩散，日本、韩国、欧盟、美国等全球重要的工业供应链基地和消费市场相继成为重灾区。虽然疫情暂不会改变全球工业分工的基本格局，不会影响中国在全球供应链中的重要地位，但已经构成全球罕见的重大非经济性冲击。由于全球疫情存在巨大不确定性，工业产出完全恢复仍需较长时间，对中国工业经济运行产生多重影响，且短期内负面影响超过正面影响。

1. 外向型行业受到较大的负面影响

由于主要贸易伙伴多数成为疫情重灾区，作为“世界工厂”的中国工业难以独善其身。疫情全球大流行将导致中国货物进出口贸易进一步恶化，外需萎缩和供应链风险冲击工业经济运行，短期内外需萎缩的负面影响更大。

（1）全球经济衰退导致外需萎缩

为了控制疫情，各国纷纷采取“封城”和“封国”措施，严格管制人口和物资流动，经济遭受重创。主要市场机构和国际组织均大幅下调2020年全球经济增长预期，全球性衰退正在成为现实。[①] 疫情重灾区欧盟和美国合计占到中国出口市场的1/3以上，这些国家和地区的经济停摆和衰退，对中国的货物出口造成较大的负面冲击，高度依赖外需的外向型制造业企业（见图3-7）遭受沉重打击。其中，两类行业影响最大，且影响范围包括原材料、零部件、加工制造和最终产品生产等所有产业链环节。一是需求弹性较大的可选消费品行业，如服装、家具、家电、消费电子、汽车[②]等；二是生产所需的资本品行业，如机械设备、仪器仪表等。2020年上半年受出口下滑的影响，这两类行业需求端将面临巨大压力。

（2）大范围停产加剧供应链风险

中国工业的竞争优势集中体现在生产制造环节，加工贸易占货物进出口贸易的比重仍高达1/4，与日本、韩国、欧盟、美国等国家和地区有紧密的供应链联系（见图3-8）。疫情在主要供应链国家蔓延导致产业链上游的原材料、零部件出现断供、延迟交货及涨价风险，全球采购及运输面临重大不确定性，反向制约中国处于产业链下游的企业复工。若全球供应链无法形成有效闭

① 如2020年4月14日国际货币基金组织发布最新一期《世界经济展望报告》，预计2020年全球GDP增速为-3%，而此前预期为增长3.3%，衰退程度远超2008年国际金融危机，为20世纪30年代“大萧条”以来最糟糕的全球经济衰退，全球第一次面临发达经济体和新兴经济体同时衰退的局面。

② 以汽车行业为例，HIS等市场机构均大幅下调2020年全球汽车销量预期。虽然中国整车出口量少，但汽车零部件在全球供应链体系中占据重要地位，3月全球上百家整车制造工厂停工，对中国的汽车零部件需求锐减。

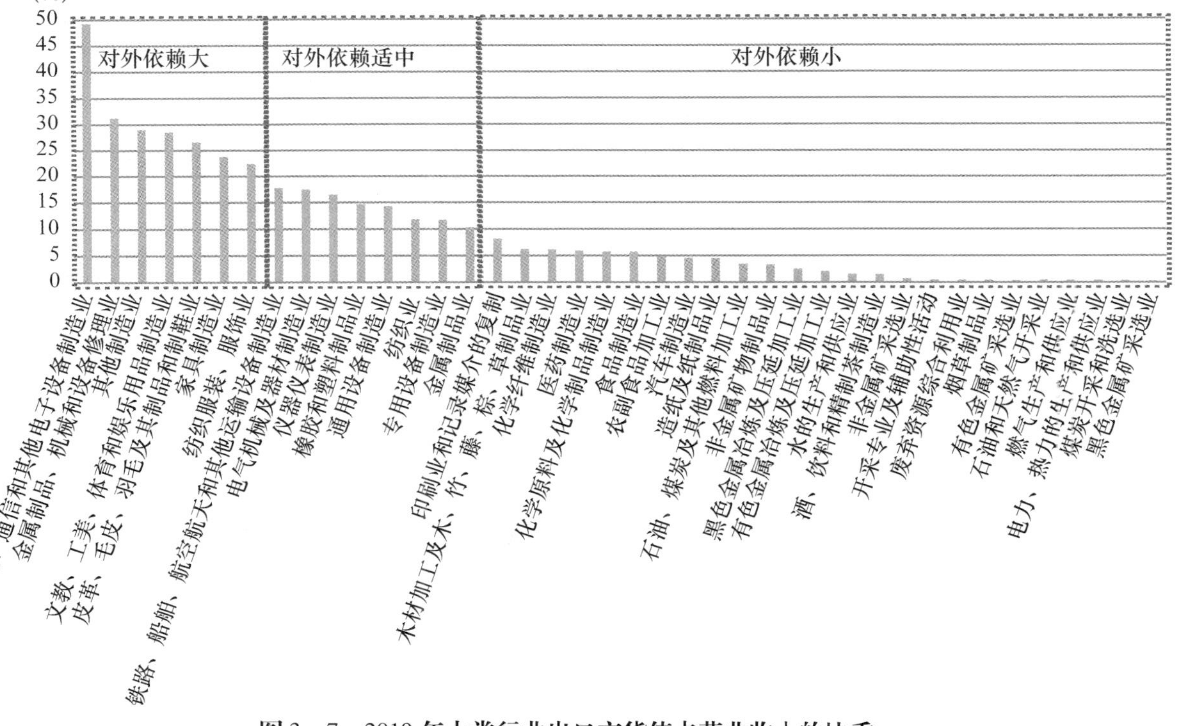

图 3-7 2019 年大类行业出口交货值占营业收入的比重

资料来源：国家统计局，月度数据，http：//data. stats. gov. cn/easyquery. htm? cn = A01。

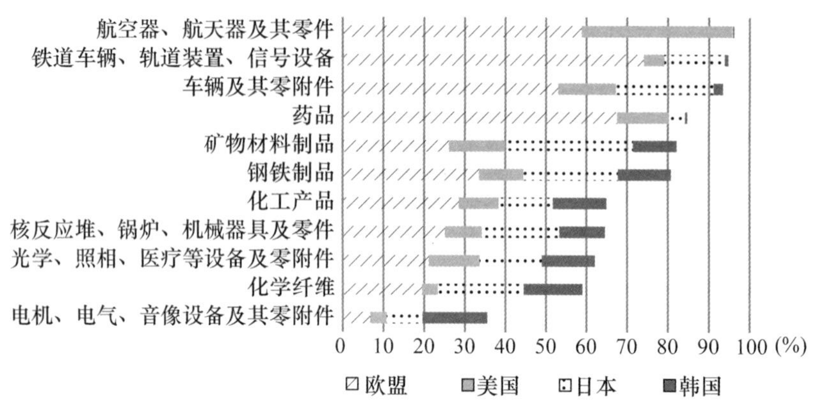

图3-8 2019年部分产品来自主要疫情国的进口金额占比

资料来源：《2019年12月自部分国家（地区）进口商品类章金额表（美元值）》，2020年1月23日，海关总署（http：//www.customs.gov.cn/customs/302249/302274/302277/302276/2851472/index.html）。

环，中国部分行业生产中断的持续时间将被迫延长。中国供应链网络全球化程度高、对疫情国供应商依存度大的行业普遍受到供应冲击，科技含量和附加值高、短期内无法实现国产替代的高技术产品的下游行业遭受直接损失，如汽车、机械设备、半导体行业等。以汽车行业为例，根据海关总署的统计，2019年中国从日、韩、欧、美四地进口的汽车及其零部件（HS分类第87章）合计占到进口总额的93.4%，而发动机与控制系统、电喷系统、高端变速箱等关键技术均被德、日巨头垄断，国内尚处于追赶阶段，缺乏国产替代能力，整车企业面临断供危机。再如半导体行业，由于技术差距较大，中国半导体原材料（如硅晶圆、光刻胶）、核心零部件（如存储芯片、CIS图像传感器）高度依赖日韩，设备（如光刻机、刻蚀机）高度依赖欧美日，是全球半导体上游产品的最大采购国。上述地区疫情扩散导致中国半导体下游企业生产成本增加、生产周期拉长、交付延迟和存货告急，进一步对消费电子、汽车等下游应用行业造成间接影响。如果全球主要工业国家的疫情无法在短期内得到有效控制，中国下游企业的安全库存缓冲效应将耗竭，供应链风险进一步放大。

2. 抗疫需求拉动了相关行业快速复工扩产

疫情国大范围停产导致本地化供给能力严重不足，中国因较早控制疫情并率先复工，成为全球工业产能最稳定的区域之一，有较好的条件填补国外供给缺口和国内需求缺口，对国内工业运行产生一定的正面影响。

（1）海外防疫需求激增刺激相关出口

疫情全球大流行直接导致海外防疫应急物资需求激增，疫情国医疗试剂（如核酸检测试剂）、医疗器械（如监护仪、呼吸机）、防护用品（如口罩、防护服）和抗疫药品（如抗病毒药物）等物资处于高度紧缺状态，扩大进口成为弥补需求缺口的必然选择。经过国内疫情的刺激，中国防疫应急物资的产能在短期内快速膨胀，随着国内需求回落，市场重点正转向出口。据海关总署统计，近期各类防疫应急物资出口量大幅增长，从2020年3月1日到4月4日，全国共验放出口主要防疫物资价值102亿元，其中出口口罩约38.6亿只，价值77.2亿元。此外，对于需求弹性较小的生活必需品，海外需求平稳且供给不足，短期内中国相关行业出口将直接受益。

（2）海外供应链紧张催化国产替代

供应链风险冲击下游产业的同时为国内潜在竞争者切入供应链创造了良机。为了应对疫情国停产导致的供应链紧张局面，复工后的企业纷纷启动或寻找供应链替代方案。中国本地化产业链集群完整、自主供应链配套能力强的行业迎来难得的机遇窗口，短期内本地供给对进口的替代效应明显，半导体材料、光学影像器件、汽车零部件、医疗器械等产品的中高端国内供应商受益较大。如韩国暴发疫情以来，半导体企业大面积停产，原材料和元器件供应紧张和价格上升间接拉动了中国相关企业业绩改善，对冲了国内疫情的负面影响。中国企业切入本地中高端供应链的同时，还将受益于开工率优势承接海外转移的订单，更加深入地参与全球供应链，提高海外市场的占有率。

在国内外疫情的双重影响下，2020 年第一季度中国货物贸易进出口总额（人民币计价）同比下降6.4%，其中，出口下降11.4%，进口下降 0.7%。从出口看，3 月国内复工节奏加快，前期积压的海外订单恢复生产，出口环比大幅改善，当月工业出口交货值同比增长3.1%。但疫情全球蔓延对外需的冲击在3 月中下旬才开始集中释放，第二季度出口压力更大。第一季度交通运输设备、服装鞋帽、家具、家电等产品出口降幅较大，成品油、集成电路等产品出口大幅增长。从进口看，3 月进口同比略有增长，进口表现明显优于出口，复工复产带动国内需求回暖。但第一季度多数工业制成品进口下降，农产品、矿产品、集成电路等进口大幅增长。第一季度中国对欧、美、日、韩等疫情重灾区的进出口降幅较大，对东盟的进出口则实现正增长。

三　疫情暴发检验了中国工业的实力和不足

疫情暴发检验了中国工业生产体系和工业生产综合能力，彰显了中国工业强大的供给能力、适应能力和修复能力，检验和体现了中国坚持发展实体经济、加快建设制造强国的正确性和战略意义，同时也暴露了中国工业经济发展中存在的短板。

1. 庞大的供给能力为抗疫提供了有力保障

中国工业增加值约占全球的1/4，多年来积累了强大的生产和供给能力，在抗击疫情中发挥了关键的物质支撑作用，也凸显工业作为物质生产部门在国民经济中是不可替代的角色。例如，中国口罩产能占全球的50%以上，具备产能快速扩张的条件，在生产天数同比减少的情况下，国内口罩紧缺的情况并没有持续太久。除了口罩，防护服、消毒酒精、额温仪、血氧仪、呼吸机等抗疫急需产品产能都迅速跟上需求增长，为抗疫战取得胜利提供了坚实的物质保障。同时，在疫情暴发初期大范围停工停产的背景下，人民生活所必需的食品、水电燃气等民生行业，以及关系国计民生的钢铁、化工等基础产业不停息运转，中国国内几乎没有任何工业产品在疫情期间出现严重短缺，为保障疫情期间社会平稳有序运行做出巨大贡献。

2. 快速的适应能力满足了暴涨的市场需求

面对激增的防疫应急产品需求，中国工业企业快速适应变化，迅速转产、扩产并达产紧缺物资，产能快速暴发。在政策和市场驱动下，2020 年 2—3 月全国口罩和呼吸机等生产企业新增 6000 多家，不到 2 个月的时间，全国口罩日产能从约 2000 万只迅速扩大到近 2 亿只，不仅有效满足国内疫情防控需求，还为全球防疫提供物资保障。产能扩张除了得益于庞大的规模基础，还与中国强大的产业配套能力和组织协调能力有关。中国是唯一拥有联合国产业分类全部工业门类的国家，工业体系和产业配套完备的优势在抗疫中得到充分体现。例如，看似简单的口罩生产涉及化工、纺织、机械、冶金、电子等工业部门，以及原材料、设备、厂房、资金、人力、准入许可、生产周期等关键要素。疫情暴发后，工信部、发改委、国资委等部门统筹协调优势力量，重点企业在口罩产业链的各个环节共同发力。中石油、中石化不到一周完成熔喷料、熔喷布产能布局；航空工业、中国船舶等紧急研制生产口罩机装备；通用五菱、比亚迪、格力、报喜鸟、富士康等迅速“跨界”转产口罩、口罩机。其中，比亚迪依托强大的技术、人才储备和制造经验，7 天完成口罩机的研发制造，十余天实现投产，到 3 月底日产量达到 1000 万只，一跃成为全球产能最大的口罩供应商。事实证明，即便是口罩这样简单的产品，也没有任何一个国家能够像中国这样迅速组织整合生产要素，形成配套基础，在极短时间内实现近 10 倍的产能扩充。

3. 突发疫情暴露了中国工业发展的短板

疫情也暴露出中国工业体系的一些短板，集中表现在面对重大非经济冲击时“韧性”不足。一是应对突发性事件的防控能力不足。因缺乏相关经验，中国工业体系缺少应对非经济性冲击的应急预判、预案和政策支持机制，很多地方政府“一刀切”的防疫管制措施导致复工进程放缓和区域市场分割，削弱了中国工业体系综合优势。二是产业链核心环节保障能力不足。关键材料、核心零部件、精密设备等产业链上游环节对外依存度高，供应链进口替代能力有限，全球供应链风险容易传导到中国，产业链下游面临被“卡脖子”的窘境。三是工业经济信息化水平有待提高。此次疫情充分展现了工业信息化是应对非经济性冲击的有效手段，也反映出中国工业产业的数字化、网络化、智能化存在的不足，工业产能整体上仍然依赖简单劳动投入，生产环节的科技含量与德国、日本等制造强国还存在差距。四是对全球工业要素的掌控力、对全球供应链影响力较弱。中国工业“走出去”层次还较低，在疫情中还不能很好地实现国际物资调动和产能调整，海外工业项目投资、建设和运营也缺乏应对非经济冲击的准备。

第二节　疫情对工业发展的长远影响

新冠肺炎疫情对中国工业经济造成前所未有的严重冲击，疫情蔓延导致全球性经济停摆，其影响已经超越 2008 年的国际金融危机，排除特殊的战争时期，主流金融预测机构和研究学者已经将其对标 1929 年经济“大萧条”，预测新冠肺炎疫情的影响可能持续2—3年[①]，甚至可能导致全球性的经济衰退。[②] 如果将2020年1—2月的国内疫情的影响主要界定为对中国工业造成了巨大的短期冲击，那么2020年3月以来新冠肺炎疫情的全球蔓延局势就给中国工业的中长期发展带来更多的隐忧。由于疫情持续时间、二次暴发可能性、抗体免疫在人体内的持续时间均存在不确定性，且各国的防疫举措不一，经济刺激政策的覆盖面和效果有待检验，全球疫情的走势和影响还不甚明朗。但可以断定的是，作为深度参与国际分工和进行国际贸易的中国工业受疫情的负面影响难以在短期内消失，中国工业经济必定在中长期的增长和转型升级方面都会受此次新冠肺炎疫情的深远影响。一方面，疫情暴发使得中国工业产业和企业被迫做出相应调整，客观上使得转型升级的要求更加紧迫，需要加快工业的转型升级步伐；另一方面，疫情期间暴露出的短板和问题是工业发展战略调整优化的重要依据，部分重大战略要根据新的情况，针对预防和应对非经济冲击进行有重点的调整。

一 对工业经济增长长远影响

从2020年3月开始，中国工业产业陆续复工达产，由于防

---

① 哈佛流行病学家在《科学》杂志发文，利用流行病学的预测模型进行动态估计，认为新冠病毒不会突然消失，美国的社交隔离政策需要延长或间隔性地执行到2022年。Stephen M. Kissler, Christine Tedijanto, Edward Goldstein, Yonatan H. Grad and Marc Lipsitch, “Projecting the Transmission Dynamics of SARS-CoV-2 Through the Post-pandemic Period”, *Science*, 14 April 2020.

② 摩根士丹利对于全球经济形势预测，新冠病毒可能引起全球经济衰退。*Morgan Stanley-Global Macro Briefing-The Great Covid*-19 *Recession aka GCR*, 3 April 2020.

控管制积压的国内消费需求开始释放[1]，中国在全球率先实现复工，国际抗疫物资需求也主要由中国工业部门满足，2020 年第二季度中国部分细分行业的工业经济增长有望迎来一次明显的反弹。但与此同时，对于中国大量的出口导向型的工业企业来说，3 月以来的全球疫情蔓延造成的订单压力的负面影响可能主要延后体现在 2020 年第二季度，因而这类企业的工业增长可能再次出现“寒冬”。进一步地，国际市场需求持续走低，全球供应链体系恢复困难，2020 年下半年疫情复发的可能性仍然存在，发达国家和发展中国家都在调整产业和贸易政策，抗疫巨额成本支出对工业投资形成挤出效应，一批重大工业跨国合作项目面临搁浅甚至取消的风险，这些情况都使得中国工业经济恢复增长面临巨大不确定性。此外，在全球疫情得到初步控制后，国内外市场因疫情积压消费释放殆尽，世界各国开始重启工业生产，实施对本国产业发展的刺激政策，中国工业经济可能经历新的一个“阵痛期”。

中国全球工业大国的地位，以及向工业强国迈进的发展趋势不会因为疫情发生变化，但工业增长的速度会显著下滑，并且增速回升受外界因素影响，仅靠国内刺激政策难以实现工业经济的完全恢复，预计工业增长回升的速度会明显慢于 2008 年国际金融危机之后。此外，在疫情得到完全控制后，中国工业经济增长

---

① 例如，2020 年 3 月全国汽车产量和销量较 2 月环比分别强势增长 339.2% 和 361.1%。

还会不断受国际市场需求以及主要国家产业政策、贸易政策变化的影响，增速可能出现若干次波动。

二 对工业转型升级的影响

1. 对工业产业结构的影响

与疫情相关的产业快速发展。疫情在全球多个国家恶化导致的医疗物资短缺为医药和医疗器械行业带来前所未有的发展机遇，国内医疗试剂、医疗器械、防护用品和抗疫药品相关企业在疫情中获得大量订单，快速推进研发和生产，获取相关国际标准，打开国际市场。在疫情中积累的利润、技术标准、新产品、市场信誉和品牌影响力将成为中国医药和医疗器械企业未来发展的重要基础。新冠肺炎疫情下的社交隔离也为依托互联网的电子信息制造业发展创造重大机遇，疫情暴发使得数字化的生活、办公和治理方式成为流行趋势，大幅度推动相关产品的发展和升级。

部分与抗疫无直接关系、投资额较大的产业项目，可能因为资金中断导致延期、调整甚至取消。受疫情影响，当前全球大量实体经济停摆，资本出现流动性危机，若疫情在短期内不能得到有效控制引发金融震荡，一些资本集中度较高的产业项目会遭受致命冲击，从这个角度看，受影响较大的产业包括冶金工业、石油工业、机械制造业，以及与房地产相关的建材业等。

行业内企业竞争加剧，形成更强的“优胜劣汰”趋势。在疫情的持续冲击下，越来越多的行业受到需求不振的冲击，原来的增量市场可能变成存量市场，现有的存量市场也可能大幅萎缩。以汽车产业为例，麦肯锡公司预计，受疫情严重影响，2020年世界汽车销量将减少近三成，而且短期内不可恢复。因而，在行业内部的企业面临更为激烈的订单争夺、流动资金压力、劳动力成本上升等问题，可能引发新一轮的行业内企业洗牌。规模较大，资金实力雄厚，供应链和销售渠道更为多样化企业的承受风险能力较强，可能在长期的疫情冲击下得以存活，而大量同质低端化的企业可能在此次疫情冲击中遭到淘汰。

2. 对工业产业集群和供应链体系的影响

疫情持续会引发中国工业产业集群的布局调整。为了减少因区域间的物流阻隔导致的供应链断裂风险，工业企业将更加注重在较小区域范围内形成产业集群，这可能引发产业集群的布局调整。例如，在疫情对汽车产业造成严重冲击的情况下，特斯拉上海工厂依托基于江浙沪汽车产业链集群，重要部件基本能实现4小时内到达，2020年第一季度交付计划未受到影响。受疫情持续影响，一定区域内的完备的产业集群、快速响应的供给能力、高效配送可能成为未来产业集群发展的重要趋势。

疫情持续发展会进一步促进供应链的国产化替代。在全球疫情蔓延导致的国际产业链断供的情况下，为了尽快实现复工，部分工业企业已经被迫在国内寻找供应链替代方案。如果疫情持续时间较长，临时替代可能转变为永久替代。总结此次疫情的教训，国内企业也会更加注重国内供应商的培育，实施关键零部件的“备胎”计划，加强自主供应链条配套能力，以降低全球性非经济冲击对工业生产体系的影响。

3. 对工业转变发展方式的影响

在疫情全球蔓延造成的巨大破坏和生存压力下，工业企业要充分利用现有的人力资源、物质资源、财力资源，努力降低成本，提升劳动生产率成为重要发展趋势。一是更加注重人力资本的投资。疫情较长时间的蔓延，人员流动和社交隔离的限制，使得线上远程办公、错峰上班成为主要工作模式，降低人工成本，保障员工健康，进行更多职业技能培训、提升人力资源的使用效率成为趋势。二是降低企业的资金杠杆和金融风险。疫情蔓延导致全球性的企业资金流动性风险，抗风险能力较弱的中小企业和民营企业受影响最大。在未来几年中，工业企业会降低资金杠杆，强化以现金流为核心的经营模式，以防范可能出现的非经济冲击。三是企业管理制度的加速改革。疫情促使信息化在企业管理中的应用更为普遍，如在线办公、在线会议、在线销售等，基于互联网的全新生产运营模式将大范围流行和普及。

三　对重大工业发展战略的影响

1. 对工业数字化转型战略的影响

虽然中国信息产业发展规模和水平全球领先，但工业信息化水平与发达国家相比还比较低，信息技术与工业的融合停留在浅层次，以办公信息化和价值链上辅助增值活动（例如，人力资源管理、原材料采购等）的信息化为主。本次疫情中，数字技术和手段在社会经济各个方面发挥了巨大作用，成为中国快速遏制疫情的重要保障。信息化程度更高的工业部门和企业在疫情中能够更好地调配要素资源、匹配需求，实现更早复工，有的还抓住机遇实现逆势增长，充分验证了工业数字化转型在应对非经济冲击时的重大意义和积极作用，这将增强工业企业数字化转型的紧迫感，强化加速推进数字化转型的决心。在疫情中，阻碍工业经济运行的问题也正是最需要通过数字化转型实现突破的短板，这其实对中国工业数字化转型提出了具体的要求，有助于工业企业和信息化公司有针对性地创新开发适合工业的应用场景，推动信息技术与工业由浅层融合向深层融合发展。

2. 对工业高质量发展战略的影响

中国经济已经由高速增长阶段转向高质量发展阶段，正处于新旧动能转换的关键时期。工业高质量发展要求优化产业结构、工业投资和区域经济布局，提高资源利用效率、技术创新能力和劳动生产率。新冠肺炎疫情对工业经济的冲击将扩充工业高质量发展的内涵，中国工业发展质量的提升除了能够适应新的工业化阶段，以及应对要素成本上涨、国际贸易和技术环境变化等新挑战，还要对包括重大公共卫生事件在内的非经济冲击表现出极好的“韧性”，使得工业经济在面对冲击时最大限度地维持运转，降低损失，并为抗击非经济冲击提供物质保障。

3. 对工业“走出去”战略的影响

中国工业“走出去”已经进入全球产能布局的阶段，工业对外投资规模大、领域广、方式多元。但从此次疫情暴发后的情况看，中国工业企业全球化水平与发达国家跨国公司比较还有较大差距。大部分海外工业项目的业务单一，供应链抗风险能力较弱，市场范围有限，产能柔性化程度低，分散全球的生产基地不能实现有效协同，工业企业利用海外生产基地实现特殊情况下的全球工业物资调配和产能布局调整能力还十分有限。此外，金融危机之后，发达国家相继出台刺激本国工业发展政策，并在中国以外布局新生产基地，在此次疫情的催化作用下，这种趋势可能进一步增强[①]，这会对中国工业产品出口、吸引外资和对外投资造成巨大阻碍，中国工业的“走出去”必然面临更大压力。针对这些问题，中国工业“走出去”战略和具体措施要充分考虑非经济冲击暴发的风险，并且逐步增强国内外生产基地在供应链构建、市场开拓、信息共享等方面的相互融合，提高不同国家生产基地间物资往来通道的通达性和产能调整的柔性化程度。

第三节　转危为机、增强工业经济韧性的政策思路

一　近期重点推进工业安全快速复工达产

随着疫情在国内得到基本控制，在防范输入性病例基础上，对不同地区、不同行业工业产业和企业进行系统衡量，综合考虑复工的成本、收益和风险，在精准摸排的基础上推进工业企业有

① 为了解决美国国内严重的口罩供需矛盾，美国政府要求医疗防护企业回到本土开办工厂，口罩生产商3M和霍尼韦尔也被传出包括在内。

序复工达产。

1. 落实工业企业减负和补偿政策

根据疫情中不同地区、不同工业行业遭受冲击大小和持续时间的不同，各地方制定和落实相应工业减负政策。中央政府要对全国性减负政策进行指导，制定基本原则和标准，避免减负政策的不公平和不合理。针对在疫情中转产、扩产抗疫物资的企业，要考虑给予更长的减税免税时间、减免其他税费、直接给予补助等补偿和奖励，一定程度上补偿企业突击转产、扩产的成本和损失。

2. 加强国内外市场监测，指导工业复产计划安排

产业管理部门、统计部门、互联网数据公司、相关科研机构要做好对国内外市场信息的搜集和分析工作，为工业企业复工和生产计划制定提供参考。充分发挥中国在大数据、人工智能等新一代信息技术应用上的国际领先优势，为企业动态调整产能提供有力支撑。

3. 升级国家和地方战略性储备，引导家庭储备性消费，缓解供需波动造成的不利影响

疫情期间，与抗疫相关的产品需求陡增，远远超过产能水平，不少企业根据市场需求和响应国家号召迅速调整产线，生产紧缺产品。随着国内外疫情变化，抗疫产品需求必然会出现剧烈波动，疫情后期和结束后，相关产品极有可能出现严重过剩。总结此次疫情暴发初期物资紧缺的教训，在中央和地方两个层面加强重要物资的战略性储备，同时进行科学宣讲，借鉴日本等国家

家庭应急物资储备方式，鼓励有条件的家庭对抗疫物资进行预防性储备，在一定程度上缓解产品需求波动，延长工业企业调整产能和产品结构的时间。

4. 科学实施工业防疫，将防疫措施常态化

在恢复生产的过程中，要做好对企业的防疫指导，培训企业防疫人员，做好检查和督查工作，避免企业出现防控疫情不到位的现象。注重防疫措施和手段的科学性、安全性和高效性，杜绝“填表式防疫”和“签到式防疫”。汲取本次疫情经验教训，逐步将工业生产的防疫工作标准化、日常化，并作为安全生产的重要内容强制执行。

二　增强“化危为机”的政策力度

疫情暴发和持续会在短期内重创中国工业经济，常规发展模式难以为继，但同时也会出现新市场和新增长机遇。化解疫情中和疫情后重大风险，把握特殊时期发展机遇，制定出台相应政策措施，可以在一定程度上实现中国工业经济的“化危为机”。

1. 尽快出台化解风险、给企业纾困的政策措施

集中政策力量和相关资源，重点防范和化解四类风险：第一，完善不可抗力认证，引导金融机构建立疫情扶持专项资金池，防范疫情造成的停工违约风险和资金断链风险。完善工业企业订货合同“不可抗力”认证通道，提供快速认证服务。中国国际贸易促进委员会已经实现可在线办理国际贸易合同不可抗力证明，相应地也应该启动国内不可抗力认证通道，同时为中小微

工业企业提供相关法律救助。引导金融机构为受疫情影响的工业企业融资、保险提供专项服务，缓解工业企业贷款偿还、恢复生产成本支出所面临的资金压力。各地方产业基金也可划拨一部分对受影响最严重的重点工业企业进行紧急救助。第二，加强国际交流对话，优化国内产能布局，防范疫情造成的产能加速转出风险。针对疫情中部分国家提出回流相关工业产能，以及一些跨国公司在其他国家加大供应商订单或寻找新的供应渠道等问题，要加强与外国政府、跨国公司的对话交流，争取理解。短期内，在保障抗疫物资生产基础上，支持外贸加工企业尽快恢复生产，保障重点客户产品供给；中长期要总结疫情教训，调整优化国内工业经济布局，新的重大工业项目布局要向中西部地区倾斜，形成全国工业生产多点布局和多通道布局。第三，保障重点示范工程、重大科研项目有序推进，维护海外市场利益，防范疫情造成的前沿领域抢先布局滞后的风险。在国内，组织协调人力物力，保障5G网络、人工智能、无人驾驶、精准医疗等新一代信息技术示范应用项目按计划推进，与疫情防控有关的示范项目要加快推进。生物医药、新能源、新材料重大技术攻关项目和重点人文社会科学研究项目要克服困难稳步推进，为中国工业在前沿领域的抢先布局提供技术保障和制度保障。在国外，充分利用互联网手段缓解人员流动受限影响，发挥政府、企业驻外机构的积极作用，维护中国在高新技术领域海外市场开拓的核心利益，将疫情对海外建设项目和投标洽谈的影响降到最低。第四，科学预测市场发展趋势，综合使用调控手段，防范疫情后产能报复性增长风险。利用大数据、人工智能等技术对疫情后工业经济供需进行模拟预测，政府做好引导，企业根据疫情发展适时调整优化生产计划，有条不紊恢复工业生产，避免资源拥挤混乱和出现新的产能过剩。根据国外疫情发展情况，推进相关工业产品向疫情国家出口，利用不同国家市场时间差，逐步消化国内激增产能。

2. 把握机遇精准推出刺激政策

在防范风险的同时，也要重点把握三大机遇：第一，把握率先复工的机遇，巩固中国工业产品国际市场地位，提升“中国制造”国际声誉。根据国际疫情变化情况，加大医药器械、生活必需品等抗疫相关产品出口。推进外贸企业的安全快速复工，在部分国家受疫情影响工业停工情况下，担当“世界工厂”重任。发挥中国远洋货运优势，利用已经开通的中欧班列，保障疫情期间对外出口通道畅通。特殊时期加强工业产品质量监管，杜绝以次充好产品流向国内外市场。第二，把握新增市场的机遇，持续释放需求，形成工业经济新增长点。2020 年春节期间，传统“年货”市场大幅萎缩，但与居家办公、在线教育、娱乐游戏相关的电子产品、家庭健身器材和医疗器械、方便食品、预处理果蔬等产品需求陡增，一度出现供应断货。针对疫情中出现的新需求和需求新模式，配套出台刺激消费政策，在疫情后推动国内消费升级和形成新的工业产品增长点。第三，把握产业升级的机遇，加速推进工业数字化转型。根据疫情防控和加快复工需要，加速推进智能工厂、工业物联网、工业电子商务、智慧供应链、智慧园区等项目建设，推动信息技术与工业由浅层融合向深层融合发展。

三　全方位增强工业应对非经济性冲击的韧性

中国有全球最大规模、体系最完备的工业体系，工业经济发展水平和发展质量不断提高，在此次疫情中表现出的强大修复能力有目共睹，但也暴露出一些问题，集中反映为中国工业产业体系"韧性"不高，应对非经济冲击能力还能够进一步提高。

1. 将增强工业经济韧性作为工业发展的重大战略

深入研究总结此次疫情和以往重大非经济冲击对工业经济的影响，将增强工业经济韧性建设作为工业高质量发展、工业强国建设、创新驱动工业等重大工业发展战略的重要内容。一是增强工业经济的产能韧性，在特殊情况下能够迅速扩大产能，还能够以较小的成本恢复产能；二是增强工业经济的结构韧性，通过工业装备、生产组织的智能化和柔性化，能够在短时期内实现同一生产线产品结构的调整、同一产品生产区域结构的调整；三是增强工业供应链韧性，在不同区域间、不同产业间、不同企业间逐步构建互动化、网络化、多渠道化的供应体系，使得主要工业部门和重点企业不限于单一渠道或有限渠道获取关键生产要素；四是增强工业经济的市场韧性，通过国内外市场、国内区域市场间的调控，增强特殊时期工业产品市场的稳定性。

2. 综合应用经济手段和非经济手段应对非经济性冲击

对于非经济性突发性事件造成的冲击，单一使用经济手段是不够的，在本次疫情中，相对于减税等经济手段，非经济手段的应用缺乏统一框架，各地区间政策措施在最初甚至相互矛盾，制约了工业经济的快速恢复。要着重增强三个方面的非经济手段：一是加强工业应急动员制度建设和能力培育，在非经济冲击暴发时，能够从国家层面实现关键性物资、要素的优化配置，避免资源在部分领域、区域的拥挤造成浪费。二是发扬工业企业面对非经济冲击时的奉献精神，本次疫情中，一些国有企业和著名民营企业不计成本和损失为抗疫提供物资保障，彰显了中国工业企业的担当，要高度肯定和隆重表彰企业和个人（特别是民营企业家），增强工业企业应对非经济冲击的社会责任感。三是将应对非经济冲击的演习常态化。工业园区、大中型工业企业、与工业生产相关的交通运输部门定期举行应对非经济冲击演习，模拟在公共卫生事件、恐怖袭击、自然灾害情况下维持工业生产和物资流通的情景，某些环节可以采用计算机模拟的方式进行，不断发现可能存在的漏洞和不足并及时修正。

3. 构建工业应急政策体系和生产储备体系

与工业经济运行相关的产业政策、金融政策、交通运输政策、消费促进政策的制定机构，要针对主要非经济冲击及其冲击的不同程度、不同阶段，制定综合应急政策体系预案。一旦出现疫情或其他非经济冲击威胁，相应的政策措施即可做好准备，一旦冲击出现则立刻执行预案政策体系，最大限度减少特殊时期政策制定和执行的中间环节，最大可能减少政策不到位或政策失误造成的损失和危害，节约宝贵时间，增强工业体系预防和应对非经济冲击的能力。要适度调整中国工业物质储备结构、储备布局，进一步完善工业物流与生产基地的协调性，增强在非经济冲击中工业生产物资保障能力。

4. 构建特殊时期国际物资调配和国际产能合作机制

对于应对非经济冲击的关键性物资和紧缺物资，例如，本次疫情中的口罩、医疗器械的原材料、中间品、产品的进出口要形成特事特办机制，能够迅速实现跨国合作快速通关。本次疫情的一个特征是不同国家疫情暴发的时间不同步，这为国际物资调配和产能合作创造了条件，要充分利用中国工业企业海外生产基地，在国内受冲击严重而东道国受冲击较小时，海外生产基地能够生产并向国内出口急需工业产品，相反，当国内冲击好转东道国受冲击严重时，则向国外出口急需工业产品。利用中国在互联网、大数据、人工智能等方面的优势，与国外工业行业协会组织、产业研究机构、重点工业企业建立深入合作机制，共享数据和算力资源，在出现非经济性冲击威胁时能够实现全球同步预警和防范。在“一带一路”倡议中，要加强工业经济共同应对非经济冲击的内容，“一带一路”沿线国家工业基础设施的建设、工业产能的布局要充分考虑到当地或全球暴发非经济性冲击的可能性，一方面提前预防冲击的发生，避免冲击的影响；另一方面在冲击出现后能够保持主要工业物资和产品的跨境流通。

5. 充分利用信息技术和手段提升工业发展水平

此次疫情是对中国整体信息化水平和各行各业数字化转型成效的大考验，同时也暴露出信息化中存在的问题。要积极利用不断涌现的新一代信息技术，加大工业部门与信息技术、信息产业的深度融合，使信息化成为工业经济应对非经济冲击的重要手段。

保持对主要非经济冲击因素的大数据监控，不断增强冲击预警能力。本次疫情中，中国大数据监控和发布疫情的方法效果明显，被包括发达国家在内的很多国家借鉴，显示了中国大数据产业和大数据应用上的全球领先优势。充分发挥中国在大数据基础设施、算力和应用创新上的优势，在监控和发布的基础上，对传染病、主要自然灾害、恐怖活动等可能引发重大非经济冲击的相关信息，以及各国工业经济运行数据进行常态化的大数据监控，积极创新使用人工智能在数据监控中的应用形式，不断增强工业经济非经济冲击预警能力。

在非经济冲击持续期间，利用信息技术缓解工业经济运行人员、物资流动困难。虽然工业经济的运行必须以实物生产和运输为基础，但仍然可以借鉴本次疫情中部分服务业通过远程办公系统较早实现复工的做法，鼓励互联网企业为工业企业定制远程办公平台，使得工业企业的运营管理、技术研发、市场营销、财务管理、人力资源等部门在重大公共卫生事件等非经济冲击中实现远程办公，最大限度降低人员不能到位造成的影响。同时，利用物联网、大数据等信息技术，更好规划和实现疫情期间工业生产物资、产品的调配和物流，协调工业生产与抗疫的关系。

利用信息技术提高市场预测准确性。利用工业互联网和大数据技术构建非经济冲击中工业复工大数据体系，对原材料、能源、劳动力、产能、物流、仓储、市场需求进行大数据搜集、统计和分析，同时根据社会恢复、工业复工情况进行市场需求和生产力的模拟和推演，计算最优生产能力布局和最佳产能恢复顺序，指导工业企业有序复工，避免出现产能过剩，使工业经济平稳恢复常态。

（史丹、邓洲、黄娅娜、于畅）

第四章　供应链冲击与修复对策

全球超过三分之二的贸易是基于全球分工生产的产业组织形式实现的，即最终产品在最后组装之前其原材料或零部件已经跨越了一国或多国的边界。[①] 全球化生产通过全球资源再配置以及知识的扩散和重新组合，提高了全球经济的配置效率和动态效率，成为过去二十年全球经济增长的重要动力。然而，由于价值分配结构、各国要素相对成本变动以及部分国家不断升级的逆全球化政策等原因，近年来全球生产体系整体上开始进入萎缩和调整阶段。

虽然疫情本身是一个外生的短期冲击，并不能改变各国的成本结构和技术能力，但疫情促使美欧真正开始在战略层面对供应链安全因素给予高度关注，从而强化了美欧改变“以中国为中心的全球供应链体系”的紧迫感，并与中美贸易摩擦等因素交

① World Bank，“Global Value Chain Development Report 2019”，2019，https：//www.worldbank.org/en/topic/trade/publication/global-value-chain-development-report-2019.

互作用，推动全球供应链体系朝着多元化和分散化的方向发展。

新冠肺炎疫情之后的全球供应链调整，很可能由以下两个导火索引起：一是制药、医疗器械和防护用品行业的本地化生产，二是美国对中国高技术行业和企业的打压升级。两个因素都会进一步加剧保护主义，并通过示范效应和反制效应，引发全球供应链的加速调整。面对全球供应链本地化和多元化的挑战，短期内中国要加快供应链恢复的节奏和效率，长期看要以“融入本地化”为战略主线，顺应全球供应链本地化和多元化的要求，确保中国制造业在全球供应链调整过程中损失最小、获益最大。

第一节 全球供应链调整及其经济学逻辑

从直接投资的规模变动和全球供应链①结构调整的特征看，2000 年以来全球供应链调整大致经历了两个阶段，即 2007 年以前的全球供应链深化阶段和 2007 年（国际金融危机）以后全球供应链的逐渐萎缩和封闭阶段：（1）在全球供应链深化阶段，全球直接投资快速增长，而在全球供应链萎缩阶段，全球直接投资的增速明显放缓。自 2008 年以后，全球外国直接投资增长乏力。如果扣除美国税收改革和不稳定的资金流动等一次性因素，2008 年以后的 10 年间全球外国直接投资年均增长率仅为 1%；

① 产业链、供应链和价值链是三个相互联系但并未被严格界定的概念。我们认为，供应链指的是企业和产业之间基于投入产出的交易关系，价值链指的是生产、研发、营销、融资等价值创造活动之间的互动关系，而产业链是一个包含了供应链和价值链的更一般的概念。

2018年，全球外国直接投资流量减少13%，降至1.3万亿美元，为全球外国直接投资流量连续第三年下降。而2000—2007年，全球外国直接投资年均增长率为8%，2000年以前更是超过20%。[①]（2）在全球供应链深化阶段，全球供应链的参与度持续上升，而在金融危机以后的全球供应链萎缩阶段，全球供应链的参与度总体上呈现下降趋势。根据世界银行对全球价值链[②]的分类，一国增加值可以分解为纯国内增加值、传统贸易（一种产品在一个国家生产，在另一个国家消费）、基于简单全球价值链的贸易（最终产品在生产之前其原材料或零部件跨越了一国国界）以及复杂全球价值链的贸易（最终产品在生产之前其原材

表4-1　全球价值链参与度指数变动（增加值比重）　（单位：%）

	全球价值链参与度			简单全球价值链			复杂全球价值链		
	2000年	2007年	2017年	2000年	2007年	2017年	2000年	2007年	2017年
高技术部门	25.3	30.7	28.8	13.8	16.1	15.6	11.5	14.6	13.2
中技术部门	22.5	21.6	23.7	14.5	16.4	14.7	8.0	9.7	9.1
低技术部门	12.4	15.8	15.3	7.9	9.9	9.5	4.5	5.9	5.8

资料来源：World Bank，“Global Value Chain Development Report 2019”，https：//www.worldbank.org/en/topic/trade/publication/global-value-chain-developmentvreport-2019.

① 《世界投资报告2019》，2019年，联合国贸发组织网站（https：//unctad.org/en/PublicationsLibrary/wir2019_overview_ch.pdf）。

② 世界银行报告虽然使用了价值链的概念，但是由于其分析数据主要是基于投入产出意义上的增加值，因此我们认为其实际上分析的是供应链，而不是价值链问题。

料或零部件跨越了多个国界)。据此分类进行测算，则从2000—2007年，全球价值链特别是复杂价值链的增长速度超过了全球GDP其他组成部分的增速。金融危机期间全球价值链出现萎缩，之后的2010—2011年出现快速复苏，但此后（除2017年外）基本上又呈现放缓的态势。[①]

全球直接投资增速和全球供应链参与度下降表明，驱动全球供应链开放的因素正在弱化，而抑制全球供应链开放的因素在逐步强化。在2008年国际金融危机以前的二十多年中，在多种技术经济因素的共同作用下，全球贸易和投资开放经历了产业间分工向产业内分工，进而向产品内分工不断深化的过程，供应链体系变得越来越复杂和全球化。

推动这种结构性变化的原因，一是全球基础设施的完善和信息技术的快速发展，大大降低了跨国生产和贸易的运输、管理成本，使得商品的可交易性大幅提升；二是电子信息技术的发展以及主要工业国家的技术创新，驱动了产品设计和生产的模块化，制造业垂直分解和全球分散生产的经济性大大提高；三是在以上两种因素所驱动的制造业全球化的效率空间被打开的背景下，各国纷纷采取了更加开放的贸易和投资政策，从而进一步加速了全球制造业的开放和分工。特别是在电子信息、汽车等复杂产品领域，由于产品架构变得越来越复杂，生产制造过程需要更高的专

① World Bank, “Global Value Chain Development Report 2019”, 2019, https://www.worldbank.org/en/topic/trade/publication/global-value-chain-development-report-2019.

业技能，以及全球化市场要求企业拥有更灵活的产能，都促使发达国家的制造业越来越多地采用外包的形式进行全球化采购和生产，从而形成了供应商利用其供应商，而供应商又利用自己的供应商网络进行多阶段生产的复杂全球生产体系。

然而金融危机以后，逆全球化的趋势不断加强：一是受金融危机冲击，美国希望通过减税、推广智能制造、采取更加保护性的贸易投资政策来促进制造业回流，从而强化本国经济增长和就业创造的动力。二是特朗普上台以后，为了遏制中国的技术进步和产业赶超，不断以信息安全和产业安全为由，采取关税、非关税甚至政治手段破坏以 WTO 为中心的多边贸易和投资体制，进一步推动了逆全球化和保护主义的兴起，导致全球供应链朝着萎缩和封闭的方向发展。而新冠肺炎疫情的暴发及其导致的全球供应链破坏，会进一步加剧美欧对供应链安全的担忧，从而促使其在保障产业链安全和公共卫生安全的政策口号下，进一步推动供应链的本地化和采购地的多元化，从而加速推动全球供应链的封闭和萎缩。

如何从理论层面理解金融危机前后影响全球制造业供应链布局的两种力量的相对变化，以及金融危机前后美国对全球供应链体系的政策导向变化呢？经济学关于贸易自由化和贸易保护的争论从来没有停止过。经典研究之间的交锋主要不是在逻辑和主要影响变量上存在认识差异，而是对影响贸易福利的关键假设存在分歧。对于理解 2000 年以来美国全球贸易和投资政策的变化，以下两种理论尤为重要。以 Grossman、Helpman、Feenstra 为代表的主张支持全球化供应链的学者认为，以外包为主要形式的贸易全球化有利于增进美国福利。外包使美国原先非贸易活动转化成为贸易性服务，同时美国向中国、印度等发展中国家外包出去或进口的产品一般是低价值产品，而美国由于掌握核心技术、复杂集成能力和品牌能力因而向全球提供高附加值的产品或服务，因此，如果计算外包过程中美国进出口的贸易净值，美国必然是全球化生产的赢家。虽然他们也指出全球外包对美国的可能风险，即外包过程中的技术溢出可能使中国、印度等发展中国家的技术能力提升，从而对美国的贸易条件产生不利影响，但由于美国可以通过不断开发新的技术和新产品来提高经济效益，因而后发国家对美国的贸易损害总体上小于美国的贸易福利。[①]

然而正是在这一点上，Samuelson 等所谓的“有条件保护论”学者提出了异议。他们认为，全球化并不总是提高美国的福利，在特定的条件下，全球化会损害美国的福利。这里所谓的特定条件主要是指美国与其贸易伙伴国的相对技术能力。Samuelson 分析了美中自由贸易的三种可能情境：一是互惠，二是美国单方受益中方受损，三是中国通过贸易改进生产率而单方面享受到自由贸易的益处，即如果中国通过技术学习和赶超以更快的速度提高生产率的话，则中美的生产分工会损害美国的福利。[②]

① Grossman, Gene and Elhanan Helpman, “Outsourcing in a Global Economy”, *Review of Economic Studies*, 72 (1), 2005, pp. 135 – 159; Feenstra, Robert C., “Integration of Trade and Disintegration of Production in the Global Economy”, *Journal of Economic Perspectives*, 12 (4), 1998, pp. 31 – 50.

② Samuelson, Paul A., “Where Ricardo and Mill Rebut and Confirm Arguments of Mainstream Economists Supporting Globalization”, *Journal of Economic Perspectives*, June 2004, pp. 135 – 146.

按照这样的理论进行政策推论，则一方面美国要加快推动新产品和新产业的发展，从而确保自身的生产率优势，另一方面，美国在利用全球供应链体系的过程中要尽可能通过战略性的政策抑制后发国家的技术赶超，而后者恰恰是特朗普执政期间对华经济政策的核心内容。

因此可以说，对后发国家与发达国家（主要是中美）技术能力提升的相对速度的不同判断，分别构成了主张和反对供应链全球化的经济学理论依据。而中国在长期技术学习和技术能力积累的基础上，正向设计能力和原始创新能力显著提升，从而不断在高技术、高附加值产品领域对美国形成替代，以及相应的美国对中国技术赶超的遏制，是美国推动保护主义和逆全球化的根本原因。需要补充的一点是，主流经济学主要是从劳动成本、技术能力、市场规模等相对稳定的“惯常性”的成本和收益因素来分析供应链全球化问题的，而管理学则进一步将突发性的风险因素（如地震、新冠肺炎疫情等）以及相应的供应链安全问题引入全球供应链布局和调整分析中，对于更加全面理解全球供应链调整问题，形成了重要的理论补充。

第二节　从效率到安全：疫情加速全球供应链本地化和多元化

新冠肺炎疫情对全球供应链的影响表现为相互联系的三个层面，一是由于上游停工停产以及物流承载量和物流效率下降而导致的订单交付延迟，二是由于上游供应中断或下游需求萎缩导致的生产规模和生产效率下降，三是企业出于对供应链安全的战略性考虑而对供应链结构和关系进行的调整，包括增加或替换供应商/采购商、调整全球投资布局等。疫情对全球供应链的影响，在短期主要表现为订单交付迟滞和生产规模下降，而在长期则主要表现为供应链结构和关系的深层次变化。

一　短期影响：全球供应链中断风险不断加大

根据疫情扩散以及各国应对疫情政策的变化，疫情对全球供应链的影响大致会经历三个阶段。第一阶段是 2019 年底中国国内疫情开始逐步恶化，到 2020 年 3 月中旬中国国内疫情得到相对有效控制但疫情在国际范围大规模暴发的阶段。在该阶段，当中国供应链按下暂停键后，不仅国内的供应链体系出现放缓甚至阻断，并且很快对全球供应网络形成冲击。停工停产之外，运力短缺（特别是海运和空运）进一步恶化了中国供应链阻滞对全球供应链的冲击。根据全球最大的商业协作平台 Trade shift 交易量支付数据的分析，剔除 2020 年 1—2 月春节前后的影响，2 月 16—23 日的一周内，中国的总体贸易活动下降了 56%，中国企业之间的订单下降了 60%，而中国企业与国际公司之间的交易数量下降了 50%。根据 2020 年 2 月中旬美国供应链管理协会对美国企业的问卷调查结果，62% 的受访企业遇到来自中国的订单交付延误，53% 的受访企业难以从中国获取供应链信息，48% 的受访企业在中国境内的货物运输出现延误，46% 的受访企业在中国港口装货出现延误。2月初，由于来自中国的零部件短缺，韩国现代汽车在中国国内的生产线大面积停产，日产汽车在中国国内的生产线也在2月中旬暂停了部分生产线。由于来自中国的零部件供应中断，日产和丰田汽车在日本的一些工厂不得不停产。美欧手机、电脑等消费电子企业来自中国的平均订单交付时间较正常时期延误4—6周。总体上看，该阶段疫情对全球供应链的影响表现为中国国内供应链的阻断和中国对全球供应链的单向影响，这种单向的负面影响主要体现为延迟交付和订单萎缩。

第二阶段是进入2020年3月中旬以后海外供应链梗阻与需求回落反过来影响中国的供应链安全和效率。进入3月后，日本、韩国，进而意大利、德国、法国、美国等大部分欧洲、北美地区都面临巨大疫情考验和挑战。3月中旬，已经有多家汽车公司纷纷关闭了在欧洲、北美的生产。虽然中国复工开工率快速恢复——根据3月17日工信部对外发布的调查数据，除湖北外，全国规模以上工业企业复工率达到95%，其中浙江、江苏、上海、山东、广西、重庆等已接近100%。但由于国外供应链中断和订单萎缩，国际疫情大规模暴发对供应链的负面影响开始“倒灌”中国，中国供应链与全球供应链开始产生交互性的负面影响。与此同时，由于高度分散和复杂的全球生产网络，企业和政府很难监测供应链上存在的潜在风险点，使得企业和政府都很难为维持稳定的供应链而做出准确的判断和决策。由于疫情在全球范围内的暴发，以及对疫情持续周期预期的不断恶化，全球的生产和投资开始大规模萎缩。根据联合国贸发组织3月的预测，新冠肺炎疫情将使得全球的对外直接投资下降40%，达到过去20年的最低水平。①

随着疫情在全球的扩散和影响累积，疫情对全球供应链的影响逐步从第二阶段向第三阶段演进，即疫情对全球供应链影响的性质和方向发生了重要变化，不仅导致更加严重的货物交付迟滞和订单萎缩，而且可能使得全球供应链出现大范围中断，从而在供应链结构和供应链关系层面对全球供应链体系产生根本性的影响。根据2020年3月中旬美国供应链管理协会对美国企业的问卷调查结果，36%的受访企业表示遇到了供应链破坏问题，28%的受访企业表示正在国际上寻找替代性的供应商（疫情初期该数值为8%）。可见，随着疫情的持续扩散，疫情对全球供应链的影响正逐步由短期影响向长期影响升级。

二 长期影响：加速全球供应链本地化和多元化进程

虽然疫情本身是一个外生的短期冲击，并未改变各国的成本结构和技术能力，各国的要素成本和中美贸易摩擦走向仍然是未来影响全球供应链走向的最主要因素，但疫情的长期影响在于，促使美欧企业家、研究者和政策制定者真正开始在战略层面对供应链安全因素给予高度的关注，具体表现为加快改变目前所谓的“以中国为中心的全球供应链体系”格局。从长期看，美欧的供

① UNCTAD，“Investment Policy Monitor”，No. 23，2020，https：//unctad. org/en/PublicationsLibrary/diaepcbinf 2020d1_en. pdf.

应链战略调整必然会对中国供应链的优势地位产生深层次的影响，而这也正是未来中国战略调整和政策部署最需要关注的问题点。

虽然美国主导着全球创新体系，但不可否认，全球制造体系的中心却在中国——中国是全球最大的制造中心，工业增加值占全球工业增加值比重近1/4，中国在全球中间品市场的份额高达1/3，中国是120多个国家的最大贸易伙伴，以及大约65个国家的第一大进口来源国。加入WTO以来，中国在全球供应链体系中的主导地位逐步形成并不断强化，而且呈现出中国对全球供应链的依赖度不断下降，而全球供应链对中国供应链的依赖度逐步上升的趋势。全球价值链分析显示，尽管美国和德国仍然是复杂的全球价值链网络中最重要的枢纽，但作为传统贸易和简单全球价值链网络供需中心的中国，在全球生产网络中发挥了越来越重要的作用。①

联合国商品贸易数据库的广义经济分类法（BEC）将国际贸易商品分为中间品、资本品和消费品。2003—2018年，中国三类商品进出口规模占全球同类商品进出口规模的比重均呈现显著上升的态势：其中，中间品、资本品和消费品进口额占比分别上升了7.8个、2.1个和3.1个百分点，出口额占比则分别上升7.1个、15.2个和7.6个百分点。从中国进出口商品结构来看，

① World Bank，“Global Value Chain Development Report 2019”，2019，https://www.worldbank.org/en/topic/trade/publication/global-value-chain-development-report-2019.

2003—2018 年，中国中间品和资本品进出口额合计占进出口总额的比重下降了 2.7 个百分点，出口额比重则上升了 13 个百分点。这显示中国在进一步融入全球供应链的同时，逐渐从依赖外部投入，转向对外输出供应能力（见图 4－1）。此外，中国几乎每一个地区都深度嵌入全球供应链体系在以此次中国疫情暴发的中心区武汉为例，根据美国商务信息公司邓白氏的统计，全球约有 5.1 万家公司在武汉拥有一家或多家直接供应商，《财富》1000 强企业中有 938 家在武汉地区拥有一级或二级供应商。

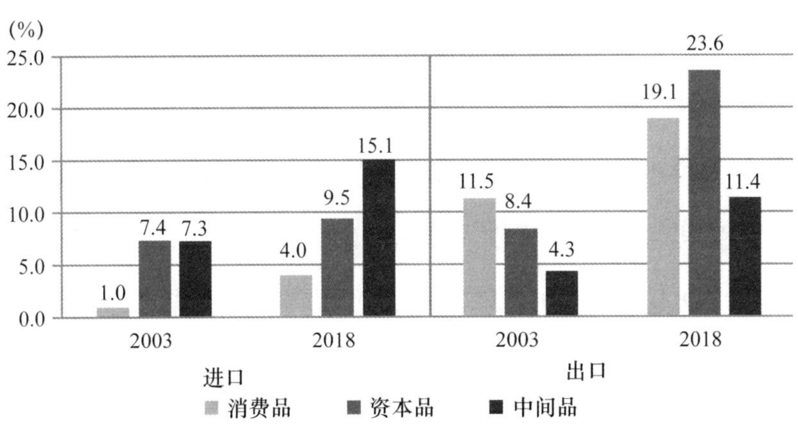

图 4－1 中国中间品和资本品进出口规模占全球比重变化情况

资料来源：联合国商品贸易数据库。

由于中国企业在亚洲、欧洲和北美三大生产体系中的广泛、深度参与，各国的供应链安全甚至公共卫生安全（如制药和防护用品）都高度依靠中国供应链。早在 2 月中旬全球疫情大暴发以前，根据世界卫生组织的预测，全球对医疗防护物资的需求量就已经增长了100倍，价格上涨了20倍。到3月中旬全球疫情开始进入大暴发阶段，欧洲、亚洲在内的多个国家禁止口罩、手套、防护服等关键防护物品的出口，美欧部分国家甚至出现了截留其他国家防护用品的现象，防疫物资短缺可见一斑。而到了3月中旬以后，中国企业开始逐步复工复产，中国几乎成为解决全球防护物资短缺的唯一希望。也就是说，在疫情暴发的第一阶段，中国供应链阻断造成全球供应链的阻断，而在疫情暴发的第二阶段，全球公共卫生安全又高度依赖中国的医疗物资供应。在这样的背景下，美欧政府和企业对其供应链安全和公共卫生安全高度依赖中国制造的顾虑不断升温。法国经济和财政部长布鲁诺·勒梅尔甚至提出：“这次疫情是全球化的‘游戏改变者’，因为它暴露了国际供应链的脆弱性。疫情暴露出对中国的‘不负责任和不合理的’依赖。全球供应关系，特别是医疗和汽车行业的供应关系，需要重新考虑。”因此，疫情对全球供应链体系的长期影响主要表现为，供应链安全逐渐成为美欧企业调整全球产业链布局的重要商业诉求，而保障国内的产业安全和公共卫生安全，成为未来美欧政府政策调整的重要导向。

未来美欧提高其供应链安全性的战略措施主要包括两个层面，一方面是利用现代制造技术提高其生产制造的反应性。在新冠肺炎疫情大规模暴发期间，美欧高技术公司表现出极高的生产灵活性，为全球制造企业树立了标杆。西门子、通用电气、波音等公司纷纷利用3D打印技术生产口罩。全球最大的3D打印机供应商惠普，利用其在美国和西班牙的打印机群生产口罩调整器和防护面罩等医用器材。航空航天零部件企业 Aenium 在约两周时间内就能够转产并提供急需的医用口罩过滤层，该公司利用其生产超轻金属零件的激光技术开发了一种由医用级别聚合物制成的四层过滤层，可以放进惠普开发的 3D 打印口罩中，也可以用于呼吸机。可以预期，疫情之后美欧国家和企业将进一步加快推动 3D 打印、智能制造、可重构生产系统等新型制造技术的应用和推广，从而提高其供应链对重大疫情和灾害的及时调整和反应能力。

另一方面，更重要的，美欧将推动改变目前“以中国为中心的全球供应链体系”，即通过调整全球供应链结构来提升其供应链安全性，具体包括：一是推动多元化的全球采购，即通过增加中国内地以外采购来源地或者通过多国投资，来提高其供应链的多元性，降低从中国集中采购的风险。如在越南、印度尼西亚、泰国、印度等其他亚洲经济体增加采购和生产。美欧国家扩大多元化采购的一个重要形式是通过扩大周边国家的生产和供应，在增加供应链多元性的同时缩短供应链，从而在提高供应链安全性的同时也提升供应链的效率，如美国将采购和生产更多地转移到墨西哥、巴西等拉美国家，欧洲将采购和生产更多地转移到东欧或土耳其。美国商务信息公司邓白氏甚至利用联合国的经济信息数据计算出美国从中国进口最多的产品以及最有希望替代这些进口产品的供应国（见表4－2）。

表4－2 美国从中国进口最多的产品以及可能的替代供应国

产品	可能的替代供应国
电力机械、装备及零部件	巴西
核反应堆、锅炉及零部件	智利、新加坡
家具及零部件	墨西哥
玩具、游戏及运动必需品	墨西哥、巴西
塑料及塑料制品	墨西哥、巴西
摩托车及零部件	智利、哥伦比亚、印度
服装及服装配件	巴西、加拿大
光学、医疗和外科器械	哥伦比亚、巴西、印度

资料来源：美国邓白氏公司，“Business Impact of the Coronavirus”，2020，https：//www.dnb.com/content/dam/english/economic-and-industry-insight/DNB_ Business_ Impact_ of_ the_ Coronavirus_ US.pdf。

二是促进制造业回流，加强本地化生产。事实上，在全球新冠肺炎疫情暴发之前美欧已经出现了强烈的本地化制造的政策诉求。2019年初期德国政府发布的《国家工业战略2030》以及德法共同发布的《面向21世纪欧洲工业政策宣言》，都将供应链安全和生产本地化作为产业政策调整的重要内容。而促进制造业回流更是美国推动中美贸易摩擦的重要政策目标。2016年特朗普竞选总统时就提出让制造业回流美国，为此推出税改方案，鼓励跨国公司将业务搬回美国。然而美欧的政策调整是否真的会导致制造业的大规模回流呢？以美国为例，虽然在特朗普税收和贸易政策调整的驱动下，有些美国企业为了满足国内需求将部分制造产能回迁至美国，但迄今为止并没有出现美国制造业企业大规模回流的趋势。截至2019年底，美国制造业就业占比8.5%，较上年回落了0.1个百分点，较奥巴马任内的平均值下降0.3个百分点，为过去八十年来最低水平。截至 2019 年第三季度末，美国制造业增加值占 GDP 的比重为 11.0%，较上年回落 0.3 个百分点，较奥巴马任内的平均值低 0.8 个百分点，创下了第二次世界大战后的新低。另外，2019 年 8 月美中贸易全国委员会发布的《中国商业环境调查报告》显示，绝大部分美国企业会选择继续留在中国市场，即使向外转移投资，更多企业也是选择搬到其他地区，选择搬回美国的企业比重较 2018 年甚至下降了 1 个百分点。

因此，各国要素成本变化和中美贸易摩擦将推动全球供应链向着分散化和本地化的方向发展，而新冠肺炎疫情将进一步加速这个过程。但总体上看，由于美欧国家的高制造成本，制造业特别是劳动密集型和资本密集型制造业大规模回流的可能性并不大，但分散化生产或供应链多元化将成为未来全球供应链调整的重要方向。过去几十年，由于中国制造业的快速崛起，全球供应链集中化的趋势不断加强。我们利用 29 个国家和地区（28 个主要工业国家，其他国家视为 1 个地区）的工业品出口份额计算了全球工业品出口的 HHI 指数，显示中国工业品出口占全球的份额，以及全球工业品出口的 HHI 指数均呈现上升趋势，特别是 2000 年中国加入 WTO 以后，全球 HHI 指数上升的趋势更加明显（见图 4－2）。但未来随着中国要素成本上升、美国贸易政策调整和新冠肺炎疫情等因素的影响，越来越凸显的产业链安全因素将驱动全球供应链朝着分散化的方向调整和演进，HHI 指数预计将出现下降趋势。特别地，美国推动制造业向墨西哥、巴西等拉美国家转移，德法英等欧洲国家推动制造业向东欧和土耳其等国家转移的“周边化生产”，很可能成为未来美欧推动全球供应链本地化和生产化的战略重点：一方面，这些国家地理上毗邻，可以提高供应链的经济效率；另一方面，政治上美欧工业强国对这些国家具有很强的影响力，可以确保其供应链安全。

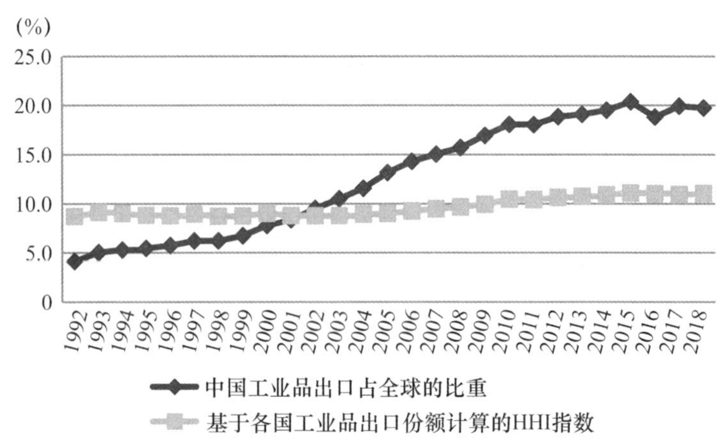

图4－2　中国中间品和资本品进出口规模占全球比重变化情况

资料来源：世界银行（https://data.worldbank.org/）和国家统计局（http://www.stats.gov.cn/）。

第三节　多米诺效应：对未来全球供应链调整机制的猜想

在分析了新冠肺炎疫情对全球供应链调整可能产生的影响后，一个随之而来的有趣问题是，对供应链安全的担忧是否真的会驱动美欧政府和企业推动全球供应链调整？事实上，外生冲击对全球供应链的影响并不是第一次发生。2011 年日本福岛发生了毁灭性的海啸和地震，而位于福岛的很多高科技公司是全球供应链的关键环节——世界上约 22% 的 300 毫米半导体硅晶片、60% 的关键汽车零部件以及大量用于平板液晶显示器的锂电池化学品和导电膜由位于福岛的日本制造商生产，这些制造商很多是美欧企业的单一采购来源。日本福岛地震对美欧供应链产生冲击时，美欧的学术界和企业界同样存在着关于供应链安全的激烈讨论。然而当福岛日本企业逐渐恢复生产后，供应链安全并没有驱动美欧企业实质性地推动供应链多元化。为什么美欧高管们事实上并没有从福岛地震和核事故中汲取教训？原因是作为追逐资本的美欧企业并不会为极小概率事件牺牲供应链效率和竞争力。

因此我们不禁要问，此次对于供应链安全的担忧是否也只是新冠肺炎疫情大规模暴发导致全球供应链暂时性中断时美欧企业的一时喧嚣，而一旦未来全球新冠肺炎疫情得到有效控制、全球供应链恢复正常运转，美欧企业仍然会延续既有的供应链布局思路，所谓的以中国为中心的全球供应链体系并不会发生根本性的改变？我们的答案是，新冠肺炎疫情极可能是全球供应链体系调整的一个重要转折点，即新冠肺炎疫情会促使美欧政府和更多的美欧企业改造其供应链，与中美贸易摩擦等因素交互作用，推动全球供应链体系朝着多元化和分散化的方向发展。而新冠肺炎疫情之后的全球供应链调整，很可能由以下两个导火索引起：一是制药、医疗器械和防护用品行业的本地化生产，二是美国对中国高技术行业和企业的打压升级，这两个事件都会加剧美欧贸易和投资政策的保护主义，并通过示范效应和反制效应，引发全球供应链的加速调整。

首先，新冠肺炎疫情将推动制药和医疗器械等行业首先启动全球供应链的本地化，而美欧的公共卫生安全顾虑极可能向产业安全甚至国家安全扩大，从而出现供应链安全问题的泛化现象，并最终导致逆全球化进程和全球供应链体系本地化的加速。药品、呼吸机、防护服、医用口罩、手套、消毒液等医疗物资短缺成为各国疫情防护过程中面临的最为严峻的挑战，就连美国、德国这样的制造业强国也出现了需要向中国采购和求助的现象，甚至不惜违背国际规则通过截留别国援助物资和订单的方式来保障本国的医疗防护用品供应。疫情暴发期间，美国食品药品监督管理局（FDA）局长史蒂芬·哈恩在一份声明中称，美国有20种药物短缺，而这些药物的原料药或者成品来自中国。根据中国商务部统计，2019年美国进口的95%的布洛芬、91%的皮质醇、70%的对乙酰氨基酚、40%的肝素和45%的盘尼西林的制药原料、中间品或最终品来自中国厂商。美国FDA在2018年时曾做过统计，美国市场上的药品中，原料药有88%来自海外，中国的份额占到14%，24%的成品药和31%的原料药来自印度，但印度制药原料70%又来自中国。鉴于公共卫生安全，FDA前局长曾向参议院做专题报告，建议国会赋予FDA相关权限，以强制要求美国医药行业的各家企业评估并提交其供应链面临的潜在风险。法国经济和财政部长布鲁诺·勒梅尔也公开发言：“我们不能继续在80%到85%的药物活性成分上依赖中国。”可以预期，疫情过后，来自公共卫生安全的政治压力会驱使欧美政府加快推动制药和医疗器械产业生产制造的本地化。而一旦这些产业在美欧的本地化生产成为趋势并逐步形成高效率的本地产业链，则这些产业全球供应链调整的示范效应很可能诱使美欧产业政策和商业政策随之进行调整，从而形成由点到面逐步扩散的全球供应链分散化和本地化格局。

其次，新冠肺炎疫情过后全球供应链加速本地化和分散化的另一个重要原因是美国将以产业安全和信息安全为由，进一步升级对中国高技术产业的打压。新冠肺炎疫情以前美国已经开始通过加增关税、有针对性地打击中国高技术产业和企业，抑制中国高技术产业的发展和技术赶超。可以说，美国发起贸易战的根本原因不是削减贸易逆差，而是中美从贸易中获得利益的相对份额的变化，而这种变化正如 Samuelson 提出的“有条件保护理论”所揭示的那样，是由两国之间的相对技术能力决定的，因此对中国的技术打压是美国进一步推动中美贸易摩擦的根本目标，也是未来全球供应链调整的根本推动力。根据世界知识产权组织（WIPO）发布的最新报告，2019 年中国通过世界知识产权组织的《专利合作条约》体系（PCT）共提交了 58990 件申请（2018 年 53345 件），自 1978 年 PCT 运行以来首次超越美国，位列全球第一。而美国 2019 年以 57840 件申请（2018 年 56142 件）位列全球第二。针对中国不断加快的技术赶超节奏，一旦疫情得到有效控制，美国的政策重点必将加速由疫情控制转向对华遏制。特朗普上台后，美国迅速将供应链安全问题上升为国家层面的产业链安全问题，在遏制中国的新战略焦点下，美国政府改变了各部门分散应对不同领域内产业链安全事项的传统体系，推动形成“政府一体化”（whole-of-government）体系，通过设立和强化相关跨部门机构（如外资投资委员会、供应链工作组）以及建立经常性跨部门协调机制（如新兴和基础技术预见机制）等措施，将产业链安全问题系统纳入各部门政策，确保所有部门的整体视野和全面协同。在不断强化其产业链安全管理体系的同时，美国打击中国高技术产业的节奏不断加快、力度不断加大。一旦美国针对中国高技术产业特别是5G的技术打压触碰到中国维护技术进步和产业发展的核心利益，则中美在ICT等高技术产业领域的压制和反制，很可能逐步升级为更大范围的技术战和贸易战，从而加速全球供应链、价值链和创新链的重新布局调整。

也就是说，新冠肺炎疫情所推动的全球制药和医疗器械产业全球供应链重构，以及美国对中国高技术产业的强力打压，很可能强化全球保护主义，并促进形成越来越多的行业供应链本地化和分散化的多米诺效应。

第四节　应对全球供应链调整的短期政策和长期战略

虽然疫情本身是短期冲击，但疫情对全球供应链的影响却是长期性的。面对全球供应链分散化和多元化的挑战，短期内中国要加快供应链恢复的节奏和效率，长期看要加强中国外资和技术战略的统筹部署，从根本上提升中国主动适应全球供应链调整的能力。

一　短期政策应对：加快产业链协同恢复

针对新冠肺炎疫情对全球和中国供应链的冲击，短期内应以尽快恢复中国供应链的运营效率为目标，显示中国供应链的韧性和对国际需求的快速反应能力，尽可能将疫情对中国供应链的负面影响降到最小。

一是全面加快有序复工复产，加强面向国外厂商的信息公开，充分展示中国供应链体系的韧性和活力，维持和强化中国在全球供应链体系中的有利地位，力争把握国内外供应链恢复的"时间差"转危为机。随着疫情恶化，越来越多的美欧国家开始采用更加严厉的封闭和隔离措施（如意大利2020年3月23日起停止生产活动），美欧的本地供应链体系遭到更加严重的打击。如果中国疫情控制得当，美欧市场对中国工业品的需求将大幅上涨。尤其在电子、汽车等供应链体系比较复杂的行业以及石化、制药等连续流程行业，下游美欧企业为了保证生产的连续性，甚至会采取战略性储备和采购政策，从而进一步加大对中国工业品的需求。如果中国企业能够及时有序复工复产，则美欧市场需求增长有利于带动中国国内供应链的尽快恢复甚至升级。鉴于此，一方面中国各级政府应通过加强政策协调和保障，在尽快修复供应链的同时，提高中国产业链现代化水平和向价值链高端攀升，在全球供应链中占据更加有利的位置；另一方面，通过充分利用美欧和中国既有的电子商务平台，举办网上中国进出口商品交易会等形式，加强中国工业恢复生产的积极信息向美欧市场的传递，向全球充分展示中国工业体系在面对重大疫情和灾害时的韧性和恢复能力，以对冲美欧企业多元化供应链的负面影响，再创“非典”之后中国供应链在全球地位不降反升的奇迹。

二是积极与国际社会建立更加全面系统的抗疫合作治理机制，在加强联合抗疫的同时，进一步推动全球供应链国际合作体系和治理机制的形成，提升中国在全球供应链体系中的话语权和主动性。一方面通过加快产能恢复，加大在防疫物资方面的全球供应保障，有力支持世界防疫。另一方面，推动供应链安全领域的国际合作，包括与主要贸易伙伴形成供应链安全联合声明，建立多渠道、多层次供应链安全体系，探索“供应链反恐伙伴计划”“供应链自然灾害应对计划”等。与国际海关组织、国际海事组织、万国邮政联盟等国际组织，在海事、航运、邮政等领域建立长效合作机制，共建跨区域的富有弹性的供应链。将全球供应链合作与“一带一路”建设有机结合，鼓励中国企业通过对外直接投资“走出去”在全球布局供应链，以中国供应链的当地化响应美欧本地化生产的诉求，减少与其他国家的“零和博弈”，形成高度协同、更加友好合作的供应链战略伙伴关系。

三是加强针对小微企业的政策扶持，抓住薄弱环节提高中国供应链的免疫力。与大企业相比，小微企业的资金实力、供应链管理能力和订单谈判能力都更加弱小，是供应链中的薄弱环节。如果新冠肺炎疫情对全球供应链的冲击一直持续到 2020 年第二季度末，则可以预期，将出现大量小微企业倒闭和破产的情形。为了保持中国产业链的健康运行，应当针对小微企业开展有针对性的服务和政策扶持，包括对确实存在还款困难的中小微企业给予贷款展期和续贷，引导保险机构针对小微企业提供复工复产保险、营业场所封锁救助保险和员工感染法定传染病保险，在企业服务云上搭建劳动力供需对接平台，等等。

二　长期战略调整：积极推动“融入本地化”

面对不可逆转的全球供应链分散化和本地化趋势，中国应当积极调整对外战略和技术创新战略，主动适应全球供应链调整的趋势要求，力争在全球供应链调整过程中占据更加积极有利的位置，将全球供应链调整对中国的负面影响降到最低。

一是以“融入本地化”为战略主线，加快中国制造业战略性的对外投资布局。面对全球供应链调整的巨大挑战，目前国内学术界主流的观点是通过构建更加开放、公平的竞争和投资环境来巩固中国作为全球制造业中心的区位吸引力。我们认为，维护中国全球工厂地位，进一步提升中国投资吸引力的政策导向固然重要，但不可否认，随着新冠肺炎疫情过后美欧供应链安全意识的进一步强化、以智能化和自动化生产为核心特征的新一轮科技革命和产业变革的深入推进，以及中国不可逆转的要素成本上升势头，未来中国在全球进一步提升供应链参与度的空间已经十分狭窄，全球供应链本地化和分散化将是未来不可逆转的趋势。基于此，未来中国全球供应链战略的核心和重点应当是加速中国制造业企业对外直接投资，以中国企业的主动走出去，顺应全球供应链本地化的诉求，确保中国制造业在全球供应链调整过程中损失最小、获益最大。基于此，未来应主动推动中国制造业对外直接投资。

虽然近年来中国对外直接投资明显加速，但由于中国制造业企业或者过度依赖国内市场，或者过度依赖出口方式占领国外市场，都使得中国制造业产能在中国本土高度集中，中国制造业对外投资的相对规模水平较低——统计数据显示，2014 年以后中国制造业对外直接投资的相对增速才开始提升，2017 年中国制造业对外直接投资与制造业国内固定资产投资之比也仅为 1.58%（见图 4－3）。在对外投资目的地的选择上，一方面随着美欧企业在中国直接投资节奏放缓，中国企业在本土开展技术吸

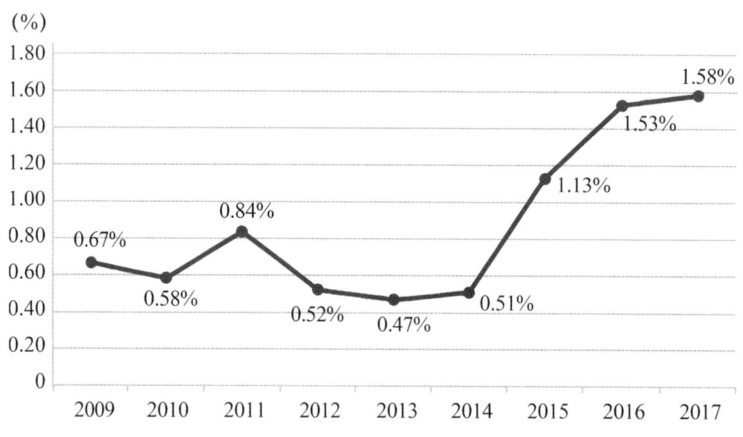

图 4－3 中国制造业对外投资与制造业固定资产投资之比

资料来源：世界银行（https：//data. worldbank. org/）和国家统计局（http：//www. stats. gov. cn/）。

收和学习的难度不断加大，中国企业应以直接投资的方式进入美欧市场，通过占领高端市场或领先市场继续深度嵌入美欧主导的全球创新网络；另一方面，对于传统密集型制造业和高技术行业中的低技能环节，应以直接投资的方式主动进入东欧、东南亚和拉美市场，充分利用这些国家的相对劳动成本优势，同时尽可能避免进入印度等具有较好工业基础和较强技术吸收能力的发展中市场进行直接投资，确保中国制造业竞争优势的不可替代性。在鼓励中国制造业对外直接投资的同时，加强中国本土制造业“母工厂”建设，依托“母工厂”建设确保中国先进制造技术和工艺能力的持续创新和提升。

二是面对美国不断升级的技术打压，未来中国的技术创新环境将发生根本性的变化，必须加快完善中国自身的技术创新体系，提升中国制造业的原始创新能力。加强中国应对全球供应链调整能力的关键是提高中国自身的技术能力，特别是在美国的技术打压使得中国技术学习难度越来越大的时候，通过构建更加有效的国家创新体系，开辟新的技术创新路径，切实提高中国的原始创新能力和自主创新能力至关重要。Grossman 等学者的理论假定了发达国家和发展中国家的分工边界是清晰的，即发达国家从事高价值的活动，而发展中国家从事低价值的活动。然而一旦将技术能力动态性引入全球价值链分工分析，则后发国家和发达国家的分工边界并不是静态的，当后发国家的技术能力加速累积并逐渐接近技术前沿时，发达国家来自于贸易的福利可能受到损害，而这也正是 Samuelson 的“有条件保护理论”所强调的贸易对发达国家产生损害的条件。

说到底，无论是发达国家还是后发国家，确保一国在全球供应链体系和价值链体系中占据有利位置的根本，都是不断提升其技术创新能力。但随着全球生产体系和创新体系的调整，后发国家的技术能力需要由吸收能力向原始创新能力转型。而这两种能力对后发国家创新体系和政策范式的要求是不同的。当中国逐步进入原始创新能力阶段，一方面要切实加强知识产权保护，鼓励原始创新而不是技术模仿；另一方面，要着力完善中国的国家实验室、共性技术研发机构和研究型大学的科研体制，在强化基础研究能力的前提下，积极推动科研机构与企业的合作，形成自主创新和原始创新导向的创新体系和政策体系。需要强调的一点是，在全球贸易保护主义和逆全球化盛行的时期，要特别注重主要依靠市场手段和竞争来提升中国的自主创新能力，防止对美反制演变为国内产业政策和创新政策的严重保守，从而造成政府过度干预和集中力量办大事模式的滥用。

三是完善中国的产业链安全管理体系。完善中国产业链安全管理体系，建立中国的供应链安全评估与风险预警长效机制。设立国家产业链安全委员会，对因外交事件、国外技术封锁、重大灾害和疫情等导致的中国产业链安全问题进行战略决策和部署。建议该委员会由国务院牵头，由工信部、发改委、外交部、商务部、财政部、科技部、知识产权局等相关部门组成，由工信部作为具体执行单位。加大资金和人员投入力度，形成专业的产业链安全评估队伍和机构。组织经济学者、情报专家、技术专家、产业专家、法律专家，共同构建专业的产业链安全评估委员会，开展长期、持续、系统、科学严谨的产业链安全研究，建立中国产业链评估知识体系和方法体系，研究形成中国的产业链安全应对策略库，针对不同的产业链安全情境从技术、市场、资本、产业政策、外交等各个层面形成应对预案。完善供应链评估和风险预警体系，科学评估重大事件、灾害、疫情等对中国供应链冲击的溢出效应和传导效应，分析评估供应链整体以及重点领域、重点地区（集群）对于疫情等不可抗力的抗冲击能力，使中国的产业链安全管理决策更加科学系统。加强产业链安全监测数据和信息向供应链参与者的及时反馈，强化产业链协同，提升中国供应链面对重大灾害和疫情时的韧性和协同性。

（贺　俊）

第五章　第三产业冲击及应对

新冠肺炎（COVID－19）疫情是中华人民共和国成立以来，在我国发生的传播速度最快、感染范围最广、防控难度最大的一次重大突发公共卫生事件。本次疫情正在全球扩散和大流行（pandemic），覆盖几乎世界上所有的国家和地区，成为一起百年不遇的公共卫生危机。如何看待疫情大流行对经济社会的冲击，并采取切实可行的应对之策，创新发展方式，增强抵御疫情冲击的应变能力，是政府、企业和学界极为关注的重大议题。进入21世纪以来，中国经历了两次重大公共卫生事件：2003年的“非典”（SARS）疫情和这次的新冠肺炎疫情。但是，对这两次公共卫生突发事件不能简单类比，毕竟所处阶段、国内外环境和产业结构都有所不同。

第一，经济发展阶段不同。2003年中国人均GDP不到1300美元，刚刚从低收入国家跨越到中下收入国家。那个阶段是中国加入世贸组织（WTO）不久，对外开放的红利迅速释放，中国经济正处于快速上行的景气阶段。而现在，中国人均GDP已经突破1万美元，已经是中上等收入国家，但是正面临着较大的经济下行压力，高速增长动能很难维系。

第二，国际环境不同。2003年的“非典”时期，中国是名副其实的“世界加工厂”，工业产品畅销世界各地，加工贸易一枝独秀，外资蜂拥进入中国市场寻找“套利”机会。如今，全球格局正在发生剧烈变化，中国与世界主要发达国家已经由互补关系发展为竞争的关系，东南亚和印度的制造业也在迅速崛起，中国制造业面临着向发达国家回流和向其他发展中国家转移的双重压力，贸易保护主义有明显抬头的趋向，世界经济面临着更多的不确定性，国际环境更加严峻。

第三，产业结构不同。经济服务化，是经济结构变迁的必然结果。自加入世贸组织以来，中国经济服务化现象愈加显著。2003年第三产业占GDP的比重为42.1%，对GDP的贡献率仅为38.1%；2003年劳动就业的主力军是农业，占全部就业的比重为49.1%，服务业就业基本处于从属地位，占全部劳动就业比重仅为29.3%。2019年中国第三产业占GDP比重为53.9%，对GDP贡献率高达59.4%。劳动就业方面，服务业也是最主要的贡献者，2018年占全部劳动就业比重为46.3%，2019年有望接近48%。这意味着，第三产业（服务业）已经从2003年从属地位跃升为中国经济的主要支柱和增长动能，是国民经济和社会发展最重要的“稳定器”。

基于这样的考量，我们对这次新冠肺炎疫情冲击，必须重新认知和深刻剖析。第三产业（服务业）已经是中国国民经济的

“半壁江山”，深入研究疫情大流行对服务业冲击的表现和特征，创新服务业发展方式，寻找化解对策，促进服务业修复性增长，构建服务业高质量发展的长效机制，有着重要的理论价值和现实意义。

第一节　疫情下的第三产业：冲击与分化

一　对依赖客源和物理场所的特定服务业冲击严峻

本次疫情期间，餐饮、航空、旅游、娱乐、零售等严重依赖客源和物理场所特别是封闭物理场所的服务业行业受到了严重冲击，这类企业的收入几乎是断崖式下跌，相关从业人员暂时失去了工作。2020 年春节以来，全国铁路、公路、水路、民航共发送旅客比上年同期大幅度下降，文化娱乐、体育和旅游相关行业（旅行社、住宿酒店和景区等）几乎陷入“冰冻”状态。服务业门类众多，性质迥异，疫情冲击的影响差异较大。由于掌握的材料限制，我们只选择航空业、娱乐业、餐饮业、旅游业，估算疫情冲击可能造成的经济损失。这四个行业是人口高度集聚和流动的行业，也是需要特定物理场所甚至封闭的物理场所才能完成消费的服务业行业，当然也是受疫情大流行影响最严重、冲击面最广、冲击力度最大的服务行业。因此，选择这四个服务业行业进行分析，具有较强的代表性。

1. 疫情对民航业的影响

人群在封闭的物理空间最容易被传染新冠病毒。机场，作为公共服务属性强且人流密集的公共场所，在疫情期间具有较高的病毒传染风险，采取得力措施加强安全管理和公共卫生防疫，大幅度减少这个特定场所的人群流动，就是必然的选择。无论是机场，还是航空公司，抑或是一些相关企业，第一季度的2、3月都遭遇严重亏损。根据《中国民航2020年2月主要生产指标统计》有关数据：2020年2月，国内航线旅游运输量同比下降84.8%，国际航线则下降82.4%。目前，疫情在国内大大缓解，预计5月后国内航班很可能逐渐恢复正常。但由于疫情在全球大流行，各国纷纷关闭边境以及出台飞行禁令，国际航班大幅度下滑甚至处于停摆状态。根据民航局新闻发言人熊杰介绍，因受新冠肺炎疫情影响，2020年第一季度，航空业运输总周转量同比下降46.6%；航空旅客运输量同比下降53.9%，全行业累计亏损398.2亿元，其中，航空公司亏损336.2亿元。[①] 据此推算，如果疫情4月底被遏制5月逐渐恢复正常运营，那么2020年全年中国航空业的收入损失可能达到900亿—1000亿元。

2. 疫情对娱乐业的影响

根据工信部《2019中国泛娱乐产业白皮书》有关数据，2019年中国泛娱乐核心产业产值约4155亿元。疫情的持续影响对各行业不尽相同，娱乐业很有可能是最晚复工复市的，即便按照4个月计算，该行业的损失也将达到1385亿元。根据《中欧

---

① 民航局：《2020年Q1民航全行业累计亏损398亿元》，2020年4月15日，新浪网（http://finance.sina.com.cn/stock/relnews/hk/2020-04-15/doc-iirczymi6521935.shtml）。

商业评论》发布的调查结果，娱乐企业的现金流普遍很紧张，34.0%的企业现金只能维持1个月，33.1%的企业可以维持2个月，17.91%的企业现金可以维持3个月。假设疫情4月底之前得到控制，几乎67%的企业将会面临倒闭风险。即使假设只有30%的企业存在倒闭风险，最终对全年经济的影响也将达到831亿元。因此，关停和后续由此带来的倒闭，使得全年娱乐业经济损失可能高达1741亿元。[①] 疫情对娱乐业的冲击影响可见一斑。

3. 疫情对旅游业的影响

旅游业是国民经济综合产业，涉及“吃住行游娱购”诸多方面，既包括国内市场，也包括国际市场，疫情大流行对其影响是全方位的。旅游业收入包括两类，国内旅游收入和国际旅游收入。受疫情影响，很多国家已经停飞国际航班，并宣布了旅游警告，国际旅游收入将锐减。2018年国际旅游外汇收入1271.03亿美元，按照疫情持续影响4个月来计算，2020年国际旅游收入将至少减少424亿美元，约人民币合2968亿元。[②] 现在看来，由于疫情正在全世界大流行，对国际旅游的影响很可能超过6个月，国际旅游收入将减少636亿美元，约合人民币4448亿元。此外，2018年全年国内旅游总花费是51278亿元，2020年疫情暴发后，保守估计，我们按照疫情影响时间4个月计算，国内旅

① 陆旸、夏杰长：《疫情对服务业冲击的影响及对策》，《中国经济时报》2020年3月2日第4版。

② 同上。

游全年收入很有可能减少 1/3，将减少 17076 亿元。[①] 2020 年，旅游市场萎缩在所难免，会展、会议、游学、商务旅游、体育旅游和医疗旅游等相关业务相继被迫延期或取消。“疫情”对旅游业的影响还具有“长尾效应”，有一定的滞后性。消费者在遭受疫情冲击后，心理恐惧短期内难以消除，出游意愿很可能有所下降。疫情全球大流行，欧美国家控制疫情时间节点很可能明显晚于国内，所以，出境游和入境游或将经历近 1 年的低迷，影响程度取决于疫情后果和境外反应措施、旅游重振计划的实施。

4. 疫情对餐饮服务业的影响

民以食为天，中国也是美食之国，餐饮业在中国有着特殊的地位。随着人们收入水平提高，在外就餐越来越普遍，单笔费用也在不断提高。餐饮服务业是典型的劳动密集型服务业，在吸纳服务业就业和解决地方税收等方面发挥了重要的作用。这几年，外卖已经渐成气候。因此，部分餐饮行业在疫情期间可以通过送餐服务减少部分损失，因此与航空业、旅游业和娱乐业有所不同，疫情冲击的损失会相对少一些。2019 年 1—12 月全国餐饮收入 46700 亿元，平均每月 3892 亿元。春节前后，一般是餐饮业收入增长最快的时节，然而受疫情的影响，全国各地不论是大型酒店、连锁餐饮企业还是小餐馆在 2020 年 2—3 月普遍停业。即使未来疫情缓解，由于心理恐惧等因素，居民在外面就餐的意

① 夏杰长、丰晓旭：《新冠肺炎疫情对旅游业的冲击与对策》，《中国流通经济》2020 年第 3 期。

愿普遍下降，众人聚餐这种国人偏爱的习惯很有可能不会再现。餐饮业的完全正常运营，可能要等到疫情得到全面控制时才会完全恢复。考虑到外卖的发展程度，我们不妨按照连续3个月损失50%的比率计算，这期间餐饮业的损失大约为5838亿元。如果考虑到3个月的资金压力和部分餐饮企业倒闭，全年餐饮服务业的经济损失很可能超过10000亿元。①

自2020年3月以来，新冠肺炎疫情在我国得到了有效遏制，形势明显好转，大多数地区实现“零疫情”，生产和市场逐渐恢复。但是，全球疫情又大暴发大流行。疫情全球大流行叠加了中国服务业受疫情冲击的长度、深度和广度。如果全球疫情在较短时间内得到有效控制，中国服务业短期内就可以恢复正常运营，那么服务业市场的供需、服务业要素流动和资源配置等基本面不会明显改变，服务业修复性增长下半年就很可能实现。如果全球疫情大流行近期不能控制且蔓延到非洲、南美和东南亚等地区，服务要素的国际流动就会进一步阻隔。信息技术进步改变了服务本地生产本地消费的特点，极大地推进了服务全球化，国际市场萎缩必然传导到国内市场，国内服务业企业将遭受第二波冲击，近年发展势头很强劲的服务贸易有可能遭受重创。因此，我们要未雨绸缪，充分利用好庞大的国内市场，立足于扩大内需，尽可能减少服务业遭受疫情冲击的损失。

---

① 陆旸、夏杰长：《疫情对服务业冲击的影响及对策》，《中国经济时报》2020年3月2日第4版。

二　分化冲击传统服务业和新兴服务业

疫情大流行，直接冲击了服务业的供需或产销两端。一般地，我们可以把服务业分为传统服务业和新兴服务业。疫情对传统服务业冲击的是需求端。疫情对交通运输、旅游、餐饮和酒店等传统服务业带来的负面影响将更为直接和明显。疫情冲击导致服务行业短期负增长在所难免。2020 年第一季度，中国服务业负增长 5.2% 就是明证。中国服务业占比超过经济总量的一半，服务业从业人员占比 47% 左右，疫情严重冲击有可能导致服务业行业数以千万计的从业者暂时失去就业岗位。待疫情解除和服务业修复性增长后，这些人员可能重返就业岗位，也可能因为原来的企业转型升级而减少就业机会，也有部分从业者因为这段时期企业倒闭而失去了就业岗位，就业压力异常严峻。传统服务业，比如交通运输、物流、旅游业和会议会展服务等，需要异地流动才能完成其服务行为，但因为各地有严格隔离或管制措施而几乎停滞；对那些既需要地理空间集聚又需要闲暇时间的行业，比如商贸业、餐饮、体育赛事和娱乐业等，因为担忧人群密集而引发病毒传播，这些服务业行业基本是停业状态或有限分时开放，它们遭受的冲击特别严峻。

与此同时，此次新冠疫情对新兴数字服务业的冲击则不大。网络与数字技术缓解了疫情对新兴服务业的影响，也给数字服务业提供了新的发展机会和环境。新冠疫情发生在一个网络与数字时代，基于现代信息技术的数字经济、共享经济和平台经济飞速发展，网络信息技术与数字经济技术正在深度和全方位融入服务业发展，技术进步和商业模式创新，既深度改造了传统服务业，又催生了许多新兴服务业业态。目前，中国服务行业数字化改造和升级备受重视，发展迅猛，正在重构服务供应和消费方式。服务业数字化转型，可以缓解一些服务业的经济损失，使得原本必须通过自然人流动或者异地消费而实现的消费行为和生产活动，可以通过互联网远程这样的“无接触式服务”实现。

在新冠疫情影响下，由于网络和数字技术大大降低了服务行业成本，反而有可能使得疫情期间远程服务行业更加繁荣，如远程教育、在线娱乐、线上广告、网络直播、视频会议、云会展和云旅游等。此外，由于疫情为网络空间的服务活动带来发展机会，有助于网络空间的服务业规模扩大，有助于继续帮助中国相关服务领域形成自己的竞争优势，不断推进技术升级和产品创新，从而得到更好的发展机会和前景。比如，在这次疫情影响下，酒店、景区等旅游业各环节及时推出了网络预约、机器人服务等无接触服务。国内疫情基本得到控制之后，景区即将有序开放，为了防止人群过度集聚，必将更多地依赖那些对行业具有颠覆性变化的无接触服务。这样做，既促进了旅游业提质升级，又开辟了旅游业新业态，培育了旅游业新增长点。通过对互联网和网络技术的应用，一些旅游目的地在疫情期间推出了许多各具特色的网络“云旅游”活动，消费者可借助微信或微博平台，足不出户就可以“云游”中国著名风景区。根据调查，71.5%的受访者表示疫情结束后稳定一段时间会外出旅游，20.7%的受访者表示疫情过去后尽快外出旅游。线上旅游项目为线下旅游积蓄了力量。从在线观看到互动直播，形式多样的“云旅游”为旅游业提质升级做了全新尝试，旅游业全面复苏之后将会为线下旅游大量引流[①]。又比如，2020 年春节之后“全民隔离”期间，传统影视公司遇冷之际，互联网影业、直播视频则逆势发展。游戏、直播和短视频行业迎来新的发展机遇，手机游戏用户规模较疫情前增长 30%[②]。

国家统计局公布的2020 年第一季度服务业发展数据也印证了前文的分析和判断。2020 年第一季度，服务业下降 5.2%，但信息服务和公共卫生等服务业较快增长，一定程度上对冲了传统服务业下滑影响。比如，疫情防控期间，电子商务、在线教育、网上会议、远程诊疗等信息需求大幅增加，以互联网技术为依托的信息服务业增长较快，信息服务业增加值同比增长了 13.2%，发展势头非常迅猛。但是，传统服务业下降较多，住宿和餐饮业、批发和零售业、交通运输仓储和邮政业增加值则同比分别下降 35.3%、17.8% 和 14.0%。[③] 可见，疫情冲击中国服务业，总体影响很大，但结构性特征特别明显，疫情下的中国服务业，很有可能在发展中分化和裂变，我们要因势利导，把握其结构升级

---

① 刘旭颖：《“云旅游”搭建新消费场景》，2020 年 3 月 20 日，中国商务新闻网（http：//www.comnews.cn/article/ibdnews/202003/20200300041214.shtml）。

② 范周：《文化产业中小微企业利用直播技术迎来发展机遇期》，《中国经营报》2020 年 3 月 20 日第 31 版。

③ 付凌晖：《对一季度部分指标变化的几点看法》，2020 年 4 月 20 日，国家统计局网站（http：//www.stats.gov.cn/tjsj/sjjd/202004/t20200420_1739722.html）。

的趋势，不断完善服务供给和消费方式。

三　严重冲击服务业就业吸纳能力，改变服务业就业方式

应对疫情大流行，“隔离”是最有效的抗疫手段。但较长时间的“隔离”或“不接触”，对生产、投资、市场交易、商务交往和居民生活都有严重影响，从而很可能让部分从业者失去就业岗位，尤其是在受冲击较大的交通运输、文化娱乐、体育赛事、餐饮和旅行酒店等行业。2018 年全国服务业的就业人数约 3.6 亿人，假如这次疫情使得服务业领域 6% 左右的从业人员因此失去工作或处于半失业状态，涉及就业人口约 20000 万人左右。当然，如果疫情较快被控制，市场和商务活动得以恢复，大部分暂时失去工作的从业者很可能再次返回原来岗位或者寻找新的就业机会。

疫情大流行以来的一段时间，餐饮、旅游和酒店住宿等服务业几乎进入停业状态，这些服务业的停业带来大量劳工闲置，而这些行业基本是劳动密集型产业，陡然增加了就业压力。而本地外卖、物流等生活服务行业，由于大量需求转移到线上导致订单暴涨，出现员工短缺的现象。疫情期间，不同类型的服务业企业达成共享用工合作，一定程度缓解了就业市场的压力，创新了就业形式。疫情期间，远程线上办公兴起，线上协作成为普遍的工作模式，这一做法很可能催生复工后用工模式的变化。可以预计，疫情期间工作方式的改变以及随着平台经济、分享经济的发展，“灵活就业”“自雇型劳动者”等非正规就业，将成为许多

服务业领域就业的新方式，从而不断丰富就业形式，减轻劳动就业压力。

第二节 中国服务业应对疫情冲击能力不足

一 供应链薄弱影响服务业“抗疫”的可持续性

数字服务业在疫情期间出现了“井喷”，也预示了服务业数字化是应对突发公共卫生事件的转型主要方向和模式创新。要实现服务业数字化转型，关键是线下的生产和物流能否对消费者及时供应和高效配送。疫情蔓延直接影响了服务业的供应链和配送链，这两个环节断裂了，市场萎缩和消费锐减就在所难免，这是服务业在此次疫情蔓延中遇到的严峻挑战。比如，国家邮政局发布的《2019 年全国快递从业人员职业调查报告》显示：76.31%的快递员来自农村，15.89%的快递员来自县城，仅有 7.8%来自城市。在疫情防控与春节返乡潮的双重作用下，这些快递从业人员不能或不愿从老家返回工作地点，导致了快递企业迟迟不能全面复工。比如，圆通快递宣布自 2020 年 1 月 28 日起全网正式恢复运营，但不包括疫情严重的地区。德邦快递是从 2 月 3 日起陆续开通互发快递服务；申通快递宣布 2 月 10 日起全网全面恢复运营；部分快递公司全面复工并没有发布明确时间表。[①] 物流

① 杨霞：《疫情下的快递业：短期全面复工难，加盟网点压力大》，2020 年 2 月 9 日，搜狐网（https：//www.sohu.com/a/371749978_313745）。

是供应链的核心环节，是链接生产和消费的枢纽，物流不打通，“复工复产”就不可能落到实处。

二 工时刚性抑制服务业“抗疫”的复工效率

服务业面临日益个性化和不确定的需求变化，包括疫情的外部冲击。但是，当前中国的服务业（传统服务业和新兴服务业）绝大部分采取固定工时制度，生产机制和人员配置方式过于固化。与发达国家相比，我们在就业灵活性上严重滞后，就业体制机制严重僵化，抑制了特殊时期服务业就业灵活反应、快速反弹和柔性生长的能力，也固化了企业承担的人力成本，亟待对此进行机制调整和政策辅助，比如在社保、劳动关系的安排上要有更加灵活的处理方案。在疫情防控期间，为减少人员聚集，要鼓励符合规定的复工服务企业实施灵活用工措施，创造条件实现远程—现场交互协作的弹性办公机制，或者与员工协商采取错时上下班、弹性上下班等方式灵活安排工作时间。这对提高复工效率、保证复工可行性具有重要作用，也得到了国际经验的验证。因此，适时改革就业方式，推出更多的弹性就业和灵活就业，势所必然。

三 粗放模式降低服务业“抗疫”的反弹力度

包括数字服务业（比如在线旅游、在线预订等）在内的新兴服务业，的确是冲抵疫情影响的重要力量，但它们在这次疫情冲击下会受到资本匮乏和人员稀缺的双重制约。而现代服务业无论是线上还是线下，均依靠创意的内容和创新的产品来实现增长。中国目前大部分网络平台服务和线上服务对流通效率提升不少，但缺乏内容创新。不管是在线订票、订餐，还是共享出租和共享住宿等服务，都是通过网络实现了渠道拓展，但服务质量和服务内容依然与过去没有实质性区别，服务升级只是一个“幻觉”。这次疫情冲击，更加凸显中国服务业需要在服务内容和产品创新上有所突破，利用特有国情和产业特点，寻求到迅速提高服务业创意内容和创新产品的方式，才能抵御外部突发事件的冲击，提高自身的修复能力。

四　医疗配置扭曲减弱服务业“抗疫”的均衡效力

从供给模式来看，由于医疗服务产出属于公共物品或外部性明显的准公共物品，医疗服务完全公有化会使政府负担沉重、效率低下，而完全私有化又会导致市场失灵、消费者福利下降。[①] 中国医疗卫生体制经过多年多轮改革，取得了一定成效，但是公共医疗服务中的绩效与资源配置的公平性问题依旧突出，市场失灵和分配不公的问题依旧没有根本解决。[②] 因此，医疗服务体系建设需要政府承担主要责任，并通过公私合作的方式实现缓解医疗资源短缺、促进医疗服务可及、满足医疗服务多元需求的目

---

① Karsten S. G.，“Health Care：Private Good vs. Public Good”，*American Journal of Economics and Sociology*，54（2），1995，pp. 129 – 144.

② 赵建国、李贤儒：《投资进入规制改革是否提升了公共医疗服务质量?》，《财经问题研究》2019 年第 11 期。

的。在混合供给的均衡状态下，私人医疗服务于高端需求，公共医疗服务于基本需求，与严格的私人供给相比，混合供给带来了福利的改善，而且比纯粹的公共供给成本更低。[①] 目前，中国的医疗服务业主要依靠公立医院资源，市场定价机制也很不到位，缺乏引入有激励和有监管的私人医疗服务做补充。因此，当疫情突然大暴发，疾病发病率有很多不确定性，医疗需求大幅增加和医疗服务供应紧张这对矛盾就很凸显。[②] 从配置结构来看，中国医疗资源的“倒三角”配置结构与疾病的发病规律不匹配。世界卫生组织认为，公共卫生医疗资源配置应该是“正三角”，即80%左右的病患在基层医疗机构解决，高端医疗机构则主要承担疑难重症。新冠肺炎疫情发生以来，高端医疗机构“人满为患”，基层医疗机构“门可罗雀”。究其原因，主要是医疗卫生资源配置和对社区卫生服务从业者医疗水平的信任问题，这种资源错配和对社区卫生服务工作者缺乏信任，导致了高端医疗机构过度拥挤和社区卫生服务资源严重闲置。

五　社区服务和社区管理低效削弱了服务业“抗疫”的保障能力

生活性服务业是指满足居民最终消费需求的服务活动，是现

---

① Jofre-Bonet, M.,“Health Ccare: Private and Public Provision”, *European Journal of Political Economy*, 16, 2000, pp. 469－489.

② Rothschild, M. and Stiglitz, J. E.,“Increasing Risk: I. A Definition”, *Journal of Economic Theory*, 2, 1970, pp. 225－243.

代服务业的重要组成部分，具有拉动经济发展、增加社会就业、提高居民生活水平的重要作用。一般而言，生活性服务业既服务于社区，也根植于社区，比较理想的要求是满足社区居民75%以上的基本民生需求。[①] 然而，中国的社区建设在治理联结上相对松散，社区服务一直是服务业发展的短板。以养老服务业为例，与其相关的服务要素供应就基本脱离了社区，产销的脱节让本应生机勃勃的养老服务业失去了活力，严重抑制了社区养老的消费需求。老年人是受这次疫情冲击最严重的人群，社区管理、社区服务和养老服务等是老年人群最需要的生活性服务业，长期以来，我们在这几个方面都比较薄弱，在这次“抗疫”中难以发挥出相应的保障能力。要提高社区治理和社区服务水平，必须提高根植于社区需求特别是老年人群需求的生活性服务业，不断创新生活性服务业营造模式，积极推进社区商圈及服务业的多元化、便捷化、安全化和辐射化等服务模式。

第三节　疫情冲击不改第三产业稳中向好大趋势

一　正视疫情对服务业的严重冲击

新冠肺炎疫情大流行作为“二战”以来最严重的全球公共卫生事件，对全球经济社会正常运行和人员流动带来了难以估量

① 夏杰长：《开创现代服务业发展新格局》，《财贸经济》2015年第12期。

的影响，对中国经济社会发展的冲击前所未有。2020 年 4 月 17 日国家统计局公布的第一季度宏观经济数据也验证了疫情冲击的严重程度。2020 年第一季度国内生产总值同比下降 6.8%，其中，第一产业下降了 3.2%；第二产业下降了 9.6%，第三产业下降了 5.2%，其他宏观经济指标都出现了明显下滑。但是，我们不能简单地或机械地跟以往经济数据对比，更不能就以此判断中国经济从此步入萧条或遭遇经济金融危机。更何况，中国抗击疫情已取得阶段性胜利，本土疫情已基本阻断，经济运行正常秩序正在有序恢复，复工复产也在积极全面推进、商务和市场活跃度正在逐渐恢复。根据国家发改委 2020 年 4 月 20 日新闻发布会公布的数据：自 3 月以来，用电量、货运量等实物量指标明显恢复，3 月工业降幅比 1—2 月收窄了 12.4 个百分点，服务业生产指数降幅收窄了 3.9 个百分点，4 月上旬用电量已同比增长 1.5%。3 月制造业采购经理指数（PMI）、非制造业商务活动指数分别回升 16.3 个、22.7 个百分点，双双重回荣枯线以上。[①] 这意味着，中国经济渡过了疫情期间最困难的时光，服务业的修复性增长也指日可待。

不可否认，疫情对经济社会发展的方方面面冲击十分严峻，对占据中国经济半壁江山的服务业影响更加凸显。但是，经过 40 多年的改革开放，中国服务业发展有了长足的进步，有强大

---

① 国家发改委：《一季度中国经济负增长：不具有历史可比性》，2020 年 4 月 20 日，新浪网（http：//finance. sina. com. cn/roll/2020 - 04 - 20/doc - iirczymi7317912. shtml）。

的韧劲和回旋空间。疫情冲击，是一个外生因素，短期的重挫不改服务业发展的厚实基础。更何况，疫情对服务业的冲击更多的是结构性的影响。随着“互联网+”的快速推进，餐饮、出行、酒店、旅游、家政、洗浴、金融保险等行业正加速拥抱互联网，无接触外卖、生鲜到家、在线娱乐、在线教育、互联网金融、视频会议和云会展等新兴服务业态被社会广泛接受。

二　疫情冲击不改服务业稳中向好大趋势

2019年中国人均GDP首次超过1万美元，标志着中国居民生活水平进入新的发展阶段。国际经验表明，人均GDP步入1万美元关口，是迈入消费升级和服务提质的新阶段，中国服务业正迎来发展史上千载难逢的历史机遇期。服务业线上线下深度融合，新模式、新业态层出不穷，业态和内容不断推陈出新，创新在一定程度抵消了疫情冲击的影响。依托庞大的国内市场、渗透力更强的技术进步、日益宽松的市场准入机制以及丰富的人力资源，中国服务业稳中向好、创新升级的态势依旧可期，服务业持续稳定健康发展的格局不会改变。人类社会发展历史进程中，经历过多次传染病大流行，疫情的大流行对经济社会的冲击巨大且影响长远，但社会经济活动并不会因疫情冲击而长久停滞不前，经济社会进步的步伐不会因此而停顿。

更为重要的是，这次抗击疫情中广泛运用现代信息技术，很可能扭转这些年在结构调整中出现的“逆库兹涅茨过程”。库兹涅茨（Simon Kuznets）把经济发展中产业结构变化看作是劳动力等要素从低生产率部门转向高生产率部门，因而劳动生产率不断提高的过程。因此，随产业结构变化而生产率提高的过程被研究者称为库兹涅茨过程，而未能导致生产率提高的产业结构变动，则被称为逆库兹涅茨过程。[①] 近些年，中国经济结构调整的基本趋势就是第三产业的比重不断超过第二产业，但从生产率视角看，第三产业的生产率始终低于第二产业，尽管两者有所收敛。第三产业生产率相对偏低的根本原因还是在技术进步和规模经济等方面与发达国家有差距。这次疫情冲击改变了服务的生产和交付方式，有可能更加广泛运用现代信息技术，从而提高第三产业生产率。这正是我们追求的高质量发展目标。所以，我们既要正视疫情冲击的巨大影响，也要发掘其中的机遇，尽可能“化危为机”，推进服务业发展迈向新阶段。

第四节　培育第三产业修复性增长的新动能

一　推进服务业数字化、平台化和智能化

以新一代信息技术为基础的技术变革必然导致第四次工业革命，其特点是互联网无处不在、移动性大幅提高以及大数据和人工智能的广泛运用。[②] 这次技术革命正在对服务业进行重构和迭代，服务业创新发展的节奏明显加快，中国服务业正在迈向

① 蔡昉：《城市发展中的人口、政府和公共服务》，《国外社会科学》2020年第2期。
② 蔡昉：《经济学如何迎接新技术革命?》，《劳动经济研究》2019年第2期。

“新服务”时代。在技术革命和商业模式催生下，服务方式、服务范围、服务交付、服务体验等领域的创新，既是服务业高质量发展的客观要求，也是促进服务业修复性增长的新动能。

1. 加快服务业数字化改造

（1）加快服务业供给侧数字化改造

要在加强信息通信服务业发展的基础上，大力推动数字中国建设，重点加快数字技术与金融、科技服务、设计创意、现代物流、人力资源开发和售后服务等行业的融合发展，加快形成“互联网+”生产服务体系，促进生产模式和组织方式变革，形成网络化、数字化和协同化的产业发展新生态。生活性服务业数字化同样重要和紧迫，这次新冠肺炎疫情更加凸显了生活性服务业数字化供给的重要性。生活性服务业数字化，不仅提升城乡居民的消费便利和效率，还可以从需求端的消费数据反哺精准生产，互联网消费平台端的大数据就可以支持工业互联网发展，实现个性化定制或柔性制造。数字技术在公共服务业领域的运用和普及也日益紧迫。加强公共服务业的数字化改造，实现基础教育、基本医疗和社会化养老等公共服务更便捷、更高效供应，更好满足人民群众对美好生活的期待，提升民生福祉。

（2）推进服务贸易数字化

世界经济格局和贸易方式正在发生巨大变化，发达国家纷纷走上数字化转型的快车道，致力于推动服务贸易的数字化，抢占新的战略竞争点。[①] 中国是贸易大国，也是数字经济大国，互联网网民数量高居世界第一，信息基础设施显著改善，处在全球比较领先的水平，具备加快发展数字贸易的基础条件。服务业的数字化提供，意味着企业或居民可以将原本不可贸易的服务实现可贸易和可交换，从而轻松地进行跨境服务与数据的购买、消费与支付。在数字经济时代，依托移动互联网、大数据、人工智能和云计算等新一代信息技术的创新发展，数字贸易正在成为主要经济体争夺控制权或制高点的关键所在。

2. 以平台经济引领服务业转型升级

在网络技术和大数据的推动下，服务供需两端越来越多地依托平台经济来完成。借助平台的作用，海量的服务供需不仅增强了供需双方的多样选择，更极大地降低了交易成本和成倍地放大交易规模。平台经济，正在成为推进服务业转型升级和提质增效的重要力量。

(1) 生产性服务业平台化

走平台化发展道路，是提升生产性服务业控制力的重要途径。要以龙头企业为依托，打造基于互联网的生产性服务业发展平台，引导上下游企业参与，构建集信息、采购、物流、金融、电商等为一体的网上服务平台，实现物流、资金流、信息流、工作流集成，提高研发、制造、服务等环节协同发展能力。

---

① 夏杰长、谭洪波：《服务贸易之商业存在：规模、竞争力和行业特征》，《财经问题研究》2019 年第 11 期。

（2）生活性服务业平台化

随着大数据、移动互联网、人工智能等现代信息技术的发展，生活性服务业平台化现象越来越凸显。有了生活性服务平台，服务供应和需求完全可以时空分离。生活性服务业平台化将分散的海量供给和需求通过自身的平台进行撮合成交，提高了资源配置效率，扩大了服务和交易的边界。生活性服务业发展的平台化，还能增加生活服务业的技术含量，改善居民的服务体验，是生活性服务业转型升级的重要突破。

（3）创新对平台经济的治理方式

营造服务业创新发展的良好环境，构建有利于平台经济发展的生态圈。网络技术和大数据广泛运用，对政府履行经济调节、市场监管、社会治理等基本职能有积极的影响，同时也带来若干问题和挑战，需要与时俱进。顺应服务经济发展新趋势，改革监管思维、创新治理方式，按照统一高效、开放包容、多方参与、协同制衡的原则重新构筑服务业监管体系，提倡“政府管理平台、平台自律、多方参与共治”的原则来监管平台经济等新兴服务形态。①

3. 提升服务业智能化水平

（1）充分认识服务业智能化战略意义

2019 年的国务院《政府工作报告》正式提出“智能 + 战略”，人工智能技术在服务业的渗透已非常广泛。无论是交通运

① 刘奕、夏杰长：《共享经济的理论和政策研究动态》，《经济学动态》2016 年第 4 期。

输、金融、零售、医疗、教育和网络安全等数据密集型行业，还是在诸如法律服务、人力资源管理、翻译等劳动密集型领域，人工智能的替代服务，正在崛起。智能服务带来的积极效应和可能冲击，正在被社会认知和接受，培育人工智能的产业生态圈刻不容缓。

（2）积极推动大数据分析、机器学习、物联网等人工智能技术与服务业的渗透和融合

人工智能技术在金融、零售、医疗、教育等数据密集型行业已经广泛运用，取得了初步成效。接下来，要着力推动人力资源优化、辅助预测、资产定价和个性化订制服务等基于人工智能技术的服务业智能化模式发展壮大，促进人工智能服务规模化，丰富移动智能服务内容，以服务业智能化推动服务业提质升级，丰富居民消费方式，优化消费结构，拓宽消费领域，提高服务业生产率。

二　形成灵活高效的就业结构

灵活就业发展的决定因素是产业、技术和劳动者技能的有机结合，三者缺一不可。从产业角度来看，服务业逐渐成为中国经济主导产业，服务业和传统制造业的组织结构和方式有很大区别，服务业的组织更加灵活。从技术层面来看，中国专业劳动市场资源日渐丰富，随着教育体系的不断完善，中国的劳动力市场水平和素质有了很大的提高，专业知识技术型人才的比重在服务业中不断提升，为形成灵活高效的就业结构提供了

雄厚基础。

1. 厘清服务业灵活就业的范畴、属性和作用

灵活就业是指在工作时间、劳动报酬、工作场所等方面不同于传统正规或标准雇佣方式的其他就业形式的总和。比如，自营就业、非全日制就业、临时就业、兼职就业、远程就业、独立就业、承包就业等。由于服务业企业经营的需要，发展和倡导劳动力灵活就业有着重要的作用和意义。一是由于服务业的季节性和节律性特点，传统固定用工方式人员和工资模式成本相对较高，并且会带来劳动资源的剩余和浪费现象。二是随着共享经济和数字经济的不断发展，灵活就业和灵活办公可以有效地节省时间，提高工作效率，从而提高生产力。三是面对就业市场不景气，失业率不断上升，除了创造就业岗位和出台促进就业的政策外，政府也应该通过改变人们的就业观念的方式，鼓励劳动力进入灵活就业市场中，从而缓解就业市场压力。

2. 完善服务业灵活就业相关法律法规

服务业产业结构与互联网平台发展带动了新的工作模式。除了被大家所熟知的“滴滴”“美团”这类互联网平台就业外，随着互联网技术的发展，相关数字文化产业平台也催生带动了大量不同于传统就业形式的工作方式。比如，泛娱乐直播、游戏直播、电商直播等。鼓励发展服务业灵活就业，需要在明确界定灵活就业标准的基础上，建立以劳动力调查为基础的法律法规。为此，建议各地可根据自身需要，建立“服务业人工智能提升实

验区”，探索服务业弹性工作的规范化发展。

3. 需要重塑服务业人才培训理念和培训体系

改革教育培训体系，顺应新经济新服务新业态的变化，多方发力培养复合型和灵活型人才。对服务领域的创新就业岗位，给予专项奖励。地方政府可联合第三方出台“服务业反弹指数”，指导行业信心，稳定员工流失率。保障家政服务业、批发市场、菜市场、超市卖场保民生、保供应密切相关服务人员的安全健康。

4. 稳定服务业供应链体系

服务业的可持续发展关键是线下的生产、消费和物流能否实现无缝对接、及时供应和高效配置。为此，既需要在产业供给端发力，也需要在政策供给端发力。

（1）积极有序复工复市、保持服务产业链稳定

服务业应在率先做好防控工作的前提下，率先全力推动民生类服务业企业复工复产，恢复生活供应链，保持服务产业链稳定。对不裁员或少裁员的参保企业，可返还其上年度实际缴纳失业保险费的50%。对面临暂时性生产经营困难且恢复有望、坚持不裁员或少裁员的参保企业，返还标准可按6个月的当地月人均失业保险金和参保职工人数确定。将失业保险金标准上调至当地最低工资标准的90%。

（2）强化政府的财税金融政策应对

第一，努力减税降本，适当减免2020年第一季度受疫情影响严重的服务业部门（尤其是交运、旅游、餐饮、住宿等行业）

的增值税，亏损金额抵减盈利月份的金额以降低所得税。进一步降低生活性服务业社保缴费率，养老、医疗缴费率可分别降低1个和2个百分点。连续两个季度给予受损服务行业以财政贴息，增加补贴性、建设性支出。①

第二，组织民生性和生活性服务业人员及时返岗复工，用足当地的“援企稳岗”政策，用具体办法解决当下劳动密集型生活服务业用工难、用工贵问题，最大限度稳定企业用工。在同等条件下，建议政府优先受理受疫情影响、面临暂时性生产经营困难的中小微服务企业社会保险补贴、岗位补贴和在职培训补贴的申请，经审核符合条件的，优先予以批准。

第三，强化金融支持，对受疫情影响较大的行业企业，要灵活运用无还本续贷、应急转贷等措施，支持相关企业特别是中小微服务企业稳定授信，对其到期贷款予以展期或续贷。防止出现资金链断裂。继续压降交通、餐饮、旅游、体育、教培、服装等短期受疫情冲击较大的服务业企业的成本费率，通过实行贷款市场报价利率、内部资金转移定价优惠、减免手续费等方式，确保中小微企业融资成本同比下降。同时优化业务流程，开辟服务绿色通道，加大线上业务办理力度，简化授信申请材料，压缩授信审批时间，及时为企业提供优质快捷高效的金融服务。②

① 魏翔、夏杰长：《减损失降成本助中小企业渡难关》，《经济日报》2020年2月9日第4版。

② 同上。

第五节　构建第三产业发展长效机制，提高抗击疫情能力

目前，我们重点考虑的是如何应对疫情冲击和实现服务业修复性增长。但长远看，则要构建起长效机制，推动服务业高质量发展，增强服务业抗击疫情的能力。

一　以制度型开放为引领深化服务业改革和政策创新

中国服务业改革进入了“深水区”，必须有非同寻常之力量撬动之。制度型开放是最有效手段。服务业高效优质发展，必须厘清政府和市场作用的边界，政府和市场各归其位，确保竞争政策的基础性地位，避免过度运用产业政策影响服务市场的要素配置与流动，力促形成统一开放的市场环境。加快扩大服务业对外开放，大幅消减服务贸易领域的政策和准入壁垒，促进各类服务要素流动便利化。推动与发达国家在相关领域的标准互认和职业资质互认，增强中国服务业企业在国际市场的认可度和参与度，带动服务业企业在参与国际竞争中成长，深度融入全球产业链、供应链、价值链和创新链，促进服务业竞争力提升和创新升级。

二　科学谋划数字服务发展战略

服务业占2019年国内生产总值的53.9%，是当之无愧的国民经济最大产业。但是，大多数服务业仍处于传统模式，只有部

分的行业完成了传统向数字化的转型，由此造成中国服务业整体的竞争力和抗风险能力较小。在此次疫情中，服务业数字化起到了重要的作用，疫情之下，数字化和网络化能力较强的新型服务业有了更好的发展。在新冠肺炎疫情期间，广大民众积极配合政府工作，居家隔离，远程办公以减少不必要的外出集聚已成为新的生活方式。虽然餐厅、旅游、酒店、银行等服务业都在不同程度上受到冲击，但多种新型服务模式也应运而生。借助互联网的发展，服务业数字化逐渐被接受，如“无接触配送”“线上云旅游”“远程教学”等服务在疫情期间得到了很好的发展并逐步被接受。政府应引导大型互联网平台履行其社会责任，充分发挥其资源、科技、数据等方面的优势，不断加强全服务行业的数字服务基础设施建设，实现服务业向数字化网络化转型。

以这次疫情应对为契机，建议政府进一步引导自动化人工智能技术和信息技术等数字技术与现代服务业的深度融合，以服务业丰富5G技术应用场景，带动电子商务、电子政务和网络文化的终端消费。以这次疫情应对为起点，通过数字化的理念宣传，建立居民健康生活习惯，充实美好生活的内涵，扩大康养、运动休闲、绿色农庄、健身中心、户外体育的数字消费市场。

数据是服务业数字化、平台化和智能化的核心要素，建立良好的数据生态是发展基于数字经济的服务创新和推进服务业转型升级的基础支撑。从本质上看，互联网的数据主要来源于研发、设计、仿真、采购、生产、销售、供应链、金融、物流、消费、订单、支付与社交等各个过程。这些数据对定制化生产和精准营销、更好地实现供需匹配，降低交易成本，有着重要的作用与意义。但是，这些数据到底应属于哪个主体，是生产企业、消费者还是互联网系统的运营商、数据收集方，需要在政策法律层面进行明确。在政策层面，要建立适应互联网发展的数据权利、交易、共享等方面的法律政策规则，构建形成良好的数据治理环境。在国家层面应建立产业互联网大数据中心，打通各种数据来源，统一规范数据格式与接口，集中收集相关数据，面向应用特点形成可用的数据集以及相应的数据资源目录，供制造商、服务供应商、互联网运营商和研究机构等共享使用，从而形成发展合力。

三　完善社区治理和社区服务体系

社区作为城市的基本社会单元，是国家治理体系和治理能力现代化建设的基石。国外学者的研究表明，人民的幸福和健康，很大程度上取决于社区的治理水平。在治理水平较低的国家，公共卫生支出效率相对较低。低质量的社区对居民的健康危害很大。① 因此，未来应重构社区治理体系，提升社区治理能力，将

① Rajkumar, A. S. and Swaroop, V., “Public Spending and Outcomes: Does Governance Matter?”, *Journal of Development Economics*, 86, 2008, pp. 96 - 111.

社区智联、公共卫生服务和生活性服务业平台经济相结合，积极推动“智慧社区”和“数字小区”建设，提升基层社会治理水平，构筑服务经济持续稳定发展的微观基础。

“智慧社区”建设应当基于社区的基础性应用，既要面向社区的政府行政服务和政府主导的公共服务，如社区治安、养老、教育、卫生和公共空间管理等，又要面向社区居民生活需要的商业服务，如社区周边服务、社区居民所需要的衣食住行等服务。例如，可以在社区建立统一的电商网络平台和便民蔬菜服务，实现在线选购、统一配送服务，满足居民对净菜配送等服务的需求，解决商业信息传递和物流网络通联的障碍，使消费突破时间和空间的障碍，从根本上提升社区生活服务水平。

此外，针对家政、洗衣等生活服务行业可探索开展电子商务应用，带动家政等行业协同发展，并通过小区物业与家政服务互补、连锁服务进社区等创新，进一步促进社区生活服务多样化发展，使传统服务向现代服务转变。

四　提升公共卫生服务体系抗击疫情的能效

（一）建立公私互补的卫生医疗服务市场

通过医疗服务供给的 PPP 模式，解决医疗资源配置不合理、政府对公立医院投入严重不足和公立医院经营效率不高的问题。充分利用公共部门和私营部门各自的优势发展伙伴关系，使双方扬长避短，让政府、医疗服务供给者、公众以及私营部门受益。

同时，管理部门应通过构建绩效目标改善医疗卫生部门绩效。[①]良好的治理是提高医疗服务绩效的核心，而标准、信息、激励和责任对治理而言至关重要。[②]

（二）加快医疗体系的科技进步，提升公共卫生服务体系抗疫能力

人类社会与疾病包括疫情大流行进行斗争，是一个系统工程，需要坚实的经济基础和有效的社会治理，但科技进步是最为关键的因素。科技进步，特别是信息技术和生命科学技术的进步，更是国家提高公共卫生保障能力和应对流行病威胁的关键。这次抗疫，以新一代信息技术为代表的科技进步发挥了极为重要的作用。[③] 要以科技为依托，加快科技研发攻关，加大药品和疫苗研发力度，为公共卫生提供科技支撑；加快人工智能和大数据等新技术在疫情防控等公共卫生领域的运用，确保及时完整报送公共卫生体系信息、科学敏锐监测可能发生的疫情，切实提升公共卫生服务体系抗疫能力，增进民生福祉。

（夏杰长）

---

① 胡善联：《在国家治理体系框架下加强医药卫生体系治理能力的建设》，《卫生经济研究》2020 年第 1 期。

② Lewis, M. and Pettersson, G., "Governance in Health Care Delivery Raising Performance", *World Bank Development Economics Department & Human Development Department*, Policy Research Working Paper, No. 507.

③ 刘奕：《以大数据筑牢公共卫生安全网：应用前景及政策建议》，《改革》2020 年第 4 期。

第六章　疫情的需求侧影响及应对

第一节　“世纪性”疫情冲击：生存还是毁灭？

“生存还是毁灭？这是一个问题。”如果说，面对一般的经济萧条、金融动荡，喊出“生存还是毁灭”，或有牵强之处，但面对这次“世纪性”（百年一遇）的新冠肺炎疫情冲击，莎士比亚剧作中的这句台词俨然成为人们的共同心声。原因在于：其一，疫情导致每天有成千上万的人失去生命。截至 2020 年 4 月 17 日，累计确诊超过 210 万例，现有确诊 149 万例，累计死亡 143257 例。这里的“生存还是毁灭”有着其最原初的含义。其二，受疫情影响，很多人，特别是那些低收入的脆弱性人群，必须直面生存压力。因为一两个月、一两个季度甚至更长时间无法就业，没有收入，他们可能就真的活不下去了。其三，不少企业受疫情影响，特别是遏制疫情所采取的关门歇业或大封锁的严格举措，导致经济活动按下暂停键，给员工的工资都开不出，更不要说还要还债（企业都是负债经营）。企业的生存成了问题。因此，从“生存还是毁灭”角度，疫情经济学与一般性的经济金融危机经济学有着根本不同：活下去是第一位的；而讨论疫情对经济的冲击，也不得不面对疫情防控（保护生命）与复工复产（企业生存）之间的矛盾。

2020年初新冠肺炎疫情的暴发及其造成的后续影响，均是始料未及的。将之类比于100年前的西班牙大流感，也并不为过。甚至有不少研究认为这次疫情冲击可能会超过西班牙大流感，因此完全可以用“世纪性”或“百年一遇”来描述。

疫情暴发不可避免地要求遏制政策，包括中国在内的世界各地采用了各种办法。但无论是“封城”还是社交隔离（social distancing），无论是关门（shutdown）还是封锁（lockdown），为了防止疫情扩散所采取的程度不同的遏制政策，必然会给经济带来直接的负面冲击，需求面与供给面都会受影响。从经济表现来看，消费与产出的下滑是不可避免的了。

巴罗的研究表明①，西班牙大流感造成典型国家GDP下降了6%，消费下降了8%。有限的数据表明，本次疫情对金融市场的短期冲击影响将超过1918年西班牙大流感、1929年的“大萧条”以及2008年的国际金融危机。

OECD在2020年3月底提交给G20峰会的预测数字表明：对于遏制发生的每个月，年度GDP增长将损失2个百分点；全年下来，遏制行动将直接影响主要经济体GDP总量的1/4（见

---

① Barro, R. J., J. F. Ursúa and J. Weng, “The Coronavirus and the Great Influenza Pandemic. Lessons from the ‘Spanish Flu’ for the Coronavirus’s Potential Effects on Mortality and Economic Activity”, *NBER Working Paper*, 26866, 2020.

图6－1），仅旅游部门就面临高达70%的产出下降。许多经济体将陷入衰退。

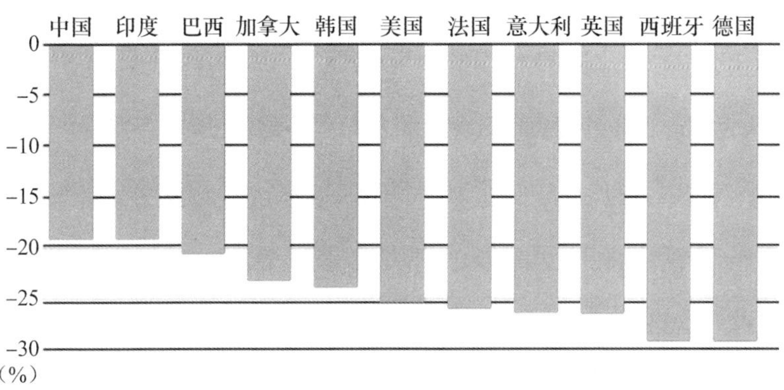

图6－1　遏制疫情的措施所产生的初步影响（占GDP比重）

资料来源："OECD Updates G20 Summit on Outlook for Global Economy", 27 March, 2020, http://www.oecd.org/newsroom/oecd-updates-g20-summit-on-outlook-for-global-economy.htm.

2020年4月14日，国际货币基金组织（IMF）的旗舰报告《世界经济展望》预测：2020年全球增长率降至－3%，与1月的预测相比下调幅度高达6.3个百分点；并认为这是"大萧条"以来最严重的经济衰退，远超2008年国际金融危机。IMF预计，美国2020年和2021年经济增速分别为－5.9%和4.7%，欧元区为－7.5%和4.7%，日本为－5.2%和3%，中国则为1.2%和9.2%。这一预测还是基于基线情景，即假设多数国家的疫情和必要防控行动在2020年第二季度达到峰值并在下半年消退。若2020年下半年疫情还不会消退，金融状况可能更加恶化，全球供应链可能进一步中断，那么2020年全球GDP可能比基线预测进一步降低3%；如果疫情持续到2021年，则2021年的增长可能比基线预测进一步降低8%。

我们根据IMF的基线预测将本次的疫情大流行与“大萧条”和“大衰退”作了一下对比，以发达经济体为参照系（见图6-2）。因为无论是“大萧条”还是“大衰退”，发达经济体受到的冲击都是更大的。结果发现，“大流行”导致的产出下降冲击最大，远甚于2008年的“大衰退”，但会有一个V形反弹。相比而言，“大萧条”延续的时间最长，“大衰退”次之，而“大流行”最短。① 这一对比不过是想说明，大流行对产出的冲击有足够的“深度”，但未必有足够的“长度”。原因在于：疫情导致的危机

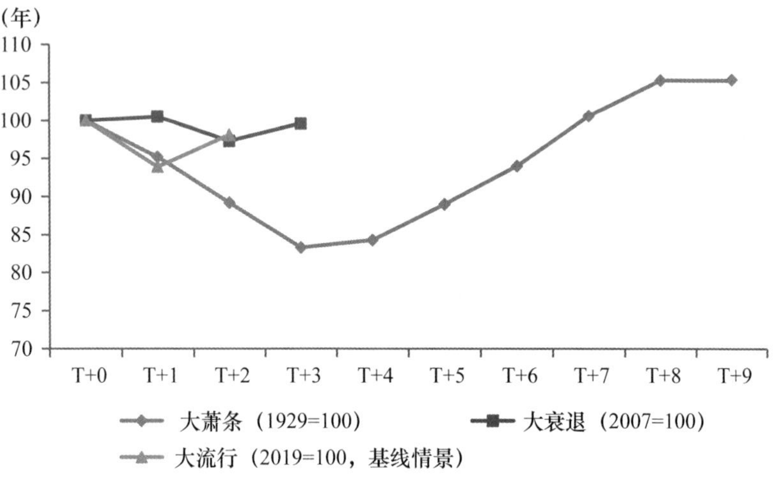

图6-2 “大萧条”“大衰退”与“大流行”对发达经济体产出的冲击（起始年份为100）

资料来源：Maddison，A.，*Historical Statistics of the World Economy*，1-2008AD，2010，http：//www.ggdc.net/maddison；IMF.

① 但大流行如果不是基线情景，对产出负面冲击所持续的时间或许会更长。

与经济金融体系自身的危机，其作用机理是不一样的。疫情及遏制所带来的经济停摆或许是暂时的，经济体未受到根本损伤，而“大萧条”和“大衰退”都是因为经济体本身出了问题。

伯南克将新冠肺炎疫情称为一场自然灾害（如一场暴风雪），而不会是20世纪30年代的“大萧条”。事实上，伯南克认为疫情带来的冲击几乎与金融危机相反。当时是银行体系的问题影响到整体经济；而在这一次是新冠肺炎病毒给实体经济领域带来了问题，并正在“感染”银行。

也有学者认为，本次疫情冲击与2008年国际金融危机并非一回事，前者是外生的风险，而2008年是内生的风险。换句话说，2008年是市场参与者之间的内在互动推动了全球系统性金融危机，根子在金融体系自身。而新冠肺炎疫情是对经济的外生冲击，问题的根源在金融业之外。因此，较为普遍的观点认为：如果疫情得不到控制，任何主要关注金融体系的解决方案都将失败。美国在2020年3月推出一系列救市措施但市场初期并不买账，恰恰就印证了这一点。这也体现出疫情经济学的特别之处。

第二节　疫情对经济冲击的基本机制

疫情对经济的冲击通过总需求和总供给两方面发生作用。供给面的影响在于，疫情使那些正在工作的人群暴露在病毒感染之下，人们通过减少劳动力供应来应对这种风险。需求面的影响在于，疫情使那些购买商品或服务的人暴露在病毒感染之下，人们通过减少消费来应对这种风险。供求关系共同作用，导致持续的大衰退。[①]

我们可以通过图 6－3 来更细致地刻画疫情影响经济的基本机制。

现代经济是由相互关联的各方组成的复杂网络：员工、公司、供应商、消费者、银行和金融中介机构。每个人都是别人的雇员、客户、贷方等。如果这种买卖双方关联中的任何一方因疾病或隔离政策而断裂，结果将是一连串的中断。图 6－3 是在大多数入门经济学教科书中都可以找到的收入循环流程图的一种形式。在其简化形式中，家庭拥有资本和劳动力，然后将其出售给企业，企业利用资本和劳动力来制作家庭购买的产品，并通过企业支付给他们的收入来购买，从而完成循环并保持经济增长。

现在来考察疫情冲击如何导致经济的循环流程发生中断并产生传导效应。可以先从需求端冲击讲起。由最左侧住户开始，顺时针移动，我们发现没有领取工资的住户会遇到财务困境，从而减少支出。接下来，国内需求的冲击导致进口下降以及减少收入向国外的流出。虽然这并不能直接减少国内需求，但会减少外国收入，并进而减少外部需求（右上角的叉号）。需求减少和/或直接供应冲击可能导致国际国内供应链中断（最右侧的两个叉号）。由此，大批企业面临歇业、裁员，考虑到遏制疫情的需要，有些企业甚至直接关门了。只有等到疫情得到有效控制才会

① Eichenbaum, Martin S., Sergio Rebelo, and Mathias Trabandt, “The Macroeconomics of Epidemics”, *NBER Working Paper* 26882, March 2020.

陆续复工复产。当然，这个故事也可以从供给端即最右侧的企业讲起。为防止疫情扩散，企业停产、裁员（两个叉号），于是导致员工收入下降，支出减少，国内消费下降，花费在进口品上的支出也下降，从而接续上面的故事。

以上从需求端与供给端的分析只是为了更好地理解经济运行，而并不存在孰先孰后的问题。在现实经济中，需求、供给冲击是同时发生，并且相互加强的。

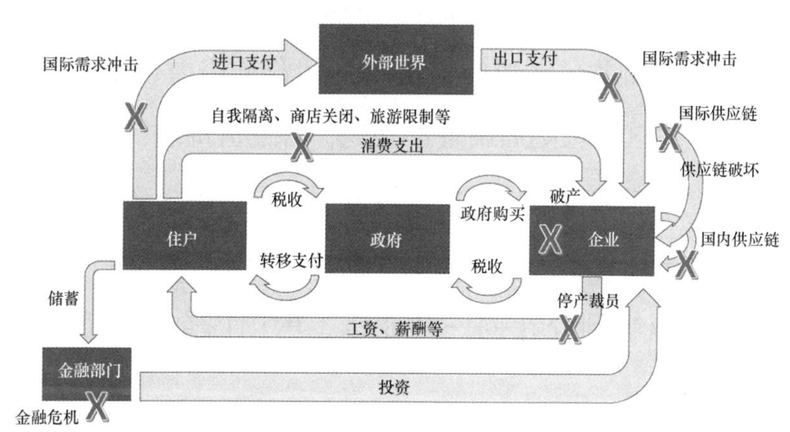

图6－3　疫情对经济冲击的基本机制

资料来源：Baldwin, R.,“Keeping the Lights on: Economic Medicine for a Medical Shock”, VoxEU. org, 13 March, 2020.

为了更好地理解疫情对经济影响的作用机制，可以将疫情冲击分为三类或三波冲击。

第一波冲击：对国内消费与生产的直接影响。这一点在图6－3中有很好的反映。而且，无论是从住户部门讲起还是从企业部门讲起，首先讨论的都是疫情的直接冲击，或者说第一波的影响。而后续的传导机制就涉及第二波甚至第三波的冲击了。

第二波冲击：外部渠道。这既涉及外部需求的萎缩也涉及国际供应链的中断，以及国际金融市场波动的影响。随着疫情在全球范围内迅速蔓延，疫情的影响将从外部进一步对国内产生影响，其影响途径包括：国际贸易方面，疫情拖累世界经济增长，影响货物贸易的外部需求；同时疫情造成国际航线中断或减少，对疫情的恐惧也使得国际旅游业客源锐减，服务贸易受到冲击。国际资本流动层面，随着不确定性的增加以及对经济活动按下暂停键，金融市场进行剧烈的价值重估。资金流向传统的避险港湾，疫情重灾区国家则面临资本外流，若疫情持续，甚至FDI等长期资金也可能加快撤出。供应链方面，国内很多产业或企业的供应链已经全球化布局，国外生产或国际物流环节受到疫情的扰动，必然会影响到处在同一产业链上的国内企业的正常生产经营。

第三波冲击：资产负债表渠道。图6－3的流程图出于简化的需要，有一个重要的因素被忽略，就是没有将各部门资产负债表的放大效应考虑进来。比如，（1）金融市场动荡，居民资产缩水，会进一步压缩消费。（2）企业受疫情影响不能开工，现金流出现问题，流动性紧张。贷款人担心企业无法偿还贷款，拒绝扩大信贷额度，加剧流动性短缺。（3）随着疫情导致金融资产价格暴跌，金融中介为满足投资者的资金撤回要求，进行资产清偿，可能会引发资产抛售。为满足资本充足率等监管要求，金融机构不得不收缩资产负债表，从而进一步加剧金融市场的流动性危机。这恐怕是导致 2020 年 3 月美国金融市场雪崩式现象的一个重要原因。

第三节　疫情对需求侧的冲击

我们完全可以基于图 6－3 的疫情冲击机制来分析疫情对中国经济的影响。这里重点探讨疫情对需求侧的冲击。

刚刚发布的 2020 年第一季度经济社会发展数据充分体现了疫情对总需求冲击的力度。初步核算，第一季度 GDP 同比下降 6.8%。就单季来看，这恐怕是改革开放以来最大的跌幅。不过，相比此前各方的预测，这个数据是好于预期的。其中，2020 年 3 月的复工复产，以及贸易回落没那么严重，都对经济表现起到了关键性的支撑。但消费投资的大幅下降、工业生产者出厂价格降幅进一步扩大，均表明未来的复苏之路还布满荆棘。另外，从衡量经济活跃程度的交通拥堵指数来看，尽管呈向好趋势，但离恢复到正常水平还有较大差距（见图 6－4）。

一　对消费的冲击

根据国家统计局公布的数据，2020 年第一季度，社会消费品零售总额同比下降 19.0%。其中，3 月下降 15.8%，降幅比 1—2 月收窄 4.7 个百分点；商品零售下降 12.0%，降幅比 1—2 月收窄 5.6 个百分点。按消费类型分，餐饮收入下降最多，达 44.3%；商品零售下降 15.8%；但与居民生活密切相关商品呈

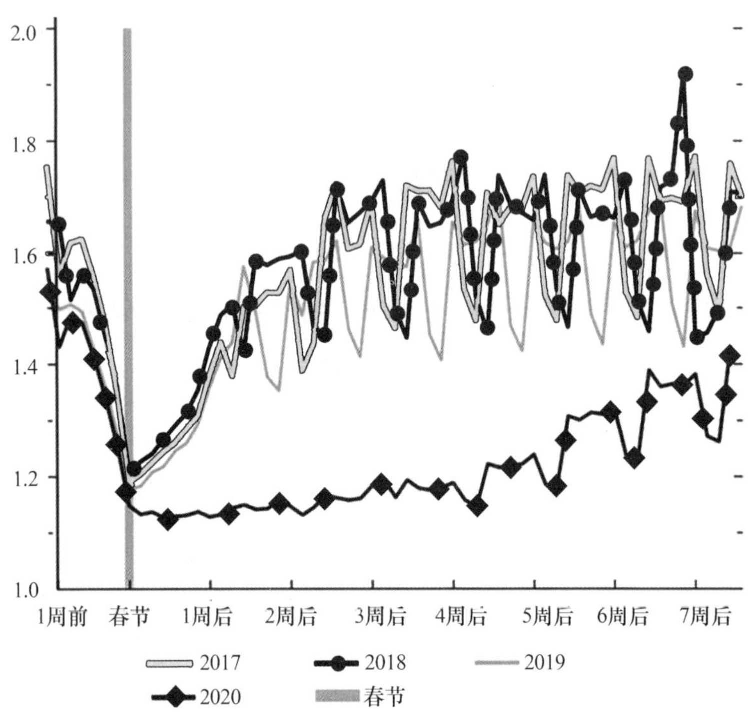

图6－4 中国交通拥堵指数

资料来源：Wind 数据库，IMF。

现增长态势，限额以上单位粮油、食品类，饮料类和中西药品类商品分别增长12.6%、4.1%和2.9%，比1—2月分别加快2.9个、1.0个和2.7个百分点。

在疫情影响下，消费受到的负面影响首当其冲。特别是那些接触密集度（contact-intensive）高的行业如餐饮、住宿、交通、旅游、电影院等受到的冲击最为严重。不过，疫情冲击也催生了“无接触经济”这样的新增长点，正如2003年的“非典”催生了电商大发展一样。图6－5显示，2020年3月，全国网上零售额累计同比上升 5.9%（而社会消费品零售总额累计同比下降 19%），比 1—2 月加快 2.9 个百分点；占社会消费品零售总额的比重为 23.6%，比 1—2 月提高 2.1 个百分点。相比其他经济活动摁下暂停键，“无接触经济”在疫情期间得到加速发展。第三方数据监测显示，2018 年中国本地生活服务线上交易规模就已超过 1.5 万亿元，且比上年增长 56.3%；依照这样的速度，再加上本次疫情的影响，当前在线生活服务消费规模将会超过 2 万亿元。QuestMobile 发布《2020 中国移动互联网春季大报告》显示，2020 年一季度疫情期间，娱乐、教育、办公、公益、医疗、

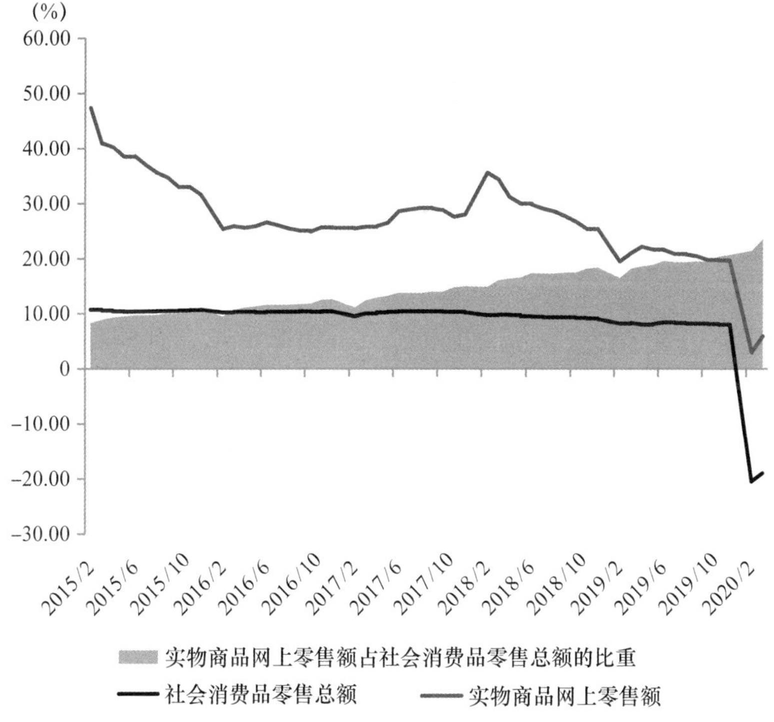

图 6-5 社会消费品零售总额累计同比变化

资料来源：Wind 数据库。

资讯等快速线上化、“云化”，移动互联网月活跃用户数在2019年春节达11.38亿且进入长达一年的稳态波动后，于2020年3月突破11.56亿。同时，月人均单日使用时长从去年的5.6小时增加至7.2小时，增幅28.6%。受疫情影响，用户资讯、生活娱乐等需求转移到线上，移动互联网同比增速反弹至1.5%，月活跃用户规模较2019年末增长1700万。

制约消费的因素，除了疫情本身，还有居民收入。在当前收入差距较大背景下，富人消费能力强，但边际消费意愿低、储蓄意愿高，可释放的消费潜力有限；穷人边际消费意愿高，但收入低、流动性约束大，消费能力难以得到提升，这是制约消费总量增长的关键性因素。西南财经大学中国家庭金融调查与研究中心针对新冠肺炎疫情的专项调查显示①，疫情造成居民对就业形势和收入增长预期悲观，可能导致整体预防性储蓄上升，家庭资产资金流动性不足，尤其是低收入阶层受到的冲击较大，受上述因素影响，2020年家庭预期总消费支出将减少11%。总体看，疫情影响就业，降低收入，导致消费者信心不足，社会总消费恢复增长的前景并不乐观。从这个角度，稳定就业，通过转移支付的方式（或现金支付、消费券）对低收入群体进行补贴，既是托底的社会政策，也是支持消费的总需求政策。

二 对投资的冲击

2020年第一季度，全国固定资产投资（不含农户）84145

① 《新冠肺炎疫情对恩格尔系数和家庭消费行为的冲击》，2020年4月17日，新浪网（http://finance.sina.com.cn/zl/china/2020-04-17/zl-iirczymi6918895.shtml）。

亿元，同比下降16.1%，降幅比1—2月收窄8.4个百分点。其中民间固定资产投资下降18.8%，降幅收窄7.6个百分点。从投资的“三驾马车”看，基础设施投资下降19.7%，制造业投资下降25.2%，房地产开发投资下降7.7%，降幅分别比1—2月收窄10.6个、6.3个和8.6个百分点（见图6-6）。分产业看，第一产业投资下降13.8%，第二产业投资下降21.9%，第三产业投资下降13.5%，民间投资47804亿元，下降18.8%，降幅分别比1—2月收窄11.8个、6.3个、9.5个和7.6个百分点。

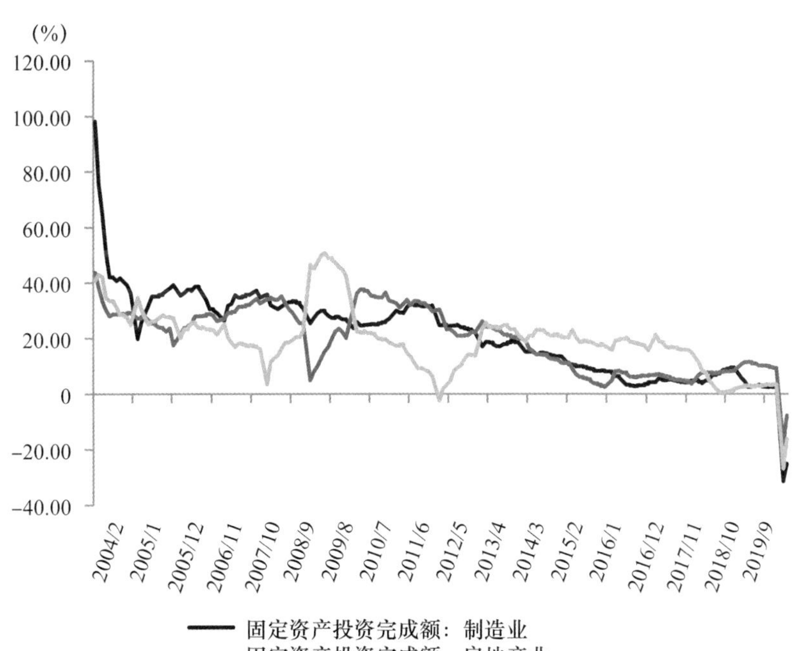

图6-6　投资的“三驾马车”

资料来源：Wind数据库。

受疫情影响，投资总体大幅下降。但有些领域的投资具有一定“韧性”，比如高技术产业投资以及与抗疫相关的投资。高技术产业投资下降 12.1%，降幅小于全部投资 4.0 个百分点，其中高技术制造业和高技术服务业投资分别下降 13.5% 和 9.0%。高技术制造业中，计算机及办公设备制造投资增长 3.2%。高技术服务业中，电子商务服务投资增长 39.6%，专业技术服务投资增长 36.7%，科技成果转化服务投资增长 17.4%。社会领域投资下降 8.8%，其中卫生领域投资下降 0.9%，降幅低于全部投资 15.2 个百分点，生物药品制品制造业等与抗疫相关行业投资保持增长，重点防疫工程建设快速推进。从环比看，2020 年 3 月固定资产投资（不含农户）比上月增长 6.05%。

采购经理人指数（PMI）是经济活动的晴雨表。随着疫情的控制和复工复产的有序推进，采购经理人指数在 2020 年 3 月强劲反弹。数据显示（见图 6 - 7），制造业采购经理人指数为 52.0%，较 2 月上升 16.3 个百分点。非制造业商务活动指数为 52.3%，较 2 月上升 22.7 个百分点。从发电量来看，投资回升的态势有望延续。2020 年 3 月用电量降幅比 2 月明显收窄，特别是 3 月末用电量，包括全社会的发电量开始持平和转正；从目前来看，4 月上旬全社会的发电量保持正增长。

三 对外需的冲击

国际货币基金组织最新预测（2020 年 4 月）结果显示，本

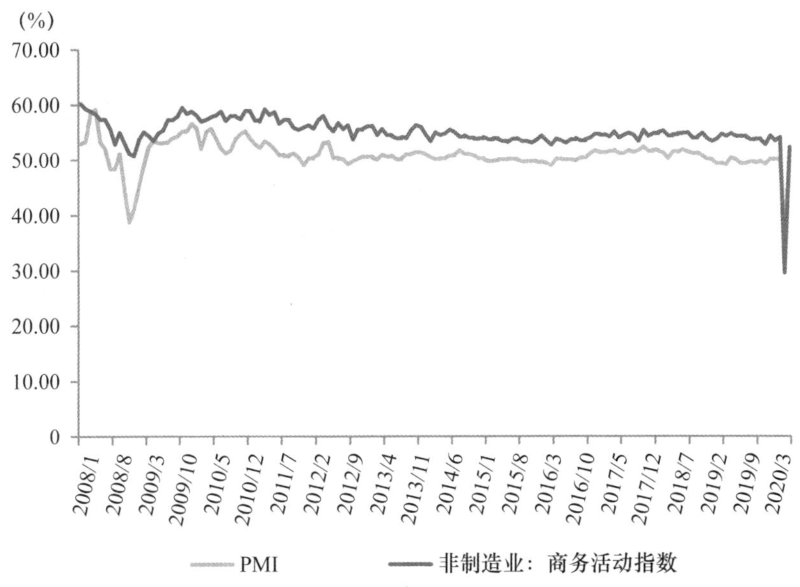

图6－7 采购经理人指数（PMI）

资料来源：Wind 数据库。

次疫情冲击将导致全球产出损失达9万亿美元（见图6－8）。这刻画了全球总需求的下降幅度，无疑也意味着外需的大幅回落。

受外需大幅回落的影响，2020年第一季度，中国货物进出口同比下降6.4%。其中，3月进出口同比下降0.8%，降幅比1—2月收窄8.7个百分点。出口下降3.5%，进口增长2.4%，其中一般贸易进口增长4.0%。第一季度，出口下降11.4%，进口下降0.7%。进出口相抵，贸易顺差983亿元（见图6－9）。

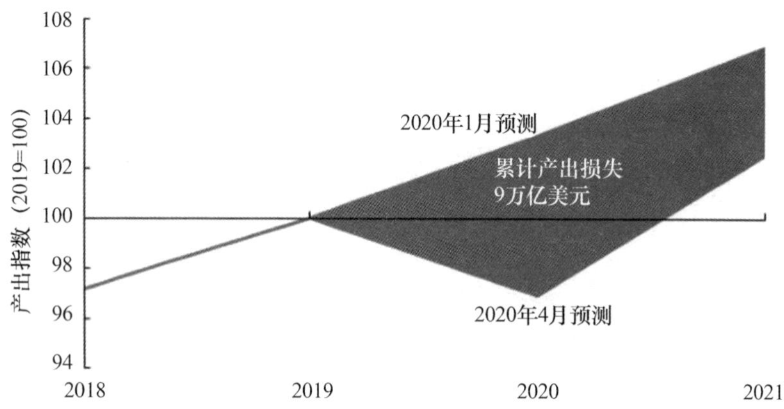

图 6－8 新冠肺炎疫情导致全球产出损失

资料来源：国际货币基金组织《世界经济展望》2020 年 4 月。

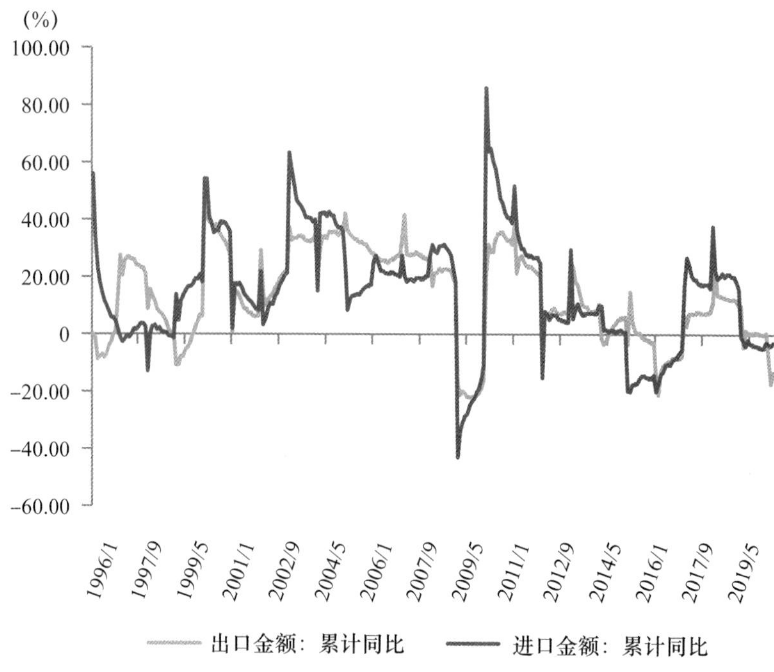

图 6－9 进出口累计同比增速

资料来源：Wind 数据库。

就出口区域分布而言，本次外需萎缩严重区域集中分布于疫情较为严重的区域，而疫情发展较为温和或已得到有效控制的区域成为中国出口需求恢复的主力。具体从3月的数据看，相较于1—2月，3月中国对疫情蔓延较为温和的区域如东盟及日本出口增速回升较为显著，其中对东盟出口增速回升至7.7%，共拉动整体出口增速回升1.6个百分点；此外对日本出口增速回升至-1.4%，拉动整体出口增速回升1.4个百分点；3月上半旬疫情集中暴发于欧洲，以意大利为代表的欧洲经济体陆续采取隔离措施，3月中国对欧盟出口增速继续下探至24.3%，共拉低中国整体出口增速1.0个百分点。

尽管从数据上看，外需下降幅度比外界预测的要小，展现出中国外贸增长的韧性，但仍要注意以下三点：其一，尽管外需（以净出口来衡量）对增长的贡献率这些年来不断下降，有些年份甚至为负，但并不意味着外需不重要。尤其是，出口部门创造了大量就业，如果出口因外需减弱而下降，将会带来失业加剧。其二，外需萎缩恐怕还未完全展现出来。因为欧美疫情影响还在持续，特别是考虑到中国的疫情得到了较好控制（不排除第二波，但概率要小很多），而欧美疫情结束时间将会晚于中国。由于欧美疫情2020年第三季度之前能否控制住并无把握，下半年的复苏力度也高度不确定，欧美可能需要接近两年才能回到疫情之前的生产总值水平，所以V形反弹较难实现。其三，外需冲击不能只关注欧美日，还要关注新兴经济体。因为疫情冲击以及由此产生的国际金融市场动荡情况下新兴经济体更加脆弱，这包括货币贬值、资本外逃、企业杠杆率过高、货币错配（外币债务较多）等方面，可能引发危机，这是在中国促进出口多元化过程中需要密切关注的。

第四节　政策应对：扩大消费、聚焦新“增长极”

在当前疫情严重冲击下，保增长的任务可谓异常艰巨。各种富有“想象力”的政策建议都已经被提出来，比如制定系统性的复苏规划、“新四万亿”、实行中国版的 MMT（即现代货币理论，核心观点在于财政赤字货币化）等。保增长的大方向固然没错，但问题在于：怎么保？保到什么程度？能不能“不惜一切代价”？不少观点认为，毕竟，经济不能休克，增长不能崩盘，因此可以“不择手段”，如果这时候再讲“成本、代价、后遗症”等，则显得太过学究了。

我们认为，尽管疫情何时结束尚属未知，特别是境外疫情扩散带来输入性风险，V 形反弹难以保证，但从 2020 年第一季度 GDP 下滑 6.8%，且 2020 年 3 月相比前两个月态势有所好转来看，增长还不至于崩盘。记得年前各界还在“保 6”问题上争论不休，现在普遍认为全年 GDP 增长率能到 3% 就已经属于乐观情景了。从 2020 年初疫情暴发至今，疫情演化及其对国内外经济金融的冲击，在不断“刷新”各方的预测判断，也呈现出总体上对于情况严峻程度的估计不足。因此，一方面我们要实事求是，调低增长目标或者不提增长目标，不过分纠结产出翻番问题；另一方面，从底线思维出发，把握好扩大内需的方向，增强逆周期调控的有效性，努力实现稳增长。

一 促消费应放在更重要的位置上

第一，促消费应放在更重要的位置上。首先，疫情对消费的冲击更大。2020 年第一季度的数据显示，疫情导致社会消费品零售总额下降了 19%，固定资产投资下降了 16.1%。其次，稳投资固然有必要，但当前也面临投资刺激乘数小、效率低、挤出效应明显、融资渠道受限等一系列问题，且投资扩张比促进居民消费，更易造成结构扭曲和债务积累风险。最后，消费已经成为中国经济增长的主要驱动力。而在最终消费中，居民消费占比接近 3/4，过去 5 年（2015—2019 年）最终消费对中国 GDP 增速的贡献率平均为 61.5%。

第二，扩大消费的重点是服务消费。2019 年，中国服务消费占居民消费的比重达到 50.2%，与发达经济体的 60% 上下相比，还有较大发展空间。从近年来的服务贸易逆差看，服务业发展恰恰是我们的短板。服务消费需求上不去，根子在服务业供给跟不上，特别是质量上有差距。制约服务业高质量供给的因素主要有两条：一是金融、电信、铁路、航空，以及教育、医疗、养老等领域，还存在较多的垄断和管制；二是与制造业不同，服务业的发展要更加突出制度与标准，而这方面我们还有很多不足。因此，扩大服务业消费，要注重消费与产业双升级，从供给侧入手，加速推进服务业对内对外开放，尽快完善服务业标准体系，持续提高教育、医疗、文化、体育等公共服务水平。

第三，“无接触经济”是新增长点。推动“无接触经济”更快发展，还需要做到：一是要加快制定相关标准，包括外卖、快递、远程服务等行业“无接触服务”的标准和规范，以及在线教育课程认证、家庭医生电子化签约等制度；二是搭建“无接触经济”基础设施和支撑平台；三是推进“无接触”社会服务的发展，促进教育、医疗健康、养老、托育、家政、文化和旅游、体育等服务消费线上线下融合发展，拓展服务内容，扩大服务覆盖面。

第四，汽车消费仍有潜力。尽管近两年汽车销售遇到困难，但这并不意味着汽车市场已经饱和。我们认为汽车消费仍有较大潜力。首先，中国人均汽车保有量并不高。2018 年日本每千人汽车保有量为619 辆，韩国为450 辆，美国在2017 年则达到811 辆，而中国目前每千人汽车保有量只有 179 辆。中国的这一数字不仅低于美国、日本等发达国家，还低于伊朗、泰国等发展中国家。其次，结合日本、韩国经验，中国汽车消费仍有空间。中国目前的人均汽车保有量仅相当于日本在 1970 年、韩国在 1994 年的水平，而这两个国家在达到此人均汽车保有量水平后又维持了约 20 年的汽车销量长期增长。最后，当前疫情冲击对于汽车消费或是新机遇。可以类比的是 2003 年的“非典”。当时人们为了避免感染，纷纷购车，以致当年汽车销量同比增幅达到了70%。此外，本次疫情冲击导致油价暴跌，这至少在短期会对汽车消费形成推动。因此，放宽车辆限购政策、降低车辆购置税、扩大汽车消费信贷、重视县域汽车市场等政策，将会释放出汽车消费潜力。

第五，适当增加公共消费。当前中国的公共消费率（公共消费占 GDP 的比重）相对偏低，大约低于世界平均水平 2 个百分点，低于经合组织国家 3 个百分点，低于欧元区近 6 个百分点。但考虑到发达经济体最终消费占 GDP 比重远高于中国，因此，仅就公共消费占最终消费的比重在 2018 年达到 27.5% 来看，并不算低。因此，增加公共消费应该“适度”且是权宜之计，主要是扩大面向居民的社会性公共服务消费支出，这包括增加社保医疗方面的公共消费支出，以及增加低收入群体的消费补贴等，而不是扩大政府自身消费如“三公经费”。

二　不宜推出大规模投资刺激计划

疫情冲击致经济下行压力加大，扩大投资是必选项，但不宜推出大规模投资刺激计划。

一是投资效率在下降。我们一般用边际资本产出比（ICOR）来衡量投资的效率。该数值越高，增量资本所带来的增量产出就越少，表明投资效率越低。1981—1997 年，亚洲金融危机之前，ICOR 年度平均为 2；1998—2008 年，国际金融危机前，ICOR 年度平均上升到 3.7；而 2008 年国际金融危机以来，2009—2019 年，ICOR 年平均值则达到了 7.9。从 20 世纪 80 年代至今，ICOR 不断攀升，投资效率一路下滑；特别是 2009 年以来，投资效率下滑最为显著（参见图 6－10）。这种情况下，过于倚重投资，甚至又出来“新四万亿”刺激计划恐怕是欠妥的。

二是政府投资的挤出效应明显。2009 年固定资本形成的增长率几乎是金融危机前的两倍，当年投资对 GDP 增长的贡献也接近 90%。尽管这样刺激了增长，但也导致对民营经济的挤出效应。一方面，“四万亿”和“十大产业振兴规划”使得国有经济全面出击，同民营经济争夺资源和市场；另一方面，金融信贷

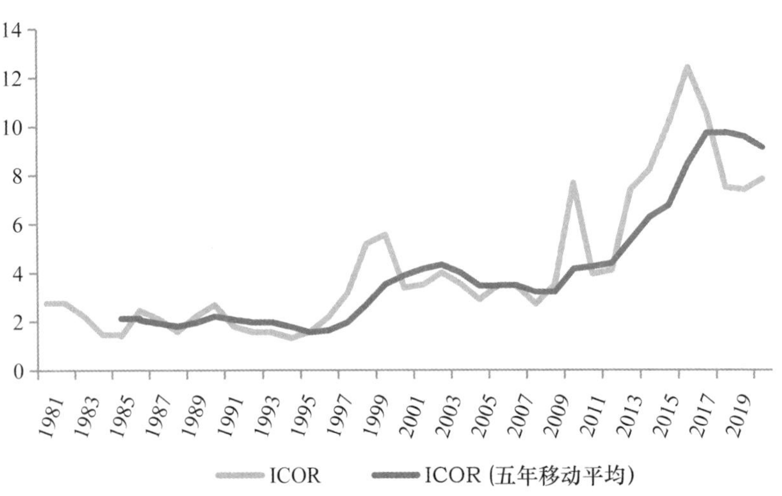

图 6 - 10　边际资本产出比（ICOR）的变动走势（1981—2019）

资料来源：Wind 数据库。

资源向国有经济倾斜，使得民营经济只能通过影子银行等渠道获得成本更高的资金，加剧了民企的融资难和融资贵。中国社会科学院国家资产负债表研究中心的估算数据显示，自 2010 年以来，国有企业资产在企业部门资产中的占比一直上升，体现出较为明显的“国进民退”，这也充分反映出四万亿投资刺激计划所带来的挤出效应。

三是激发民间投资，避免“日本化”。“日本化”有多重含义，这里主要是指在市场内生动力不足情况下，主要依靠增加政府债务、扩大政府投资来支撑经济增长。“日本化”所带来的问题就是公共部门债务大幅攀升，形成风险的积累与集聚。全球范围看，私人部门杠杆率远高于公共部门杠杆率，二者相差 60 多个百分点。而日本自 2003 年实施质化量化宽松政策以来，公共部门杠杆率开始高于私人杠杆率，二者的差距现在已达 70 个百分点上下。当前，中国公共部门杠杆率也高于私人部门杠杆率近 40 个百分点。就当前中国的发展阶段而言，还需要激发私人部门的活力和依靠市场内生的动力来支撑增长，从而在杠杆资源配置上要向私人部门倾斜。如果公共部门杠杆资源配置突出的是防风险，那么私人部门杠杆资源配置则更加强调的是效率原则和稳增长。因此，投资方面如果要发力，也要更多激发民间投资：一方面，从效率角度，民间投资有优势；另一方面，民间投资的积极参与，会促进风险的市场化分担，有利于缓解公共部门的高杠杆。所以，要进一步推进市场开放、政府与社会资本合作（PPP）以及混合所有制改革，给民营经济以更大的发展空间；同时，实质性推进私有产权保护，稳定预期，给民营企业家以信心，激发企业家精神和民间投资的活力。

三　聚焦城市群/都市圈，打造新“增长极”

改革开放以来要素资源优化配置带来中国经济增长：首先是城乡之间要素流动，特别是从所谓传统部门到现代部门劳动力的流动，大大提高了劳动生产率，这是改革开放之初的增长动力源泉；20 世纪 90 年代以来，特别是社会主义市场经济的确立以及外向型经济发展，要素资源更多转向可贸易部门，使得出口导向成为新的增长引擎；与以上两个过程同时发生的，则是要素资源从国有部门向非国有部门的转移，也带来效率的提高，这是市场化改革的成效。目前，我们在这三个方面都遭遇到一定的瓶颈：

农业劳动力转移不会有过去那样大的规模，而且现在是城乡一体化、乡村振兴，要素资源不再是单向的流动了；2008 年国际金融危机以来，全球价值链贸易扩张受阻，加上逆全球化潮流以及中美之间的贸易摩擦，外向型经济发展被强制调整；危机之前，总体上还是民营经济大发展时代，但 2008 年之后，这个形势有了较大变化，民营经济发展空间受到了制约。

现在看来，下个阶段一个重要的“结构性红利”，将出现在要素资源的空间优化配置上，聚焦城市群/都市圈，打造新的增长极。聚焦城市群/都市圈，一可以拉动投资：城市群与智慧城市的基础设施建设，以及围绕城市群和都市圈的人口迁移及住房建设；二可以促进消费：大城市带来的收入效应；三可以提高生产率：规模效应和集聚效应。聚焦城市群/都市圈是新时代区域发展战略的新方向，强调了优势互补，特别是促进产业和人口向优势区域集中，形成以城市群/都市圈为主要形态的增长动力源，进而带动经济总体效率提升。这是对过去“平衡”发展战略的调整，体现了动态平衡的新发展思想。扩大内需必须基于这一重要的战略变化，释放增长新动能。

重点城市群和都市圈是中国当前消费的绝对主力和未来消费的潜力所在。摩根士丹利预测，到 2030 年，中国的城市化率将从目前的 60% 增长到 75%，城市居民增加 2.2 亿人。这些增加的城市人口中有一半将居住在五个超大城市群中（长三角、京津冀地区、粤港澳大湾区、长江中游地区和成渝地区）。中国这五大城市群的平均人口数量超过大多数欧盟国家。在户籍制度改革方面，探索推动在长三角、珠三角等城市群率先实现户籍准入年限同城化累计互认，也将有利于人口向城市群/都市圈的流动。基于京东平台大数据，12 大都市圈近几年的消费在全国总消费中的占比均高达 80% 以上，占绝对主导地位。[①] 而目前人均 GDP 过 2 万美元的 13 个非资源型城市，均处于长三角、珠三角、京津冀、长江中游等城市群中，意味着这些地区是未来消费增长的重点区域。

投资方面集中于重要城市群和都市圈的基础设施。这包括公路、铁路、航运、航空等一体化综合交通体系，电力、天然气主干网等跨区域能源基础设施建设，防洪、供水等省际重大水利工程建设，光纤宽带、5G 网络等信息基础设施建设，以及保障房建设和基本公共服务的完善。这方面的投资，无论是从稳定当前增长还是提升长远发展能力角度，都非常重要。因此，需要从土地、资金等方面给予更大力度的支持，体现优势互补的区域发展战略。2020 年 3 月，北京、天津、上海、重庆、江苏、浙江、安徽和广东 8 个省（市）开展土地审批的试点，强调城乡建设用地指标使用应更多由省级政府负责，事实上为打造新增长极提供了有力的支撑。因为这些试点省（市）基本上涵盖了几个最重要的城市群。土地审批一直是投资项目落地的关键制约，通过试点，给土地松绑，将较快拉动这些区域的投资，促进经济增长。

（张晓晶）

---

① 陈芳：《京东大数据消费报告：12 大都市圈消费规模占比超过 80%》，2019 年 12 月 17 日，中国证券网（https://baijiahao.baidu.com/s?id=1653157665397426993&wfr=spider&for=pc）。

第七章　疫情的供给侧影响及应对

新冠肺炎疫情大流行对全球经济影响是全方位的，无论是从生产、分配、交换、消费的经济维度看，还是从供给和需求的经济分析框架看，经济的诸项活动和各个方面都在短期内受到了极大冲击，而从长期看可能产生的深远影响也在逐步显现。如果说，从需求侧分析应该更加重视疫情的短期影响及其应对，那么从供给侧分析疫情对经济的影响，则在认识到诸如劳动力停工、企业停产、供应链中断等短期冲击的同时，更需要看到技术变革、生产方式变化的长期影响及其政策启示意义。

第一节　疫情的经济供给冲击：机理与特征

从医学史上看，在20世纪60年代后有许多医生和卫生政策分析专家都认为，由于抗生素、疫苗和其他治疗方法的使用，微生物疾病实质上是可被彻底消灭的。但是到20世纪末21世纪初，随着人类传染病“目录”不断发展，例如艾滋病、军团病、莱姆病、疯牛病、埃博拉出血热、里夫特裂谷热、严重急性呼吸综合征（SARS）、禽流感、猴天花、尼帕病毒、狂犬病、金迪普拉病毒病等，人们认识到可以消灭传染病的预测过于乐观了。20世纪末大约每年有600万人的死亡都是由各种传染病引起的，在发展中国家每两例死亡中就有一例是由传染病引起。[①] 而且，随着全球化的推进，传染病对人类社会的威胁实际上是更为严重了，“人类、动物和植物的全球迁徙带来了经济繁荣、文化融合和社会转变，然而这是有代价的，疾病以前所未有的速度与范围传播”。[②] 2020年新冠肺炎疫情的全球大流行，又一次证明了这一点。在疫苗研发出来之前，最有效的抵御流行病的方法就是减少人与人的接触，而这种抗击疫情的方法所产生的对经济的影响无疑是巨大的。在生命、死亡与经济之间进行选择无疑是十分艰难的。虽然生命是无价的，需要全力以赴去抗击疫情保护生命，但仍需要分析疫情对经济的影响，以最低程度的经济影响代价实现最大化的抗击疫情效果。

一　疫情对经济供给冲击的机理分析

经济运行变化可以有三类，一是趋势性变化，二是周期性变化，三是外生冲击性变化。突如其来的疫情对经济的影响无疑属

---

① ［美］洛伊斯·N. 玛格纳：《医学史》，刘学礼主译，上海人民出版社2017年版，第472页。

② ［英］普拉提克·查克拉巴提：《医疗与帝国——从全球史看现代医学的诞生》，李尚仁译，社会科学文献出版社2019年版，第174—175页。

于冲击性变化。由于疫情最为直接的影响是对人的生命的威胁以及为了保护生命而使人的行为改变、减少人与人接触，劳动力是经济供给最为基本的要素，无疑疫情对经济的影响直接表现为供给冲击。供给冲击不仅仅是指由于劳动力供给不足造成制造业停工停产，也表现在服务业提供的消费服务停止，因为服务具有消费和生产同时性的特征，服务业消费服务停止在一定意义上仍可以归为供给冲击。实际上除了连续流程性的制造业外，大多数制造业具有库存，因而疫情影响会有一定的缓冲时间，而服务业因消费即时性，反而最先受到冲击。外生冲击往往需求冲击为多，并由需求传递至供给，如中美贸易摩擦的冲击等。而疫情引起的经济影响最先表现为因对劳动力行为的各种约束而产生了明显的生产要素供给约束，供给端出现一系列被动收缩。当然随着疫情供给冲击的持续，也会造成需求端的投资、消费、出口亦被动收缩，形成需求冲击，供给冲击和消费冲击互相作用最终引起经济衰退。

在经济学教科书中，供给冲击一般是指影响企业的生产成本，从而影响企业提供产品和服务价格的事件，例如石油价格的大幅上涨。供给冲击按照其在既定的价格水平下对产出的影响，可以划分为有利的或正向的供给冲击、不利的或负向的供给冲击。供给冲击会使得总供给曲线和菲利普斯曲线移动，正向的供给冲击会使得总需求曲线右移和菲利普斯曲线左移，而负向的供给冲击会使得总需求曲线左移和菲利普斯曲线右移。当然这些变化的前提是供给冲击是短期的。[①] 疫情影响是一种典型的负向供给冲击，由于劳动力等生产要素短期供给大幅减少，物品和劳务供给数量下降，造成总供给曲线产生左移。从理论上说，供给曲线的左移意味着失业增加——失业率提高，而物品和服务供给数量减少也意味着物价提高——通货膨胀率提高，供给冲击会引发较高失业率和较高的通货膨胀率，通货膨胀率和失业率的短期取舍线——菲利普斯线就会右移。也就是说，疫情形成的供给冲击能引发短期滞胀，造成经济衰退。为了解决这个宏观经济的滞胀问题，需要相应的财政政策和货币政策来保持经济运行稳定。这正好可以说明疫情发生后，各国政府为什么要不断出台各种财政政策和货币政策来修复疫情供给冲击的影响。

疫情产生的劳动力供给冲击可以细分为三个层面，一是直接劳动力损失，这主要是指疫情造成的人员伤亡，使得劳动力短缺。现代医学和公共卫生防疫体系现在一般可以保证不会发生使得总供给曲线左移的巨量人口死亡，但这在历史上的确出现过，如 14 世纪的欧洲黑死病曾导致 1/3—2/3 欧洲人口死亡。甚至有研究认为，正是由于黑死病导致的劳动力的短缺、资本和土地相对丰裕而促进了欧洲封建经济的崩溃、产生了“欧洲的大分流”[②]。这足可以看出这个层面供给冲击的影响力度之大。二是

① ［美］曼昆：《经济学原理——宏观经济学原理》（第 5 版），梁小民、梁砾译，北京大学出版社 2009 年版，第 302 页。

② Sevket Pamuk, “The Black Death and the Origins of the ‘Great Divergence’ across Europe, 1300 - 1600”, *European Review of Economic History*, 12, 2007, pp. 289 - 317.

劳动力转岗，为了抗击疫情会有大量劳动力从原有岗位转向围绕抗击疫情的工作，例如直接医疗一线救治工作，医疗设施、物资和生活必要品的生产及运输，人群隔离、维护秩序等方面的社会治理工作，等等。这会产生劳动力结构性变化，也会有大量的成本支出。三是劳动力要素供给中断。为了避免疫情传播，必须尽可能在一段时间内隔断人与人的接触，这意味着除生活必需外，大量的劳动力将暂停提供劳动。从企业与家庭之间的经济循环流量图看，除生活必需和不需要人与人当面接触的经济活动外，家庭将不再通过要素市场提供劳动要素给企业，企业也无法通过产品、劳务市场提供产品和服务给家庭，很多企业、家庭的投入产出流和货币流将被迫中断，大量生产和服务活动都将停止。在当今高度分工协作的现代经济体系下，这种源自于非接触、居家隔离的抗击疫情要求造成的企业生产要素劳动力供给减少或者中断，会迅速引起企业资金流、物流的减少或中断，产业链和供应链会协调不畅甚至中断，经济循环流量图中的资金循环和投入产出循环将难以正常循环，如果疫情持续时间较长而政府救助不力，可能造成大量企业倒闭、失业和整体经济衰退。在全球化价值链分工的背景下，一个经济体的供给冲击可能会迅速扩展到全球产业链和供应链，从而对全球经济造成巨大影响。显然，第三个层面是疫情劳动力供给冲击对经济影响最为严重的层面，也应该是从供给侧分析疫情影响经济的最主要方面。以往历史疫情也表明这一点，2003 年 SARS 疫情造成的社会经济遭受的损失，90% 以上是因人们行为模式改变而导致的，并非疫病带来的直接生命财产损失。①

二　疫情对供给冲击的基本特征

基于上述认识，进一步从供给侧深入分析本次疫情对经济的影响，需要对本次疫情对供给冲击的时间、范围和程度有一个基本的判断，现在看来，本次疫情产生的供给冲击具有短期性、全球性和高强度三个基本特征。

1. 短期性的供给冲击

虽然现在对疫情持续的时间还无法准确判断，但是基于以下原因，可以基本判断疫情引发的供给冲击应该是短期的。首先，从疫情持续时间看，一般多为三个月至半年。中国本土疫情演变实际情况也证明，从整体上采取禁止社交活动、社会隔离措施开始，包括停止举办有规模的群体活动、禁足令、保持社交距离、关闭商铺、学校停课、航班减少甚至停飞等一系列措施，疫情基本上可以在三个月内得到控制。虽然截至 2020 年 4 月初疫情在全球仍处于高发蔓延之势，但随着社会隔离措施实施，正常情况下疫情也应该在 6 月基本得到控制。而且，随着疫情时间延续到一年以上，一般疫苗会出现，最终彻底结束疫情，这意味着疫情不可能是长期化的。

其次，由于社会隔离而产生的劳动力供给冲击，一般情况下会短于疫情传播持续时间，最多是同步。由供给冲击和需求抑制

---

①　徐飞彪：《疫情冲击，世界经济前景如何?》，《半月谈》2020 年第 6 期。

而产生的需求萎缩，如果不是经济体系固有问题，一般也会伴随着疫情冲击的结束而结束，甚至不排除由于一段时间需求压抑及政府有关刺激政策，疫情结束后经济可能产生“井喷”。另外，即使考虑到无症状感染者等原因本次疫情防控可能会常态化，那么现有的非常严格的社交隔离等防控措施也不可能长期化①，人类社会要探索出与疫情共处下的生产生活方式，统筹防疫和社会经济发展，这也会使得现有因劳动力严格隔离而产生的供给冲击逐步平滑。这意味着，即使抗击疫情是常态化的，但也不能允许疫情供给的冲击长期化。从中国经济 2020 年第一季度的数据可以看出，虽然总体上第一季度经济增速下降 6.8%，但是如果对比 3 月和 1—2 月的数据，无论是三次产业的增加值，还是就业、投资、消费等其他各项经济指标，都出现了增速呈现反弹、降幅明显甚至大幅度收窄的特点。这说明这次冲击虽然强度很大，但是短期的外生冲击，1—2 月影响很大，但 3 月已经呈现快速恢复的趋势。

---

① 从经济学意义看，因严格隔离而产生的经济损失大于如果不严格隔离而造成牺牲生命的经济损失，那么严格隔离措施就应该解除。有初步估算表明，美国如果采取隔离措施会减少 8 万亿美元、占 2019 年 GDP 40% 的生命损失，因此在隔离措施还没有造成经济大衰退到 -40% 的情况下，隔离政策是有意义的。同理估算，中国的第一季度的隔离政策挽回 25 万亿元到 40 万亿元的生命损失，而经济隔离造成的经济损失约 2.5 万亿元，隔离政策是非常成功的［具体参见陈玉宇《少损失 40 万亿！中国的“疫情账”是怎么算出来的》，2020 年 4 月 1 日，搜狐网（https://www.sohu.com/a/384887496_99982005）］。当然，生命是无价的，这种估算很难准确。但是必须考虑到，如果因为防控疫情过度严格而引起经济衰退，进一步也会影响防控疫情，乃至产生更多的社会经济和国家安全问题。基于流行病曲线针对性选择复工复产的时机和程度、一揽子经济政策出台的次序和力度是统筹抗疫和经济社会发展的关键［具体参见蔡昉《疫情冲击下关于经济应对政策的五个特征化事实》，2020 年 4 月 14 日，新浪网（http://finance.sina.com.cn/zl/china/2020-04-14/zl-iircuyvh7793923.shtml）］。

最后，历史也表明，疫情这种灾害性供给冲击作为一个外生冲击，如果不是经济体本身具有的内在经济结构性问题，如果不是经济的趋势性、周期性影响，外生供给冲击不会长期。例如 1918 年西班牙流感、1957 年亚洲流感、2003 年 SARS、2001 年的“9·11”事件等，都没有对经济产生长期的冲击。[①] 当然，对于善于反思的人类社会而言，不排除一个灾害事件会对未来经济社会具有长期性的影响，甚至改变生产生活习惯。总之，由于疫情产生的供给冲击的短期性，如果不是经济结构自身问题，本次疫情不应该产生类似于 1929 年经济“大萧条”、2008 年国际金融危机那样的长期性的经济衰退。[②]

2. 全球性的供给冲击

本次疫情已经在全球大流行，世界卫生组织已经将其定性为“全球流行病”（pandemic）。在全球化的今天，虽然各国采取社会隔离等防控措施会因疫情流行时间不同而存在时间差，但其措施会大同小异，都会因降低社会交往而形成劳动供给冲击。在全球价值链分工的今天，全球流行的疫情会很快对全球产业链和供应链产生破坏，从而形成全球性的供给冲击。

现在值得担心的是由于全球产业链、供应链的中断会不会进而引发逆全球化高潮。[③] 根据疫情扩散以及各国应对疫情政策的

---

① 雪球：《回顾百年历史上的六次灾难，给我们带来什么启示?》，《巴伦周刊》2020 年 4 月 4 日，雪球网（https：//xueqiu. com/9487181048/146068566）。

② 滕泰、刘哲：《经济不会“大萧条”，救助政策出手要快》，《经济观察报》2020 年 4 月 1 日。

③ 何帆等：《新冠疫情四重冲击，全球化要倒退?》，《财经》2020 年 3 月 18 日。

变化，从产业链和供给链角度看，疫情形成的供给冲击大致会经历三个阶段。第一波是中国国内疫情暴发后中国经济受到巨大供给冲击，国内产业链和供应链按下暂停键，不仅国内的供应链体系出现放缓甚至阻断，并且很快对全球供应网络形成冲击，出现大量延迟交付和订单萎缩；第二波是随着疫情蔓延，海外一些国家供应链梗阻与需求回落反过来进一步形成的对中国经济的供给冲击。进入 2020 年 3 月后，日本、韩国，进而是意大利、德国、法国等欧洲地区，北美地区都面临巨大疫情考验和挑战。3 月中旬，已经有多家汽车公司纷纷关闭了在欧洲、北美的生产厂商。虽然中国复工开工率不断提升，但供应链并未全面恢复，此时外部疫情又日趋严重，中国供应冲击与其他国家供给冲击开始产生交互性的负面影响；第三波是全球供应链产业链出现全局性的中断而形成对全球经济的供给冲击。

从全球制造网络看，世界制造业可以分为三大网络，以美国、加拿大和墨西哥为核心的北美自由贸易区，以德国、法国、荷兰、意大利为核心的欧盟区，以及以中国、日本和韩国为核心的东亚地区。进入 2020 年 3 月中旬以后，全球三大制造网络都受到巨大冲击，全球价值链分工下供给和需求互相叠加冲击，疫情对全球供应链影响的性质和方向正发生根本性的变化，不仅会导致更加严重的货物交付迟滞和订单萎缩，还会使得全球供应链出现大范围中断，从而形成全球性供给冲击。

3. 高强度的供给冲击

这直接体现在全球多个国家出现的大面积企业停工停产、职工失业、产业链和供给链大范围中断。2020 年 2 月中国制造业采购经理指数（PMI）为 35.7，这成为有该数据以来的最低点，单从采购经理指数看，这可以说是一个“创历史”的冲击强度。疫情蔓延到欧美后，3 月意大利 PMI 仅为 17.4，为有史以来最低。美国制造业和服务业 PMI 初值分别仅为 49.2 和 39.1，日本分别为 44.8 和 32.7，英国分别为 48.0 和 35.7，均位于枯荣线之下。受疫情影响，中国 1—2 月服务业生产指数和工业增加值都下降了两位数，分别同比下降 13.0% 和 13.5%。基于国际劳工组织 2020 年 4 月 7 日发布的报告，在全球 33 亿劳动人口中，已有 81% 受到新冠肺炎疫情影响，其工作场所被全部或部分关闭，报告预测，疫情将使 2020 年第二季度全球劳动人口总工时缩减 6.7%，相当于 1.95 亿名全职雇员失业，中高收入国家劳动人口所受疫情影响将远超 2008 年国际金融危机，其中住宿餐饮业、制造业、零售业等行业劳动人口面临更大就业风险，全球 2020 年全年增加的失业人数可能远高于此前预测的 2500 万人。①

考虑到供给冲击的巨大力度，各国纷纷推出高强度的经济救援或者刺激措施。截至 2020 年 3 月 27 日，美国总统特朗普签署 2 万亿美元经济救助方案支持中小企业和中低收入居民，经济救助规模已经远超 2008 年国际金融危机时期的经济救助规模，这是美国有史以来最大规模经济救助计划，而且各类援助刺激计划

① 凌馨、陈俊侠：《国际劳工组织：疫情已影响全球超八成劳动人口》，2020 年 4 月 8 日，新浪网（http://finance.sina.com.cn/roll/2020-04-08/doc-iimxyqwa5704636.shtml）。

还在不断出台中。3 月 17 日，英国发布 3300 亿英镑的政府贷款计划，并直接向企业提供 200 亿英镑的税收减免和资金补助。日本政府在 4 月 7 日也推出了史无前例的 108 万亿日元紧急经济刺激计划，规模相当于日本 GDP 的 20%，已经超过美国出台的 2.2 万亿美元刺激方案占 GDP 10% 的比重。

另外，从各个机构对经济增速的预测也可以看出这次疫情供给冲击强度之大。1930 年“大萧条”，美国 GDP 年度增速最低为 -23.1%，而现在政府和主流金融机构对 2020 年第二季度美国经济增速的预期在 -30%—-25%，这意味着对于美国而言，本次疫情的短期冲击程度大于 1930 年经济“大萧条”时期。[①] 在新冠肺炎疫情高强度冲击下，一些国际组织纷纷调低了对全球经济增速进行的预测，2020 年 3 月 2 日，经济合作与发展组织（OECD）发布报告，认为如果新冠肺炎在亚太、欧洲及北美广泛传播，则 2020 年全球经济增速将从 2.9% 降低至 1.5%。实际上在疫情蔓延的趋势不断变化的情况下，过早预测疫情冲击对经济增速影响意义不大。进入 3 月以后，随着新冠肺炎疫情在全球蔓延，已经能够看到在 2020 年 1—2 月几乎所有有关疫情对中国经济增速影响预测，都因严重低估疫情影响而不再具有参考价值。最新的权威预测是：4 月 14 日国际货币基金组织（IMF）发布的《世界经济展望报告》，预计 2020 年 170 多个国家和地区的

---

① 滕泰、刘哲：《经济不会“大萧条”，救助政策出手要快》，《经济观察报》2020 年 4 月 1 日。

人均收入将出现下降，全球经济预计将急剧收缩3%，发达国家经济将萎缩6.1%，发展中国家和新兴市场国家经济体将萎缩1.0%，此次疫情在2020年和2021年对全球GDP造成的累计损失可能约为9万亿美元，超过了日本和德国的GDP总量，认为这是自20世纪30年代“大萧条”以来最严重的经济衰退，发达经济体、新兴市场和发展中经济体首次同时陷入经济衰退。①

第二节　疫情对中国经济供给侧影响：短期与长期

虽然疫情产生的供给冲击是短期性的，但对于这样一个具有全球性的高强度外生冲击，其对中国经济供给侧的影响绝非仅仅是短期的劳动力停工失业增多、企业停产倒闭风险上升、供应链中断概率加大等，还会对长期技术进步、生产方式等产生影响，甚至影响中国在全球化分工体系中的地位。

一　疫情对中国经济供给侧影响：短期视角

从供给侧角度看，新冠肺炎疫情对经济的影响可以分为要素、企业和产业三个系统层面。具体而言，基于短期视角新冠肺炎疫情供给冲击会对经济系统三个层面产生影响。

---

①　吴乐珺：《IMF最新报告预计今年全球经济将出现萎缩》，《人民日报》2020年4月16日。

1. 要素层面：“断崖效应”与“替代效应”叠加

疫情供给冲击的根源在于因疫情劳动力无法提供面对面接触者集聚性劳动，这一方面出现了劳动供给的断崖式下降——“断崖效应”，另一方面，也出现通过技术、资金等要素供给以替代弥补劳动供给不足，以及劳动供给内部的不同类型劳动替代而发生就业结构的变化——“替代效应”。

从“断崖效应”看，基于国家统计局数据，2020 年 1—2 月，全国城镇新增就业 108 万人，2 月，全国城镇调查失业率为 6.2%，比正常情况下提高了 1 个百分点左右。3 月，全国城镇调查失业率为 5.9%，比 2 月下降 0.3 个百分点，但仍明显高于正常情况；从中国采购经理指数看，2020 年 2 月制造业和非制造业的从业人员指数分别是 31.8 和 37.9，都创有数据以来历史最低，虽然 3 月恢复较快，但仍没有进入正常运行水平。[①] 有研究表明，基于中小企业调查复工率的数据推算，中国 2020 年第一季度总共损失工作日约为 22.5 天，占第一季度原有 61 个工作日的 36.9%，2020 年全年有 251 个工作日，如果第二季度除湖北以外地区的生产经营活动能完全恢复正常，则 2020 年全年实际有效工作日为 228.5 天，相当于劳动时间同比 2019 年减少了 8.6%。[②] 根据上海美国商会 2 月 11—14 日对 109 家长三角地区

① 国家统计局服务业调查中心、中国物流与采购联合会：《2020 年 3 月中国采购经理指数运行情况》，2020 年 3 月 31 日，国家统计局网站（http：//www.stats.gov.cn/tjsj/zxfb/202003/t20200331_1735877.html）。

② 张平、杨耀武：《疫情冲击下增长路径偏移与支持政策——基于对企业非均衡冲击的分析》，《经济学动态》2020 年第 3 期。

有制造业业务的美国企业的调查，有 78.2% 的企业表示没有足够的工人来操作整个生产线，41% 的企业表示缺乏员工是未来 2—4 周的最大挑战。①

从“替代效应”看，世界各国都在通过财政金融措施给企业提供大量的资金供给，保证企业在劳动力供给断崖下降、企业不能正常生产经营的情况下有基本的现金流，这可以理解为某种意义的“替代”。另外就是通过新技术供给来减少劳动力的使用以及接触式生产活动，最典型的是通过网上活动替代线下活动，利用在线会议替代面对面会议。但从劳动就业看，疫情影响下因很多企业无法开工产生了大量的职业替换，一些劳动被另外的劳动所替代。以外卖为例，2020 年 1 月 20 日—2 月 23 日“美团”平台新增 7.5 万名配送外卖骑手，这些新增的骑手中，18.6% 来自于工厂工人，14.3% 为企业销售人员，服务业从业人员为 19.2%。新增骑手中只有 14.3% 在春节前就没有职业，这意味绝大多数都是从以前职业转换为外卖骑手的，因为原来工厂、餐饮店和服务店面一直没能开工营业、无事可做而不得不进行职业转换。②

2. 企业层面：从迅速停产停工到艰难复产复工

因社会隔离等疫情防控措施需要，企业迅速大面积停工停

① 转引自祝坤福等《新冠肺炎疫情对全球生产体系的冲击与我国产业链加速外移的分析》，《中国科学院院刊》2020 年第 3 期。

② 美团研究院：《月增 7.5 万注册骑手，外卖成为就业蓄水池——新冠肺炎疫情期间美团新增骑手就业报告》，《美团研究院调查研究报告》2020 年第 14 号，2020 年 3 月 8 日。

产，从而造成生产供给大幅减少或者部分中断，企业许多生产经营活动被迫中止。根据全球最大的商业协作平台 Tradeshift 交易量支付数据的分析，剔除一般 1—2 月春节前后的影响，截取 2020 年 2 月 16 日开始的一周数据，可以看出中国的总体贸易活动下降了 56%，中国企业之间的订单下降了 60%，而中国企业与国际公司之间的交易数量下降了 50%。[①] 这种迅速停工停产造成的损失是巨大的，根据中国企业联合会 2020 年 3 月 3—5 日对中国服务业 500 强的调查，疫情对服务业 500 强企业第一季度的经营产生了明显的不利影响，除未进行损失评估的企业外，几乎所有企业都受到了损失，其中约 55% 的企业受到了很大损失，约 90% 的企业第一季度营业收入和盈利下降。[②] 对于中小企业而言这种影响会更加致命，可能会有大量中小企业破产倒闭。根据清华大学经济管理学院商业模式创新中心调研组在 2020 年 2 月初期对 1506 家中小企业的调查，受疫情影响 31.81% 的企业估计 2020 年营业收入下降幅度超过 50%，27.22% 的企业预计营业收入下降 20%—50%，合计 59.03% 的企业 2020 年营业收入下降 20% 以上。如果疫情影响持续时间较长，85.74% 的中小企业将难以为继。[③] 如果考虑到当时对疫情蔓延程度估计还不会充

① 刘裘蒂：《疫情冲击下的全球供应链重组》，《中国新闻周刊》2020 年 3 月 16 日。

② 中国企业联合会课题组：《中国服务业 500 强企业超一半受明显损失，多数企业对二季度较乐观》，2020 年 3 月 31 日，中国服务业制造联盟网站（http://www.somac.org.cn/article/849/2.htm）。

③ 清华大学经济管理学院商业模式创新中心调研组：《疫情之下，如何为中小企业纾困解难》，《光明日报》2020 年 2 月 14 日第 7 版。

足，实际上疫情对中小企业影响会比这些数据显示得更大。总体上看，对于工业企业而言，工业产能利用率在一定程度上反映了企业停工停产的程度。如图 7 - 1 所示，2020 年第一季度工业产能利用率断崖式下降到 67. 3% ，比 2019 年第四季度降低 10. 2 个百分点。考虑到春节原因，与 2017 年、2018 年和 2019 年的第一季度工业产能利用率相比，分别下降了 8. 5 个、9. 2 个和 8. 6 个百分点，仍呈现出断崖式下降特征。

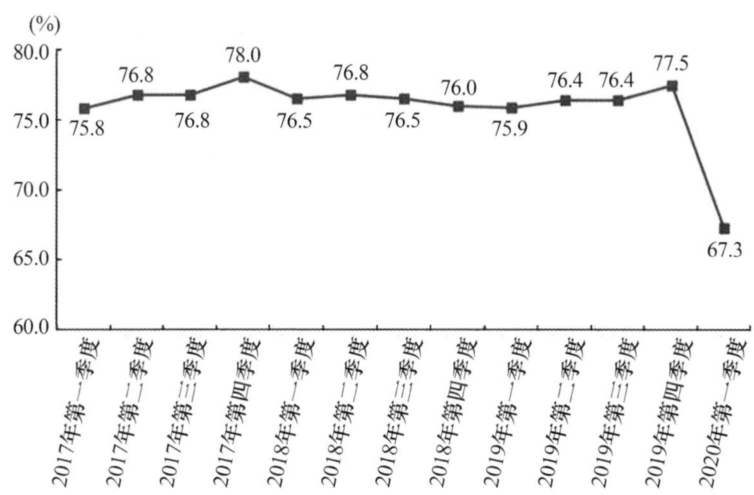

图 7 - 1　2017 年到 2020 年分季度工业产能利用率情况

资料来源：国家统计局：《2020 年一季度全国工业产能利用率为 67. 3%》，2020 年 4 月 17 日，国家统计局网站（http：//www. stats. gov. cn/tjsj/zxfb/202004/t20200417_ 1739333. html）。

新冠肺炎疫情对中国企业影响虽然十分巨大，但相对于欧美国家而言有一定的有利因素，这并不仅仅指中国企业最先从疫情冲击下恢复过来具有相应的先机，还有一个有利因素是疫情暴发时期与中国传统春节假期重合。按照春节惯例，除了连续性生产以及餐饮、旅游、交通等消费服务业外，大多数行业的企业在春节期间一般都会停产休假一周。这意味着对于多数行业而言减少了一周左右因社会隔离而产生的供给冲击损失。对于企业生产供给而言，其真正的疫情影响是在春节假期后因预防隔离等管制措施企业不能够复工复产，企业正常的生产经营无法开展，造成企业生产供给大幅下降。从企业层面看疫情冲击的影响，本质是停工停产后能否迅速复工复产。

但是，正所谓“病来如山倒，病去如抽丝”，与企业迅速停工停产截然不同的是，企业复工复产十分困难。其困难的原因不仅是因各地采取的隔离、交通管制、封闭等防控措施不一而造成大量员工难以按期返岗，还包括交通物流不畅、防疫物资不足、产业链上下游产品交付困难、资金链压力大、订单履行和延续存在困难、项目无法推进、成本大幅上升、国际贸易受到冲击等。这些原因可以归结为防疫要求、企业运营、企业供应链三方面。2020 年 2 月 14—17 日一份对 542 家企业春节后复工情况及尚未复工的原因进行问卷调查的结果表明，在防疫要求方面，员工在 100 人以下的小企业，以及餐饮、住宿、文化、旅游业，建筑业和制造业更容易受政府不允许复工的硬性规定影响，在企业运营困难方面，民营企业、小企业更容易受到资金不足及员工家乡或公司所在地防疫要求而无法正常返岗的困扰；在供应链方面，建筑业和加工制造类企业更容易受到上游企业未复工或生产原料供应不足的影响。[①]

疫情对企业生产供给的影响因企业规模大小而有较大差异，与大企业抗冲击能力较强相比，中小企业相对较弱，复工复产因疫情影响而破产倒闭的概率相对较大。有研究表明，规模越小的企业复工概率越低。随着企业规模的增大，企业复工概率呈现上升的趋势。与员工人数为50人及以下的企业相比，员工人数为51—100人、101—500人、501—1000人和1001人及以上的企业复工概率分别平均高出20.8%、18.7%、19.4%和36.9%。与企业营业收入在500万元及以下的企业相比，营业收入为500万（不包含）—2000万元、2000万（不包含）—1亿元、1亿（不包含）—5亿元和5亿元以上的企业复工概率分别平均高出15.9%、17.4%、31.2%和45.2%。[②] 实际上很多大企业很早就开始复工复产。根据中国企业联合会对中国制造业500强的调查，到2020年2月20日这些500强企业复工率已经达到97%，员工到岗率平均66.17%，下属企业开工率平均75.24%，产能利用率平均58.98%。[③] 另外该调查还表明，国有企业复工复产状况总体好于民营企业。

虽然企业复产复工中遇到众多困难，但随着中国疫情防控形势持续向好，企业复工复产明显加快。中国采购经理指数在

① 转引自张平、杨耀武《疫情冲击下增长路径偏移与支持政策——基于对企业非均衡冲击的分析》，《经济学动态》2020年第3期。

② 同上。

③ 中国企业联合会课题组：《中国制造业500强企业复工复产率达97%，产能利用率近60%》，《21世纪经济报道》2020年2月24日第9版。

2020年2月大幅下降基数上环比回升，其中制造业PMI为52.0%，比2月回升16.3个百分点；非制造业商务活动指数为52.3%，比2月回升22.7个百分点。截至3月25日，全国采购经理调查企业中，大中型企业复工率为96.6%，较2月调查结果上升17.7个百分点。[①] 到4月中旬，规模以上工业企业复工率已经接近100%，这体现了疫情供给冲击的短期特征。

3. 产业层面：供应链中断与产业链外移风险加大

在现代全球价值链分工体系下，每个企业都是世界产业链中的一个点，与其他企业相互联系，在复杂动态的全球产业生态系统中寻求生存发展。中国是全球制造体系的中心，中国工业增加值占全球工业增加值比重近1/4，中国在全球中间品市场的份额高达1/3，中国是120多个国家的最大贸易伙伴，以及大约65个国家的第一大进口来源国。[②] 这意味着疫情对中国制造业冲击，会对全球供应链链条产生巨大的影响。由于各个产业的特性不同，各个产业受疫情影响的程度会不同，但是随着疫情向全球蔓延，疫情对全球供应链的冲击表现为大面积交付延迟和订单萎缩，全球供应链中断和中国产业外移的风险不断加大。

对于化工这类典型流程式生产的产业，由于春节期间连续生产，其上游炼化环节总体受疫情影响小，只是负荷有变化。但化

---

① 国家统计局服务业调查中心、中国物流与采购联合会：《2020年3月中国采购经理指数运行情况》，2020年3月31日，国家统计局网站（http://www.stats.gov.cn/tjsj/zxfb/202003/t20200331_1735877.html）。

② 蔡婷贻等：《全球供应链波动：脆弱与韧性》，《财经》2020年第5期。

工行业上游环节属于重资本行业，发展惯性大，产业链有着较强的黏性，供应链更加紧密，一旦被打散，市场恢复比较困难，所以一定要确保企业不出现重大资金风险。化工行业的下游精细化工，以中小企业为主，多采取订单制，因全球疫情影响而产生的防疫化学用品需求有较大增长。但对于一些像橡胶塑料等处于产业链中游的化工原料，中国对日、韩、美、意、德依赖程度较高，随着疫情发展会影响到中国产业链条。应注意的是，由于精细化工终端产品的专用性过强，疫情影响会使得需求波动大。总体而言，疫情给大化工行业提供的机会大于冲击，关键是要及时全面复产，抓住机会促进化工行业高质量发展。

对汽车、电子、机械、家电、服装等离散型制造产业，现在看来疫情影响比较大。从湖北和武汉的产业集中度看，汽车、新一代电子信息技术以及生物医药会受到较大影响。以汽车产业为例，湖北汽车行业的供应链影响会最为突出，湖北是中国四大汽车生产基地之一，也是零部件企业汇聚之地，规模以上车企1482家，2018年整车产量220万辆，占全国的比重为9%，湖北汽车零部件生产已经占全国13%。第一波疫情冲击中国汽车产业，已经对全球汽车供应链产生巨大影响，2020年2月10日，韩国五大整车企业全部因中方提供的零部件耗尽而暂停其境外生产；2月14日日产汽车公司在日本九州工厂的两条生产线全部停产。随着疫情发展到对欧美企业产生剧烈冲击，欧美已经有多家企业宣布停产。这又对中国汽车和汽车零部件进口形成冲击，传导作用将致使全球汽车供应链受到难于估量的影响，造成全球供应链中断。总体而言，中国产业的供应链对全球供应链影响比较大的行业包括纺织服装、家具以及电子、机械和设备等领域，这些行业全球供应链中断风险不断加大。

从国外疫情对中国产业链影响角度分析，从中国作为供给方角度看，由于订单减少，中国服装、半导体与集成电路、光学与精密仪器、化学品、空调、玩具、家电产业都会受到影响。作为需求方，机电、化工、光学仪器、运输设备和橡胶塑料等方面对日、韩、美、意、德等国的依赖度较高，也较易受到疫情升级的冲击。尤其是光学影像、医疗器械、车辆及零部件、集成电路与半导体等产品，自疫情国进口的高附加值零件、设备面临中断风险，会受到较大冲击，但这也是中国替代创新、自我升级的机会。从区域角度看，疫情蔓延和持续会沿着中国周围新兴市场和发展中国家范围，以及欧美发达国家范围两条主线展开，最终全球供应链中断、全球经济面临“灰犀牛”式的冲击。[①]

随着全球供应链中断风险加大，从积极应对疫情冲击角度，各国都会从供应链安全角度进行供应链的调整，这必然会加剧去全球化的趋势。由于近些年贸易保护主义和新一轮科技和产业革命的影响，全球供应链已经呈现出本地化、区域化、分散化的趋势，而疫情对全球生产网络的巨大冲击，会加重这种趋势，全球供应链布局会面临巨大调整的可能，中国在全球供应链中的安全与地位受到极大挑战。目前美欧等国都在努力试图改变“以中

---

① 徐奇源等：《应对全球供应链“灰犀牛”冲击》，《财经》2020 年第 5 期。

国为中心的全球供应链体系”，一方面通过增加中国以外采购来源地或者通过多国投资，来提高其供应链的多元性和柔性；另一方面纷纷将本国在华企业迁回本国，通过加强本地和周边国家的生产，提高本地供应的响应能力。疫情期间，美国和日本都出台了一些措施鼓励企业回迁。东京商事研究公司2020年2月的一项调查发现，在新冠肺炎疫情期间，在参与调查的2600多家公司中，有37%的公司正在向除中国以外的其他地区进行多元化采购。另外，在日本公布的应对疫情冲击的刺激计划中，有2200亿日元（142亿元人民币）用于资助日本企业将生产线从国外转移回日本本土，235亿日元（15亿元人民币）用于资助日本公司将生产线转移到其他国家。[①]

二　疫情对中国经济供给侧影响：长期视角

从历史上看，诸如灾难、战争和一些突如其来的社会经济环境巨变，往往会成为促进技术创新、制度创新和管理创新的机遇。经济学理论认为，生产要素之间是紧密关联的，在劳动要素供给短缺、均衡供给价格提高的情况下，资本和创新要素因均衡价格下降将发挥更重要的作用。疫情冲击下会对新产业、新业态和新模式的发展有促进作用，一方面会激发新生一些新产业、新业态和新商业模式，另一方面也会催化一些新产业、新业态和新

---

① 边际实验室：《日本经济刺激计划细节公布：拨款扶持企业从中国撤离》，2020年4月9日，https://baijiahao.baidu.com/s?id=1663460652158652650&wfr=spider&for=pc。

商业模式更加成熟。2018 年中国新产业、新业态、新商业模式的经济增加值占 GDP 比重已达到 15.7%，疫情下这三者占比会进一步提高。有研究预计，疫情影响下，2020 年的数字经济增速有可能放缓 2.2—3.8 个百分点，但数字经济是引领缓解疫情冲击、带动经济增长的最优选择，基于疫情持续时间不同，数字经济增速将为 GDP 增速的 2.8—3 倍。①

在疫情冲击下，社会经济会对数字化技术有更深、更广的需求，包括医疗卫生公共服务、社区治理、教育、购物的在线化需求，制造业企业的生产智能化，等等。这将促进企业和经济的数字化转型，有助于促进产业向信息化、智能化方向升级，由此还会带动数字化、智能化基础设施的建设投资，这必然在一定程度上加速中国经济动能转换。从现有疫情影响技术要素供给看，未来数字化、智能化技术创新应用领域具体如表 7－1 所示。

表 7－1　**疫情期间数字化、智能化技术创新的应用领域**

领域	疫情期间应用	疫情期间应用案例	未来发展可能
商务办公	疫情大幅度提升了远程协同商务办公的需求，云服务企业加速推进在线办公服务	阿里巴巴集团下的钉钉会议软件、字节跳动公司下的协同飞书软件、腾讯集团下的企业微信和腾讯会议等，都迅速跟进各种业务推广。2020 年 2 月 3 日复工当天，利用钉钉远程办公的企业达上千万家，在线办公人数近 2 亿人。腾讯在线服务超过 25 万家企业	疫情期间推动了在线办公与生产协同，进一步加速了生产管理向数字化、网络化、智能化发展。随着疫情管控的常态化，用户远程办公习惯会逐步形成，这会进一步促进远程商务办公技术成熟，加大这方面技术的供给数量和质量

① 孙克：《疫情对数字经济发展及宏观经济的影响如何?》，2020 年 2 月 12 日，数智网（http://www.smartcn.cn/208052.html）。

续表

领域	疫情期间应用	疫情期间应用案例	未来发展可能
政府和社区治理	为了加强社会隔离管制和获取个人健康方面信息，人工智能技术在政府治理和社区管理方面应用	推广“健康码”，实行人员健康核验、轨迹跟踪和疫情警报。各大电信公司和网络企业通过其用户地理移动产生的数据，提供准确的人口流动路线图，对人员地理流动识别	政府治理和社区管理更加智能化，进一步促进社会信用体系建设和完善。在法律框架下，以智能手机为主要媒介，通过获取移动轨迹、社交媒介、智能摄像、关联物品等数据转换为生物识别身份、行为、社交网络等信息，形成社会信用建设和法律监管的重要手段
生产性服务	疫情期间互联网与教育、医疗、金融、交通等生产性服务领域深入融合，产生了大量的在线服务平台，创新了许多线上服务模式	在线医疗方面，到2020年2月已有191家公立医疗机构及100家企业互联网医院对疫情提高在线义诊率；在线教育方面，疫情期间教育部与工信部开通国家中小学网络云平台，在线教育平台增加超过100个，腾讯课程“老师极速版”向全国用户提供10万份课程	未来将极大地促进生产性服务业的数字化、智能化水平的提高，在线医疗、在线教育、虚拟银行、智慧交通等各类商业模式和技术将不断发展，依靠技术创新、商业模式创新推进生产性服务业的效率提升
生活性服务	疫情期间居家隔离管制措施催生了大量的“无接触服务”模式，“宅经济”迅速发展，互联网、人工智能和消费服务业深度融合	上海文旅局推出多家美术馆、博物馆线上VR展厅，建设智慧展馆；美团、京东等电商平台“无接触配送”订单占比达到80%，无人机配送、智能机器人等高智能方式开始试水；盒马生鲜、苏宁生鲜、叮咚买菜等线上订单大幅增长	未来生活性服务业的智能化水平会进一步提升，无人零售、无人餐饮、VR娱乐等更多“零接触服务”商业模式可能会有更大发展机遇，外卖服务业地位更加巩固，线下企业将会创新各种线上服务模式
生产制造	疫情期间智能制造的意义进一步拓展，这既是先进制造和高效率的方向，也是降低风险的有效方式，工业互联网、云制造平台、工业机器人得到更多应用	疫情期间市场对于消毒机器人的订单需求已增长7—8倍；联想武汉生产基地利用5G传感与互联提高生产安全和质量；工信部在疫情期间出台支持中小企业推进数字化转型和智能制造水平的措施	智能制造代表着制造业发展的方向，是新一轮科技和工业革命的核心技术，未来随着5G网络、人工智能、工业互联网、物联网、数据中心等新一代信息基础设施不断完善，智能制造将更加普及，将真正带来新一轮工业革命

资料来源：作者撰写。

疫情对中国经济长远供给侧影响不仅仅在于促进技术创新，还在于促进制度创新。疫情带来的巨大冲击，一方面会使人们反思整个经济社会中存在着相应的制度漏洞，从而进行制度创新以弥补相应漏洞；另一方面，为了应对这些短期外生巨大经济冲击，疫情期间会出台一系列相关制度和政策措施。例如，现在已经出台了一系列短期减少企业负担的政策，包括税收、金融、社会保险、物流等众多方面的“降成本”措施，在经过疫情期的试行后，一些有效的措施就可以转为长期政策，这客观上促进了供给侧结构性改革的深化。2020 年 4 月 10 日中共中央、国务院发布《关于构建更加完善的要素市场化配置体制机制的意见》，在推进土地要素市场化配置、引导劳动力要素合理畅通有序流动、推进资本要素市场化配置、加快发展技术要素市场、加快培育数据要素市场、加快要素价格市场化改革等方面提出了一系列制度设计。虽然这些制度创新并不是疫情发生后临时出台的措施，但这会对积极应对疫情冲击、稳定市场预期、促进经济恢复发挥作用。可以说，疫情冲击本身也是一个巨大的制度创新试验场，从而从长期上对供给侧经济发展产生影响。

全球大流行的疫情不仅仅促进了中国国内的制度创新，也必然会对全球经济政治秩序产生重大影响，在很大程度上疫情可能会加快“百年未有之大变局”的演变。实际上在疫情之前，经济全球化已经出现了一些重大的变革趋势，一方面新工业革命弱化了以劳动力成本为核心的传统比较优势对全球化的推动作用，全球化的演进方向和动力机制正在发生深刻变化。另一方面，全球价值链出现了重大结构性调整趋势，中国制造业价值链崛起，同时全球价值链扩张态势正在逐步停滞，基于合作、互惠、协商的多边主义全球治理规则正在受到侵害，多边主义贸易体系正在受到严重挑战，WTO 的效率和权威性受到极大影响。[①] 这次疫情的蔓延和全球供应链短期中断，可能会使得各国从长远思考如何才能在自力更生的安全导向与全球分工的效率导向之间寻找经济发展平衡。无论是认为疫情将成为压倒经济全球化的最后一根稻草或者钉死经济全球化棺材的又一颗钉子，还是认为以美国为中心的经济全球化将转向以中国为中心的经济全球化，现在还不能给出肯定的答案。可以肯定的是，疫情冲击下，经济全球化的秩序作为一种制度供给，可能面临着巨大的创新机遇。

第三节　疫情供给冲击的应对：纾困与创新

针对这次疫情产生的高强度的外生供给冲击，以及对中国生产要素、企业与产业的巨大供给侧影响，短期财政、货币政策和大量的社会救助政策是必要和急迫的。但在应对疫情供给冲击的政策设计时，还必须考虑到中国的经济结构调整和经济长期发展趋势的要求，短期冲击应对政策与长期改革发展政策二者要协同。未来的经济走势应该是应对短期冲击政策的作用和长期经济

① 黄群慧：《百年目标视域下的新中国工业化进程》，《经济研究》2019 年第 10 期。

改革发展政策的作用两方面叠加的结果。也就是说，一方面要积极通过宏观政策帮助企业渡过难关，另一方面要重视中国经济增长转向高质量发展、需要深化供给侧结构性改革的长期政策趋势。这实质上要求短期应对政策更加注重采用财政和社会政策进行“纾困”以保护民生及企业，尤其是中小企业，长期继续通过制度创新和技术创新实现新旧动能转换和经济高质量发展，特别注意避免过度使用金融刺激需求政策使得金融体系过度杠杆化，进而对中国经济结构调整、化解产能过剩带来巨大负面影响。短期企业纾困与长期激励创新，应该是当前一揽子政策的平衡点和着力点。

第一，在常态化疫情防控机制下积极促进企业复工复产，有效纾解企业尤其是中小企业困难。

企业尽快全面复工复产是应对疫情供给冲击的关键，坚持应急处置与常态化防控相结合，在分类指导、分区施策方针指导下，积极推进推动企业复工复产。从中央到地方，已经纷纷制定出台了一系列措施帮助企业复工复产，扶持企业渡过难关。一方面，要从全局性、系统性的角度来协同强化落地各地政府对制造业企业的税费减免、利息减免、贷款展期、企业经营成本补贴、物流畅通、通关便利等各类政策措施；另一方面，要抓住关键环节、关键企业、关键问题积极推进复工复产，保证整个产业链的正常运转。这具体包括帮助企业协调解决招工、原辅材料和产品发货运输、供应链对接等相关困难和问题，推动上下游产业链协同复工，加强区域间产业协同协作机制，保障物流畅通效率。

对于中小企业要加大扶持力度，尤其注重保护关键产业链中掌握核心技术“小巨人”企业的稳定运营。首先，在卫生防疫方面，要加大对中小企业进行公益支持力度，提高其卫生防疫能力，在保证其安全性前提下，允许其及早复工复产；其次，要鼓励这些行业和企业进行商业模式创新，尽可能创新拓展其在线化、个性化服务模式；再次，要充分发挥公共平台和大型平台企业对中小企业的服务支持作用，降低中小企业经营成本、提高其经营便利；复次，设立中央和地方中小微企业纾困基金，基金来源可以是地方政府财政出资或者特许发行地方长期债券，基金可以按产业具体分设，基金要以过去3年平均缴税、五险一金等指标为基准，一次性或者分次支付现金给中小微企业。基金尤其可以用于中小微企业逾期或违约引发的财务危机救济；最后，要鼓励各级地方政府、企业和各类社会组织积极探索针对中小微企业的协同救助机制，大胆创新，充分利用税收机制、金融机制、保险机制、国有企业社会责任机制、房产租金机制等，构建一个全社会的、多元化的纾困救助机制。

第二，加强跨产业、跨地区的全产业链协同复工，提高中国产业链安全水平和现代化水平。

鉴于受疫情冲击中国供应链中断和产业链外移的风险不断加大，从产业链视角看当前中国经济发展面临着两方面重大任务，一方面是尽快全产业链复工复产、恢复受疫情严重冲击的产业链，另一方面是从长期构建中国产业链安全和现代化水平体制机制，提高中国产业链安全和现代化水平。为此，应该重点在以下几方面进行着力。

一是基于疫情对产业链的影响程度和产业自身特性，对产业链进行分类管理。由工信部牵头，尽快建立跨产业、跨省的产业链协同复工复产机制，促进大中小企业协同复工复产。针对集成电路、基础软件、网络安全等战略性产业，以及核心零部件领域的专精特新企业，在原材料保障、用工、物流等方面提供定向支持。对于化工等流程型生产的产业，把握全球油价下跌的机会，及时全面复产，抓住机会促进化工行业高质量发展。对于纺织、服装等劳动密集型产业，以尽快恢复专业市场和物流体系为重点，带动国内供应链的全面恢复。

二是基于政府引导供应链金融的视角帮助企业恢复产业链。对涉及批发零售、住宿餐饮、物流运输、文化旅游、汽车制造、电子信息、纺织服装等受疫情影响较大的行业建立重点监测机制，对有发展前景但暂时受困的企业和项目，不盲目抽贷、断贷、压贷，延长贷款期限和减费降息。允许受灾债务人的旧贷款通过庭外和解的方式予以豁免，担保人的代偿义务得到豁免，避免相关违约对其征信资质的损害。政府出面协调核心企业、供应链企业及金融企业的关系，推进核心企业进行交易确权，降低金融机构的成本，同时调低对中小企业借贷的利率。

三是政府要重视培育产业链中核心企业和产业平台，提高核心企业和产业平台协同上下游伙伴企业、聚集各类生产要素、促进资源高效配置能力。一方面通过提高这些核心企业的创新能力，打造更强创新力、更高附加值的产业链。另一方面可以提高核心企业的数字化能力，带动整个供应链管理信息化、现代化、系统化水平提高。政府要以数字化建设为目标，推动新一轮基础设施建设，支持企业加强供应链流程数字化管理能力建设，利用数字化技术抵消供应链的不确定性，推动供应链管理的效率变革。

四是作为产业基础再造工程的一项重大任务，完善中国产业链安全管理体系，针对不同产业、不同地区建立中国的产业链安全评估与风险预警长效机制。设立国家产业链安全委员会，对因外交事件、国外技术封锁、重大灾害和疫情等导致的中国产业链安全问题进行战略决策和部署，强化产业链协同，提升中国供应链面对重大灾害和疫情时的韧性和协同性。

五是加强推进全球联合抗疫，积极参与全球价值链国际合作与治理，支持中国企业加快“走出去”步伐，保障全球供应链节点安全，建立多渠道、多层次供应链安全体系，协同推进全球产业链构建与“一带一路”建设。

第三，把握疫情促进智能化技术创新的机遇，加快推进新型基础设施建设，加快实现经济新旧动能转换。

充分利用疫情冲击能激发技术创新供给增加，进而促进新产业、新业态和新商业模式发展的机会，尤其是重视数字化、智能化技术在社会治理、商务办公、生产制造、生活消费等各个领域进一步深入应用，从而促进中国经济实现新旧动能转换、加速中国经济高质量发展。数字化、智能化是新一轮科技和产业革命与中国产业结构转型升级的主导方向，加速推进数字化、智能化技术应用发展，需要更为先进完善的数字信息基础设施。2018 年中央经济工作会议以来，中央几次提出要促进形成强大国内市场，加快 5G 商用步伐，加强新一代信息基础设施建设。在 2020 年疫情冲击下，中央又强调加快新型基础设施建设——“新基建”，市场也在高度关注“新基建”这个热点。虽然加快“新基建”的确有扩大内需、保增长这方面的功能，但是，不能把“新基建”作为政府应对疫情冲击的“刺激计划”，而是要把“新基建”内嵌于中国高质量发展的需要，使其客观上发挥扩大内需、促进增长的作用。具体而言，新型基础设施应该理解为新型工业化、新型城镇化、现代化经济体系三个层面的基础设施，“新基建”要能够服务于高质量工业化、高质量城镇化战略，要能够坚持供给侧结构性改革，这才能真正服务于中国经济高质量发展，避免回到“大水漫灌”的老路上。①

一是新型基础设施是新型工业化的基础设施，所谓新型工业化则是在传统工业化基础上叠加了信息化、数字化、网络化、智能化、绿色化等要求，是新一轮科技和工业革命的信息技术、智能技术、新能源技术等产生和应用的结果，新型基础设施既包括新一代智能化信息基础设施和新能源基础设施，也包括传统基础设施的信息化、智能化、绿色化改造后的设施。

二是新型基础设施建设要支撑高质量城镇化战略，“新基建”一方面布局全新的信息化、智能化、绿色化的城市基础设

① 黄群慧：《从高质量发展看新型基础设施建设》，《学习时报》2020 年 3 月 18 日。

施，另一方面利用新一代信息技术和绿色技术与交通运输、能源水利、市政、环保、公共卫生等传统城市基础设施进行融合，同时还包括建设城市群、都市圈的城市之间交通、信息等基础设施以及各类其他公共设施。

三是"新基建"要坚持供给侧结构性改革，"新基建"投资与项目更多的是尊重市场规律、市场机制发生作用的结果，而不是政府通过选择性产业政策进行大规模投资刺激的作用的结果。"新基建"需要政府引导，但切勿过度直接介入。尤其是在当前疫情冲击、宏观经济目标实现压力增大、地方政府投资热情高涨的背景下，更需要对此保持高度的清醒。中央提出加快"新基建"，应该更多地从促进中国经济高质量发展角度理解和认识，从而积极推进"新基建"，不能忘记供给侧结构性改革的工作主线，要从优先和充分利用市场机制入手。

（黄群慧）

第八章　复工复产进程及对策

新型冠状病毒肺炎已经成为全球性的大流行疾病。在国内新发病例基本得到控制后，推进复工复产，将疫情的冲击降低到最小，奋力实现经济社会发展的目标，成为当前最重要的任务。然而，面对百年一遇的疫情，恢复经济活动的难度超出了很多人的预期，需要根据疫情发展的特点和经济形势的变化，制定相应的应对措施。

第一节　疫情冲击的特点与阶段性

疫情的防控与恢复经济活动是既相互依赖，又相互制约的事物的两个方面。经济活动所受的影响来自于疫情冲击，因此，疫情的强度与流行病学特征就成为影响复工复产进程和方式的最主要的因素。[①] 进入 21 世纪，冠状病毒引起的流行疾病，如

① 目前较为一致的看法是新型冠状病毒对人体伤害的严重程度不及其他几种冠状病毒，但具有更强的传染性和隐蔽性。病毒的这一特点是新冠肺炎成为全球流行疾病的重要原因。

SARS、MERS、Ebola等，已经多次袭击人类。相形之下，此次新冠肺炎疫情虽然还未结束，但其流行的范围之广、伤及生命之众、影响程度之深，已经远超上述几次病毒流行所产生的疫情。此次疫情目前产生的影响范围和程度，已经可以与1918年“大流感”对全球产生的冲击相类比，因此，称之为“百年一遇”并不为过。

从目前情况看，疫情对经济的影响是冲击性的。疫情会造成短期的需求萎缩，并对一些生产性行业的供给能力造成破坏，但疫情如果及时得到控制，不会对经济发展的基本机制造成损害。把握疫情影响的冲击性和短期性特点，才能在相应的政策措施上注重及时性。同时，只有果断、有力的应对措施，才能使疫情的冲击仅限于短期影响，从而不至于发展成为影响社会经济长期轨迹的因素。疫情影响的程度决定了复工复产的进程，以及所应采取的支持政策的力度。

鉴于此次疫情尚未结束，尤其是疫情的国际蔓延以及输入病例的影响仍然严峻，因此，尚难以对疫情的影响程度进行具体的评估。有经济学家认为，1918年“大流感”对宏观经济的影响提供了估算此次疫情影响的基础，也提供了分析疫情宏观经济影响的上限。[①] 1918年“大流感”使得受冲击国家的GDP和消费水平下降了6%—8%。不过，与100年前相比，世界已经发生

① Barro, Robert J., Jose F. Ursua and Joanna Weng, “The Coronavirus and the Great Influenza Epidemic: Lessons from the ‘Spanish Flu’ for the Coronavirus’ Potential Effects on Mortality and Economic Activity”, *NBER Working Paper*, 26866, 2020.

了天翻地覆的变化。从积极的方面看，与100年前相比，人类的科技水平取得了革命性的进步，分子生物学、基因检测等科技手段使人们可以快速而深刻地认识病毒特性，治疗手段的进步大大降低了病死率。此外，以需求管理为主的宏观经济治理手段，也大大丰富，可以在一定程度上熨平疫情对经济产生的冲击。从不利的因素观察，世界经济的相互联系更加紧密，产业链的延伸使得世界经济存在“牵一发而动全身”的影响，疫情影响可能会以乘数效应发生作用。中国作为最先遭受疫情的国家，会相继受到国内疫情和国际疫情输入的冲击，大大增加了经济的波动性和复工复产的不确定性。从新冠肺炎疫情的暴发到目前，疫情对经济活动和复产复工的影响大致可以分为以下三个阶段。

一 疫情暴发初期的影响

从武汉“封城”到春节假期结束，是疫情暴发的初期，可以大致认为是疫情对经济活动产生影响的第一阶段。在这一阶段，全国人民众志成城地抗击新型冠状病毒肺炎，全力抗击疫情是当时压倒一切的中心工作。疫情暴发初期，正值2020年春节长假，因此，新型冠状病毒肺炎疫情初期对经济与劳动力市场的影响①，主要体现于对部分春节处于旺季的服务业部门的冲击。

---

① 有人认为，与此次疫情最具可比性的是2003年的“非典”疫情。不过，“非典”疫情暴发时，中国经济结构的主导产业是第二产业，2003年第二产业增加值占GDP的比重为45.6%（工业为40.3%），第三产业为42%。根据国家统计局初步核算结果，2019年第二产业增加值占GDP的比重为39.0%，第三产业增加值占GDP的比重为53.9%。

疫情对第二产业和第三产业的经济活动的影响机制存在着明显的差异，对于第二产业主要集中于供给侧（生产）行为的影响，其恢复和后续补救的弹性相对较大。相形之下，疫情对第三产业的影响集中于即期需求，造成的损失更加直接，且无法恢复。由于严格的隔离措施，旅游、餐饮、住宿、文化娱乐、批发零售、交通等原本处于销售或服务旺季的行业，遭受了巨大冲击。隔离措施使很多服务业部门的需求减少，直接影响其营收。而最终服务需求的萎缩，必然引致就业需求的减少。

经济活动停止和集中力量抗击疫情，必然也会对就业产生影响。虽然，在抗击疫情时期的社会动员不适合以传统的劳动力市场分析框架来考虑其产生的失业问题，而且，此次疫情暴发恰逢春节长假，也一定程度上减轻了对劳动力市场的负面冲击，但疫情期间及后续经济活动受到的连续冲击，必然会造成一定程度的岗位损失。

在疫情的第一阶段受到严重冲击的多个第三产业的部门，具有小微企业和个体工商户集中分布的特点。很显然，小微企业和个体工商户较之大企业的抵御风险能力更弱，受到疫情冲击并产生后续影响的可能性更大。根据第四次经济普查资料，我们可以计算冲击严重的行业的平均就业规模。如表 8 - 1 所示，这些行业中个体经营户的平均规模不到 3 人，法人单位的平均就业规模也大多在 10 人以下，这意味着，有大量的小微企业在这些行业从事经营活动。来自“蚂蚁金服线上小微调研”的 2 万多份问卷统计结果显示，受此次疫情“影响很大，无法正常运营或停工”的企业比例最大的行业依次是住宿餐饮、文教娱乐、交运物流、民生服务、批发零售等第三产业，均超过70%。这6个行业的法人单位数达到857万家，如果按照该调研数据的比例推算，在第一阶段因疫情冲击难以持续经营大概涉及600万家企业。

表8-1 受冲击严重行业的平均企业规模 （单位：人）

	法人单位	个体经营户
批发和零售业	6.17	2.02
交通运输、仓储和邮政业	24.87	2.02
住宿和餐饮业	16.40	2.94
租赁和商务服务业	8.98	2.29
居民服务、修理和其他服务业	8.71	2.38
文化、体育和娱乐业	7.40	2.85

资料来源：根据第四次经济普查资料计算。

上述调研结果还显示，从营收规模来看，规模越小的小微经营者受影响越大。营收在10万元以下的小微经营者中，有高达46.4%的经营者在调研时预计第一季度营收同比下降80%以上。根据第四次经济普查资料，在这6个行业中个体经营户总计达到5134.9万家，综合各方面调研结果，按第一阶段复工率40%计算，在第一阶段受到冲击的个体经营户总规模将超过3000万家。

二 疫情防控与恢复经济并举

从2020年2月10日春节假期结束，至世界疫情加速暴发

（以国际卫生组织正式宣布新型冠状病毒为全球大流行疾病为标志），可以大致认为是复产复工的第二阶段。2020 年 2 月 4 日湖北以外地区新型冠状病毒肺炎新增确诊病例出现首次下降，此后，湖北以外地区一直保持新增病例持续下降趋势。到春节假期结束后，部分地区已经具备防控疫情与复工复产两手抓的可能性。而且，基于以下几点原因，采取有序复工复产是非常必要的。

首先，在这一阶段，湖北的疫情仍然很严重，而湖北这一“主战场”，也必然需要来自全国其他地区源源不断的物质支持。随着确诊和疑似病例的增长，对医疗物资的需求大幅度增长。仅从医疗物资生产与供应看，由于生产环节的日益专业化，产品的生产链条已经涉及很多地区，没有上下游产业链的全面配合，难以保障医疗物资的持续、大规模供应。湖北省的经济在疫情期间基本处于停摆状态，随着时间的推移，对生活资料等物质需求的种类和范围会越来越广，数量不断增加。仅仅依靠储备和库存，将难以满足需要。因此，其他有条件的地区需要开动生产能力，做好湖北疫情防控主战场的物质资源保障。

其次，当时全球其他地区的疫情尚不明显，全球经济处于正常运转的状态，中国作为与美国、德国并列的全球价值链的三大中心之一，承担着维持全球供应链的稳定的责任。与 2003 年“非典”疫情暴发时中国刚刚加入 WTO 不同，中国经济目前已经与全球经济高度融合。全球经济对中国的制造业部门已经高度依赖，并形成了一定的季节性。从订单的周期性看，2020 年春节后的3月和4月已经成为形成新订单的高峰期。如表8－2所示，PMI指数中的新出口订单指数在年后的3月会有较大的环比增长，而且该指数在3月和4月也高于全年的平均水平。这意味着，在全球供应链中，已经形成了按照中国农历春节，安排采购和生产计划的季节性。

表8－2 PMI新出口订单指数

	2016年	2017年	2018年	2019年
全年平均	49.4	50.9	49.1	47.5
全年最高/月份	50.3/11月	52.0/6月	51.3/3月	50.3/12月
3月（离差）	50.2（0.8）	51.0（0.1）	51.3（2.2）	47.1（－0.4）
4月（离差）	50.1（0.7）	50.6（－0.3）	50.7（1.6）	49.2（1.7）
3月环比	2.8	0.2	2.3	1.9

资料来源：作者根据国家统计数据计算（www.stats.gov.cn）。

在第二阶段，随着疫情的防控取得积极进展，社会各界对恢复经济活动的预期也逐步增强。然而，综合各方面的数据来源看，恢复经济活动的困难程度远远大于预期。利用交通状况的恢复推算经济活动恢复状况，估算出2020年2月14日全国平均的复工率仅为42%。春节后第二周商户的总体开工率仅为52%，其中，线下开工率为51%，线上开工率为68%。这些数据大大低于去年同期的水平，反映出在第二阶段经济活动的恢复较为迟缓。制约复工的主要因素是各地在疫情防控一级响应机制下，人员流动难以恢复，企业用工困难成为制约当时复工复产的主要障碍。后文我们还将详细讨论这一问题。

三　全球“大流行”引起的外需萎缩

第三阶段主要的特点是疫情在全球蔓延对中国经济产生的“倒灌”影响。我们可以大致认为自 3 月 11 日世界卫生组织正式宣布新冠病毒肺炎全球大流行是第三阶段的开始，截至目前仍然处于这一阶段。由于疫情以超出预期的速度和程度在全球蔓延，对中国经济复工复产的影响也具有很强的突然性。

首先，由于中国以外地区疫情的加剧，使得防控国际输入病例的压力呈持续增加的态势。在原本国内疫情基本得到控制，工作重心向恢复经济活动转移的情况下，输入病例的增长打乱了部分地区原有的复工复产的节奏，一定程度上延缓了复工复产的进程。

其次，国际疫情受冲击严重的国家是与中国经济联系紧密的发达经济体，如美国、欧盟等主要贸易伙伴。这些国家遭受疫情冲击引起的需求萎缩，不仅减少了外贸订单，在经济全球化时代，国外供应链的损失也会波及国内相关的产业。

目前，全球大流行对中国经济的影响仍在延续，也是未来需要密切关注和积极做出政策应对的领域。

第二节　复工与复产的进程及其影响

复工复产是指经济活动从疫情防控期间的停滞状态，转向经济正常运转状态的过程。全面度量经济的恢复程度，需要综合的指标体系。如上所述，疫情冲击的影响具有及时性、多变性，传统的统计体系难以实时反映疫情对经济活动的影响。相形之下，可以实时地观察人员流动、物流、生产要素使用等与经济活动紧密相关的指标的变化，并作为推断复工复产进程的依据。目前，大数据的来源非常广泛，支付数据、交通出行数据、电力使用数据、灯光数据等都可以从不同的侧面反映经济活动变化的情况。当然，每一类数据都只反映经济活动的某一种特征，如果单独使用难免以偏概全，它们的相互映衬，则可以尽可能地接近事实的原貌。

招银理财夜光工业复工指数（ICRIN）利用卫星观测中国（台湾地区除外）上百家工业园区夜光的变化，形成国内工业产能复苏指数，从而反映春节假期后中国工业产能的恢复情况。在一定程度上，我们可以用夜光指数反映工业产能复苏的情况。ICRIN 以 2020 年停工期（2020 年 1 月 24 日—2020 年 2 月 2 日）夜光数据为基础，结合停工前日度夜光数据计算得到。该指数从 2020 年 2 月 17 日开始，形成可比的时间序列。图 8－1 显示了 2020 年春节假期后夜光指数的变化情况。到 2 月 24 日，工业产能恢复了约一半；截至 4 月 4 日，观测样本的工业产能恢复到参考区间水平的 76%。该图所显示的复工趋势表明，工业产能的恢复呈现先加速恢复、后逐渐放缓的趋势。从 2020 年 2 月 17 日开始的第一周，工业生产恢复最为迅速，指数提高了 8.3 个百分点。2020 年 3 月 11 日，国际卫生组织宣布新型冠状病毒肺炎为全球大流行，随后的三周，工业园区的灯光指数恢复开始放缓，分别提高了 3.1 个百分点、2.6 个百分点和 1.4 个百分点。不过，工业产能恢复与全球疫情加剧之间的更直接的联系还需要更多的数据和信息进行分析。

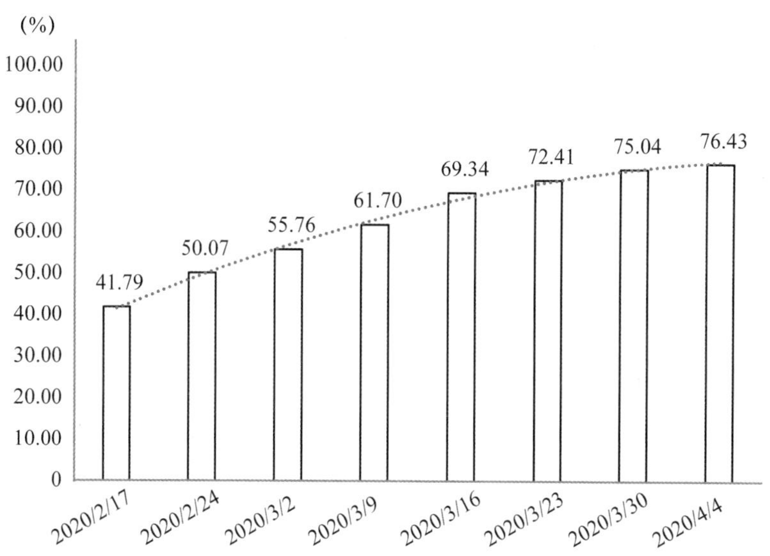

图 8－1　2020 年春节假期后工业园区的夜光指数变化

资料来源：Wind 数据库。

由于数据的限制，我们难以观测不同行业复工复产进程的差异。根据介绍，到 2 月 23 日总体的工业复工程度近半时，与疫情相关的生物制药行业的复工率相对较高，制造、加工业次之，化工业整体开工率较低，平均为 30% 左右[①]。

由于经济活动的恢复与城市交通的直接相关关系，交通出行数据可以从另外一个角度反映复产复工的进程。百度提供的城市

① 马传茂：《超过 170 颗卫星的监控数据：目前工业企业复工接近 5 成》，《证券时报》2020 年 2 月 27 日。

出行强度数据，可以很好地对比各个城市出行的同比变化情况，以反映经济活动的恢复程度。为了更准确地体现“同比”，我们根据疫情期间的假期政策调整，对比2020年和2019年相应的工作日交通出行强度的变化情况。具体来说，2020年春节假期延长至正月初九（2020年2月2日），即2月3日春节的法定假日结束。虽然当时是疫情防控最为焦灼的时期，经济活动的恢复非常有限，但法定假日结束后，一些重要的经济部门开始恢复活动。因此，我们以春节假期结束后的第一天，作为数据观察的起点，即2019年以正月初七为起始日，2020年以正月初十（2月3日）作为起始日，比较两年相应日期交通出行的同比变化。我们选择中国经济最发达的几个城市①作为观察样本，除了北京、上海以外，还包括杭州、苏州、广州、深圳等几个发达地区的城市，以反映浙江、江苏、广东等几个中国经济增长最重要的省份经济活动的变化情况。

由于城市交通出行强度在工作日和周末会存在明显的差异，我们分别观察2020年工作日和周末的同比变化情况。其中，工作日的交通恢复程度更多地反映了生产性经济活动的恢复程度，而周末交通出行的强度则反映了生活、消费等活动恢复的情况。图8-2展示了6个城市2020年春节后工作日出行强度的同比变化情况。苏州、杭州在节后的第30个工作日恢复的程度已经达到九成，随后很快完全恢复到去年同期的水平，深圳在第30个

① 其他城市的数据正在处理中。

工作日也接近去年同期95%的水平。在一线城市中，北京的恢复程度最低，到3月27日（第34个工作日）出行强度恢复了71.1%，上海为95.5%，广州为82.0%。

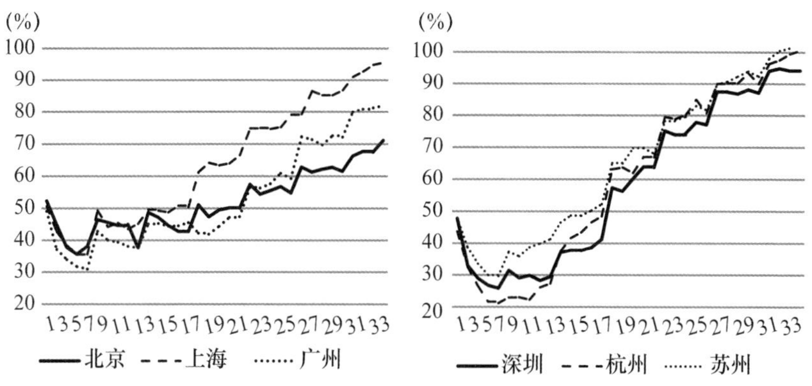

图8－2　2020年春节后工作日出行的同比恢复程度

资料来源：百度出行数据库（http：//qianxi. baidu. com）。

周末交通的同比恢复状况则更多地反映了消费的恢复程度。如果我们认为消费恢复的程度越高，周末交通出行的恢复程度也越大的话，那么，图8－3显示疫情对消费产生的影响要大于对生产性经济活动的影响程度。几个城市都大致从节后的第二个周末（2月15日）开始逐步恢复周末的出行强度。到第六个周末（3月15日），即便工作日出行强度已经完全恢复的苏州和杭州，也没有达到2019年同期的水平，分别为90.4%和85.6%，深圳为79.7%。北京、上海、广州等超大城市的周末出行强度的恢复程度更低，上海为77.3%，广州为74.9%，而北京仅为53.6%。

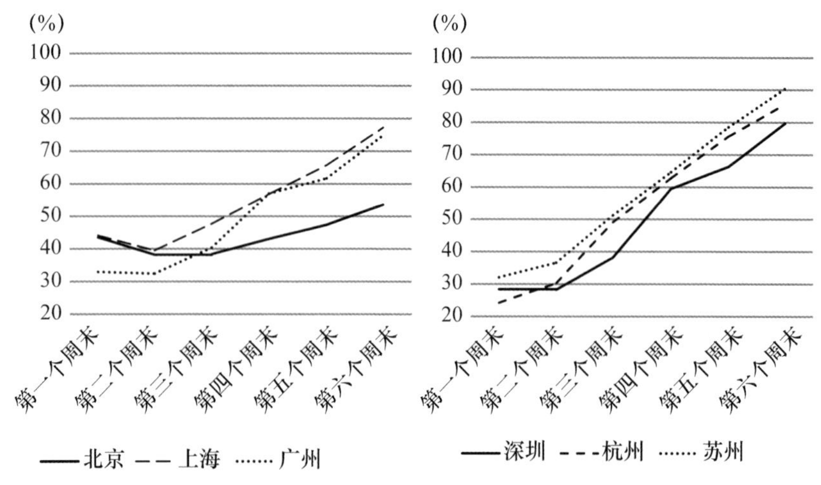

图 8-3　2020 年春节后周末出行的同比恢复程度

资料来源：百度出行数据库（http：//qianxi. baidu. com）。

虽然从某一类专业性的数据分析总体的复工复产进程犹如盲人摸象，但综合各类数据，可以得到相对一致性的认识，主要包括以下几个方面。

其一，截至 2020 年第一季度末，经济活动的总体恢复程度不到八成，且表现出较大的地区差异性。疫情防控更严格的城市，相应的经济恢复程度也更低，但主要的经济发达省份都致力于尽快恢复经济活动。由于疫情变化的不稳定性和复杂性，尤其是国际疫情输入产生的不确定性正在增加，未来的恢复经济的工作仍然艰巨。

其二，由于行业特征不同，制造业部门的恢复较为迅速，具有更高的弹性。相形之下，第三产业中直接从事面对面服务的部门，受疫情冲击的影响明显，恢复经济活动也更为艰难。能否尽快恢复服务业部门的经济活动，将决定“经济战役”的成败。服务业已经成为就业增长的主要来源，因此，第三产业的恢复和发展就对就业形势的稳定起着决定性作用。而且，相比于第二产业，第三产业各个行业中中小微企业和个体工商户的分布更为集中，行业的损失如果继续延续，会带来更为严重的民生问题。此外，第三产业的持续萎缩，必将对最终需求产生负面影响，从而传导至制造业等部门，对整个经济产生更为深刻而广泛的冲击。

未来的调控政策要基于复工复产的现实特点，尤其是要针对疫情对第三产业冲击产生的就业、民生问题，实施相应的计划，把疫情的影响时间尽可能缩短，影响的程度尽可能减小。

第三节　复工不充分、就业需求萎缩与周期性失业

如果经济活动恢复不足，将传导至劳动力市场，出现就业需求的萎缩，岗位不足产生的失业即周期性失业。新冠肺炎疫情对就业形势的冲击已经显现，2020 年 2 月城镇调查失业率为 6.2%，高出 2019 年月度平均水平 1.05 个百分点。当前失业率的跳升具有明显的周期性失业的特点，“稳就业”政策也应该从需求端出发，集中治理周期性失业。

从造成失业的原因看，周期性失业和结构性失业是对治理失业政策产生影响最大的两种形式。总体上看，中国经济发展正处于经济结构迅速调整的时期，结构性失业一直是失业的主导因

素。但新冠肺炎疫情在前文所述的不同阶段对经济形成了渐次冲击，总需求萎缩导致的周期性失业特点已经很明显，主要体现在以下几个方面。

首先，失业率的突然飙升已经突破了充分就业的正常水平，具有明显的周期性失业特点。自2017年1月—2019年12月，月度城镇调查失业率的平均水平为5.04%，标准差仅为0.15%。同时，在此失业率水平下，中国经济保持了中高速增长，价格水平也总体上保持了稳定。这说明5%左右的失业率反映了经济在当前的增长条件下的稳定失业水平，也可以认为是充分就业水平。

对于充分就业下存在的失业，其治理措施主要是从中长期政策着手，主要包括改善劳动力市场制度环境、提升劳动力市场的运行效率，降低摩擦性失业；在促进经济结构转型的同时，提升劳动者的人力资本水平，使其能够适应经济结构不断调整的需要等。这些从劳动力市场制度和劳动供给角度的政策，正是长期施行的、积极的就业政策的主要含义。

然而，新冠病毒肺炎疫情暴发以来，失业率变化打破了劳动力市场运行的中长期轨迹，2020年2月的城镇调查失业率较此前36个月的月度失业率均值跳升了1.16个百分点。疫情引起的第二产业开工不足和第三产业有限的恢复，导致了总需求的萎缩并引致了非常明显的周期性失业。虽然，更仔细的测算需要依赖更多趋势性数据，但从就业、价格水平和经济增长情况综合判断，我们可以认为，这约1.2个百分点的失业率具有较强的周期性失业的属性。

其次，从周期性失业产生的原因看，源于疫情对总需求产生的渐次冲击所引起的复工复产不充分。如果不采取果断而有针对性的经济救助计划，居民收入可能会进一步下降，引起消费需求进一步萎缩，并传导至劳动力市场上产生进一步的失业。

周期性失业与结构性失业的性质和成因迥然不同，治理手段也大相径庭。要根据当前疫情引起的周期性失业的规模、特点，有针对性地推出提振经济、扩大需求的措施，以弥补前文所述的第一阶段和第二阶段的就业损失，并通过及时有效的经济刺激措施，阻断第三阶段的发生。

估算复工不足引起的周期性失业的规模，有助于我们在宏观调控决策中，把握短期刺激政策的力度和规模。如上所述，如果认为当前失业率偏离长期稳态失业率的部分是周期性失业的话，那么，在考虑以往36个月失业率小幅度波动的情况下，当前的周期性失业规模大约在1.0个百分点至1.3个百分点。以2019年城镇就业规模4.42亿人计算，在假定劳动参与率没有变化的情况下，由周期性失业所增加的城镇失业人口在467万—607万人。

本章前面的分析已经表明，疫情的第一阶段恰逢在春节假期，制造业等第二产业同比所受的冲击有限，但旅游、餐饮、批发和零售、交通运输、娱乐业等服务业部门所受的冲击明显，其中，中小微企业和个体经营户受到的影响尤其严重。因此，我们可以假定，已经出现的周期性失业主要由服务业损失所致。根据

2020 年 2 月社会零售总额同比变化情况（同比下降了 20.5%），以及同期城镇调查失业率变化情况，我们推算城镇失业率相对于社会零售总额的弹性为 -0.83。由此可见，尽快恢复服务业活动，将有效地推动就业岗位增长。因此，把治理周期性失业作为当前“稳就业”工作的重点，才能体现“稳就业”政策的针对性，做到有的放矢。

结合目前复工复产的形势，我们认为直接针对全体公民发放一次性补贴是提升有效需求、治理周期性失业、促进经济发展、保障和改善民生最有力的武器。基本收入补助计划在发达国家已经有很多讨论，虽然基于中国的国情，作为长期计划实施的条件还不成熟，但针对全球范围的疫情产生的巨大冲击，作为临时性和一次性的计划实施，是完全必要的。根据疫情冲击的情况和财政承受能力，将财政赤字率提高 1.5 个百分点，向全体公民人均发放 1000 元收入补贴，是完全可能的。

首先，实施全民一次性补助计划对于治理周期性失业的针对性最强。本章前面的分析已经表明，当前失业率的抬升，主要是第三产业中一些吸纳就业的主要部门受到了巨大冲击。因此，提振消费对于促进就业将会产生立竿见影的效果。根据国家统计局的数据计算，农村居民的平均消费倾向为 0.85，城市居民平均消费倾向为 0.66。按 2019 年末城镇化水平 60% 计算，1.4 万亿元的收入补贴可以在城市产生 5540 亿元的消费，在农村产生 4760 亿元的消费。由于低收入群体边际消费倾向更高，通过鼓励高收入群体向低收入群体捐助一次性补贴，所产生的实际消费效应更高。

以上述1.03万亿元消费在三个月内实现计，如果2020年5月开始实施计划，其产生的消费需求，在其他条件不变的情况下，可以增加683万个就业岗位，将抵消前期疫情带来的就业损失。更重要的是，大量中小微企业和个体工商户，会获得持续的经营能力，使经济和民生重返正常的轨道。

表8-3　**一次性收入补助计划的就业效应**

时间	2019年同期社零总额（万元）	社零边际增长（%）	失业率变动（百分点）	就业增加（万人）
5月	32955.7	10.4	-0.54	251
6月	33878.1	10.1	-0.48	223
7月	33073.3	10.4	-0.45	209

注：假定失业率变动的起点为6.2%，劳动参与率保持在2019年的水平。

资料来源：作者根据国家统计局数据计算（www.stats.gov.cn）。

其次，针对公民的收入补助计划是已经出台的投资计划的有效补充。“新基建”等中长期投资计划，形成有效的最终需求可能存在时滞，收入补助计划可以在投资的有效需求产生之前，及时地启动消费需求，降低周期性失业。由于是一次性计划，没有政策退出的困难，可以与投资计划相互衔接，形成梯次效应，实现短期和中长期计划的结合。

再次，以往的投资计划，往往会使经济结构重化，也容易对民间投资产生挤出效应，不利于经济结构的优化。一次性的收入补助计划，减少了政策发挥作用的环节，可以直接产生消费需求，也更有利于解决中小微企业和个体工商户的困难，产生的就业效应也更明显。

最后，有学者担心，全民收入补助会提升价格水平。考虑到此次计划发生效应的主要群体是中低收入群体，将可能对基本消费品的价格产生一定的推动作用，但低收入民众从消费中获得的幸福感，足以抵消价格波动的负面影响。已有的研究表明，失业对国民总体幸福感的影响程度是价格水平上升的两倍[①]，因此，综合的政策效果将更加明显。

第四节　总结与展望

此次新型冠状病毒肺炎疫情对社会经济生活产生了巨大的负面冲击，其后续的影响仍然没有结束。我们一方面要继续根据疫情变化的特点，及其对经济恢复产生的动态影响做出积极的政策反应，减小疫情产生的震荡；另一方面，也要着眼长远，根据此次疫情暴发和复工复产进程中暴露出的发展短板，优化社会治理结构，做到化危为机。

一　疫情防控的公共服务属性

随着经济活动的渐次恢复，防控疫情的任务仍然繁重，尤其

① Di Tella, Rafael, Robert MacCulloch & Andrew Oswald, “Preferences over Inflation and Unemployment: Evidence from Surveys of Happiness”, *American Economic Review*, 91 (1), 2001, pp. 335 – 341.

是既要防止境内病例的复发，又要防止境外病例的输入，给恢复经济也带来了更大的压力。政府要加强公共服务供给，为经济活动的顺利开展保驾护航。以下几个领域可以着重考虑。

首先，加强疫情防控管理的数字化水平和科技水平，随着数字技术、互联网技术的发展，已经完全可以支持疫情防控的数字化管理。疫情暴发以来，一些头部的科技公司，不仅表现出强烈的社会责任感，也体现出较高的技术能力。政府有关部门可以将疫情防控的数字化管理所需要的软件和硬件支持，委托给国内一些世界领先的头部科技公司，提升整个社会的治理能力。

其次，加大病毒检测服务的供给能力，提高检测水平，把“早发现、早隔离、早治疗”提升到新的水平。此次疫情暴发后，有一批生物技术公司快速反应，大大提升了检测服务的技术能力和服务能力。以政府购买服务的方式，加大检测服务的供给能力，把非常时期的检测服务作为公共产品，有助于为经济活动的正常开展提供支撑。

最后，做好疫情应急能力的储备。要坚持底线思维，做好经济活动开展后，疫情发生变化的准备工作。如“小汤山”医院模式，在经济发达地区可以作为长期基础设施和重大应急机制的组成部分，进行储备性建设，既可以提高防控能力，也可以作为经济恢复计划的组成部分，起到一石二鸟的作用。

二　注重救助政策与经济恢复计划的协调

此次疫情已经对经济产生了持续、大范围的冲击。从所受冲击的严重程度和恢复经济活动的进程看，既要注重实施短期的救助计划，对受冲击严重的服务业、小微企业、个体经营者和失业人群实施专门的救助，从而实现稳就业、惠民生、促增长的目标，也要通过经济恢复计划，保障经济的持续发展能力。因此，政策的制定和实施要注意以下几个方面。

首先，治理周期性失业的政策主要是以宏观调控政策为抓手，具有短期性、及时性，同时还要兼顾政策的逆周期特点，在周期性失业消失时能够及时退出。因此，可以使用一些一次性、临时性的政策工具。从政策手段看，财政政策较之货币政策不仅更有利于瞄准目标群体、增强政策的及时效果，其产生的副作用也更加可控。

其次，新出台的刺激政策要注重与已经出台或酝酿的调控政策相互补充。例如，已经计划出台的加快“新基建”建设的政策，瞄准了中国经济结构调整的主要方向和未来国际竞争的战略制高点，对于优化经济结构、改善供给水平，提升中国经济中长期的供给水平和质量都有好处，也会在一定程度上解决结构性失业问题。但也应当看到，目前迫切需要解决的是短期需求萎缩对劳动力市场的冲击，也迫切需要一些短期性、及时性的计划提振需求，恢复就业岗位。

最后，要注意到就业需求损失的主体是中小微企业和个体工商户，因此，此次救助政策要对这些主体发挥实效。对这些行业中产生的失业人群，也需要发挥社会安全网的兜底功能，加大失业救助的力度。

三　改革城市化不完整的缺陷

在疫情的防控及随后的复工复产进程中，户籍人口与常住人口差异造成的不完整的城镇化，增加了社会运行的成本和恢复经济活动的难度。应该以更加彻底的户籍制度改革，使城镇化进程与社会经济发展相协调。

一直以来城镇化进程以劳动力流动，而非全面的人口流动为载体，城镇化的过程是不完整的。这种不完整性体现在两个方面：其一，在城市经济中，流动人口主要在供给侧发挥作用，需求则受到抑制；其二，生产行为和消费行为在空间上的分离，产生了人员的往复流动，增加了劳动力市场和经济社会的运行成本。解决这些矛盾的根本举措是加快推进更加彻底的户籍制度及相关领域的改革，实现流动人口的市民化。

近年来，缩小户籍人口城镇化率与常住人口城镇化率的差距，实现更加完整的城镇化，已经成为重要的改革方向。但由于流动人口的市民化涉及范围广、领域多，利益关系繁杂，因此，实际进展缓慢。在“十三五”期间，上述差距并没有缩小：2016 年户籍人口城镇化率与常住人口城镇化率的差距为 16.15 个百分点，2019 年为 16.22 个百分点。考虑到区域再定义的城镇化（如村改居）在近年来的城镇化增长中占较大比例（近 4 成），流动人口市民化进程的实际进度可能更慢。

在经济运行处于正常状态时，城镇化进程的不完整性，抬高了劳动力市场和整个经济体系的运行成本，损害了经济效率，但这种影响在正常年份难以察觉，潜在的经济运行成本也难以测度。此次疫情则使不完整的城镇化产生的负面影响更直接地暴露出来。要好好利用此次疫情的“大考”，以更加全面和彻底的改革，解决以前一直想解决但未根本解决的问题，实现更加健康、完整的城镇化。

从此次疫情的防控及疫情有效控制后经济活动的恢复过程看，城镇化的不完整性，在以下两个方面提高了社会治理和经济运行的成本：第一，即便在正常年份，春节期间大规模的人员流动也造成了巨大的社会运行成本。根据国家统计局农民工监测数据结合其他数据估算，东部地区流入农民工总量约1.6亿人，春节期间返回输出地的农民工规模在4600万人左右。在疫情期间，如此大规模的季节性流动给疫情的防控带来了更大的困难。即使在没有疫情冲击的正常年份，由于劳动力在输入地和输出地往复流动，也增加了时间成本。农民工节后全面恢复返岗平均需要三周左右，较之法定假日多出了半个月。因此，如果实现更完整的城镇化，提高举家迁移的比例，减少人员的流动，将增加农民工的有效劳动投入，并有助于提高总产出水平。第二，大范围的人员流动加大了疫情后恢复经济活动的难度。由于疫情防控的需要，2020年春节后的人员流动受到了很大限制，大量农民工滞留于老家，使得用工需求难以满足。国内疫情的后期，劳动力流动不畅形成的“堰塞湖”成为复工复产的最大障碍。在遭遇疫情冲击的特殊情况下，不完整的城镇化削弱了劳动力市场调整的弹性，增加了恢复经济活动的难度。

从中长期看，实现完整的城镇化进程既是完善社会治理结构的需要，也将对疫情后的经济发展产生推动作用。

首先，推进以市民化为主的城镇化进程，有利于提升生产率。以往，消极地看待低技能人口在城市发展中的作用，是制约农民工市民化改革继续推进和深化的重要原因。从过去的发展历程和其他国家的发展经验看，开放和包容的城市劳动力市场，通过吸引低技能劳动力，提高了城市劳动力市场的专业化程度。这一过程不仅增加了低技能劳动者的就业，也通过更有效的社会分工，使高技能劳动者更专注于其岗位、提高生产率，并推动经济的发展。

其次，塑造完整的城镇化有助于缓解目前面临的就业困难。由于疫情对国内经济的冲击及其对世界经济的持续影响，“稳就业”正面临着巨大的挑战。在这种严峻的形势下，更要发挥城镇化在解决就业矛盾中的特殊作用。城市具有产业分布集中、规模效应明显、劳动力市场信息流动充分的优势，在就业创造中发挥着主导作用。城市人口规模增加本身，就会产生岗位创造效应。而且，城市通过各种类型的人群聚集，形成多层次的劳动力市场和多元化的就业需求，增加了劳动力市场的厚度。因此，在遭遇疫情冲击时，把人口更多地聚集到城市，较之分散在不同区域，更能抵御失业风险。

保持城市就业创造能力的一个重要条件是通过劳动力的自由流动，不断吸纳人口。在经济增长面临疫情冲击、外部需求急剧萎缩的情况下，要特别注意大城市的城市管理政策与劳动力市场政策的协调，切实使积极就业政策落地，谨防一些限制人口流动、分割劳动力市场的措施对就业造成的损害。

（都　阳）

第九章 外贸影响与对策

中国是全球第一大货物贸易国、亚洲 GVC 中心。以全球价值链分工视角研究发现，COVID－19 全球大流行“震中”在欧美，将对中国最终产品、纺织品、信息和通信技术、服务贸易出口冲击较大。如果疫情“震中”从欧美转入亚洲，中国外贸将受重创，并影响上亿人口就业。应对 COVID－19 全球大流行对中国外贸的冲击，短期应利用财税、金融、信保、贸易投资便利化等政策工具确保供应链稳定、物流畅通、中小企业发展，长期应抓住疫情倒逼政府数字化管理、企业数字化转型的机遇，提升贸易数字化水平，以贸易高质量发展化危为机，促进货物贸易与服务贸易协同发展。

第一节 疫情与国际分布、国际经贸环境新变化

COVID－19 全球大流行主要集中在欧美发达国家，其经济

停摆对全球供应链、价值链生产冲击较大，已引发国际投资不振、贸易保护主义抬头、失业增加，世界经济可能陷入类似于20世纪30年代“大萧条”。疫情持续时间长短、疫情“震中”能否由欧美转移到亚洲，未来全球贸易发展面临极大的不确定性。

一 疫情“震中”与国际贸易分布

根据世界卫生组织的统计，截至2020年4月29日，疫情大流行覆盖全球200多个国家，全球确诊人数302.4059万人，其中，欧美地区占比高达86.63%，疫情震中主要集中在欧美发达经济体。累计确诊人数居前十二位的国家分别是：美国、西班牙、意大利、英国、德国、法国、土耳其、俄罗斯、伊朗、中国、巴西、加拿大（见图9-1）。其中，美国、中国、德国、英

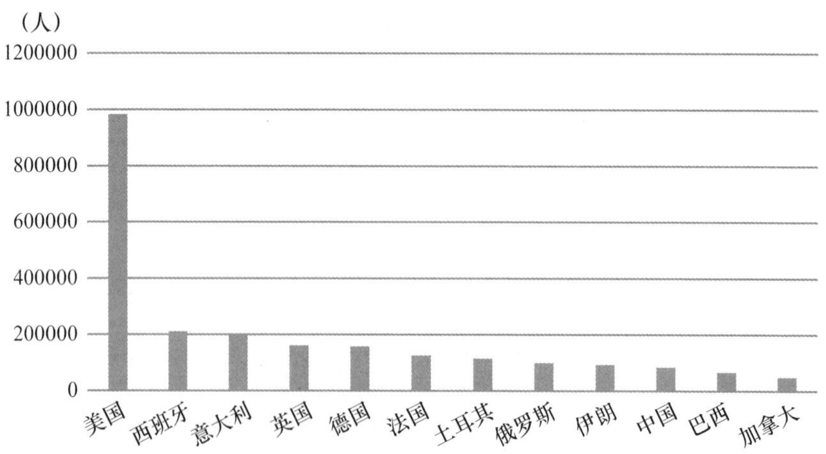

图9-1 全球疫情分布情况

资料来源：世界卫生组织网站（https://who.sprinklr.com/）。

国、法国、荷兰、意大利七国为全球前十大贸易经济体，占全球贸易的40%以上（见图9-2）。

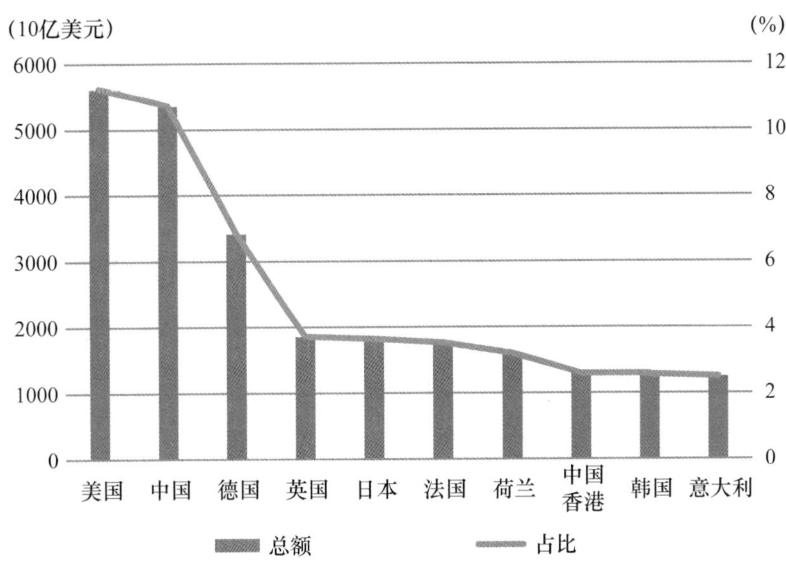

图9-2 2019年全球十大贸易国/地区（货物贸易+服务贸易）

资料来源：世界贸易组织（https://www.wto.org/）。

二 国际组织预测疫情对世界经济的影响

疫情全球大流行后，虽然短期无法预测疫情控制的时间点、持续的时间，特别是可能对发展中国家造成的影响，但国际货币基金组织、联合国贸发会议、世界贸易组织、国际劳工组织等均预测，COVID-19将对世界经济、国际投资、国际贸易、全球就业产生巨大冲击。

对世界经济的影响。2020年4月14日，国际货币基金组织（IMF）在最新的《世界经济展望》中指出，2008—2009年国际金融危机当年造成全球经济出现0.1%的负增长，COVID－19带来的“大封锁”将造成自1929年“大萧条”以来最严重的衰退。预计2020年全球经济将萎缩3%。其中，发达经济体经济将萎缩6.1%，新兴市场和发展中经济体经济将萎缩1%。在IMF的189个成员中，2020年将有170多个国家出现人均收入负增长。若疫情持续更长时间，跌幅可能再扩大3%。

对国际贸易的影响。2020年4月8日，世界贸易组织发布《全球贸易数据与展望》，预测受新冠肺炎疫情影响，2020年全球贸易将缩水13%—32%，缩水幅度可能超过2008年国际金融危机时的水平。2020年，全球所有地区的贸易量都将出现两位数下降。其中，北美和亚洲出口贸易受打击最大；电子、汽车等复杂价值链产品贸易会出现急剧下降；运输、旅行限制直接影响服务贸易。但居家办公、远程社交带来的信息服务需求剧增，会使信息技术服务等相关服务在危机中受益。[①]

对国际投资的影响。2020年3月，联合国贸发会议发布的《投资趋势监测报告：COVID－19全球大流行对直接投资与全球价值链的影响》预测，2020—2021年全球外国直接投资可能下降30%—40%，降低到20年来的最低水平。发达国家跨国公司盈利预期平均下调35%，发展中国家跨国公司盈利预期平均下调20%。受疫情冲击最严重的行业是基础材料、能源（－208%）、

① WTO，“Trade Statistics and Outlook Trade Set to Plunge as COVID－19 Pandemic Upends Global Economy”，8 April，2020，https：//www.wto.org/english/news_e/pres20_e/pr855_e.htm.

航空公司（－116%）和汽车制造（－47%）。报告认为，新冠肺炎疫情对全球经济的负面影响日趋严重，世界经济衰退迹象已显现，疫情对全球供应链和价值链造成的损害可能持续较长时间。[①] 因 COVID－19 大流行导致以投资为重点的倡议和高级别会议、首脑会议被取消或推迟，可能对国际投资协定的谈判产生影响，并对未来投资决策产生持久影响。[②]

对全球就业的影响。2020 年 4 月 7 日，国际劳工组织发布报告预测，因疫情导致工作场所全部或部分关闭，在全球 33 亿劳动人口中，81% 受其影响，疫情影响将远超 2008 年国际金融危机。预计第二季度失业人口将达到 1.95 亿人，其中，住宿餐饮业、制造业、零售业等行业劳动人口面临的失业风险更大；中高收入国家劳动人口将遭遇更大冲击。

三　国际市场供给受到巨大冲击

在当代全球价值链国际分工体系下，中间品贸易几乎占世界货物贸易的一半（2018 年约 8.3 万亿美元），消费品约占 1/4（2018 年约 4.8 万亿美元）。欧美贸易大国实行“禁足令”、居家令、“封城”令使跨国公司主导的国际生产停滞。COVID－19 全球大流行将从三个方面影响全球生产供给。

---

① UNCTAD，“Impact of the COVID－19 Pandemic on Global FDI and GVCs”，*Investment Policy Monitor*，No. 23，April，2020.

② UNCTAD，“Countries Launch Investment Policies to Counter COVID－19”，3 April，2020，https：//unctad.org/en/pages/newsdetails.aspx? OriginalVersionID = 2321.

一是计算机、汽车和飞机等复杂 GVC 产品供给受美欧疫情冲击较大。2019 年《全球价值链发展报告——全球化世界中的技术创新、供应链贸易和工人》将生产活动分解为三种形式：纯国产、传统贸易、价值链生产（包括简单 GVC 网络和复杂 GVC）（见图 9－3）。研究发现：美国和德国居于复杂 GVC 网络中心，中国居于传统贸易和简单 GVC 网络中心。[①] 因高科技产业涉及零部件多次跨国生产，复杂 GVC 网络受外部经济冲击影

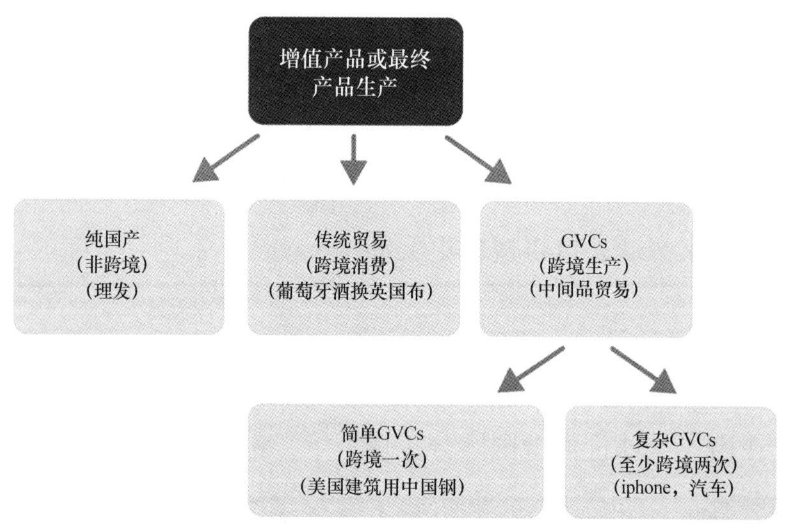

图 9－3 生产活动分解

资料来源：WTO，IDE-JETRO，OECD，UIBE and WB，“Global Value Chain Development Report 2019 Technological Innovation ，Supply Chain Trade ，and Workers in a Globalized World”，2019，p. 11.

① WTO、IDE-JETRO、OECD、UIBE、WB，“Global Value Chain Development Report 2019 Technological Innovation ，Supply Chain Trade ，and Workers in a Globalized World”，2019.

响更大，而美国和德国居全球疫情“震中”，其经济停摆持续时间长短，将严重影响全球高端制造、高科技产品国际生产供给。

二是传统贸易网络受中国、欧洲疫情影响较大。在传统贸易网络下，中、欧作为全球供给中心，其疫情变化对全球市场供给影响较大。在简单 GVC 网络下，美国疫情对欧洲影响较大。在复杂 GVC 网络下，国际三大生产网络相对独立，供给受本地区影响较大［见图 9－4（A）］。

三是亚洲 GVC 网络将受欧美区域价值链冲击。虽然目前全球形成了三大区域生产网络：“欧洲工厂”“美国工厂”“亚洲工厂”，但因金融危机后“欧洲工厂”和“美国工厂”与“亚洲工厂”联系加强，“美国工厂”“欧洲工厂”对“亚洲工厂”的跨区域渗透加强，美欧作为全球疫情发展的“震中”，其经济停摆在影响“欧洲工厂”和“美国工厂”区域价值链的同时，也将影响“亚洲工厂”。

四　国际总需求下降与疫情相关物资严重短缺

从国际市场总需求来看（包括货物贸易与服务贸易），传统贸易和简单 GVC 网络下，美国是全球重要的需求市场，美国成为全球疫情“震中”，直接影响欧洲、亚洲对美出口。但在复杂 GVC 网络下，世界三大区域工厂彼此分离，没有重要的直接联系，需求受本地区的区域疫情影响更大［见图 9－4（B）］。

从疫情带来的需求市场结构变化来看，疫情全球大流行短期内居家隔离、商店停业、工厂停产，国际市场总需求下降，但医疗物资与产品严重短缺，粮食出口大国限制出口，可能造成全球粮食短缺，国际市场需求发生结构性变化。全球商业联盟成员呼吁 G20 采取措施，在全球范围内提供重要的防护装备、药品和医疗用品。主要粮食出口国相继禁止或限制粮食出口：如世界第三大稻米出口国越南一度禁止大米出口；世界主要小麦出口国哈萨克斯坦禁止包括小麦在内的 11 种农产品出口；塞尔维亚、埃及和柬埔寨禁止各种农产品出口；巴西、阿根廷放缓大豆出口……为防止全球出现粮食危机，联合国粮食及农业组织（FAO）3 月 25 日发布公告，呼吁各国迅速采取行动，加强社会保护计划，确保全球食品贸易畅通，将粮食供应链破坏程度降至最低，保持国内供应链正常运转，同时支持小农增加粮食产量。[①]

五　国际贸易环境加剧恶化

2019 年贸易政策评估报告显示，2018 年 G20 各国引入的贸易限制措施 71 件，连续 2 年增加。为应对新型冠状病毒肺炎疫情，截至 4 月 3 日，共有 22 个国家发布 50 条贸易和与贸易有关的措施。[②] 贸易政策逆向操作，出现结构性分化。

① 联合国粮食与农业组织网站（http：//www. fao. org/2019-ncov/zh/）。

② 世界贸易组织网站（https：//www. wto. org/english/tratop _ e/covid19 _ e/covid19 _ e. htm）。

在进口方面，对疫情防控物资、农产品等采取贸易自由化与便利化措施。一是降低医疗设备、农产品、食品等产品关税。如美国规定对19种来自中国的产品，暂时取消25%的附加税，有效期为1年（自2019年9月1日至2020年9月1日生效）；中国暂时降低某些产品的进口关税，如医疗用品、原材料、农产品、肉类等。二是对医疗设备和产品开设绿色通道，实行贸易便利化措施。中国对专门用于疫情防控治疗的进口药品、消毒物品、防护用品、医疗器械等，开设绿色通道，确保疫情物资快速通关。巴西制定特殊和临时的标准和程序，为药品和生物制品上市提供许可申请。

在出口方面，对疫情防控物资、农产品等实行严格的出口管制，贸易保护措施由关税壁垒、贸易救济措施转化为禁止出口、数量限制（QR），以及非关税壁垒等。如为防止食品严重短缺，泰国采取临时出口禁令（G/MA/QR/N/THA/2/Add. 3）、北马其顿临时禁止出口小麦和麦斯林以及小麦粉（G/AG/N/MKD/26）、阿尔巴尼亚临时禁止出口药品和医疗器械等（G/MA/QR/N/ALB/1/Add. 1）。巴西要求出口氯喹、羟基氯喹和阿奇霉素必须获得许可（G/TBT/N/BRA/994）。俄罗斯联邦兽医和植物检疫监督署临时限制从中国进口昆虫、节肢动物、两栖动物、爬行动物和其他活鱼和水生物（G/SPS/N/RUS/178/Corr. 1）等。

与此同时，在服务贸易方面，禁止航班飞行、严格限制人员的国际往来。如疫情在武汉出现初期，美国三大航空公司（美国航空、达美航空、联合航空）全面取消中美航班；英国航空、德国汉莎航空、瑞士航空和奥地利航空也宣布暂停往返中国的直飞班机；为防止疫情扩散，62个国家对中国公民实施入境管制，美国禁止从中国来的所有人入境（美籍公民除外）。

六 国际加强合作共战疫情

面对新冠肺炎疫情全球大流行，国际社会开始加强合作，共战疫情。2020年3月26日，G20首次以国际视频方式举行应对新冠肺炎疫情特别峰会，启动5万亿美元经济计划，全球共同行动，抗击疫情。为应对疫情对国际贸易造成的干扰，峰会提出：要确保重要医疗用品、关键农产品及其他商品和服务的正常跨境流动，并努力解决全球供应链中断问题；要共同努力协调应对措施，避免对国际交通和贸易造成不必要的干扰，促进国际贸易；要实现自由、公平、非歧视、透明、可预期和稳定的贸易投资环境以及保持市场开放的目标。[1] 为确保全球粮食安全，联合国粮农组织、世界卫生组织和世界贸易组织3月31日共同发布声明，要求各国在采取行动遏制疫情大流行的同时，必须对粮食供应的潜在影响或对全球贸易和粮食安全的意外影响降至最低。国际商会与世界贸易组织合作拟举行远程企业家圆桌会议，与各国工商

① 《二十国集团领导人应对新冠肺炎特别峰会声明》，2020年3月27日，新华网（http：//www. xinhuanet. com/politics/leaders/2020－03/27/c_1125773845. htm）。

界企业家对话，提出政策建议，减轻因 COVID－19 大流行对经济特别是贸易造成的冲击。[①]

第二节　疫情对中国外贸的影响

COVID－19 全球大流行对全球供应链、国际投资、国际贸易、世界经济的冲击，短期已对中国贸易产生不利影响，就业面临巨大压力。但从长期来看，疫情暴露的中国经济发展短板和出现的新增长点，预示着未来贸易发展的新方向，也将为中国贸易高质量发展提供新机遇。

一　不利影响：对中国贸易冲击和就业影响较大

在全球价值链新时代，传统的净进口无法全面衡量贸易冲击对国内经济的影响。中国是全球第二大贸易国、第一大货物贸易国，也是亚洲 GVC 中心。全球重要经济体与贸易大国经济停摆，供应链中断和国际市场需求下降，将对中国外贸和就业产生重要影响。

（一）对国际贸易的影响

1. 对国际贸易整体影响

疫情在中国暴发初期，跨国公司撤离在华人员，工厂停工、

---

① ICC，"WTO Heads Urge Business Dialogue to Inform Response to Trade Fallout from COVID－19"，https：//www. wto. org/english/news_ e/news20_ e/igo_ 02apr20_ e. htm.

停产，商店、饭店、酒店停业，产品无法按时交货，国外纷纷取消订单。中国对重要贸易伙伴美国、德国、英国、法国的进出口均出现两位数跌幅。

随着 COVID－19 全球大流行，因中国居于传统贸易和简单 GVC 网络的中心，美欧发达国家居于复杂 GVC 网络中心，中低技术产业可能受中国和亚洲疫情扩大影响，高技术产业受美欧发达国家疫情影响更大。但从总体看，最终产品出口受疫情冲击最大，中间产品进口受亚洲疫情影响更大，其次是美国疫情影响。

从出口来看，如图 9－4（A）所示，2017 年，中国已取代日本成为亚洲最终产品贸易的全球供应中心。中国不仅与其他中心（美国和德国）有重要的贸易联系，而且与亚洲经济体（日本、韩国、中国台湾和几乎所有亚洲经济体）和其他新兴经济体（俄罗斯、巴西、印度）也有重要联系。COVID－19 全球大流行将对中国最终产品出口冲击最大。但在简单 GVC 和复杂 GVC 网络中，因中国是区域供给中心，与欧美中心不发生直接联系，预计中国中间产品出口受亚洲疫情影响更大。

从进口来看，如图 9－4（B）所示，2017 年，在简单 GVC 网络和复杂的 GVC 网络中，中国是区域需求中心，中间产品进口主要受亚洲疫情影响。

2. 对货物贸易的影响

COVID－19 暴发初期，中国受春节特别是国内疫情的影响，国外取消订单，部分国家对华采取贸易保护措施，货物贸易进出

传统贸易网络（所有货物与服务）

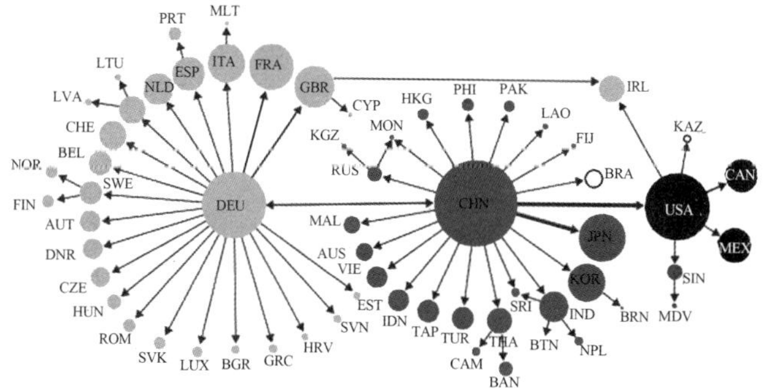

简单GVC 贸易网络（所有货物与服务）

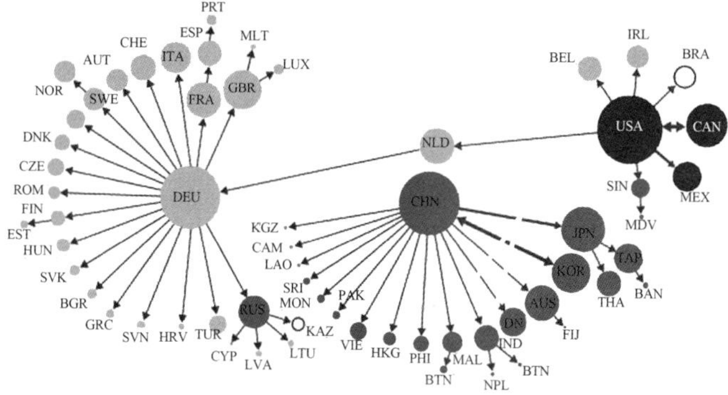

复杂GVC 贸易网络（所有货物与服务）

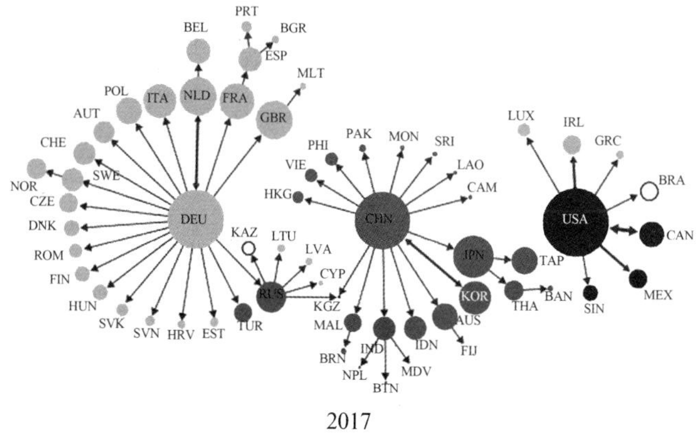

2017

A.供给中心

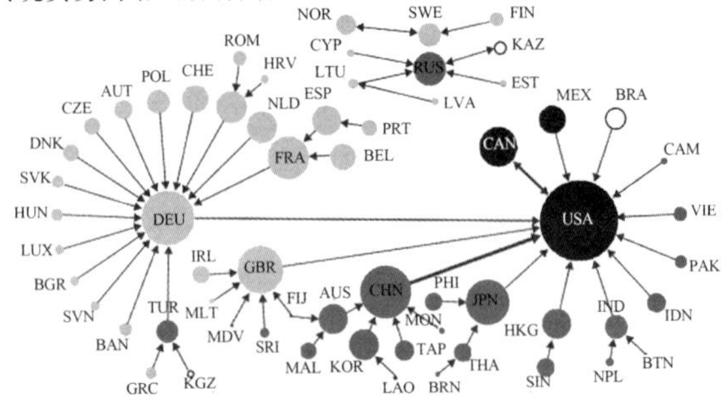

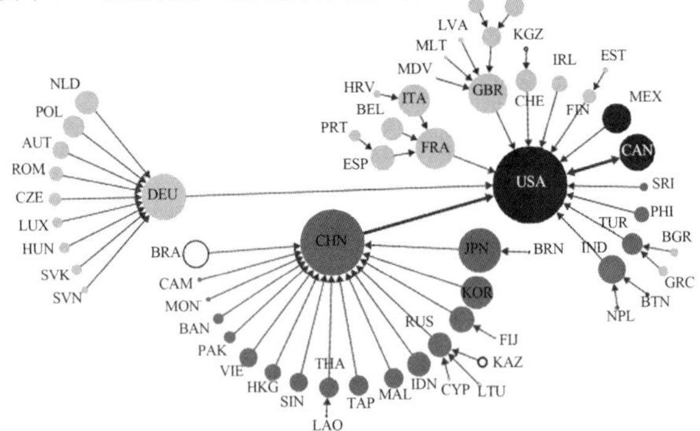

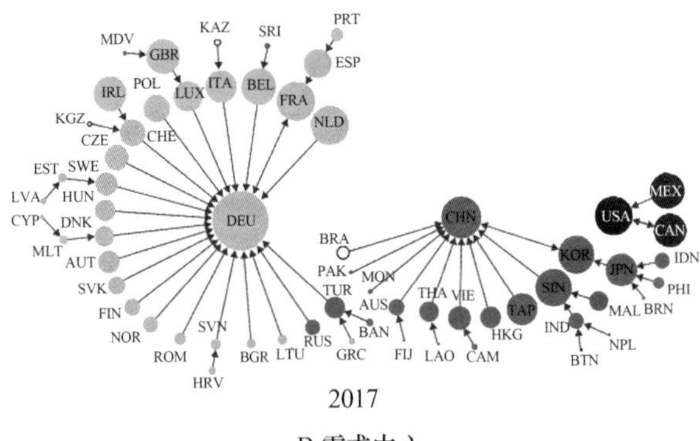

2017

B.需求中心

图9-4　增值贸易供给与需求中心（货物贸易+服务贸易）

资料来源：WTO，IDE-JETRO，OECD，UIBE and WB，“Global Value Chain Development Report 2019 Technological Innovation，Supply Chain Trade，and Workers in a Globalized World”，2019.

口均出现下降，贸易顺差收窄。据海关统计，第一季度中国货物贸易进出口总值6.57万亿元人民币，比2019年同期下降6.4%。其中，出口3.33万亿元，下降11.4%；进口3.24万亿元，下降0.7%；贸易顺差983.3亿元，减少80.6%。[①]

COVID－19在全球大流行后，从价值链增值角度分析，因中国不同产业在全球价值链中的地位不同，与欧美亚三大GVC中心的联系不同，产业受欧美亚疫情影响也各异。

一是对纺织业的影响。中国纺织产品出口将受COVID－19全球大流行重创，进口将受亚洲疫情影响较大。（1）从出口来看，如图9－5（A）所示，2017年，中国纺织业已经由2000年的区域GVC中心提升为世界GVC中心，无论是传统贸易、简单GVC网络，还是复杂GVC网络，中国都是世界的供给中心。COVID－19全球大流行无论能否由欧美扩展到亚洲，都将重创中国纺织产品出口。（2）从进口来看，如图9－5（B）所示，2017年，在传统贸易网络下，亚洲没有需求中心。美国是全球重要的需求市场，中日韩产品直接出口美国，与日本相比，中国对美出口占比不大。在简单GVC网络下，中国作为区域需求中心，从日本、澳大利亚、韩国、印度进口后出口美国市场。在复杂GVC网络下，欧洲、亚洲和北美的贸易联系集中于区域内贸易伙伴，中国是亚洲区域市场需求中心，与欧美两大区域中心联系

① 《海关：一季度进出口虽下降6.4%但降幅已收窄》，2020年4月14日，新浪财经综合（https：//finance.sina.com.cn/china/2020-04-14/doc-iircuyvh7676373.shtml）。

传统贸易网络（纺织业）

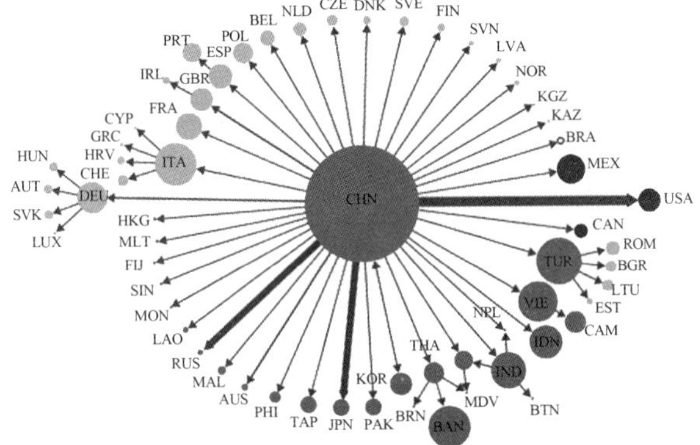

简单GVC贸易网络（纺织业）

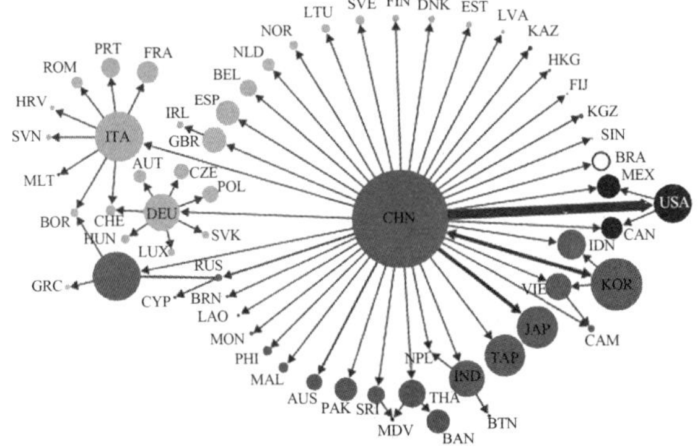

复杂GVC贸易网络（纺织业）

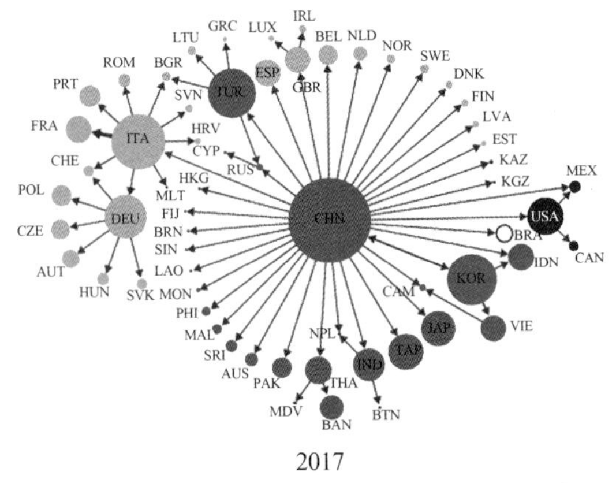

2017

A.供给中心

传统贸易网络（纺织业）

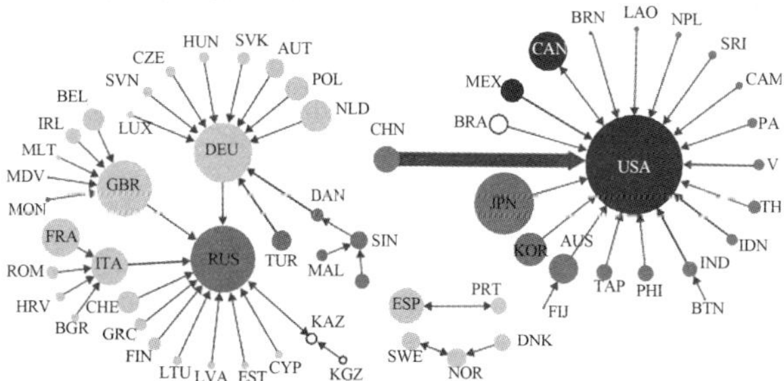

简单GVC贸易网络（纺织业）

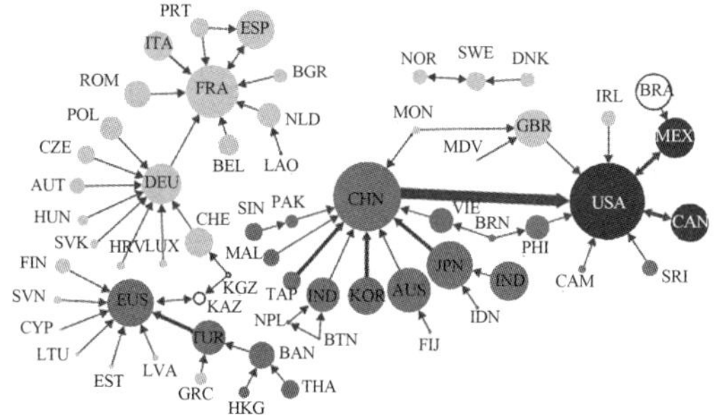

复杂GVC贸易网络（纺织业）

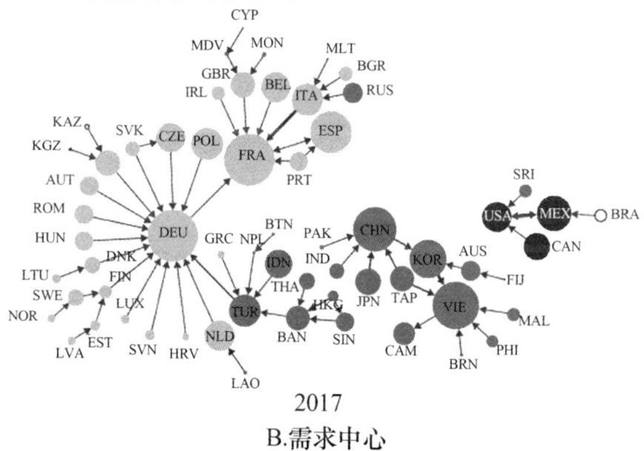

2017

B.需求中心

图9－5　增值贸易供给与需求中心（纺织业）

资料来源：WTO，IDE-JETRO，OECD，UIBE and WB，“Global Value Chain Development Report 2019 Technological Innovation ，Supply Chain Trade ，and Workers in a Globalized World”，2019.

较少，产品进口将主要受亚洲疫情影响，受欧美疫情影响较小。

二是对信息和通信技术产业的影响。出口受美欧，以及亚洲韩国、日本、中国台湾疫情影响。进口中低技术产品将受欧亚疫情影响，高技术产品受亚洲疫情影响。(1) 从出口来看，如图9－6 (A) 所示，2017 年，中国替代日本成为亚太地区传统贸易、简单GVC 和复杂 GVC 的供应中心，韩国、日本、中国台湾成为亚太区域副中心。中国 ICT 产品出口将受欧美疫情，以及亚洲韩国、日本疫情的影响。(2) 从进口来看，如图 9－6 (B) 所示，2017 年，中国成为三大贸易网络的区域需求中心。在传统贸易和简单 GVC 网络下，中国（内地）从德国、日本、韩国、中国台湾进口后出口到美国，中国 ICT 进口受欧洲，以及亚洲日本、韩国、中国台湾疫情的影响。在复杂 GVC 网络中，美欧亚三大中心彼此分离，德国、中国和美国的区域中心之间没有直接或间接关联，中国 ICT 进口主要受亚洲疫情影响。

3. 对服务贸易的影响

2019 年，中国服务贸易前十大伙伴依次为中国香港、美国、日本、新加坡、德国、英国、韩国、澳大利亚、加拿大和中国台湾，合计达 5260 亿美元，占 70%，主要以亚洲为主（见图 9－7）。

COVID－19 在华暴发初期，国外对我国采取的暂停航班、签证等相关措施，短期内直接影响出境游、航空、运输、商务服务等，传统服务贸易下降。商务部发布的数据显示，受疫情影响，

传统贸易网络（ICT）

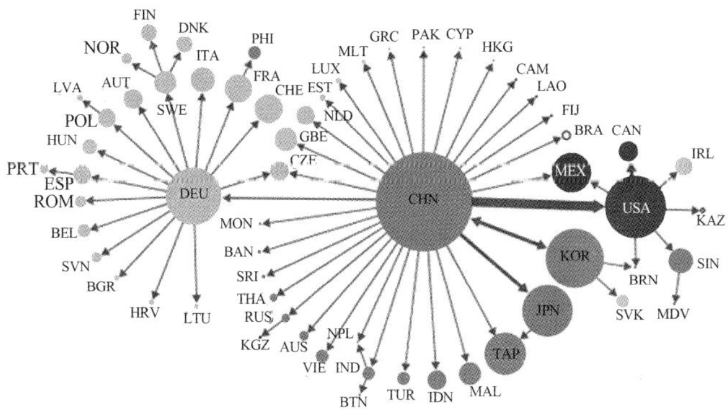

简单GVC贸易网络（ICT）

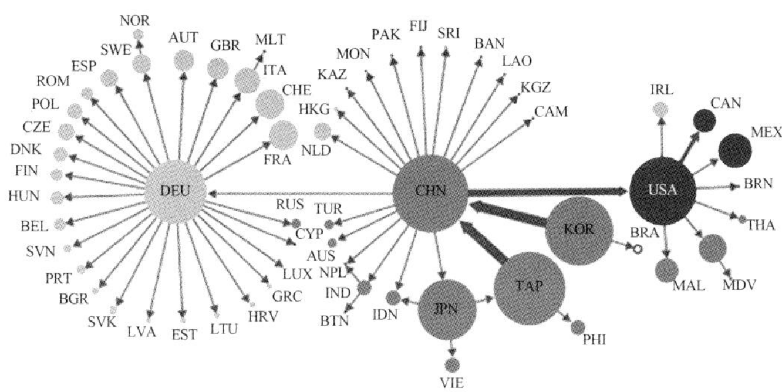

复杂GVC贸易网络（ICT）

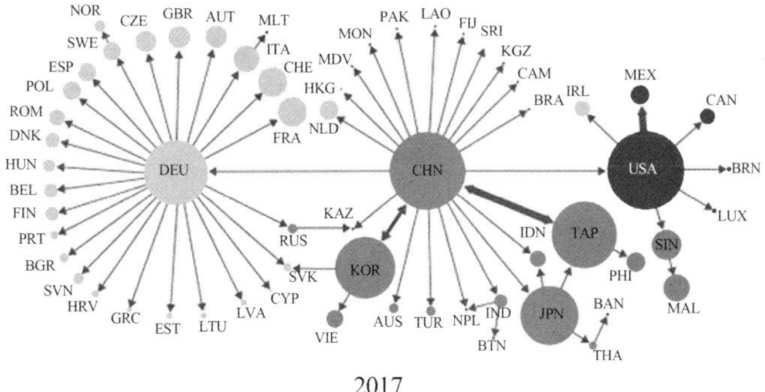

2017

A.供给中心

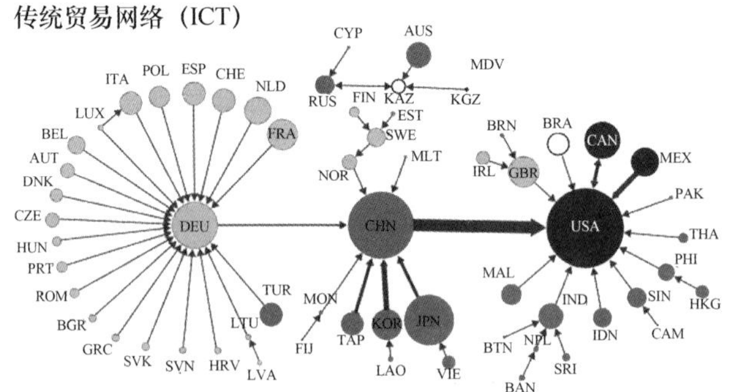

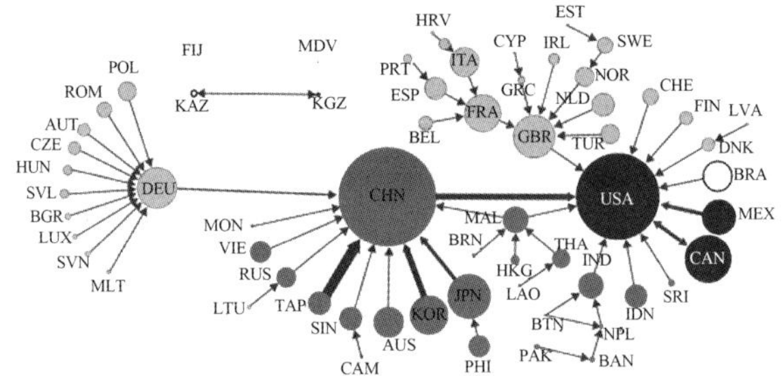

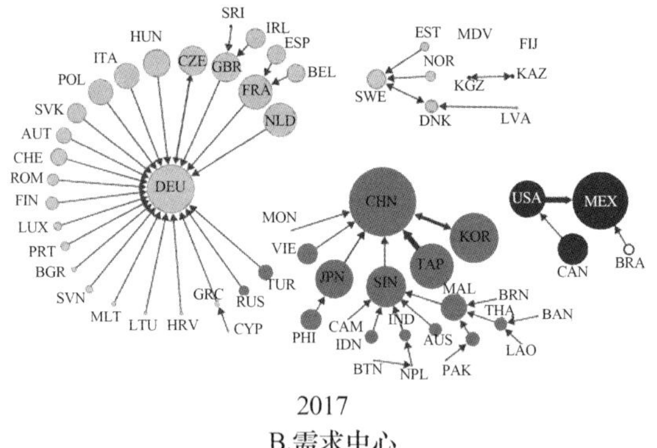

2017

B.需求中心

图9-6　增值贸易供给与需求中心（ICT）

资料来源：WTO，IDE-JETRO，OECD，UIBE and WB，“Global Value Chain Development Report 2019 Technological Innovation，Supply Chain Trade，and Workers in a Globalized World”，2019.

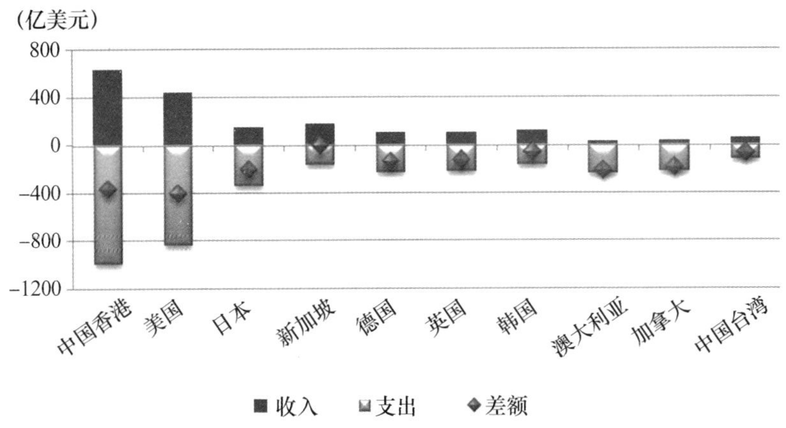

图9-7　2019年中国对主要贸易伙伴服务贸易收支情况

资料来源：国家外汇管理局：《2019年中国国际收支报告》，2020年3月27日。

1—2月服务进出口总额7403.1亿元人民币，同比下降11.6%。其中，出口2750.7亿元，下降6%；进口4652.3亿元，下降14.6%。服务贸易结构中，传统服务贸易受疫情影响严重，旅行服务进出口额2563.3亿元，下降23.1%；运输服务进出口额1463.1亿元，下降4.4%；建筑服务进出口额288.2亿元，下降28.4%。①

COVID-19在全球大流行，服务贸易出口将主要受美国和亚洲疫情影响，进口主要受亚洲疫情影响。

从出口来看，如图9-8（A）所示，2017年，在传统贸易网络中，中国居亚洲生产网络中心，主要向亚洲的日韩等国和美国

---

① 《商务部服贸司负责人介绍1—2月我国服务贸易发展情况》，2020年3月31日，中华人民共和国商务部网站（http://www.mofcom.gov.cn/article/ae/sjjd/202003/20200302949932.shtml）。

出口。在简单 GVC 下，中国是亚洲区域服务提供中心，与美国建立了服务联系，主要受亚洲、美国疫情影响。在复杂 GVC 下，三大中心相对独立，中国服务出口主要受亚洲疫情影响。

从进口来看，如图 9－8（B）所示，2017 年，中国是传统贸易、简单 GVC、复杂 GVC 三大网络的区域需求中心。对传统贸易和简单 GVC 网络而言，美国是全球唯一的服务需求中心，中国的服务进口需求主要来自亚太地区，欧洲对中国影响不大。对复杂 GVC 网络而言，中国服务需求来自韩国、日本、新加坡等亚洲内部，从目前来看，欧美疫情对中国影响不大，如果疫情“震中”由欧美发达国家转向亚洲，将对中国产生重要影响。

（二）对直接投资的影响

COVID－19 在中国出现初期，受春节与疫情的影响，企业大面积停工停产，引进外资规模总体下降。据商务部统计，2020 年 1—2 月，中国实际使用外资 1344 亿元人民币，同比下降 8.6%。其中，1 月当月实际使用外资 875.7 亿元人民币，同比增长 4%；2 月当月实际使用外资 468.3 亿元人民币，同比下降 25.6%。

COVID－19 在全球大流行，在欧美成为全球疫情“震中”，日本、韩国等亚洲国家疫情走势不明朗的情况下，中国成功应对疫情，优先服务外资企业全面复工复产，并积极推动重大产业、工程项目进展，成为目前全球最安全的投资目的地。2020 年 3 月

传统贸易网络（服务业）

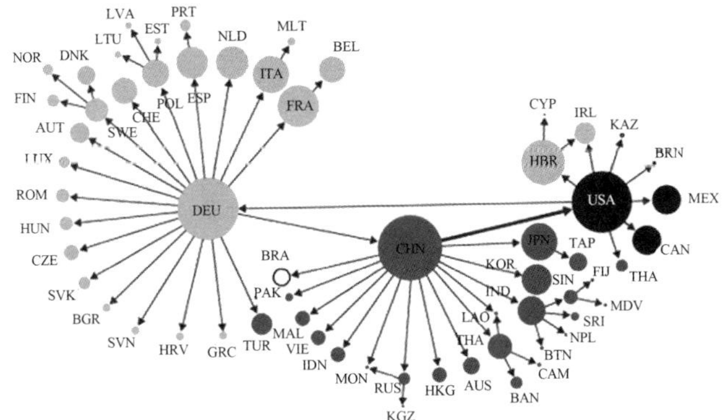

简单GVC贸易网络（服务业）

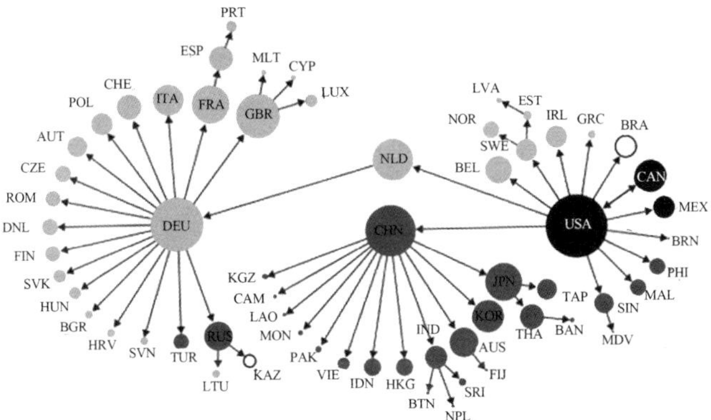

复杂GVC贸易网络（服务业）

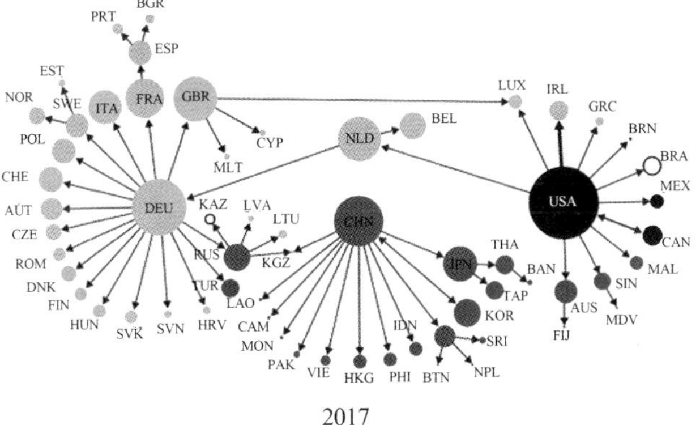

2017

A.供给中心

传统贸易网络（服务业）

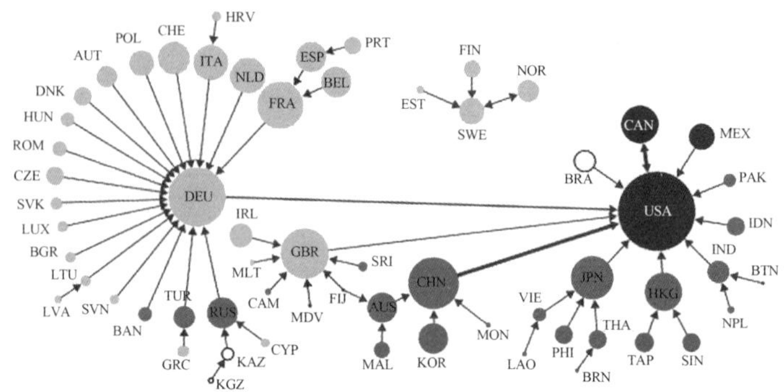

简单GVC贸易网络（服务业）

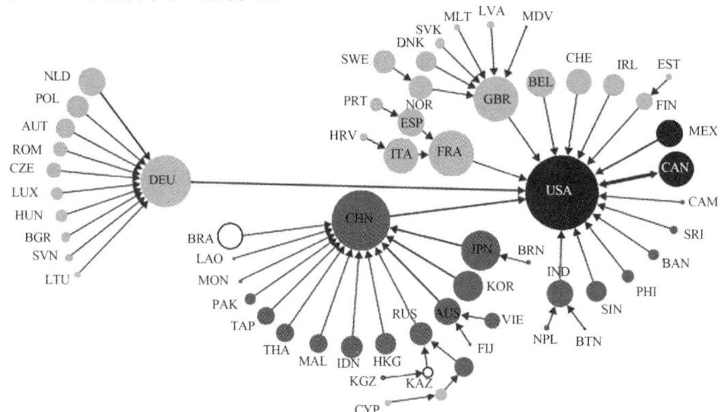

复杂GVC贸易网络（服务业）

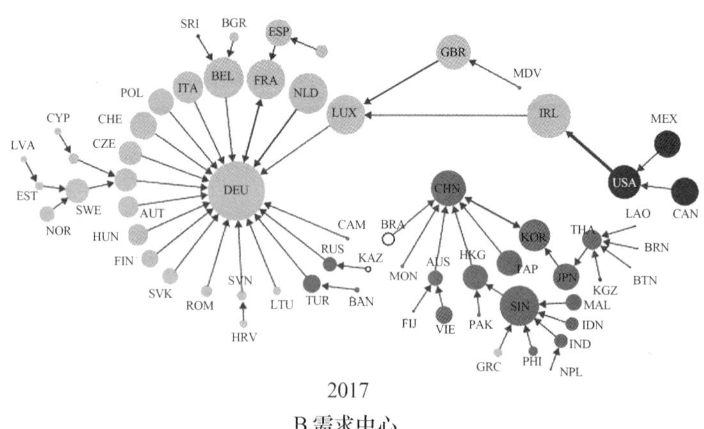

2017

B.需求中心

图9－8　增值贸易供给与需求中心（服务业）

25 日，中国美国商会发布的“新型冠状病毒肺炎疫情对会员企业影响”的问卷调查显示，近一半会员表示 COVID－19 全球大流行会对他们在华运营产生中等乃至严重的影响，更多公司表示营收和市场需求均有所下降。但疫情是否会影响其在华投资战略，许多公司表示将维持原有投资水平。如图 9－9 所示，半数受访企业表示，暂时无法判断新冠肺炎疫情对其在华运营长期策略的影响，三分之一受访企业表示不会造成任何影响，考虑全部或退出中国市场的企业占比只有 3%。

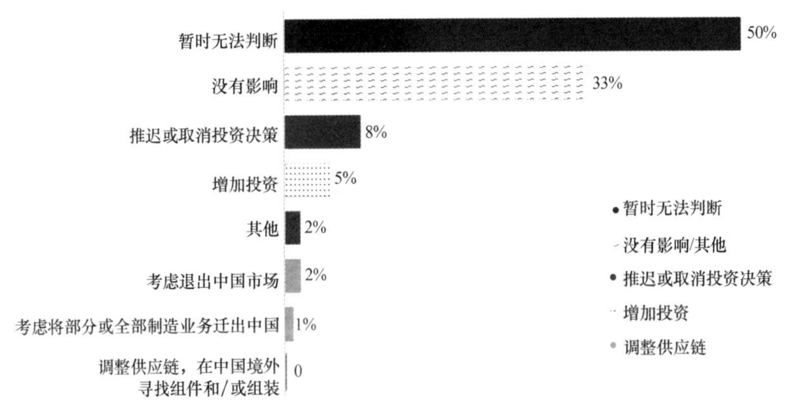

图 9－9　COVID－19 对美国在华公司未来三至五年经营战略的影响

资料来源：AmChamChina，“COVID－19 Business Impact 60 Days in：Results from the March 2020 Flash Survey”，March 25，2020.

（三）对就业的影响

中国是全球第二大贸易国，如图 9－10 所示，与其他贸易国相比，出口带动的国内就业占比不高，但出口对国内就业的贡献远超其他国家。联合国贸发会议数据显示，2015 年，中国出口引致的国内就业占比仅为 12.7%，在全球九大贸易中仅高于美国，但带动的就业却高达近 1 亿人（其中，出口引致的间接就业为 6406.2 万人，直接就业为 3319.7 万人）。而同期美国、德国出口引致的就业仅为 1469 万人、1220 万人。2019 年中国贸易对就业的贡献约 1.8 亿人。COVID－19 全球大流行对中国就业的影响远超对发达国家的影响。

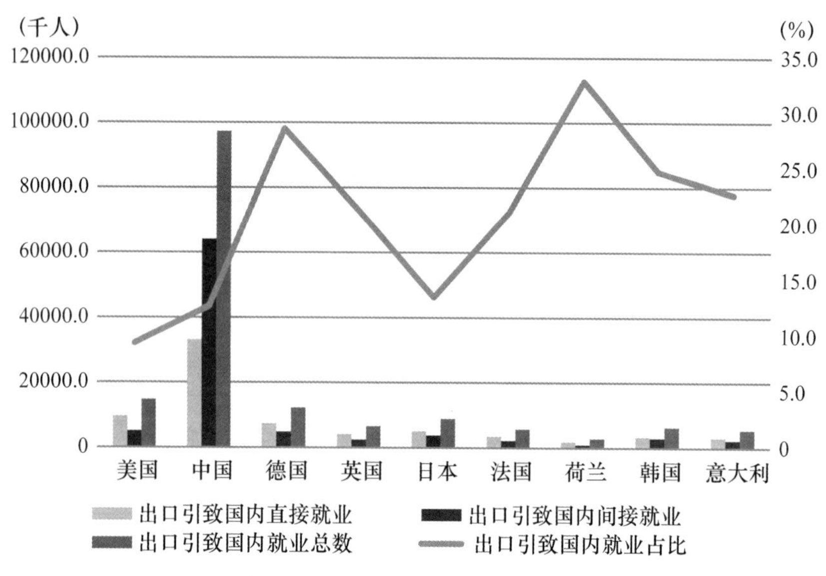

图 9－10　全球九大贸易国出口引致就业比较

资料来源：经济合作与发展组织网站（https：//stats. oecd. org）。

二　有利影响：提升中国贸易数字化水平与贸易结构优化

1. 有利于贸易结构优化，贸易逆差收窄

COVID－19 暴发以来，企业在面临外贸订单减少、开工不足的同时，也适应市场数字化消费的趋势，加速数字化、智能化转型，并针对疫情长期化、医疗产品市场供给不足的新变化，加快产业结构调整。

一是有利于出口结构优化。疫情凸显中国医疗、公共卫生健康的民生短板，与疫情相关的口罩、防护服、医疗设备采购明显增加，在其他国家对疫情防控设备产品采取出口限制的情况下，中国成为全球抗疫物资重要的出口国。截至 4 月 4 日，已有 54 个国家（地区）以及 3 个国际组织和中国企业签署了医疗物资商业采购合同，另有 74 个国家和 10 个国际组织正在与中国企业开展商业采购洽谈。[①] 与此同时，居家办公也带来国际市场对小家电等生活消费品需求增加，中国家电企业对美欧出口订单激增。2020 年 1—2 月，格兰仕自主品牌全品类家电面向美国、加拿大等北美市场出口量增长 102%。格兰仕全品类接到外贸订单量同比增长 16%。

二是有利于优化国际市场布局。2020 年第一季度，中国对美国、欧盟、日本传统市场进出口分别下降 18.3%、10.4% 和 8.1%，但对东盟、“一带一路”沿线国家等新兴市场进出口分别增长 6.1% 和 3.2%，东盟成为中国第一大贸易伙伴。[②] 疫情“震中”集中欧美发达国家，有利于倒逼企业开拓亚洲、“一带一路”沿线国家市场。

三是有利于优化贸易方式。2020 年第一季度，中国加工贸

---

① 《商务部：已有 54 个国家（地区）和中国企业签署医疗物资商业采购合同》，2020 年 4 月 7 日，中国新闻网（http：//www. mofcom. gov. cn/article/i/jyjl/e/202004/20200402952660. shtml）。

② 《海关：一季度进出口虽下降 6.4% 但降幅已收窄》，2020 年 4 月 14 日，新浪财经综合（http：//finance. sina. com. cn/china/2020-04-14/doc-iircuyvh7676373. shtml）。

易进出口下降12.4%，占外贸总值的23.8%。一般贸易进出口下降5.7%，占外贸总值的60%。受疫情影响，供应链中断，中国复工复产后为保证全产业链发展，推动中间产品供给由国际转移到国内，可能导致加工贸易占比下降，一般贸易占比提高。

四是有利于服务贸易结构优化，贸易逆差收窄。受疫情影响，2020年1—2月中国服务贸易进出口同比下降11.6%，但知识密集型服务贸易逆势增长，知识密集型服务进出口额2765.7亿元，增长1%，占服务进出口总额的比重达到37.4%，提升了4.7个百分点。其中，知识密集型服务出口额1591.8亿元，增长5%，占服务出口总额的比重达到57.9%，提升6.1个百分点，电信计算机和信息服务知识产权使用费、其他商业服务出口分别增长5.7%、41.3%和1.3%；知识密集型服务进口额1173.9亿元，下降4%，占服务进口总额的比重达到25.2%，提升2.8个百分点。服务贸易逆差缩小24.6%至1901.6亿元，同比减少620.9亿元。

长期以来，中国货物贸易顺差、服务贸易逆差。服务贸易逆差主要源于旅行服务（见图9-11）。2019年，服务贸易逆差2611亿美元，其中旅行贸易逆差高达2188亿美元，旅行贸易逆差占比高达83.8%。疫情全球大流行后，国内出境游人数下降，旅行服务逆差收窄，服务贸易逆差将会下降，中国贸易逆差将收窄。

2. 有利于提升中国贸易数字化水平与新业态发展

COVID-19全球大流行，中国外贸企业面临的订单取消或

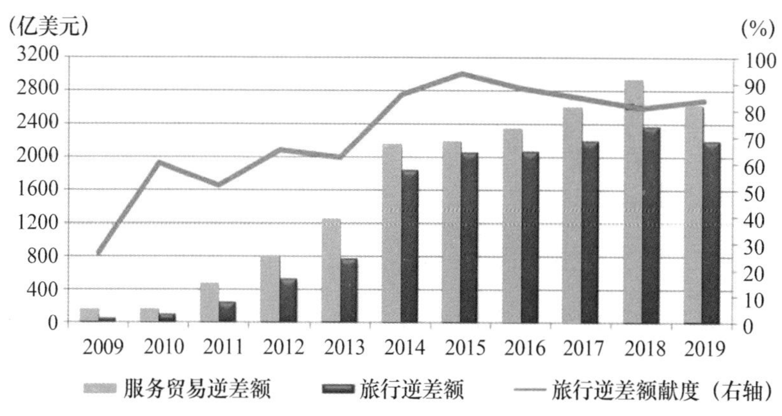

图9－11　旅行项目逆差对服务贸易逆差贡献度

资料来源：国家外汇管理局：《2019 年中国国际收支报告》，2020 年 3 月 27 日。

延期、新订单签约困难等问题，倒逼政府与企业加快数字化转型，创新疫情下国际贸易发展的新模式，增添贸易发展新动能，实现贸易高质量发展。一是促进外贸新业态发展。2020 年第一季度，通过海关跨境电商管理平台进出口增长 34.7%，市场采购方式出口增长 50.9%。4 月 7 日，国务院新设的 46 个跨境电商综合试验区，加上已经批准的 59 个，全国 105 个综试区覆盖 30 个省（自治区、直辖市），将加快推动国际贸易新业态发展。二是创新贸易交易新方式。商务部决定第 127 届广交会于 2020 年 6 月中下旬在网上举办，打造 10×24 小时全天候线上外贸平台，将首创跨越时空的“云交易”“云签约”。三是完善外贸公共服务平台。疫情推动广东、江苏、山东等多个自贸试验区政务服务中心采取“网上办、掌上办、电话办”等“非接触”形式办理涉企业务，推动海关推行国际贸易单证无纸化等。

3. 有利于提振国际市场对华投资信心和对华投资结构优化

疫情在中国发生初期，受春节和疫情影响，虽然1—2月中国实际利用外资总体水平下降，但引资结构和区域布局明显优化。一是高技术产业保持增长。1—2月，高技术产业实际使用外资415.2亿元人民币，同比增长2.2%。其中，医药制造业、医疗仪器设备及仪器仪表制造业、信息服务、电子商务服务实际使用外资同比分别增长6.7%、139.7%、30.5%和449.8%。二是上海等自由贸易试验区引资增长强劲。上海、广东自贸试验区外资分别增长13%和12.8%，海南、福建、浙江自贸试验区吸收外资分别增长230.2%、149.5%和140%。三是区域布局优化，部分经济体对华投资稳定增长。“一带一路”沿线国家、东盟对华投资分别增长9.7%和15.1%。①

第三节 中国的对策：以贸易高质量发展化危为机

为应对COVID－19全球大流行对中国外贸的冲击，中央出台的财税、金融、信保、贸易投资便利化等政策，短期内在确保供应链稳定、物流畅通、中小企业发展中发挥了重要作用。疫情全球大流行终将过去。从长期来看，中国应利用世界经济大变

① 《国务院联防联控机制2020年3月13日新闻发布会介绍应对疫情影响做好稳外贸稳外资工作情况》2020年3月13日，商务部网站（http：//www.mofcom.gov.cn/xwfbh/20200313.shtml）。

革、大调整的窗口期，在国际贸易发展的大势中把握疫情带来的新机遇，以贸易高质量发展化危为机，促使稳外贸行稳致远。

第一，抓住疫情催生企业数字化转型、数字化创新的机遇，在浙江省、广东省等数字经济与出口贸易大省创建“数字贸易示范区”，提高贸易数字化水平，大力发展数字贸易。

疫情期间全民居家的生活状态改变了人们的消费方式（线上消费、品质消费、数字化消费）和工作方式（远程办公），催生企业向数字化转型，恒大集团利用 VR 在线房屋销售，旅游龙头企业同程艺龙以 VR 技术开展景区营销数字化的“云旅游”；加快企业数字化创新，阿里巴巴、百度、腾讯等企业提供在线医疗服务，阿里巴巴下属研究机构利用人工智能技术实行检测；提升企业数字化服务，阿里钉钉、企业微信、腾讯会议等远程办公软件广泛运用；促进服务业数字化升级，阿里升级支付宝数字生活开放平台，针对中国 80% 服务企业未实现数字化，提出“未来三年，携手 5 万服务商帮 4000 万服务业商家完成数字化升级”，打造服务数字化“新基建”。

当代数字技术的发展促使数字经济呈现新的特征：数字化创新、数字化生产、数字化消费、数字化服务、数字全球化，也促使国际贸易发生革命性变化：一是国际贸易结构变化。数字技术将不可贸易的服务可贸易化，将改变贸易结构，提升服务贸易在贸易中的比重。二是国际贸易模式变化。数字技术改变了人们的消费习惯，消费者通过手机客户端实现在线交易，出现了电子商务国际贸易新模式。三是国际贸易内容变化。由以往的有形商品扩大到无形的数字，如电子游戏、音乐、电影、流媒体等，国际贸易交易主体由最终产品贸易、中间产品贸易向数字贸易转变。四是服务贸易提供方式变化。因依靠商业存在和自然人移动的电信、销售和市场营销、保险和养老金、金融和知识产权、专业服务等可通过信息及通信技术网络远程提供，未来服务贸易的提供模式将大量跨境交付，而非商业存在和自然人移动提供。

在第四次工业革命和数字经济发展的新时代，实现贸易高质量发展，中国应加快推动互联网、物联网、大数据、人工智能、区块链与贸易有机融合，培育贸易发展新动能。2019 年中美贸易冲突导致中国对美出口整体下降，但阿里全球速卖通依托跨境电子商务，对美出口未降反升。抓住疫情催生数字化消费，企业数字化转型、数字化创新的机会，利用世界经济大调整的窗口期，中国应在浙江省、广东省等数字经济与出口贸易大省创建“数字贸易示范区”，加快提升贸易数字化水平和数字贸易发展，赋能贸易高质量发展。

第二，抓住疫情带来的信息服务、远程医疗、远程教育等需求扩大的机遇，推动生产要素向高端服务转移，大力发展服务贸易。

疫情在全球大流行首先冲击的是服务贸易（如旅行、航空、物流），其次是货物贸易（因供应链中断导致企业停工停产）。但同时，疫情也带来了信息服务、远程医疗、远程教育等需求的扩大。

长期以来，国际贸易中货物贸易与服务贸易的占比是 80 : 20。

2018 年，货物贸易占比为 77.7%，服务贸易占比为 22.2%。产业是贸易的基础，在 GDP 创造中，服务业增加值世界占比 65%，高收入国家占比近 70%。虽然目前服务可贸易程度远低于货物，2018 年货物贸易在 GDP 中占比达 46%，服务贸易在 GDP 中占比仅为 13.3%，但因信息技术突破了服务的无形性、不可储存性、面对面即时性，2019 年 WTO《世界贸易报告：服务贸易的未来》预测：到 2040 年，服务贸易在贸易中的占比将由目前的 21% 提升到 50%。

20 年内国际贸易服务化发展新走势将对中国稳外贸和全球第一大货物贸易国地位提出巨大挑战。稳外贸首先必须稳产业。目前中国服务业增加值在 GDP 中占比仅为 53.9%，服务可贸易化程度低于世界平均水平（2018 年世界服务贸易在 GDP 中占比为 13.3%，中国占比仅为 5.6%），服务贸易在中国贸易中的占比仅为 14.6%，也低于世界平均水平（22%）。40 年前制造业大开放带来制造业大发展，铸就中国成为全球制造业大国和第一大货物贸易国。从稳外贸中近期来看，今天中国抓住疫情加速服务业数字化/智能化机遇，及时推出服务业扩大开放新举措，将有利于实现服务业的“弯道超车”。在此值得注意的是，大力发展服务业与服务贸易并不意味着放弃制造业，相反，在当代全球价值链国际分工体系下，服务业大发展有利于制造业向智能化、服务化转型，形成中国高端制造的新优势。

为防止疫情蔓延，部分国家实行旅游航空限制，影响了航空、旅游、物流等传统服务贸易。但最新数据显示，国际服务贸易结构已经发生重要变化：通信、计算机与信息服务、知识产权使用费等新兴服务增速较快，在服务贸易出口中占比不断提升，使长期占据半壁江山的运输、旅游传统服务在服务贸易进出口中占比跌破50%。实现中国贸易高质量发展，应把握全球贸易结构服务化与服务贸易结构高端化的大势，抓住疫情带来的信息服务、远程医疗、远程教育等需求扩大的机遇，探索服务贸易负面清单管理，扩大服务业开放，促进生产要素向高端服务集聚，大力发展通信、计算机与信息服务、金融服务等高端服务，提升中国服务贸易国际竞争力，大幅提高服务贸易在中国贸易中的占比，促进货物贸易与服务贸易协同发展。

第三，抓住疫情全球大流行带来的医疗产品需求严重短缺的机遇，加快产业结构转型升级，扩大高端医疗设备、中医药产品和服务的出口，培育贸易新增长点。

疫情对全球需求市场的影响是巨大的，但也是结构性的。即旅游、航空、物流等服务贸易下降，中间产品贸易下降，医疗相关产品如口罩、防护服、医疗设备等需求暴涨。同时居家消费、居家办公也带来食品、电子产品、日用消费品等需求稳定增长。

世界经济论坛发布的2020年《全球风险报告》预测，未来十年传染病是影响全球的十大风险之一。这预示着传染病在国际大范围流行将是人类面临的重大挑战，国际市场对医疗产品、设备与服务的巨大需求才刚刚开始。2019年中国60岁以上老年人口达到2.5亿人，对医疗健康产品的需求扩大，凸显中国供给侧结构性改革的短板。随着发展中国家中等收入群体的扩大，医疗产品与服务的国际市场需求前景广阔。

中国应抓住 COVID－19 全球大流行造成国际市场医疗产品严重短缺，以及未来医疗产品与服务国际市场需求扩大的机遇，推动医疗设备、产品出口由低端向高端转变，以中医药在抗击疫情中发挥的决定性作用为契机，加强中医药服务出口基地建设，积极扩大中医药产品与服务出口，在商品与服务出口结构调整中，培育中国外贸出口新的增长点。

第四，抓住疫情后全球重拾对华投资信心的机遇，及时推出高水平对外开放重大举措，创造良好的国际营商环境，发挥双向投资对贸易的带动作用。

中国是跨国公司的制造中心。2020 年 2 月因疫情暴发导致汽车供应链中断，美欧日在华汽车生产受损，国际上出现重新思考“世界制造”商业模式的噪声，主张改变国际生产高度依赖中国（中国出口占全球出口总额的 13%）、高度集中中国（中国在制造业中间产品贸易中占比达 20%，2002 年仅为 4%）带来的风险，实行生产更加多样化，价值链更短的开放型商业模式。

COVID－19 疫情在全球大流行后，欧美汽车制造业停工停产与外资在华汽车生产企业复工复产形成了鲜明的对比。对此，中国应以双向投资重塑全球价值链布局。一是抓住疫情后全球重拾对华投资信心的机遇，及时推出高水平对外开放重大举措，以庞大的国内消费市场、良好的基础设施、丰富的人力资源、强大的产业配套能力、稳定的经济增长、良好的国际营商环境等优势，吸引外商投资高端制造业和现代服务业。二是在海外设立批发展示中心、商品市场、专卖店、“海外仓”等各类国际营销网络，通过境外投资合作区，带动中国装备、材料、产品、标准、技术、品牌、服务“走出去”，推动跨境电商平台“走出去”，在亚太地区构建以我国为主的价值链国际生产体系。

第五，抓住中国成功应对疫情的窗口期，以“一带一路”为重点，优化国际市场布局，构建人类命运共同体。

疫情全球大流行“震中”直指美欧发达国家经济体。美国、意大利、西班牙、德国、英国成为全球疫情重灾区，将对中国货物贸易超 1/3 依赖发达国家市场的国际市场布局产生重要影响。2019 年中美贸易冲突后，中国前四大主要贸易伙伴欧盟、美国、东盟、日本位次已发生变化，东盟超过美国成为中国第二大贸易伙伴，并在贸易总量上接近欧盟。2019 年，中国对欧盟进出口贸易 4.86 万亿元，增长 8%；对东盟贸易 4.43 万亿元，增长 14.1%；对美贸易 3.73 万亿元，下降 10.7%；对日贸易 2.17 万亿元，增长 0.49%。

长期以来，发达国家一直主导全球市场需求。但最新的数据显示，无论是货物贸易，还是服务贸易，新兴经济体与发展中国家在全球消费市场中的占比都明显提高。据预测，到 2025 年，新兴市场将消耗世界 2/3 的产成品。到 2030 年，发展中国家的消费将占全球市场消费的一半以上。[1]

“一带一路”沿线65个国家，总人口约44亿人，经济总量约21万亿美元，分别约占全球的63%和29%，大多是新兴经济体和发展中国家。2019年，中国对“一带一路”沿线国家进出口贸易9.27万亿元，增长10.8%，在贸易中占比已达到29.4%，企业在“一带一路”沿线国家直接投资累计超过1000亿美元。适应国际市场环境的重大变化，抓住美欧疫情“震中”倒逼企业开拓“一带一路”和周边国家市场的机遇，中国应以“一带一路”为重点，释放“一带一路”经贸合作的潜力，在与发展中国家共同发展过程中，形成中国外贸发展的新动力，构建人类命运共同体。

第六，抓住中国成功应对疫情的机遇，开展大国外交，提升发展中国家的凝聚力和中国在全球经济治理中的话语权。

在百年未有之大变局的国际新形势下，美国为确保发达国家在全球经济治理中的霸权地位，遏制以中国为代表的发展中国家集体崛起，采取分化发展中国家的战略。近期印度与美国达成一致，反对中国与东盟共同制定的《南海行为准则》，并退出《区域全面经济伙伴关系协定》（RCEP），巴西率先放弃WTO“特殊和差别待遇”，对金砖五国共同维护发展中国家利益的WTO改革已产生不利影响。

中国成功防控疫情，并在疫情向国际扩散蔓延之际向世界卫

---

① 麦肯锡公司：《中国与世界：理解变化中的经济联系》，2019年。

生组织捐款，分享中国防控疫情的经验，对发展中国家提供资金援助、技术支持和能力建设，树立了中国负责任大国形象，展现了大国领导力和责任担当。疫情期间开展大国外交，加强国际多边双边合作，有利于营造良好的国际环境，提升与发展中国家共战疫情、共同发展的凝聚力，加快疫情后自由贸易区网络建设，提高中国在全球经济治理中的话语权。

（赵　瑾）

第十章　疫情下及复苏中的风险防控

基于新冠肺炎疫情的全球性迅速传播及其对人类健康的严重危害性，世界卫生组织（WHO）2020 年 3 月 11 日宣布，新冠肺炎疫情已具备“大流行”（pandemic）特征。本章将重点讨论和分析新冠肺炎疫情与金融风险的关系，疫情冲击下衍生的金融风险，以及疫情下、复苏中金融风险的有效防控。

第一节　疫情与金融风险

随着金融的全球化，金融业的快速发展，金融效率的不断提高，金融作用的增强和地位的提升，金融在自身发展日益壮大且促进实体经济发展的同时也经历或面临着前所未有的不确定性、不稳定性或剧烈震荡，这就表现为金融风险。金融作为经营和管理风险的行业，金融风险的存在具有必然性，金融风险的危害巨大，其引发的危机将对经济、社会甚至国家安全造成全局性的负外部效应。在新冠肺炎疫情这一公共卫生危机的冲击下，金融风险将呈现一种什么状态呢？

一 疫情并不直接导致金融风险

突如其来的新冠肺炎疫情在全球蔓延，给全球政治经济社会带来了巨大的影响和冲击。受疫情的影响，金融领域也出现了一些值得关注的风险现象：一是金融市场资产价格持续巨幅波动。2020 年 2 月中下旬以来，美国股市接连出现四次“熔断”，创造新的历史纪录，截至 3 月 23 日，美、欧、韩及部分新兴市场经济体股指年内跌幅均超 30%（见图 10－1）；同时年内原油价格跌幅超 50%，铜、锌、铝等金属价格跌幅约 20%。二是长端利率大幅下降，信用利差迅速抬升。3 月 16 日，美联储在月初紧急降息 50 个基点的基础上，再降息 100 个基点，直接将联邦基准利率降至 0—0.25%，这带动美国十年期国债收益率一度降至 0.54%，年内最大降幅超 130 个基点。与之相反，美国高收益企业债券利率却出现抬升，信用利差（高收益企业债券利率与十年期国债收益率之差）升至 9.5%，差不多相当于历史上危机期间的水平。三是美元指数大幅拉升。受新冠肺炎疫情蔓延的影响，美国经济下行压力持续加大，但 3 月中旬以来，金融市场动荡引发美元流动性担忧，投资者对美元的需求大幅增加，美元指数脱离基本面，获强势拉升约 8%。四是新兴市场资本流出压力加剧，偿债压力大增。受疫情的影响，新兴经济体资本流出巨大，一些重债国还本付息面临极大困难。

那么，这是否意味着疫情会直接导致金融风险呢？理论上，

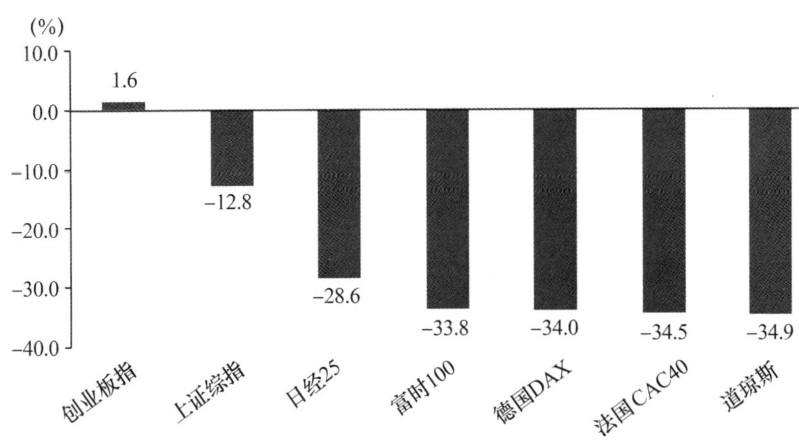

图 10－1　全球主要经济体股票指数表现（2020 年 1 月 1 日—3 月 23 日）

资料来源：Wind 数据库。

金融风险的触发因素很多，包括宏观经济的剧烈波动、债务剧增、金融对实体经济的溢出效应、交易对手信用违约、金融自身的脆弱性、金融市场信息中断、流动性缺乏、资产泡沫等。可以说，金融风险是由金融体系内外部众多因素共同作用、相互影响而催生的，涉及流动性、杠杆率、关联度等多个方面，在金融体系内相互传染并致存在导致金融系统崩溃或金融功能丧失的可能性。现实中，首先，疫情直接导致“大封锁”，人员流动及交通中断、商铺餐饮酒店关闭、公共社会活动停止，对消费和服务业造成重创，进而影响总需求；其次，疫情直接导致企业生产经营停滞，给全球产业链和供应链带来负面冲击[①]，全球供应链全链

① 沈国兵：《“新冠肺炎”疫情对我国外贸和就业的冲击及纾困举措》，《上海对外经贸大学学报》2020 年第 2 期。

条上所有国家均受到冲击，全球经济活动短期“休克”，进而影响总供给；再次，疫情导致的生产经济活动的停滞对劳动力市场也产生直接影响，造成失业率大幅上升；最后，疫情直接影响投资者和消费者信心，恶化市场预期。由此可见，疫情背景下出现上述金融风险现象的根源，还是在于疫情对实体经济的巨大冲击，以及投资者和消费者对突然暴发的疫情准备不足，引起的市场恐慌心理和情绪。在这个意义上可以说，疫情并不直接导致金融风险或者并不必然引起金融风险，但显然疫情会传导金融风险和加大金融风险。

在人类发展历史上，各种各样疫情对人类的伤害一直不断。20 世纪以来，就已有多起蔓延范围广、危害巨大的传染性疾病病毒出现。有的病毒传播范围遍及全球，也有的病毒导致了数以千万计的人员死亡。而从历史统计数据看，自 1918 年的西班牙流感到这次新冠病毒肺炎疫情，十多起规模较大的疫情中，造成当年金融市场下跌的疫情有 3 起。其中 1974 年金融市场下跌幅度最大，达到 27%。[①] 所以从整体上看，基本上还没有单纯或直接由疫情引发的金融风险或金融危机（见表 10－1）。

二 疫情加大金融风险的传导机制

金融风险可以从不同的角度分为不同的类型，不同类型的金融风险自然具有不同的传导机制。鉴于债务风险是一种更加典型

① 此次市场下跌可能更多地与石油危机有关，即第四次中东战争、第一次石油危机。

表 10 - 1　　疫情与金融风险

发生时间（年份）	疾病	蔓延国家	感染/死亡人数	MSCI 全球指数当年表现（1990 年前数据为美国道琼斯指数表现）
1918	西班牙流感	最早从美国堪萨斯州的芬斯顿军营发现，随后传到了西班牙	全世界患病人数在 7 亿以上，发病率为 20%—40%，死亡人数有 4000 万—5000 万人	上涨 10. 51%
1926	天花	印度	死亡 50 万人	上涨 0. 34%
1974	天花	印度	患者 10 万人，死亡 3 万人	下跌 27. 57%
2003	SARS	中国、东南亚、加拿大等国	8000 多人感染，700 余人死亡	上涨 31. 62%
2003	西尼罗河病毒	美国	共有 9862 人患病，其中 264 人死亡	上涨 31. 62%
2009	甲型 H1N1	214 个国家	约 130 万人感染，造成了全球约 1. 85 万人死亡	上涨 31. 52%
2013	疟疾	90% 发生在非洲	全球有 2. 07 亿例疟疾病例，其中有 62. 7 万人死亡	上涨 20. 25%
2014	埃博拉	西非多个国家	感染病例 19031 例，其中 7373 人死亡	上涨 2. 10%
2016	疟疾	90% 发生在非洲	全球有 2. 16 亿例疟疾病例，疟疾死亡病例 44. 5 万人	上涨 5. 63%
2016	黄热病毒	安哥拉、刚果和乌干达	确诊 970 例，死亡 130 例	上涨 5. 63%
2016	塞卡病毒	巴西等 24 个国家	约 150 万人感染	上涨 5. 63%
2018	霍乱	非洲十一国	感染霍乱的人数将近 120 万人，因霍乱而死亡的人数也超过 5000 人	下跌 11. 18%
2018	黄热病毒	巴西	确诊黄热病病例 1257 例，其中 394 人死亡	下跌 11. 18%

续表

发生时间（年份）	疾病	蔓延国家	感染/死亡人数	MSCI 全球指数当年表现（1990 年前数据为美国道琼斯指数表现）
2019	乙型流感	2019 年 9 月，美国暴发了大规模的甲乙混合型流感	截至目前，美国至少有 2200 万人感染，其中有 21 万人需要住院治疗，死亡人数超过 12000 人	上涨 24.05%
2019	埃博拉病毒	刚果（金）等 9 个国家	3444 人感染，死亡 2264 人	上涨 24.05%
2020	新冠肺炎病毒	中国、意大利、西班牙、法国、伊朗、美国等国家	截止到 2020 年 4 月 14 日 9 时，全球累计确诊病例约 192 万人，累计死亡近 12 万人	截至 4 月 14 日下跌 15.49%

资料来源：转引自张海森等《疫情会引发 2008 年式的金融危机吗?》，2020 年 3 月 26 日，腾迅网（https：//new. qq. com/omn/20200326/20200326A04GG300. html）。

的金融风险，这里以债务风险为例来描述和分析其传导机制。疫情对需求端和供给端都产生冲击，疫情引发或加大债务风险的传导机制包括实体部门的内部传导、实体经济与金融系统相互传导、发达经济体与新兴经济体互相传导（见图 10－2）。这些传导机制交错叠加，导致原有的债务风险加剧。

（一）实体部门的内部传导

债务风险的传导，首先是实体部门内的传导，即在非金融企业部门、家庭部门和政府部门之间的传导。

债务风险由非金融企业部门传导至家庭部门和政府部门。疫情肆虐之下，停工停产首先冲击的是非金融企业部门，即供给端会受到很大影响。当非金融企业部门的有限生产甚至停产使得收

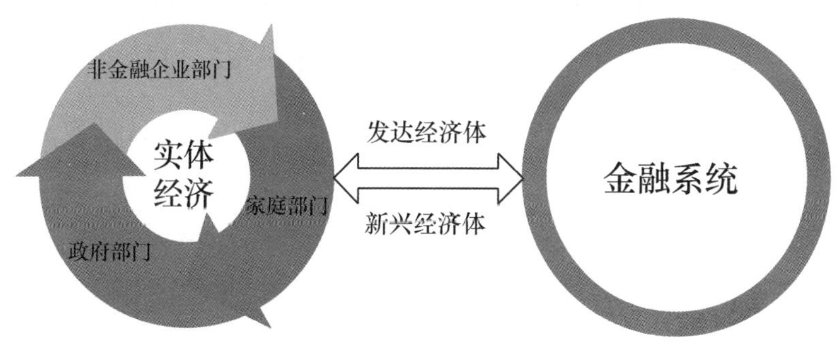

图 10－2 金融风险传导机制

益难以覆盖债务负担，就会陷入债务危机。这时，家庭部门无法从非金融企业部门按期获得工资收入，在扣除必要生活开支后，家庭部门即使有一些存款，但如果疫情无法在短期内控制住，家庭部门长时间少收入甚至无收入，也难以维持债务的可持续性。非金融企业部门的债务风险，会使其生产经营陷入困境，从而有可能降低政府部门的财政收入，原本政府部门每年都担负着一定程度的偿债压力，财政收入减少自然会使这种压力越来越大，致使政府部门的债务风险加剧。

债务风险由家庭部门传导至非金融企业部门和政府部门。作为需求端，家庭部门的债务风险会降低其消费水平，对非金融企业部门来说，有限的生产可能无法实现流通，这无疑是雪上加霜。同时，家庭部门也是政府部门财政收入的重要来源之一，家庭部门的债务风险也可能降低政府部门的财政收入，加剧政府部门的债务风险。

债务风险由政府部门传导至非金融企业部门和家庭部门。政府部门为非金融企业部门打造营商环境，为家庭部门提供公共服务，如果政府部门出现债务风险，非金融企业部门和家庭部门得到的保障就有可能大打折扣，从而影响非金融企业部门和家庭部门债务的可持续性。

（二）实体经济与金融系统相互传导

金融活，经济活；金融稳，经济稳。经济兴，金融兴；经济强，金融强。经济是肌体，金融是血脉，两者共生共荣。实体经济出现债务风险，必然会传导至金融系统；金融系统出现了风险，反过来也会传导至实体经济。[①]

债务风险由实体经济传导至金融系统。不论是非金融企业部门，还是家庭部门，抑或是政府部门，都与金融系统密切相关。实体经济各部门的负债，是金融系统的资产；实体经济各部门的资产，又是金融系统的负债。这意味着，任何一个实体经济部门出现债务风险，都将直接传导至金融系统。如果实体经济的多个部门同时出现债务风险，那么传导至金融系统的风险就不是简单的累加，而是会引发系统性的债务危机。

债务风险由金融系统传导至实体经济。疫情引起恐慌，在金融系统表现为资产价格回调。资产价格回调幅度过大，实体经济各部门的资产价值相对减少，但其负债并不会相应减少，使得实体经济各部门出现债务违约的风险。疫情发生以后，全球资产价

① 张晓朴、朱太辉：《金融体系与实体经济关系的反思》，《国际金融研究》2014 年第 3 期。

格出现大幅回调。股票市场方面，疫情导致全球股票市场大幅回落。美国股市在2020年3月中旬的十个交易日内接连发生四次“熔断”，与历史数据比较，美国股票市场价格的下跌速度已经快于2008年“次贷危机”时期和1929年“大萧条”时期。与此同时，欧洲股市、日韩股市、新兴市场国家股市（印度、越南、巴西等）也出现了大幅下跌。债券市场方面，债券收益率“倒挂”。2020年1月底，美国国债三月期与十年期的收益率曲线出现“倒挂”，即短期收益率高于长期收益率，两年期与五年期国债也出现“倒挂”，美国十年期国债这一最具代表性的安全资产的收益率降至1%以下，接近零利率。美国债券收益率“倒挂”被认为是经济衰退的重要信号，债券收益率“倒挂”也意味着投资者持有的长期债券投资缩水。大宗商品方面，价格全面下跌。叠加产油国减产协议破裂的因素，国际油价下跌1/3左右；黄金作为“硬通货”，也在达到高点后迅速回调超过10%的幅度；粮食类大宗商品的价格也出现一定幅度的回调。

（三）发达经济体与新兴经济体互相传导

在全球经济深度融合的今天，“蝴蝶效应”[①] 不可避免。正如新冠肺炎病毒具有无差别传播的特点一样，任何一个国家出现债务危机，都可能传导至其他国家甚至全球。[②]

债务风险由发达经济体传导至新兴经济体。发达经济体的债

① “蝴蝶效应”由美国气象学家爱德华·洛伦兹（Edward N. Lorenz）于1963年提出，指的是在一个动力系统内，初始条件下微小的变化能带动整个系统的长期的巨大的连锁反应。

② 叶永刚、杨飞雨、郑小娟：《国家信用风险的传导与影响研究——以欧元区债务危机为例》，《金融研究》2016年第2期。

务负担要比新兴经济体更重，债务风险很有可能先在发达经济体暴发，而后传导至新兴经济体。2008 年国际金融危机，就是源于美国的次级贷款违约，然后由美国传导至全球。发达经济体的债务风险，更多表现在政府部门和家庭部门，其政府部门杠杆率超出新兴经济体 59.2 个百分点，家庭部门杠杆率超出新兴经济体 30.7 个百分点，而非金融企业部门杠杆率相差无几。

债务风险由新兴经济体传导至发达经济体。新兴经济体的债务负担虽然较发达经济体轻，但由于经济发展程度低于发达经济体，经济和金融的脆弱性相对较高。同等程度的债务风险如果出现在发达经济体，发达经济体还有可能凭借其强大的经济实力、发达的金融系统、严格的政策监管进行化解；如果出现在新兴经济体，则很有可能应对乏力。作为全球产业链中提供原料、组织生产的构成，新兴经济体的债务危机会波及发达经济体的消费市场，从而引起发达经济体的债务风险。

第二节　疫情下及复苏中的金融风险

虽然疫情并不直接导致金融风险，但在疫情冲击之下甚至在疫情趋缓后的经济复苏过程中，有些金融风险的传导和加剧仍然需要高度警觉。

一　地方政府债务风险

地方政府债务（包括隐性债务）规模过大和增速过快，一直是过去数年影响中国经济转型，并可能触发系统性金融风险的主要因素之一。事实上，地方政府债务风险也是财政收支失衡得不到及时弥补、财政脆弱性加剧的直接表现。受疫情的冲击，地方政府债务风险有加剧之势，主要表现在：2020 年 1—2 月，地方一般公共预算收入同比下降 8. 6%，财政收支缺口 10181 亿元，占当期财政收入比重为 56. 6%；同时，为了应对疫情和企稳经济，全国发行地方政府债券 12230 亿元，较 2019 年 1—2 月 7821 亿元同比增加 56. 4%，这是地方政府债券公开发行以来的同期规模最大值和增速最高值。可以看到，2019 年底中央经济工作会议定调的积极财政政策“大力提质增效”，已全面升级为习近平总书记在抗击疫情讲话时（2 月 23 日）指出的积极财政政策要“更加积极有为”。值得注意的是，自 3 月开始各地逐步意识到新冠肺炎疫情对财政运行的显著影响[①]，所以，财政部迅速布置了支持基层政府保基本民生、保工资、保运转的“三保”相关工作[②]。因此，必须切实防控疫情风险转化为地方财政风险尤其是地方政府债务风险。

1. 地方财政收入进入负增长区间

地方财政减收是债务风险加大的重要原因之一。全面减税降费和疫情冲击势必导致财政维持或增加收入更加困难。2015 年

---

① 中华人民共和国财政部：《关于努力降低新冠肺炎疫情对地方财政运行影响的分析和思考》，2020 年 3 月 19 日，财政部网站（http：//gs. mof. gov. cn/dcyj/202003/t20200319_3485034. htm）。

② 中华人民共和国财政部：《牢牢兜住基层“三保”底线——财政部详解加强地方财政“三保”相关政策》，2020 年 3 月 6 日，财政部网站（http：//www. mof. gov. cn/zhengwuxinxi/caijingshidian/xinhuanet/202003/t20200306_3478814. htm）。

之后，中国财政收入同比增速进入个位数增长区间（2015 年为 8.4%，2019 年为 3.8%），地方财政收入波动也随之增大。在此之前，中国财政收入两位数同比增长维持了 10 年，地方财政收入甚至在 2009—2012 年同比增速超过了 20%。然而，到 2019 年已经有一些省区（如黑龙江、吉林、重庆、甘肃、宁夏和西藏等）地方财政收入出现了负增长。

更为严峻的是，刚刚过去的 2019 年，极有可能成为地方财政收入（3%）尤其是税收收入正增长的最后一年。如图 10－3 所示趋势可以清晰佐证相关判断。背后的原因是自 2018 年实施全面减税降费之后，财政已累计为企业和社会减负超过 3.6 万亿元。全国税收收入年度同比增速直接掉到 5% 以下，2019 年仅为 1%。地方财政收入困难则超出想象。即便没有疫情影响，2020 年的地方财政增收压力也相当巨大。为了应对疫情冲击，2020 年新出台的支持疫情防控和经济社会发展的税费优惠政策，又新增了减税降费 1589 亿元。[①] 加上之前，2019 年更大规模减税降费政策在 2020 年继续实施形成的减税降费 2438 亿元，2020 年前两个月全国累计减税降费 4027 亿元。照此情形，2020 年减税降费总规模或许要接近 3 万亿元。按照现行税收收入中地方财政大致占比 48.6%（2019 年）折算，地方财政减税降费付出应在

① 2020 年新出台的 4 批政策当中，第三批聚焦减轻小微企业、个体工商户负担的政策和第四批聚焦稳外贸稳外资的政策都是自三月起实施的，到四月申报期开始申报，进行统计核算。前两批出台的政策当中，也有部分政策是按季度来进行申报的。随着四月按季申报大征期的到来，这些政策都会纳入统计核算范围，企业享受减税降费的统计规模也会进一步扩大。资料来源：新华社网站（http：//www.xinhuanet.com/2020-03/31/c_1125793133.htm）。

1.4 万亿元以上。

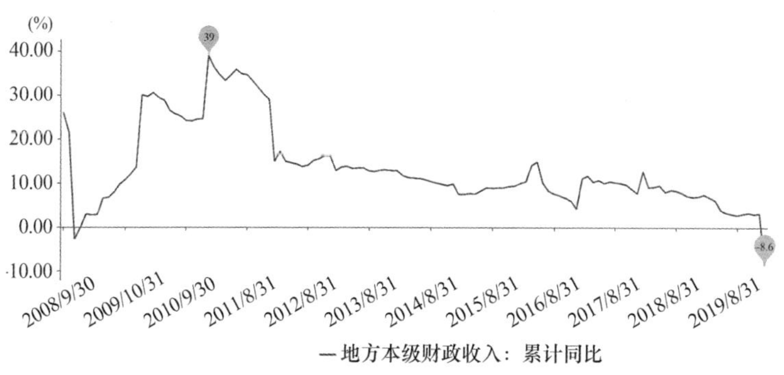

图 10－3　地方财政收入增长趋势

资料来源：Wind 数据库。

2. 地方财政支出超常规增长

地方财政支出增长导致地方政府债务压力加大。地方财政支出增长有一定的超常规特征，表现为新预算法实施松弛了地方政府借款约束，且地方财力缺口持续放大。2015 年《中华人民共和国预算法（修订案）》正式实施。其中广受关注的地方政府可以“赤字”运行以及允许“独自举借债务”，被视为“开前门、堵后门”用以化解地方政府债务风险。从执行的结果来看，中国地方政府债务不规范、不透明得到了一定程度缓解，同时也导致了地方政府借款扩张。虽然全国人大每年会审议地方政府债务规模年度限额，但是连年上涨的债务限额已经在 2018 年之后成为新增地方财政投资性支出的主要来源，而不是之前用来置换存量债务、化解债务风险。

财政支出快速增加又加剧了地方财力失衡。过去 5 年，中国地方政府本级财政收支差额平均为7725亿元，而近三年这一数据上升为平均8433亿元。这与前面提到的疫情冲击下2020年伊始的地方财政收支差额超过了1万亿元相对应。虽然地方财力缺口不一定全部转化为政府债务，有一部分可以通过中央转移支付或者其他财政收入形式来填补，但是财政支出刚性增长导致地方政府债务风险加大的局面，必然在疫情期间或疫情之后进一步升级。

3. 地方配套抗疫政策的财政压力逐步显现

为了抗击疫情、实现复工复产，中央和地方都想了很多办法，财政政策排在首位。以资金相对宽裕的广东为例，广东省委、省政府明确提出积极发挥财政职能作用，坚持战疫情、稳经济“两手抓、两促进”，全省各级财政共落实疫情防控资金126.73亿元，为医疗救治、物资保障以及企业复工复产等提供了有力支持，通过减免、缓缴税费等措施，为全省企业减负超过2300亿元。而财政相对困难的黑龙江省，虽然没有公布财政增支强度，但也在进一步提高疫情防治一线医护等人员补助待遇、支持省内疫情防控应急物资保供、企业复工复产、项目开工建设、中小微企业纾困五方面制定了10条财政政策，统筹推进疫情防控和企业复工复产。上述政策至新冠肺炎疫情结束为止，不设时间限制。可以看到，这些政策对疫情支出、复工复产和稳定就业都有重点安排，相关支出一部分来自中央拨付，而很多地方性政策则需要本级财力支持。现在的困局是省以下财政保运转的压力空前，抗击疫情政策落地和执行还需要大量财政资金。地方政府筹集收入并转化为支出的周期迅速缩短。这也是2020年1—2月财政收入分类中增速唯一为正增长的是非税收入（1.7%）的主因。

此外，疫情冲击下地方政府扩大政府投资的热情高涨。新基建投资成为关注焦点。简单加总各地报送的项目预算总金额已超过30万亿元。类似的投资冲动出现在2003年“非典”之后，还曾出现在2008年国际金融危机时。疫情蔓延，地方政府陷入困境，新举借债务或许可解燃眉之急，但长期来看，将进一步加重其债务负担。[①] 因此，地方政府加大投资固然有恢复经济、带动生产、促进就业的良好愿望，但政府债务是否能够承担相关支出需求？地方政府债务会不会在未来经济复苏过程中陷入违约困境？确有必要仔细核算并斟酌决断。

二　房地产企业金融风险

自2017年以来，中央和地方一系列防范化解金融风险的政策安排较好地发挥了作用，国民经济各行业部门的杠杆率呈现出一定下降趋势，然而，房地产业特别是房地产开发企业的高杠杆率运行模式并未得到显著改观。伴随着国内外新冠肺炎疫情对房地产市场供给端和需求端带来的巨大冲击，房地产开发企业的金融风险开始逐渐暴露，并呈现出局部范围内扩散蔓延的态势。当

---

① 吴秀波：《美联储货币政策回归常态的努力为何挫败？——引发美联储降息的深层原因分析》，《价格理论与实践》2019年第7期。

前及未来一个时期，“疫情+偿债高峰”双重影响下的房地产企业金融风险问题，亟须引起高度重视。

受新冠肺炎疫情影响，2020 年 1—2 月全国住宅、办公楼和商业营业用房销售额分别同比下降 34.7%、40.6% 和 46.0%。从第一季度已公布的 22 家房企销售业绩来看，销售目标完成率均值仅为全年的 12.7%。由于销售回款和开复工延期、地产股剧烈动荡、政策层面未见明显松动，对长期以来依赖高负债率、高杠杆率模式运行的房地产企业冲击非常明显，房地产企业的金融风险正在逐渐暴露。

1. 债务违约和行业金融风险持续加大

到目前为止，房地产企业资产负债率仍处于高位。2019 年，全国百强房地产企业平均资产负债率为 78.7%，沪深两市 145 家上市房地产企业平均资产负债率为 80.08%，远远超过资产负债率 40%—60% 的合理区间。其中销售额排名前 50 的内资上市房地产企业中，有近一半资产负债率在 80% 以上，处于较高的财务杠杆风险状态。数据显示，新冠肺炎疫情暴发以来，房地产企业新增法律诉讼、失信违法、经营异常、行政处罚、严重违法等司法和经营风险条目明显增多。2020 年第一季度，在人民法院网发布破产清算公告的房地产开发企业已高达 74 家。根据测算，2020 年房地产企业将迎来信用债和其他有息负债的集中兑付高峰期，行业到期债务约为 1.46 万亿元，其中 2020 年 7 月为到期债务高峰月。许多大型房地产企业如新华联控股、山水文园、中坤集团等，近期已出现到期债务实质性违约事件。在融资渠道受限、负债率持续走高的市场下行周期内，“借新还旧”“借短还长”的到期倒贷模式较为普遍，房地产企业的财务周转能力正经受巨大考验。

2. 局部地区和上下游行业风险压力上升

受区域房地产市场走势和调控政策的影响，房地产开发企业资产负债率呈现出较大的区域差异。山西、内蒙古、宁夏等18个省区房地产开发企业资产负债率超过了80%，其中绝大部分集中在中西部地区。从2020年第一季度破产清算的74家房地产开发企业分布来看，中西部地区和三四线城市占比较高。由于地方财政对土地出让和房地产市场依赖较大，房地产开发企业资产负债率的持续走高，可能会进一步加大局部地区的金融风险防控压力。与此同时，疫情对建筑工程、建材家居、酒店会展、融资担保等房地产上下游行业的冲击也较大。2020年前3个月，进入破产公告程序的相关企业占比也持续走高。通过以“建筑”“工程”“建材”“酒店”为关键词对人民法院公告网所做的文本分析显示，上述四类相关行业第一季度进入破产公告程序的企业分别多达50家、113家、36家和71家，涉及“置业担保”的裁判文书、起诉状副本和开庭传票多达59项。可见，疫情冲击之下涉房抵押担保行业面临的严峻形势亦需引起高度警觉。

3. 海外发债融资面临全球金融市场剧烈动荡风险

受国内房地产企业融资调控趋严收紧影响，不少房地产企业积极寻求海外发债融资。2020年第一季度，房地产企业海外发债规模达到276.76亿美元，已接近2017年全年海外发债规模，且全部为美元计价，其中2020年1月发债规模占66%。随着疫情在全球范围内扩散蔓延，海外股市持续震荡，加上油价大跌、流动性挤兑及美元指数的持续走强，房地产企业通过海外发债“借新还旧”的难度和风险正逐步加大。与此同时，2020年房地产企业海外债券到期规模将高达453亿美元。在国家对境外融资政策严格管控、美元升值、海外发债成本持续走高的情形下，房地产企业海外发债量仍然呈现出快速增长势头，说明房地产企业应对偿债高峰的融资需求十分旺盛。伴随着疫情蔓延和全球金融市场剧烈动荡，房地产企业的外债风险也在逐步加大。

4. 房地产行业内风险分化加剧

在2019年融资严监管背景下，居销售额前100位的房地产企业市场份额稳步上升至61.5%，收并购金额占房地产企业收并购总金额比例高达78%，行业集中度快速提升。而利润率下滑、融资渠道收窄、融资成本提高、债务期限不合理，进一步推升了处于集中偿债期的中小房地产企业杠杆率和资金链风险。2020年前3个月，涉及房地产领域的起诉状副本和开庭传票就多达817项，其中绝大部分涉案主体为中小房地产企业。在疫情影响持续发酵的形势下，尤其需要进一步关注中小房地产企业的债务风险及其向地方金融体系的渗透扩散。还有，疫情对商业地产的冲击也非常之大。近年来，由于实体经济不振、互联网和电商对传统购物营销模式的深远影响，办公楼和商业营业用房市场持续低迷。而受疫情影响掀起的针对全国各地办公楼和商铺的减租潮，对本来就处于下行周期的商业地产企业而言更是雪上加霜。许多商业地产占比较高的大型房地产企业如万达集团、新城控股、中迪禾邦和南国置业等，在疫情冲击下面临着非常巨大的经营挑战。

三　中小金融机构风险

在疫情严重冲击大背景下，既要采取积极的金融、财政政策支持企业渡过难关，防止外需恶化、供应链断裂、陷入困境，又要注意避免企业大量违约对金融体系的影响，特别是要防止对抗风险能力比较弱的中小金融机构主要是中小商业银行的冲击，避免形成连锁反应，引发系统性金融风险。作为中小商业银行，既要充分发挥对疫情防控、实体经济发展尤其是中小企业发展的支持作用，又要进一步审视自身风险防控的针对性、有效性和及时性，真正做到抗疫情、促增长、防风险统筹兼顾、协调推进。

1. 疫情暴发之前中小商业银行已经面临较为严峻的风险形势

中国中小商业银行的主体是股份制商业银行、地方城市商业银行、农村商业银行、村镇银行、农村信用社等，主要服务于地方经济发展和中小企业。在国内经济金融结构性矛盾日益凸显的背景下，由于人才、技术、能力、内部管理等多方面的限制，部分中小商业银行出现了明显的风险集聚。2019 年处置的包商银行暴露的严重信用风险、锦州银行出现的流动性风险等，就是典型的例子。从风险类别看，疫情暴发之前中国中小商业银行面临的信用风险、操作风险（含案件风险）、流动性风险更为突出，相对而言，市场风险、营运风险、声誉风险、信息科技风险等可控性更强一些。

从信用风险来看，据银保监会公布的数据，城商行的不良贷款率从2018年第一季度的1.53%上升到2019年第四季度的2.32%；农商行的不良贷款率从2018年第一季度的3.26%上升到2019年第四季度的3.9%；2019年第四季度，城商行、农商行不良贷款余额合计10229亿元，占银行业金融机构不良贷款额24135亿元的42.3%。可以说，近两年，中国城商行、农商行不良贷款额、不良贷款率总体都呈上升趋势，在银行业金融机构的占比也不断上升，如果还原城商行、农商行近两年呆账核销、打包处置的不良资产，不良贷款率会更高。尤其值得关注的是，这些还是全国城商行、农商行的平均情况，就区域性的城商行、农商行而言，不良率更高，有的中小商业银行真实不良率超过20%，个别机构甚至更高，区域性的金融风险压力很大。而且，单纯从不良贷款率来看中小商业银行风险状况，也还存在较大的局限性，比如，在城商行、农商行中大量存在贷款以新还旧，这就在一定程度掩盖了真实的不良贷款率，掩盖了真实的资产质量状况。此外还存在大量的逾期贷款、关注类贷款，资产质量向下迁移的压力很大。所以，以城商行、农商行为代表的中小商业银行面临的信用风险非常突出。

在操作风险和合规风险方面，随着近两年银行业市场乱象整治力度的加大，城商行、农商行的操作风险、合规风险也不断显现。由于内控管理十分薄弱，贷款“三查”形同虚设，业务发展盲目激进，2017 年以来银监会就处罚了中小商业银行大量违规经营、违规担保、违规票据、虚假黄金质押等案件。中小商业银行违规操作主要集中在信贷业务、票据业务、资管业务、理财业务、支付结算业务等业务。信贷业务违规主要是贷前调查不实、贷中违规授信、违规发放贷款、贷后管理流于形式，贷款全流程存在内控缺陷与管理漏洞。相关案例显示，近几年，城商行、农商行案件数量、案件金额都呈明显上升趋势，属于案发重灾区。从业人员单独作案或与社会不法分子内外勾结，主要是侵占银行或客户资金、违规对外担保、违规销售理财产品、违法放贷、违规出具票据等。

在流动性风险方面，虽然中国中小商业银行的流动性风险总体可控，尚未发生较大规模的挤兑事件，但区域性、单个机构的流动性风险不容忽视，也出现了一些“暴雷”情况。中小商业银行自身资金腾挪空间较小，国债、金融债等高流动性资产占比低，贷款期限长，负债类资金中一般性存款占比低，同业拆借资金多，遇到存款或理财产品集中到期、重点客户违约、资产质量大幅下滑等，都会带来较大的流动性风险。城商行、农商行，受区域经济环境、企业经营效益、行业变化等影响更为直接，更容易出现流动性风险，值得高度关注。

2. 疫情冲击下中小商业银行的风险显著加大

受疫情的影响，企业外部经营环境发生巨大变化，企业尤其是大量的小微企业、民营企业正常生产经营秩序被打乱，上下游供应链发生断裂，营业收入和现金流减少，效益大幅下滑，经营压力明显加大。事实上，近年来在中国经济下行、结构调整阶段，民营、小微企业融资问题本来就很突出，疫情冲击进一步恶化了企业境况，不少中小企业出现资金链紧张甚至断裂，即使给予了一定期限的贷款展期，也存在无力归还贷款的情况。尤其是餐饮、酒店、旅游、批发零售、文化体育、交通、低端制造业等行业受冲击最大，受全球疫情大流行影响，产业链、供应链出现断裂风险，部分企业出口受阻，出现退单，部分企业关键零部件进口受阻，疫情对企业经营影响面进一步扩大。而这些中小企业多是中小商业银行的基本客户，中小企业收入大幅减少，盈利能力下降，还款能力减弱，势必导致后续中小商业银行不良资产增加、资产质量下降。

（1）中小商业银行面临不良资产大幅增长的压力。疫情暴发后，银行业金融机构都在进行相关压力测试，一般按照影响复工复产的期限进行测算，三个月或六个月，再按照对企业生产销售的影响测算，近期又按照全球大流行对经济增长的影响倒推测算信贷资产质量变化情况，在较为乐观、一般影响和较为悲观等不同情境下测算评估不良贷款率上升幅度。资产质量基础好、风险缓释能力强、客户结构相对好的银行业金融机构不良率一般会上升 0.2—1 个百分点，而对于资产质量基础薄弱、客户结构受疫情影响大的中小商业银行，面临的资产质量压力就会更大，需要进行细致充分的压力测试和分析评估，及早摸清底数，研究应对策略。可以说，本来就存在的较大不良资产暴露风险的中小商业银行，再叠加疫情的影响和冲击，可谓雪上加霜，处境更加艰难，面临的系统性、区域性风险更大，有效防控的难度也加大。

（2）中小商业银行流动性风险进一步放大。流动性风险既是商业银行最基本的风险，也是“最致命”风险。疫情冲击之下，商业银行作为流动性传导链条“承上启下”的核心环节，维系自身流动性安全至关重要。疫情蔓延以来，触发了全球股市暴跌、“熔断”、大幅波动，市场恐慌情绪一度蔓延，全球股票市场、债券市场、期货市场存在巨大不确定性，加上石油、黄金、外汇等大宗资产价格大幅波动，多项因素叠加，市场主体大都采取了避险为上、保持充足流动性的投资策略。

在全球金融市场动荡的背景下，中国股票市场、债券市场也受到了很大影响。市场参与主体的大型商业银行金融机构出于自身避险需要，特别是担心中小银行风险传染，都会减少对中小商业银行的资金拆借，减少对中小银行同业票据、债券等产品的投资，这将直接加大中小商业银行资金流动性压力。一旦大额债券资产违约或信贷资产质量恶化，市场上流动性补充不足，将会快速形成中小商业银行的风险恶化。首先，疫情冲击下，中小企业、个体经营户生产经营活动中断，中小商业银行的一般性存款，特别是对公存款必然呈现下滑态势，进而使流动性监管指标承压；其次，受疫情影响，餐饮、交通运输、批发零售等行业中小企业的日常收入显著低于预期，现金流减少，短期内的清偿能力势必大幅下降，这类企业的相关贷款就会出现逾期或展期等情形，这将削弱中小商业银行的资金回笼能力，势必冲击中小商业银行的资产质量；最后，受疫情影响行业的就业人群收入减少甚至暂时失去收入来源，其住房按揭、信用卡等个人信贷还款能力下降，也会影响中小商业银行消费信贷的资产质量。

从具体的流动性风险监管指标来看，疫情对于中小商业银行资产、负债业务的影响也将逐步体现在流动性缺口率、流动性比率、流动性匹配率、流动性覆盖率、净稳定资金比例等指标上（见表10－2）。特别值得注意的是，长期以来，相当一部分中小商业银行走的是粗放式发展道路，只注重规模扩张，将“营利性”摆在首要位置，而忽视了“流动性”和“安全性”，为流动性风险的产生埋下了重大隐患；还有一些中小商业银行尚未建立起完善流动性风险管理系统，缺乏有效的流动性风险识别、计量、监测和控制等技术手段，无法第一时间准确分析客户行为、流动性缺口变化，从而难以实现对流动性风险的动态、全程有效监控。

表10－2　疫情对中小商业银行流动性风险监管指标的影响

业务调整项目		流动性缺口率	流动性比例	流动性匹配率	流动性覆盖率	净稳定资金比例
资产端	加大企业信贷扶持	对风险指标的短期影响需结合中小商业银行融资方式和期限结构等实际情况进行评估，长期现金流存在不确定性				
	贷款还款延期	短期现金流缺口紧张	下降	下降	下降	下降
负债端	短期存款流失	短期现金流缺口紧张	下降	下降	下降	下降
	到期存款延期	缓解短期现金流缺口	上升	上升	上升	上升

（3）企业经营与中小商业银行之间的风险传染加大。受疫情全球大流行影响，直接冲击企业生产经营，直接冲击全球产业链、供应链的稳定性。近几年，为降低成本，企业尽量减少库存，在低库存状态下，疫情大流行造成的供应链受阻会直接影响企业的正常生产进度和产品交付、货物运输，可以说疫情完全打断了实时生产系统。在产业链高度联动的上下游企业，一般都难以幸免。近几年，银行金融机构依托产业链、供应链的信贷投放、票据融资、资管产品都大幅增长，存量、增量都很大，一旦企业经营状况大幅受到疫情影响，相关风险会形成传染，联动形成银行金融机构特别是中小商业银行风险暴露的集中压力，一旦处理不当，也会引发中小商业银行的大范围系统性风险。

第三节　疫情下及复苏中金融风险的防控

金融风险具有巨大危害性，任何时候都不可掉以轻心。在疫情趋缓后的经济复苏过程中，需要针对不同的金融风险采取更有针对性的防控举措。

一　防控疫情冲击下的地方政府债务风险

第一，将政府资产性收益纳入财政增收渠道。地方财政收入全面下行的局面已经形成，疫情加剧地方财政支出刚性的趋势也难以在短期内缓解。如果按照“老套路”，支出需求较大时政府往往会加强收入征管，那么这将导致企业生存更加困难、个人消费就业难以恢复，不仅打乱抗疫复产的政策部署，而且还可能导致过去几年数万亿元规模的减税降费成效消退。在不考虑扩大地方政府借款的情况下，较为可行的办法是从丰厚的政府资产中找到稳定的财政增收来源。大量的政府资产，尤其是固定资产都有变现的可能，可以是租赁，还可以是出让。各地方不能总在土地招拍挂上想办法。只有变困难为机遇，找到未来平抑财政收入波动的增收途径，才能以最小的代价化解地方政府债务这类系统性金融风险。

第二，中央政府全面负担抗疫及复苏经济的财政支出项目。中央财政累计安排有关防控资金 257.5 亿元。各级财政也在抗疫过程中消耗很大。不仅是收入来源减少，而且疫情支出挤占了地方大量的一般性财政经费。“三保”压力下，上级财政开始通过国库预警系统救助基层政府。这仅是治标之策。积极财政政策更加积极有为完全可以体现在具体工作中。疫情冲击及经济复苏大多实现的是全国性目标、完成的是整体性部署，中央财政在拨付相关日常经费时可以建立新的应急支出管理办法。如果所有防疫支出由中央财政负担，那么，地方防疫支出压力将大为减轻，至少有助于体制运转正常有序、避免停摆，还能有效缓解地方政府借款冲动。

第三，准确评估各地方财政空间并以此核定新基建规模额度。关于地方政府债务风险评级有很多版本和说法，但对于地方政府财政空间的分析却十分稀少。作为相对新颖的防范债务风险依据，通过对地方财政收支情况和债务运行状态的分析，即准确评估地方财政空间，估算出地方政府未来可支配的无风险财力规模。这个方法能在一定程度上做到事前控制，还能识别广东等财力较好地区和黑龙江等财力困难地区的财政可承受能力差异。对于社会高度关注的“新基建”规模，中央政府的顾虑和地方政府的盼望之间应当有一个客观的分配基准。只有做到地方政府债务风险可防可控，新增项目融资才可持续。在财政空间约束下行事不仅能够有效发挥积极财政政策刺激经济复苏的作用，促进地方政府债务融资功能发挥，而且有助于防范债务风险，解决财力与负债长期不匹配的难题。

二　防范化解疫情冲击下的房地产企业金融风险

长期以来，中国房地产开发企业的间接融资特别是银行信贷占比过高，形成了过度依赖银行金融机构的融资结构，从而导致其抵御债务风险的能力较弱。在此背景下，房地产市场的剧烈波动风险，也更容易转化为银行金融机构的金融风险，进而演化为系统性金融风险。因此，对全球疫情冲击下房地产企业暴露的金融风险要下大力气防范化解。

第一，加快推广房地产企业压力测试和分级评价制度，进一步完善房地产行业风险预警机制。疫情冲击背景下，宜改用“货币资金/（刚性费用+短期有息负债）”指标替换原有的广义资产负债比指标，对现有房地产企业进行极限压力测试。针对局部流动性风险要做好预测排查和情景推演，加快完善房地产企业分级评价制度。对债务延期过长、恶意“借新还旧”的房地产企业融资行为要坚决及时遏制；对出现债务违约和债券到期未及时兑付的房地产企业，要分类做好违约信息披露，规范和约束其后续融资行为。对于资产负债率超过90%、极限压力测试结果不足6个月的房地产企业，以及平均资产负债率超过85%的地区，监管部门要密切关注其资金动向和可能引发的潜在金融风险。

第二，用“时间换空间”思路，分类推进房地产企业债务置换展期和帮扶政策落实。充分考虑疫情因素影响，对预期综合效益较好、短期现金流不足的项目，可通过适度发行置换债券进行债务置换或展期，有序推进房地产企业债转股等业务开展。对疫情期间未按时还本付息的1年内短期贷款，可予以适当顺延展期。进一步放宽疫情期间预售资金监管政策，适当延缓房地产企业部分税项和土地出让金缴纳期限，加快落实企业房租减免、复工优惠等政策措施。对于积极响应国家疫情防控政策、有捐资捐物善举或与旗下租户签订减租条款的房地产企业，以及湖北等重点疫区的房地产企业，可适度给予特殊税费减免和融资政策支持。

第三，规范房地产企业海外发债行为，有效防控潜在外部金融风险。积极稳妥选择外债融资工具和金融产品，按国民原则将境内房地产企业的境外子公司境外发债纳入现行外债统计范围，谨防国际炒家和热钱通过海外融资渠道流入中国房地产市场，从而引发股市、汇市和房市潜在巨幅波动。严格规范外债备案登记管理制度，发行外债原则上只能用于置换未来一年内到期的中长期境外债务，坚决杜绝房地产企业过度发行外债、募集外债资金用于偿还内债等市场违规行为。鼓励房地产企业根据疫情期间国际金融市场变化，提前赎回境外美元债务，有效防范汇率波动带来的外债成本上升风险。

第四，顺应行业集中度上升趋势，促进房地产企业融资结构优化转型。可以考虑疫情期间将房地产企业并购贷款从房地产开发贷款中进行单列，不纳入银行金融机构严监管范围，通过提高房地产企业并购重组质量来有效化解房地产行业金融风险。鼓励扩大房地产企业直接融资比重，加快推进房地产企业资产证券化，有效促进资本市场特别是股票市场融资步入规范化轨道。还可以积极拓展房地产信托、债券、基金和房地产信托投资基金（REITs）等多样化融资模式，逐步增强房地产企业的资产流动性，有效防范化解房地产企业债务风险。

三　防范化解疫情冲击下的中小商业银行风险

2020 年是打好防范化解重大金融风险攻坚战的收官之年，面对疫情的冲击，在有效支持实体经济的前提下，统筹兼顾好遭受疫情重创的中小商业银行风险的防控也至关重要。要按照中央“稳定大局、统筹协调、分类施策、精准拆弹”的基本方针，防范化解中小商业银行风险。

第一，在疫情冲击下，需要进一步深入细致地测算分析中小商业银行面临的风险暴露情况。重点测算中小商业银行拨备覆盖率下可以抵御多少不良资产，可以抵御多长时间，不会出现流动性枯竭；需要测算评估，中小商业银行资本充足率水平下可支撑的风险资产规模是多少，资本抵御类似疫情等非预期损失的能力有多大，形成量化的分析判断。在进行风险测算与压力测试的基础上，要对中小商业银行进行客观、准确的内部控制有效性评价。通过内控评价，有助于各级政府和监管部门及时准确地把握中小商业银行的风险状况、管理状况和风险控制能力，进一步研判其可持续发展的能力。内部控制评价的内容要全面，既包括内控环境，也包括风险评估与控制活动，还包括信息沟通和内部监督等；内部控制评价的方式要科学，要综合采取各级各类访谈，调阅各种资料，充分收集素材，定性评价与定量评价相结合，过程控制评价与结果性评价相结合，利用内控成熟度模型进行量化评分画像；内部控制评价的组织应由外部专家团队独立实施，专家团队可以由监管部门和商业银行专业人员组成，进行独立的第三方评价，保证内控有效性评价的客观公正。

第二，在内控评价基础上，对中小商业银行内控有效性进行精准分析，分类排队。对于内部控制体系基本有效、公司治理比较完善、仅限于单项业务存在一定风险隐患的，可以责成本机构管理层进行深入整改；对于内部控制有效性存在较大缺陷的，监管机构要协调地方政府管理部门，组织进行深入核查，对于风险隐患较大的，要采取果断处置措施，迅速控制风险敞口，减少风险损失；对于内部管理混乱、存在严重控制缺陷和道德风险、潜在较大风险传染隐患，或容易引发连锁反应和群体性事件的，或是经内控评价及风险排查，存在重大风险敞口、已难以自我化解的，要迅速组织接管组进行接管或托管。首先要防控流动性不足造成的挤兑风险，再深入核查风险敞口和管理漏洞，逐项研究风险处置措施。

第三，在总体分析和风险隔离基础上，对于部分中小商业银行特定风险类别，针对风险成因，重点是切断外部客户风险与银行风险的互相传染，防止引发群体性事件。要对症下药，采取针对性更强的应急处置措施，进行分类拆解。如对于过度参与地方融资平台产生较大风险的，要统筹地方债务风险进行处置，压实地方政府处置责任；对于受大股东控制或隐性控制，行业客户过度集中的，结合行业与客户风险化解，综合运用资产重组、打包出售、股权转让、破产重组等手段，统筹客户风险、银行风险，综合施策，予以化解；对于违规开展同业业务、资管业务，容易形成同业风险传染的，启动跨区域监管协调与风险处置机制，联合排查，联合应对，对大额债券逐个处置，适当分散风险；对于内外勾结，内部舞弊，与网贷公司、担保公司形成巨额违规违法担保、违规套取银行信用的，采取必要的司法手段，对违法人员、违法企业快速采取强制措施，快速追索资金资产，压缩敞口，破解风险。

第四，除采取必要的风险防控措施外，还需要同步完善配套机制，激励约束并重，激发中小商业银行内生动力，不断完善内部控制体系，提升风险管理能力。一是进一步完善和疏通中小商业银行资本补充机制，拓宽中小商业银行资本补充渠道和来源，鼓励地方政府、股东企业、社会资本注入中小商业银行，分类支持中小商业银行发行债券补充资本，形成较为稳定的资本补充、资本约束机制。二是建立人才输送与交流机制，可以考虑从监管层面建立人才输送与交流选聘机制，合理设计交流选聘标准与方式，合理设计薪酬处理和员工身份管理，鼓励大型商业银行管理人员到中小银行担任董事、监事或专业咨询顾问等，切实解决目前中小商业银行人才严重不足、内部控制体系不健全、风险管理能力弱的问题。三是建立更为严格的监管处罚机制，对于存在较大内控缺陷、基础管理薄弱甚至违规经营的中小商业银行，除给以严格的监管处罚，包括罚款、没收违规所得等，还要限制其相关业务或全部业务规模增长，督促其从根本上破除重规模、轻质量的发展模式，控制存量风险，改进内部管理，夯实后续发展基础。四是建立薪酬延期及追索机制，对于发生重大风险的中小商业银行管理层及相关岗位人员，除追究相关领导责任、管理责任外，还要建立绩效工资追索机制，追回前期已获绩效，形成较强的个人利益约束；同时建立薪酬延期支付制度，将绩效薪酬真正与信贷资产质量、风险损失挂钩，夯实责任约束，限制中小商业银行盲目业务扩张的冲动。五是强化坚定不移的司法移送机制，金融业务具有特殊性，利益巨大，对于内外勾结，存在较为严重的利益输送和违法犯罪行为的，要形成坚决有效的司法震慑，加大违法违规成本，从根本上遏制违法动机，形成治本之基。六是进一步完善涉及银行金融机构法律诉讼、风险处置的相关法律制度与司法程序，要进一步加快修订相关法律法规和司法解释，严肃法纪，加大司法惩戒力度，既维护好人民群众的切身利益，又维护好商业银行的合法权益，形成稳金融、稳经济、保增长的良好法治环境。

四　构建全方位的金融风险防控战略体系

防控金融风险，要从国家安全的战略全局出发，遵循金融运行的基本规律，坚持底线思维、系统思维，坚持立足国情，坚持问题导向，加快构建符合中国实际的金融风险防控战略体系，也就是，建立健全金融风险的早期识别、评估、监测和控制机制，建立健全金融系统性危机的早期预警和化解机制，建立健全金融危机救助和处置机制，夯实金融风险防控的基础设施，逐步形成从结构性风险到系统性风险、从内部到外部、从地方到中央、从预警和防范到隔离和化解、从救助到处置的立体式金融风险防线。

第一，构建完善的金融风险预警体系。围绕金融风险的主要影响因素，包括金融机构以及企业和居民个人的风险承担能力、风险的错误定价、资产负债表内及表外头寸的过度增长、国际国内宏观经济发展失衡、集中风险及金融机构相互联结、国际资本流动（包括外国资本流入突然逆转、外国资本流入激增、国内资本逃逸等），梳理排查每个风险点的成因、机理、传染渠道及外部性，进一步完善金融风险预警体系，有效降低应对金融动荡的信息不对称程度。其中的一项重要工作，就是将风险承担类指标（如商业银行评级、商业银行税前 ROE、贷存比、净息差、公司债务利润比、居民个人债务占可支配收入之比、一级资本比率等）、风险错误定价类指标（如股指波动率、银行收益率指数、高收益债券息差、可支配收入与房价增长率差额、与上年同期相比消费贷款增长率、与上年同期相比表外资产增长率等）、宏观经济环境类指标（如汇率波动、通货膨胀、GDP、银行全部资产占 GDP 之比、经常账户占 GDP 之比等）、关联度指标（如银行间资产份额）、集中风险指标（如最大敞口占全部资产之比）等纳入金融风险预警指标集，努力做到金融风险全覆盖。

第二，开发覆盖金融体系不同细分部门、覆盖不同区域、涵盖不同时间频度（周、月、季度）的金融压力指数，实时监测金融压力状况。具体而言，将银行业、银行间市场、债券市场、股票市场、外汇市场等不同来源的压力水平整合为一个连续的统计指标，量化金融体系动荡程度，准确反映不同细分部门、不同区域以及整个金融体系由于不确定性和预期变化所承受的总体压力水平。基于金融压力指数与其长期趋势的偏离程度，识别出金融体系的系统性压力期，对金融动荡做出预警，根据预测与实际的偏离情况不断优化指标体系，提高预警精准度。

第三，健全货币政策框架。实践表明，货币政策不仅可以通过常规和非常规的政策工具来防止风险暴露时期经济过度下滑，而且可以在金融市场开始恢复或出现通货膨胀风险时及时做出反应，改变货币政策方向，并在必要时进行反向操作。因此，要在深入分析国内、国际经济和金融市场形势的前提下，认知新风险因素、选择货币政策及改革措施的推出时机，在货币政策的规则运用和相机抉择之间寻求恰当的平衡以趋利避害。一方面，要坚持货币政策的稳定经济增长、稳定人民币汇率、稳定金融市场、支持供给侧结构性改革等多目标并举，努力畅通货币政策传导渠道和机制。另一方面，要坚持相机抉择，确保货币政策应对的前瞻性、针对性和灵活性。比如，对于不同类型的风险采用不同的对策——对于流动性风险，可以在中央银行承诺的支持下自由借款，但必须伴以高额的惩罚性利率；对于偿付性风险，中央银行应当降低利率，并承诺未来利率保持在较低水平上，促使资产价格逐步回升，并使金融机构重新获得清偿能力。

第四，夯实金融风险防控的基础设施。具体包括：建立金融监管统筹框架，针对新形势下系统性金融风险涵盖范围广、关联性强、传导扩散错综复杂的特点，实施穿透式监管和宏观审慎监管；提高金融服务实体经济的效率，为深化供给侧结构性改革和推进经济结构转型升级服务，实现国际与国内、中央与地方系统性金融风险监管的协调；继续完善会计审计制度，遏制企业的风险承担倾向，打造防控金融风险的实体基础；加快推进金融信息化建设，逐步减轻对国外金融信息的依赖，争取在诸如国际投资银行、商业银行、国际清算与结算系统、信用评级机构、会计师事务所等金融领域的重要环节掌握规则制定权和话语权；完善金融风险防控的法律框架，加快推进防范金融风险的立法工作，加强金融机构公司治理机制的建设，完善有关资本配置的法律制度，推进外汇储备管理体制和投资结构的改革，等等。

第五，完善紧急救助方案。金融风险的一个主要表现是资金流动性和市场流动性之间的相互交错、相互作用和相互影响导致整体流动性呈现螺旋式下降，推动金融风险不断升级并广泛蔓延。因此，要建立快速、灵活、有效的金融风险防控操作规程和迅速反应机制，积极拓展货币政策工具和宏观审慎工具，当金融机构陷入流动性困境并威胁金融安全时，适时调整和改变货币政策工具的使用频率、期限、交易对象、交易条件，并配合财政政策工具和金融市场工具，建立良好的风险隔离机制，平衡救助成本与收益，不断创新风险处置方法，确保市场流动性基本稳定。与此同时，紧急救助方案的完善还要重视对公众预期的引导。相关研究表明，紧急救助的不同方案会带来不同的结果，基于风险暴发损失的救助政策越明晰，则信贷收缩量及投资活动所遭受的破坏越小。

（何德旭）

（本章写作过程中，何代欣副研究员、李超副研究员、许振慧高级经济师提供了相关数据、资料的帮助和支持，特致谢意。）

第十一章 公共卫生对策：近期与长期

新冠肺炎疫情暴发导致的资源挤兑，一度对中国医疗卫生体系造成冲击，给患者收治带来了巨大压力，也暴露出中国医疗服务体系、公共卫生体系和疾控体系存在的问题。随着社会经济活动逐步恢复，疫情防控常态化对中国医疗卫生体系的风险防范和化解能力提出了更高要求。如何完善体制机制，前移预防关口，“避免小病酿成大疫”[①]，是值得反思的重要问题。

实践表明，公共卫生管理和疾病防控的有效性很大程度上受到居民健康卫生知识普及和早期筛查、干预能力（包括易感群体健康管理能力）等因素的影响，而这些都与基层医疗机构日常承担的公共卫生服务和健康管理工作息息相关。作为居民健康的“守门人”和防疫控疫的前沿哨所，如果最贴近居民的基层医疗机构不能有效发挥作用，患者蜂拥至医院，正常状态时的最大弊端是导致人民群众“看病难”和“看病贵”，在疫情时期则

---

① 习近平：《完善重大疫情防控体制机制 健全国家公共卫生应急管理体系》，《人民日报》2020年2月15日第1版。

严重降低疾病筛查和收治效率，还会形成交叉感染，恶化疫情防控形势。

因此，强化基层医疗机构服务和防疫能力，应当成为公共卫生服务体系的发展方向。本章将结合中国卫生资源配置现状，分析医疗卫生体系的结构性短板，对背后暴露出的体制机制问题展开讨论，并提出健全公共卫生服务体系的近期和长期政策建议。

第一节 中国卫生资源配置现状与问题

在新冠肺炎疫情冲击下，中国医疗卫生资源吃紧，有人由此提出应通过政府财政投入，提升各级公立医院床位、设备、人员配置，增加资源供给。但事实上，中国医疗资源，特别是医院床位资源并不短缺，甚至存在过剩现象。并且，近年来公立医院高速扩张已经致使基层医疗机构出现能力萎缩。当前的困境并不是医疗资源总量不够，而是未能形成有效的分工协作体系。延续这种格局只会显著弱化基层医疗机构服务和防疫能力，瓦解分级诊疗体系和疾病防控体系，也与习近平总书记提出的“加强农村、社区等基层防控能力建设，织密织牢第一道防线”[①] 的要求相悖。

以下就公立医院扩张造成基层医疗机构服务能力和业务规模萎缩的现象及其机制作一阐述。

① 习近平：《完善重大疫情防控体制机制 健全国家公共卫生应急管理体系》，《人民日报》2020年2月15日第1版。

一　资源配置结构失衡，过剩与短缺并存

经过过去十多年政府的大力投入，中国已经摆脱了医疗资源匮乏的状态。2018 年全国每千人口医师数 2.6 人，与美国（2.6 人）、英国（2.8 人）、加拿大（2.7 人）、韩国（2.3 人）等国相近；每千人口医院床位数达到 4.7 张，显著超过 OECD 国家中位数水平（3.9 张），高于澳大利亚（3.8 张）、挪威（3.6 张）、美国（2.8 张）、英国（2.5 张）等 20 个国家。此次作为抗疫一线的武汉市，拥有的医院资源更是排在全国前列，2018 年每千人口医师数 3.6 人，每千人口医院床位数达到 7.4 张，远高于全国平均水平。

高等级公立医院扩张是资源增长的主要驱动力。2010—2018 年，全国三级公立医院数量从 1258 家增长到 2263 家，床位数和医师数则以更高速度增长，致使院均床位数从原先的 830 张增加到了 1008 张。9 年间，全国公立医疗机构床位数增加了 219 万张，其中约 56.5% 的床位增长是由三级公立医院扩张所致。三级公立医院的市场份额也迅速提高，9 年间提高了 10 多个百分点。①

公立医院资源扩张的同时，住院率虚高现象普遍存在，意味着中国的床位资源已经过剩。表 11－1 给出了全部（除港澳台外）直辖市、省会城市和副省级城市 2017 年职工医保参保者的

① 资料来源：历年全国卫生健康统计年鉴。

百人住院人次数据，揭示了这些城市医院床位普遍过剩的事实。众所周知，北京市医疗资源丰富，北京市职工基本不存在应住院未住院现象。由于北京市三甲医院接诊大量外地重病患者，因此不会安排不需要住院的轻病患者住院。而且北京市职工医保门诊保障水平很高，参保者能在门诊治疗的疾病不会选择住院。所以，北京市的住院率处于合理水平。以此为参照，其他城市职工医保参保者住院率均高于北京市，大部分城市甚至显著高于北京市，表明各地普遍存在过度住院现象。过度住院现象的普遍存在则清楚地表明各地普遍存在床位过剩现象。

表 11－1　2017 年直辖市、省会城市和副省级城市职工医保住院率

城市	退休职工占比（%）	百人住院人数（人）	在职职工百人住院人次	退休职工百人住院人次	城市	退休职工占比（%）	百人住院人数（人）	在职职工百人住院人次	退休职工百人住院人次
北京	18.2	8.6	4.3	28.2	青岛	24.2	17.8	8.1	48.1
海口	17.9	9.8	3.6	38.1	成都	24.5	18.2	8.5	48.4
厦门	7.3	10.4	9.2	26.2	大连	27	18.5	7	49.9
福州	21.8	10.8	5.3	30.5	天津	36.3	19.1	7.2	40.1
合肥	19.2	11.6	5	39.3	石家庄	31.7	20.2	11.4	39.2
广州	16.6	12.5	6.1	44.6	郑州	16.8	20.8	11.8	65.4
南昌	32.3	13.8	5.9	30.5	长春	33.2	21.3	12.1	40
银川	24	14.4	8.1	34.4	昆明	27.9	21.6	8.6	55.1
济南	22.5	14.7	6.8	41.9	西安	29.8	21.9	8.8	52.8
上海	32.8	15.2	7.4	31	西藏	22.8	22.7	19.1	34.9
南京	24.2	15.4	8.4	37.3	乌鲁木齐	21.9	24.3	18.2	46.4
呼和浩特	27.8	15.5	7.7	36	武汉	29.7	24.4	10.7	56.8
太原	33.4	16	7.8	32.3	重庆	28.9	25.5	11.7	59.4
西宁	34.8	16.4	10	28.5	哈尔滨	40.9	28.3	17.2	44.4

续表

城市	退休职工占比（%）	百人住院人数（人）	在职职工百人住院人次	退休职工百人住院人次	城市	退休职工占比（%）	百人住院人数（人）	在职职工百人住院人次	退休职工百人住院人次
南宁	23.7	17.1	8.1	46	沈阳	40.9	29.3	14.3	51
兰州	39.3	17.5	9.3	30	宁波	17.9	29.8	18.2	83
杭州	19	17.6	12.7	38.5	长沙	21.7	31.1	13.4	94.8

资料来源：2017 年全国分统筹区职工医保收入、支出与补充资料。

医疗服务体系重心不断向高等级公立医院偏移，更为严重的后果是瓦解了我国的分级诊疗体系和疾病防控体系，使得基层医疗卫生机构无法充当居民健康的“守门人”和防疫控疫的前沿哨所。2014 年 12 月习近平总书记视察江苏省镇江市世业镇卫生院时提出，要切实解决好大医院始终处于“战时状态”、人满为患的问题。造成这一问题的原因是过去十几年来高等级公立医院高速扩张虹吸了基层的优质医疗资源，导致基层服务能力和业务规模日渐萎缩。公共卫生管理和疾控日常工作的有效性，事实上高度依赖于基层医疗机构的临床服务能力和以此为基础形成的社区居民吸引力和信任度，因此基层临床服务能力的萎缩必然导致公卫和疾控能力不足，日常工作流于形式而难有实际效力。

事实上，三级公立医院的高速扩张是通过虹吸二级医院和基层医疗机构优质医生资源，进而虹吸患者和医疗收入实现的。原因很简单，由于区域内成熟医师资源的数量相对稳定，高等级公立医院的快速扩张一般不会增加医师供给，而是与本地低等级医疗机构或欠发达地区医疗机构争夺成熟医师资源。规模扩张后的三级医院普遍选择成建制挖走本地二级医院或欠发达地区优秀医生的做法，二级医院则再向下挖走基层的优秀医生。在上下行政等级分明的格局下，基层培养出的成熟医生会很快被医院挖走，有些社区医疗机构甚至连大学毕业生都难留住。

随着高等级公立医院的扩张，公立医疗机构医生配置的倒金字塔结构更加显著，图 11－1 显示，2012 年，全国公立医疗系统中仅有 29.6% 的医生在三级医院执业，到 2018 年这一比例已经上升至 39.7%；同期，在基层医疗机构执业的医生占比则从 33.7% 下降到 29.9%。不仅如此，在公立基层医疗机构中，还有 37% 的医生是没有处方权的助理医师，而这一比例在三级医院仅有 1.3%，医生实际服务能力的差距则更大。

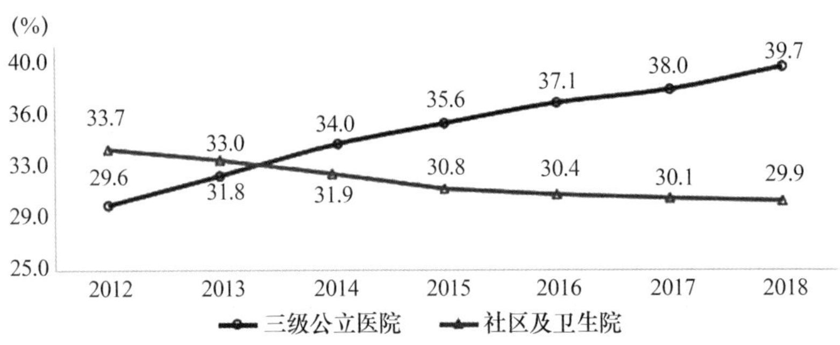

图 11－1　公立三级医院与社区医疗机构（助理）医师分布

资料来源：国家卫生和计划生育委员会编 2013—2017 年《中国卫生和计划生育统计年鉴》，以及国家卫生健康委员会编 2018—2019 年《中国卫生健康统计年鉴》，中国协和医科大学出版社 2013—2019 年版。

二　微观运行机制失效，公共卫生服务流于形式

随着基层医疗机构医生和患者持续流失，医疗业务收入萎

缩，基层医疗机构已主要依靠财政供养。自2011年起，全国普遍情况是，基层医疗机构获得的财政基本支出补助（不含离退休经费）不仅可以完全覆盖其在职职工的工资，还有四成左右的补助经费可以用于机构的其他运营开支。其中，城市社区中心获得的财政基本支出补助最为丰裕，到2017年，财政基本支出补助已是职工工资性收入总额的两倍以上。

在财政对于机构和人员旱涝保收的供养之下，基层医疗机构更加丧失了提供服务的积极性。以公共卫生服务为例，公立基层医疗卫生机构的基本公共卫生服务经费按照辖区内的居民数量计算，2009年居民人均基本公共卫生服务经费补助标准是不低于15元，到2018年，这一标准已经调整至55元，成为基层医疗机构收入中的重要构成部分。无论是否实际提供服务，只要报表填报达标，基层医疗机构就能够获得这笔来自财政的公共卫生经费补贴。再加上平均主义"大锅饭"的分配机制，多劳不多得，少劳不少得，自然不会有人愿意真干活儿。

在这种机制下，工作完成情况只能高度依赖自上而下的行政考核。为避免出工不出力或虚报工作量，考核指标不断扩充、层层加码，导致基层大量时间被考核填表工作占满。"财政真掏钱，社区干假活"是我们调研中一些社区卫生服务中心主任给出的说法。

数据虚报、浮报的普遍性可以从官方公布数据中窥见一斑。国家卫健委基层卫生司曾公布基本公共卫生服务情况称，至2015年底，全国居民电子健康档案建档率已经达到76.4%，分别管理高血压、糖尿病患者8835万人和2164万人，老年人健康管理1.18亿人。[①] 但到2017年，以此前基层公共卫生服务为基础扩展的家庭医生签约服务项目，在覆盖率上变成“人群覆盖率超过35%，重点人群覆盖率超过65%”[②]，远低于两年前的档案覆盖水平。

而相较于公共卫生服务建档率“缩水”的家庭医生签约数据，其中仍有大量水分。2017年，根据国家卫健委公布的数据，全国95%以上的城市开展了家庭医生签约服务工作，超过5亿人有了自己的家庭医生。[③] 签约服务费由医保基金、基本公共卫生服务经费和财政补贴分担，是公立基层医疗机构医护人员发放绩效工资的重要来源。但有意思的是，在调研访谈中，即便是卫生部门、财政部门和医保部门等为家庭医生服务买单的相关业务部门工作人员，都对这一签约率持否认看法。一些地区的社区卫生服务中心和卫生院在公共资金补贴下虽然成功与居民“签约”，但第二年要求居民自己承担少量签约服务费时，却遭到拒绝，由医保个人账户支付的动议也无法通过，意味着居民并未实际享受到令其接受的签约服务。此次疫情暴发后，就连重点签约人群（同时也是新冠肺炎易感人群）的“健康档案”都没能起到辅助作用，可见日

---

① 《国家卫生计生委基层卫生司高光明副司长在国家基本公共卫生服务项目等有关情况例行发布会上的讲话》，2017年7月10日，新浪网（http：//finance. sina. com. cn/roll/2017-07-10/doc-ifyhvyie087702 0. shtml）。

② “2017中国家庭医生论坛”，https：//www. thepaper. cn/newsDetail_forward_1911376。

③ 同上。

常“健康管理”工作只是流于形式。

与之对应的则是，个人健康档案（personal health record，PHR）在中国台湾地区的疫情防控工作中发挥了关键作用，是发现、追踪感染者、密切接触者和易感人群的核心工具。健康档案帮助台湾主动定位具有严重呼吸道症状的患者并进行后续观察；此前的健康信息和旅行史记录也成为快速识别病例的重要参考。[①] 而台湾2004年开始规划居民健康信息建设计划，2008年落地实施，重点发展个人健康记录（由家庭医学会进行工作指导），2013年推动以个人健康档案（PHR）为核心的健康云计划，进行健康信息整合，发展时间并不显著早于大陆。[②] 其中一个关键差异是台湾的个人健康档案很大程度上依托全民健保信息系统，具有更强的可操作性和实用性，依从性也比脱离医保系统单独建立个人健康档案这种做法高很多。

第二节　医疗卫生体系的服务供给模式转型

近年来政府医疗卫生投入大幅度增加的同时，财政投入方向也显著向公立基层医疗卫生机构倾斜，但无法扭转基层服务能力

---

① Wang C. J., Ng C. Y. and Brook R. H., “Response to COVID－19 in Taiwan: Big Data Analytics, New Technology, and Proactive Testing”, *JAMA*, 3 March, 2020.

② 陈恒顺、廖静珠、侯宏彬等：《医疗保健与长照资讯整合系统》，《台湾医学》2018年第22期。

弱化、业务萎缩的趋势。强基层需要改革服务供给模式。

一 通过增加财政投入和编制保障强化基层服务能力的成效不彰

全国卫生财务报表数据显示，基层医疗机构获得的财政投入快速增长。基层投入占财政“补供方”比重由2008年的29.2%上涨到2018年的42.2%。基层医疗机构在编人员人均财政投入由2008年时低于公立医院变成目前显著高于公立医院，前者对后者的比率从2008年的0.88提高到2017年的1.67。其中，城市社区卫生服务中心获得的财政补助力度最大，基本补助水平甚至超过公立医院全部财政补助的人均水平。同期城市社区卫生服务中心每编制人均获得的基本补助从2.3万元增长到了12.8万元，年均增幅为21.2%，乡镇卫生院每编制人均基本补助从0.9万元增长到了9万元，年均增幅为28.8%。

公共卫生经费方面，2014年全国公立基层医疗机构获得的基本公共卫生服务财政补助为300.9亿元，此外，还有公共卫生项目补助48.2亿元，合计349.1亿元。到2017年，基层医疗机构获得的基本公共卫生服务补助收入达到492.3亿元，公共卫生项目补助收入达到81.1亿元，合计573.5亿元。财政对基层医疗机构的公共卫生经费投入以平均每年18%的速度增长，远超过同期财政对全部公立医疗卫生机构的投入增速（11.5%）。

贫困地区基层医疗机构的财政保障亦能及时到位。以宁夏回族自治区中卫市海原县为例，乡镇卫生院在职人均财政补助收入早在 2016 年就已经超过 10 万元，如果仅考虑在编人员，则人均财政补助超过 14 万元；其中，基本公共卫生服务（不含人员经费补助）和公共卫生专项补助占到四成，并不存在投入不足的情况，而且已经出现设备闲置包括设备到位当地医卫人员不会使用的问题。

然而，财政投入强度的不断提高并没有扭转社区医疗机构服务能力和业务规模逐步萎缩的局面。实际情况是，在财政投入强度逐年提高的同时，基层医疗机构的诊疗人次份额逐年下滑，2010 年，全国还有 30.4% 的门急诊服务和 29.2% 的住院服务需求就近在公立社区中心或卫生院解决，但到 2017 年，仅有 26.5% 的门急诊患者和 18.3% 的住院患者在公立社区中心和卫生院就医，八年间分别下降了 4 个和 11 个百分点，越来越背离建立分级诊疗体系的政策目标。

此次作为抗疫一线的武汉市充分暴露了这一点。2009—2018 年，武汉市三级医院从 30 家增加到 61 家，其中三甲医院从 22 家增加到 28 家，部、省属医院从 8 家增加到 13 家。在三级医院虹吸之下，武汉市基层医疗卫生机构已经基本丧失覆盖社区和乡镇的服务能力。到 2018 年仅有 13.9% 的医生在社区机构和卫生院执业，其床位占比仅有 11.8%；全年仅有 17.8% 的门诊患者和 7% 的住院患者在社区、卫生院就医。这也是导致武汉在医疗资源如此丰富的情况下面对疫情仍捉襟见肘的原因所在。

上述事实说明，通过增加财政投入和编制大力发展公立医院和社区卫生服务中心的方式建立分级诊疗体系，提高社区医疗服务能力和疾控能力，成效不彰。

二　公共卫生服务供给模式转型思路

财政投入未能取得预期成效，其根源在于基层医疗卫生服务体系的制度安排以及相应的财政投入机制。财政直接投入用于“养人、养机构”的模式，无法形成有效的公共服务供给体制。

对比此次疫情期间新加坡社区医疗系统在病例筛查和干预方面的有效经验①，结论则更加明显。新加坡政府在抗击 SARS 和 H1N1 中积累下经验，在 2200 多家私立诊所中政府拨款支持其中的 880 多家私立诊所同时承担公众健康预备诊所（Public Health Preparedness Clinic，PHPC，类似于中国的发热门诊）职能，作为“传染病监测哨点”，并形成一套由公立医院、社区医院和私人诊所构成的联动防御体系。2020 年 1 月下旬，上海、

① 4 月以来，新加坡确诊病例数激增，从 4 月 1 日全国确诊病例仅有 879 例攀升至 4 月 23 日的 10141 例，新增病例主要集中在外籍劳工群聚的区域。由于未能对症状轻微或无症状的外籍劳工感染者进行有效隔离，导致出现大量聚集性感染。据《纽约时报》报道：“新加坡当局似乎没有充分认识到这种病毒的传染性。据政府的说法，大多数新感染者症状轻微或无症状，到目前为止尚无一例需要重症监护，这或许能解释为什么没有更早发现外劳中的疫情。”（https：//cn. nytimes. com/asia-pacific/20200421/coronavirus-singapore/，引用日期：2020 年 4 月 24 日）导致疫情暴发的原因，一方面是政府和疾控系统对无症状感染者的认识不足，也忽视了对外籍劳工的保护，另一方面是大量外籍劳工居住环境拥挤、卫生条件差，致使无法进行有效的社区隔离。这背后涉及更深层次的社会经济问题。但以上问题并不能否定新加坡社区卫生服务体系的有效性，新加坡在防疫初期依靠这一体系成功延缓了疫情暴发的结论仍然成立。当然，新加坡最终未能控制住疫情暴发，说明防控重大疫情考验的是整个国家和社会的治理体系，仅靠高效的医疗卫生服务体系远远不够，相关启示将在后文“完善公共卫生服务体系的长期计划”部分讨论。

北京相继启动一级响应，分别启动发热门诊 110 家和 101 家，数量均不足新加坡的 1/8，而新加坡面积仅相当于北京市的大兴区，也小于上海市的浦东区。

2020 年 1 月 2 日开始，新加坡这 880 多家诊所就接到中国武汉的新冠肺炎疫情警报。1 月 3 日起，它们开始就疫情分检和转诊做准备。这些私人诊所规模和国内私人诊所相仿，在防疫中，它们的职责在于发现可疑病人，按照统一的标准诊断、治疗、上报、转诊、隔离，最大限度地减少漏诊的同时，尽可能地避免恐慌性挤兑公共卫生资源。PHPC 体系共享医疗信息，为传染病例追溯提供了可靠的依据。

这样的私立诊所网络之所以能够有效发挥作用，在于它们平时就是新加坡的社区健康守门人。新加坡的家庭医生诊所必须加入当地的慢病管理计划（Chronic Disease Management Programme，CDMP）和社区健康支持方案（Community Health Assist Scheme，CHAS），才具有申请加入 PHPC 体系的资格。背后的逻辑也很简单，只有日常从事居民的健康管理服务，并且获得居民信任，才能够在突发公共卫生事件中更好地实现风险监测和疾病防控功能。此外值得一提的是，除了公共卫生培训之外，政府财政对于 PHPC 的支持主要体现在提供应对公共卫生事件所必需的物资（比如个人防护物资、药品、疫苗等）上；而在日常，这些诊所主要基于 CDMP 和 CHAS 获取服务收入，支付来源是医保储蓄账户和患者自费。

从国际经验来看，不管是医院以公立为主的国家，如英国和新加坡，还是医院以私立为主或公私参半的国家如美国、加拿大、德国、日本等，作为医疗卫生“守门人”的社区医疗机构，90%左右是私立诊所，它们满足了国民90%左右的门急诊需求。在竞争机制与医保支付制度设计的双重作用下，这些私立诊所具有将患者留在社区的服务能力，也具有将患者留在基层的充分积极性，获得了社区居民的充分信任。医学毕业生在医院从业若干年后，多数会离开医院自行开设诊所或在医院和诊所间多点执业，强化了基层服务能力，形成了良性循环。而在社区医疗卫生机构采取政府“养人、养机构”模式，国际上鲜有成功案例。

事实表明，让基层医疗机构有提供受到社区居民信任的普通医疗服务的能力和主动提供良好健康服务的积极性，才可以充分激活基层资源，强化基层服务能力。解决问题的出路不在增加财政投入和人员编制，而是调整财政投入体制，改变“养人、养机构”的服务供给模式，发挥竞争与激励机制的作用。

第三节　健全公共卫生服务体系的政策建议

在医疗资源并不短缺的情况下，继续扩张公立医院非但无助于提高医疗供给水平，还会进一步拉开医院与基层的差距，带来更大的公卫管理和疾病防控隐患。应认真总结医疗卫生工作中的结构性问题，找准短板，精准施策，不能一遇到问题就用扩张的办法、财政花钱的办法，那不是可持续的路径。解决医疗资源配置失衡，完善社区医疗卫生服务网络，建立分级诊疗体系才是提升疾病预防控制能力的关键。

立足于此，以下提出完善公共卫生服务体系的近期和长期政策建议。

一　完善公共卫生服务体系的近期措施

健全公共卫生服务体系的当务之急，一方面是要考虑如何在短期内医疗服务资源总量既定的前提下，通过结构调整和机制优化来增加有效服务供给，尤其是弥补当前基层医疗机构服务短板；另一方面应从持续做好疫情防控工作的角度出发，强化基层医疗机构的风险监测和防控能力，同时也避免人员在大医院聚集造成交叉感染。

具体而言：第一，充分发挥互联网医疗在及时安全增加医疗供给、降低交叉传染风险方面的作用。当前政府能够迅速采取的有效措施之一，是立刻放开互联网首诊、放开处方药线上销售，承认其合法性；同时，探索将符合医保补偿政策的服务和网售处方药纳入医保支付。疫情期间为缓解线下诊疗压力，武汉市已经采取了远程诊疗手段，且医保局将部分互联网医疗纳入医保支付。在此经验的基础上，可以继续探索完善关于互联网首诊、处方药线上销售的政策法规和医保支付办法，扩大在线提供服务的医生规模，迅速减缓线下就医压力，最大限度地减少医疗场所交叉感染，也减轻医生线上“非法”执业的心理压力。在平时，这一举措也可以极大提高居民获取医疗服务的便利性。

作为配套措施，针对网络开具的医学检验及处方药，应鼓励社会第三方检验机构根据互联网医疗平台的诊疗记录与医生建议，在做好充分防护的情况下为患者检验，减轻公立医院医疗资源紧张、患者高度拥堵的困境；已经具备网络售药能力的互联网平台，允许它们尽快与互联网医疗平台系统对接，实现处方信息共享，即时结算，实时监督；销售医保目录内药品的网络售药平台，需提供接口与国家医保局对接，保证医保主管部门对全链条信息可见、可稽查，并为符合医保补偿政策的药品按照患者所在地区医保政策即时付费。

第二，在基层构建“医卫融合（医防融合）”的健康服务网络。“医卫融合”是公共卫生服务体系的发展方向，因为医卫人员普遍偏爱更具实用性的医疗临床业务，而对不做临床专职公卫的工作则普遍缺乏热情，医卫合一有助于吸引和留住人才。而且从老百姓的角度讲，“会看病”的医生从事公卫包括疾控工作更易受信任。因此，将医疗服务和公卫服务结合在一起，不仅居民更容易接受，也更能够有效实现公卫服务的真实全覆盖。此前的实践经验表明，在没有医疗服务需求的情况下，向普通居民尤其是农村居民普及疾病防治和公共卫生知识的效果并不理想，也很难吸引他们定期参与健康卫生知识普及等活动。而在提供医疗服务时将公卫服务融合进去，则能取得事半功倍的效果。另外，医疗和公卫的结合扩充了服务内容，给了基层卫生人员更多的锻炼机会和更大的成长空间，也让医生更早介入居民的健康管理，符合提升基层服务能力的需要。

因此，在基层不仅不宜将公卫机构和医疗机构分开设立，也不宜将两个工作分开安排，而是要让基层机构的医护人员在满足居民医疗需求的同时一并承担公共卫生和疾病防控工作。在国家和省级疾控中心保持独立设置的同时，地级市及以下的疾控部门尤其是县（市）和乡镇的疾控部门和疾控业务应并入相应的医疗机构，同时借鉴新加坡的做法，将基层的公共卫生和疾控业务委托给相应的基层医疗机构承担，实现上述医疗服务、公卫服务包括疾控业务的协同效应。

此外，可以利用互联网医疗平台网络，促进优质服务下沉，提升基层医疗服务能力和疾病防控能力，同时也实现医疗卫生机构之间的协同。实际上，已经有一些互联网医疗机构实现了与社区、卫生院、村医和诊所的对接；也有一些二级公立或民营医院，基于扩展服务半径的需要，通过互联网等远程合作方式，让服务下沉。在这一过程中，通过彼此间的业务合作和信息与技术交流，可以提升居民在基层获得的医疗卫生服务质量，同时也有效培训了基层的医卫人员，提高了他们的医疗和公卫服务能力。

第三，将医疗保障基金和公共卫生服务资金统筹使用。2020年2月25日《中共中央国务院关于深化医疗保障制度改革的意见》中提出，“统筹医疗保障基金和公共卫生服务资金使用，提高对基层医疗机构的支付比例，实现公共卫生服务和医疗服务有效衔接”。其意涵是将原本直接拨付给公立基层医疗机构的公卫资金转化为对基层医疗机构服务的统筹支付。其中的关键在于形成一种激励相容的机制：如果能通过优质服务吸引更多的患者，就可以得到更多的医保支付；无法通过真实有效的服务获取医保统筹支付的机构或者医生，自然被淘汰。在这种多劳多得、优绩优酬、优胜劣汰的机制下，大家有主动提供良好的医疗服务和健康服务的积极性，就可以充分激活基层资源。更加精准的激励机制可以通过多样化的医保支付方式设计实现，如按人头付费机制就能够激励医疗机构及其医护人员有充分积极性提供良好的公卫服务以降低患病率来获得最大医保支付结余。

医保统筹支付的另一优势在于，目前农村地区公卫任务由卫生院和村医分担，但是对村医的考核由卫生院负责，并以此决定公卫经费的分配。这一格局让卫生院很容易把公卫任务下压给村医承担，但是在考核时以不合格为由克扣经费，使得村医很难开展公卫工作，也没有积极性把工作做好。由医保部门来负责服务支付与考核，一方面不存在上述利益冲突，另一方面以居民流向作为医保支付依据，省去卫生院和村医种种烦琐的考核表格填报工作，也实现了将监督权、考核权和选择权交给人民群众的制度优势，体现了建立共建共治共享社会治理新格局的目标。

另一项关键措施是要将包括诊所在内的社会办基层机构纳入医保基金和公卫资金的统筹支付网络。一方面，可以通过医保支付设计促进医疗服务和公卫服务供给的融合；另一方面，社会办基层医疗机构参与到医保基金的分配当中，可以与公立机构相互竞争，促进优胜劣汰，从而提升卫生服务体系的整体效率，让老百姓获得更多更好的服务。此外，农村地区的公立基层医疗机构中存在大量聘用编外人员的情况，这部分人多是具有医卫专科学历的农村青年，相当部分已经获得助理医师资质，因为户籍和编制约束无法进编，他们往往负责填写各种报表，而不能有效参与到服务提供当中。在医保支付的支持下，这部分人才可以通过合伙执业或独立执业的方式，增加欠发达地区的有效服务供给，提高资源利用效率。

第四，为防止公立医院继续扩张，挤压基层医疗机构、社会办医和新型服务业态的生存发展空间，加剧资源配置失衡，应进一步明确要求落实此前中央文件要求，禁止公立医院举债扩张。防范加大地方债务、形成未来中央财政偿债负担。既然社会力量办医可平衡医疗资源分配，没有必要政府负债建设。

第五，考虑到医保基金目前存在结余较大、沉淀已久的个人账户，可以以危机为窗口，将个人账户资金转为医保统筹基金，同步建立门诊统筹制度，缓解人民群众支付负担的同时分担医保基金给付压力。

2018 年，全国城镇职工医保个人账户收入 5297 亿元，当期结余 1084 亿元，累计结余 7284 亿元。将这部分资金统一纳入统筹基金，完全不增加企业、个人和政府负担，还可以显著扩大职工医保统筹基金规模，在显著提高保障水平尤其是门诊保障水平的条件下，提高基金的可持续性。

有这笔资金作为支持，城镇职工医保可以建立门诊统筹制度，对患者门诊就医进行补偿，同时也是对取消个人账户做制度性补偿。当前个人账户的运行存在诸多问题，包括基金积累成本高，储蓄利率比不上医疗费用增速；基金浪费严重，在药店购买大量目录外商品；门诊就医没有统筹基金补偿，门诊费用高的人群特别是老年人群费用负担重；等等。这些都严重影响人民群众就医保障的获得感。取消个人账户、建立门诊统筹，短期受损的是医疗费用发生较少的年轻人群，而医疗费用较高的老年人群显著受益，这正是此次疫情面向的高危人群，调整福利制度予以倾斜本身符合社会预期，也安抚民心。长远来看，这一做法也有利于医保基金的长期可持续发展，提高全社会抗风险能力。

二 完善公共卫生服务体系的长期计划

长期来看，此次疫情也为医疗卫生服务体系改革打开了窗口。如何进一步激活人力资源，整合服务体系，提高公共资金的抗风险能力，是长期需要考虑的议题。

第一，尽管从床位、设备等硬件设施看中国的医疗资源已经达到 OECD 国家中位水平，但是医护人员素质等软件能力差距还很大，社区诊所等中小型医疗机构的数量和从业医生还严重不足，这方面的医疗资源还需要显著增加。

增加供给的关键不是加大财政投入进一步做大三级医院，而是要解决供给潜力和医疗体制束缚之间的矛盾。实际上，中国这方面的人力资源供给并不短缺，医疗卫生专业毕业生不足 40% 能够进入医疗行业从事医疗卫生工作这一事实说明了这一点，体制束缚才是阻碍人力资源发展的关键。要解决这一矛盾，应在落实《关于进一步深化事业单位人事制度改革的意见》（中办发〔2011〕28 号）、2014 年国务院《事业单位人事管理条例》和 2015 年《国务院关于机关事业单位工作人员养老保险制度改革的决定》基础上，通过取消医疗行业事业编制身份制度，实现医生自由执业，来消除医疗行业的人力资源进入壁垒，实现医生数量和素质的双提高。

第二，转变财政投入方式，从财政“供需兼顾”投入模式转向财政补需方为主。补需方体现“更好地发挥政府作用”，供方则建立“竞争中性”原则，让市场在资源配置中发挥决定性作用，在医疗服务领域形成共建共治共享的社会治理新格局，充分发挥医保价值导向的战略性购买功能，使其成为引领医疗资源合理配置，构建有效的医疗服务和防疫控疫体系的关键政策抓手。

只要还存在对公共服务机构的直接财政补贴，就需要考虑建立相应机构、建立科学考核评估体系等一系列问题，特别是与财政投入规模、结构、机制等相挂钩，这方面的管理成本非常高，考核评估效果则相当有限。“补需方”则简单得多。比如，在财政仅对医保基金补贴的情况下，只需要考虑居民医保人均财政补贴水平即可。城乡居民医保筹资水平及相应的财政补贴，每年年初由国务院明确下达指导数据，如2016—2019年的财政补贴底线标准依次是420元、450元、490元和520元，各地区均能够以该水平为底线完成任务，简单易行，通俗易懂，很容易做到“量力而行，尽力而为”，各级政府相应的财政补贴均能及时到位，亦很少出现部门分歧，也很少见各方面的批评意见。

第三，充分动员社会力量参与健康治理，扩充基层卫生队伍、提高卫生服务效率，“不求所有、但求所用”。包括私人诊所在内的社会办基层医疗机构，在没有政府经费支持且大多没有医保支付的条件下，仍然可以在包括贫困地区在内的地区存活，意味着它们已经获得了居民的认可。而且《中国卫生健康统计年鉴》的数据显示，在基层，六成的患者选择在非政府办机构获取诊疗服务。这部分社会资源不应该被忽视，而是应该纳入公卫体系统筹考虑，用于扩充基层医疗卫生服务网络，提升服务能力。

因此，需要下大力气清理各种隐形政策壁垒，将党中央国务院鼓励社会力量办医的政策落到实处，尤其是将取消非公立医疗机构区域卫生规划政策落到实处。医师开办诊所、日间手术中心、医院、检查检验中心等中小型医疗机构，不需要行政审批，只需要进行工商登记即可。

第四，以信息网络的整合与共享为抓手，促进服务体系整合与多方协作，充实卫生健康服务网络，提升服务能力，促进产业发展。

可以借鉴中国台湾的经验，以目前全国统一的医保信息系统搭建为契机，立刻着手整合分散在各个部门、机构的个人健康信息，将个人电子健康档案作为医保信息系统的子系统进行建设。这样能够有效改变目前两个系统分割设立，健康档案耗资巨大却毫无实用性的弊端。由于目前基本实现全民参保，而且参保者个人基本信息和就医信息已经自动纳入医保信息系统，以此为依托建立覆盖所有参保者也就是全民的个人健康档案，成本低廉且具有很强的准确性和实用性，依从性也好很多，能够真正实现医保卡和个人健康档案“记录一生、服务一生、保障一生”的目标。

信息整合同时也意味着资源的共享。以医保信息平台为载体，让健康信息对于居民和医疗服务机构可得，其更重要的意义还在于助力不同医疗服务机构之间的分工协作与服务整合，促进健康服务产业的发展，尤其是让家庭医生在医疗服务体系中发挥更大作用；同时，提高居民与医疗卫生机构间的沟通效率，更好地帮助居民实现健康管理，也提升公共服务质量。在平时，这一举措可以极大增加居民就医的便利性，提升“获得感”；面对突发公共卫生事件，健康档案也可以作为信息管理抓手，实现有效的风险识别和防控。这也是提高国家治理能力的具体体现。

第五，加速推进农民工市民化进程，尽快实现包括公共卫生服务在内的公共服务均等化和全覆盖，消除重大公卫疫情的防范死角，将风险降到最低。根据目前整理国际文献得出的初步结论，新加坡政府在早期疫情应对上相当及时高效，但由于忽视了外籍劳工可能造成的极大感染风险，导致 4 月在外籍劳工群聚区域出现疫情大规模暴发。这主要暴露出的不是新加坡卫生服务体系的问题，而是社会经济结构和社会治理体系的问题。新加坡的情况对我们是一个非常重要的提醒。在中国，大量农民工同样面临着医疗卫生条件差，无法有效享受打工地各类公共服务、缺少个人防护用品，居住环境拥挤，无法实现有效社区隔离等问题。这些都是潜在的疫情防控风险点。因此，面对疫情大流行危机，我们对于公共卫生的理解不能“碎片化”，而是要将其视为一个相互联系的链条。长期来看，通过推进农民工市民化进程，促进包括公共卫生服务在内的公共服务均等化全覆盖，着力解决好链条上的薄弱环节，才是提升社会整体风险防范能力的关键。

（朱恒鹏、潘雨晴）

第十二章　全球疫情与世界经济展望

近年来，由于各种风险不断累积，世界经济增长动力明显不足，并出现普遍超出市场预期的大幅下滑。新冠肺炎疫情在全球蔓延，成为“压垮骆驼的最后一根稻草”，并引发世界经济的新一轮衰退。但对比其他主要经济体疫情防控和经济发展形势来看，中国经济已表现出足够的韧性，并将在世界经济中发挥更重要的作用。

第一节　疫情暴发前世界经济超预期下行

新冠肺炎疫情暴发前，世界经济面临的下行压力逐步加大，国际贸易和投资表现也不及预期。这为疫情给世界经济带来巨大冲击埋下了隐患。从这个意义上说，疫情是加速世界经济风险暴露的“导火索”。

一 世界经济增长超预期下滑

2019 年前，市场普遍预计世界经济笼罩在下滑阴影之中，但下滑幅度如此之大远远超出市场预期。进入 2019 年，世界经济增速一直处于下滑之中。与两年前 3/4 的经济体都在加速发展形成对比的是，9/10 的经济体在 2019 年放慢了经济增长的脚步。据 2020 年 1 月国际货币基金组织（IMF）发布的《世界经济展望》报告，2019 年世界经济增长率为 2.9%，较上年下降 0.7 个百分点，并创 2010 年以来的最低水平；与一年前该组织的预测值相比，大幅下调了 0.6 个百分点。[①] 其中，发达经济体经济增长率为 1.7%，较上年下降 0.5 个百分点；新兴市场和发展中国家经济增长率为 3.7%，较上年下降 0.8 个百分点。根据美国布鲁金斯学会（Brookings Institution）和英国《金融时报》联合编制的反映全球经济及各国的实际经济活动、金融市场和投资者信心的全球经济复苏追踪指数（Tracking Indices for Global Economic Recovery，TIGER），自 2018 年 1 月达到峰值后至 2019 年 10 月一直处于下跌中。[②] 彭博全球 GDP 跟踪指数显示，从 2018 年初到 2019 年第三季度，全球经济增速已从 4.7% 放缓至 2.2%。从主要经济体看，2019 年美国经济增速较上年下降 0.6

---

① IMF, *World Economic Outlook*: *Tentative Stabilization*, *Sluggish Recovery*? January 20, 2020, https: //www. imf. org/en/Publications/WEO/Issues/2020/01/20/weo - update - january 2020.

② Chris Giles, in London, "2019 Global Economy Enters Period of 'Synchronised Stagnation'", *Financial Times*, October 13, 2019.

个百分点至2.3%，欧元区经济增速较上年下降0.7个百分点至1.2%，中国经济增速较上年下降0.5个百分点至6.1%，拉美和加勒比地区从1.0%降至0.2%。作为特例，日本较上年增加0.7个百分点至1.0%。值得关注的是印度经济失速比较严重，2019年第三季度印度同比增长滑到了4.5%，全年增长率为4.8%，远逊于上年的6.8%。

与此同时，国际贸易与投资增长明显乏力。2019年10月，世界贸易组织（WTO）再次调降货物贸易增长的预测，从半年前预测的2.6%下调至1.2%，降幅达1.4个百分点。[①] 2019年再次出现全球贸易增速低于世界经济增速的情况，而通常情况是贸易增速快于经济增速。据全球贸易预警（Global Trade Alert）的数据，2018年各国推出的贸易保护措施达2200项，创历史最高水平；而促进贸易投资的措施仅为676项，比上年减少176项。[②] 国际直接投资活动持续低迷。据2020年1月联合国贸发会议（UNCTAD）发布的《全球投资趋势监测报告》估计，2019年全球外商直接投资（FDI）流入额为1.39万亿美元，较2018年的1.41万亿美元下降约1%。相比发展中经济体，发达经济体的FDI流入额降幅更大。2019年发达经济体的FDI流入额估计为6430亿美元，较上年下降6%。其中，欧盟FDI流入额估

① WTO, “WTO Lowers Trade Forecast as Tensions Unsettle Global Economy”, *Press Release*, October 1, 2019.

② Global Trade Alert, Total Number of Implemented Interventions Since November 2008, March 28, 2020.

计为 3050 亿美元，较上年下降 15%。在发展中经济体中，亚洲经济体的 FDI 流入额降幅最大。2019 年亚洲发展中经济体吸引的 FDI 总额估计为 4730 亿美元，较上年减少 6%。[①] 由于贸易紧张局势以及投资政策的变化，韩国的外商直接投资流入额估计在 2019 年降至 78 亿美元，较 2018 年下降 46%；土耳其的外商直接投资额则估计从 2018 年的 130 亿美元降至 2019 年的 83 亿美元。总体看，全球贸易和投资对全球经济增长的支撑力在下降。正面的数据来自于贸易平衡领域。美国、欧洲、中国三大经济体的经常项目差额均未超过 GDP 的 3%。与贸易投资关系密切的汇率波动幅度整体看不大，2019 年 11 月底欧元兑美元与一年前相比贬值 3.3%，人民币贬值 1.3%，日元升值 3.1%。

2019 年世界经济虽然减速，但仍实现了 3% 的增长，特别是没有出现有些人所预言的衰退，最直接的因素是主要经济体都适时采取了应对措施。美联储改弦易辙，在过去 3 年内 9 次加息后，在 2019 年连续三次降低联邦基金利率，使隔夜拆借利率目标下调至 1.5%—1.75% 区间。美国货币政策重回宽松轨道的另一标志是美联储停止缩表进程并恢复购债行动，从 2019 年 10 月中旬开始到 2020 年第二季度每月购买 600 亿美元短期债。欧洲也与美国相向而行。欧央行宣布下调欧元区隔夜存款利率至 -0.5%，维持欧元区主导利率为零和隔夜贷款利率 0.25% 不变，

① UNCTAD, "Global FDI Flows Flat in 2019, Moderate Increase Expected in 2020", *Global Investment Trend Monitor*, No. 33, 2020.

在保持存量稳定的同时重启欧洲版的数量宽松政策，从 2019 年 11 月起每月购债 200 亿欧元。包括金砖国家在内的许多新兴经济体和发展中国家都不同程度地降低了利率并扩大了政府支出。赤字政策也是新兴经济体和中等收入经济体政府总债务与 GDP 之比在 2019 年从 50.8% 升至 53.8% 的原因之一。总之，各国大力施行的扩张性政策以及主要经济体的增长惯性，构成了世界经济在 2019 年仍能有 3% 增长率的主要支撑。

二 多重因素导致世界经济下行

总体来看，导致近年来世界经济下行的原因很多，既包括短期、中期和长期因素，也包括深层次的制度因素。

短期因素主要源于单边主义和保护主义盛行。特朗普政府奉行的单边主义和保护主义政策，严重抑制了全球贸易投资往来，极大地影响了投资者的信心。国际货币基金组织总裁格奥尔基耶娃指出，贸易战造成的累积经济损失可能达到 7000 亿美元，占全球 GDP 的 0.7%。[①] 其直接原因是由投资需求和消费需求组成的全球总需求不足。据瑞银集团估计，2019 年全球消费支出增速创 10 年来新低。这在全球物价水平稳中有降和经济增速显著放缓同步之中得到了充分反映。达拉斯联邦储备银行数据显示，2019 年第二和第三季度美国非住宅固定投资的年化增长率分别

① David Lawder and Andrea Shalal，“U. S. China Tariffs Drag Global Growth to Lowest in a Decade：IMF”，October 15，2019，https：//www. cnbc. com/2019/10/15/reuters-america-update-1-u-s-china-tariffs-drag-global-growth-to-lowest-in-a-decade-imf. html.

降至 1.01% 和 2.66%。另据瑞银集团估计，2019 年全球消费支出创 10 年来增速新低，其中全球消费减速的 40% 来自印度，土耳其和中国各占 25%。[①] 单边主义和保护主义也使国际社会在应对世界经济挑战上难以形成有效的合力，从而导致各种风险的负面效应不断扩大。

中期因素主要源于货币政策与财政政策的效果递减。世界各国尤其是发达经济体货币政策与财政政策的效果递减，可以从所谓的现代货币理论（MMT）成为政策讨论焦点之一得到证实。日本银行政策委员会前委员白井早由里在“现代货币理论及其实施与挑战”一文中点明了该理论被热议的本质：突出强调财政扩张政策反映出对非常规货币宽松政策表现的失望，包括低于预期的增长和通胀，已经处于萎缩境况的全球制造业便是一个典型例子。[②]

长期因素主要源于劳动生产率增长放缓。当前，全球主要经济体人口老龄化进程不断强化，技术进步特别是数字技术革命带来的复杂影响，以及各国经济体制机制对经济健康可持续发展形成的掣肘，是劳动生产率增长放缓的主要原因。劳动生产率增长放缓，意味着盈利等预期长期都不看好，由此对投资需求产生抑制作用。此外，反映资本和劳动总体使用效率的全要素生产率

---

① Caroline Grady, “Emerging Markets Are Driving the Global Spending Slowdown”, *Financial Times*, December 17, 2019.

② Sayuri Shirai, “Modern Money Theory and Its Implementation and Challenges: The Case of Japan”, 18 July, 2019, voxeu. org/article/modern-money-theory-and-its-challenges.

(TFP) 增长也在逐步下降。据国际货币基金组织数据，发达经济体的全要素生产率在国际金融危机前的2000—2007年年均增速为1%，在危机后的2011—2016年年均增速降至0.3%；同期，新兴市场与发展中经济体则从危机前的2.8%下降至危机后的1.3%。[①] 当前，无论是发达经济体还是新兴市场与发展中经济体，全要素生产率增速均处于下降通道。

按市场汇率计算占全球GDP大半的发达经济体陷入持续低迷期的深层原因，在《金融时报》评论家马丁·沃尔夫题为“为何受到操纵的资本主义正在破坏自由民主”一文中得到了恰当的说明。[②] 过去40年，尤其是在美国这个全球最重要的国家，人们看到了一个危险的铁三角：生产率增长放缓，贫富不均加剧，金融大震荡不断。它源于“收租食利资本主义”的兴起，即市场和政治权力允许享有特权的个人和企业从所有其他人身上榨取大量租值。金融业制造信贷和资金的能力为其自身的活动、收入以及利润提供了资金来源。1980年以来的金融活动的爆炸性增长没有提高生产率增速，倒是使CEO收入大涨。与三四十年前相比，美国市场集中度上升，进入市场的新企业比例下降，领先企业与其他企业在生产率和利润率方面差距不断拉大，竞争变弱和垄断租值上升。大公司的避税更为可耻，因为公司以及股东受益于国家提供的公共产品：安全、法律制度、基础设施、受

① IMF, “World Economic Outlook Update: A Firming Recovery”, 24 July, 2017.

② Martin Wolf, “Why Rigged Capitalism is Damaging Liberal Democracy”, *Financial Times*, 18 September, 2019.

过良好教育的劳动力和稳定的社会政治环境。公司还通过游说支持扭曲的和不公平的税收漏洞，反对针对合并、反垄断、金融不端行为、环境与劳动市场进行必要的监管，租值同时被创造出来。随着西方经济体在收入分配方面变得更加拉美化，它们的政治也变得更加拉美化。民粹主义者愈发仇外，并推动一种被操纵的有利于精英人士的资本主义。这些活动很可能最终导致西方自由民主制度本身的衰落与灭亡。

第二节　疫情给世界经济带来严重冲击

由于各种风险的长期累积，疫情对世界经济的冲击迅速放大。如果疫情持续蔓延，世界经济还可能陷入较长时间的低迷。

一　疫情蔓延冲击世界经济

近年来，越来越多国家出现了低增长、低通胀、低利率和高债务、高收入差距、高资产价格的“三低三高”有毒组合，在疫情的推动下各种风险不断累积和暴露，世界经济衰退风险不断攀升。为此，一些国际机构陆续大幅下调世界经济增长预期。2020 年 3 月 2 日，经合组织（OECD）报告指出，突发公共卫生事件将使全球需求和供应遭受重创，2020 年世界经济增速将创近十年以来最低的水平。即便是在较为乐观的情景下，2020 年世界经济增速将较上年下降 0.5 个百分点至 2.4%。如果新冠肺炎疫情大范围蔓延，世界经济将遭受更加严重的冲击，经济增速将降至1.5%，仅为疫情发生前预期增长率的一半，并且日本和欧元区经济还可能会陷入衰退。[①] 3月23日，世界银行行长戴维·马尔帕斯在二十国集团财长视频会议上也表示，世界经济将会出现严重衰退。同日，总部设在美国华盛顿的国际金融协会（IIF）发布的《全球宏观观察》报告称，受新冠肺炎疫情在全球蔓延导致经济活动停滞、石油价格暴跌及不断累积的信贷压力等因素影响，2020年世界经济将出现2009年以来的首次负增长，经济增长率为-1.5%。[②] 4月14日，IMF发布《世界经济展望》报告称，2020年世界经济将出现20世纪30年代“大萧条”以来最糟糕的经济后果，经济增速将跌至-3%。[③] 与2020年1月预测相比，当前的预测值下调了6.3个百分点。这是该组织自成立以来在如此短的时间内对世界经济增速做出的最大幅度的修正。其中，2020年发达经济体的经济增速为-6.1%，较上年下降7.8个百分点；新兴市场与发展中经济体的经济增速为-1.0%，较上年下降4.7个百分点。

新冠肺炎疫情在全球迅速蔓延，加速了美国等主要发达经济体长期累积风险的暴露。2007年美国次贷危机暴发后，美国经济经过一年的调整后走上复苏之路，由于非常规货币政策的实施，股市更是维持了长达10年的大牛市，堆积起了很厚的

① OECD, “Coronavirus: The World Economy at Risk”, 2 March, 2020.

② Robin Brooks and Jonathan Fortun, “Global Macroeconomic View: Global Recession”, 23 March, 2020.

③ IMF, “World Economic Outlook, The Great Lockdown”, 14 April, 2020.

资产泡沫。根据 Wind 数据库数据，2019 年末美国股市总市值约为 47.18 万亿美元，占国内生产总体（GDP）的比例高达 220%，远远超过国际金融危机前 2007 年的水平。除了超低利率环境外，公司回购股票也是导致股价上升的重要原因。然而，无论是从实体经济还是金融市场的表现来看，当前的形势正在发生改变，并首先在作为未来经济晴雨表的股市得到充分表现。2020 年 3 月 9 日，美国股市开盘仅 4 分钟因跌幅达到 7% 而触发“熔断”，美国道琼斯工业平均指数、纳斯达克 100 指数和标准普尔 500 指数三大股指收盘跌幅均超过 7%。这是 1997 年 10 月 27 日以来美股第二次触发“熔断”。3 月 12 日，美股再度触发“熔断”，创造了一周出现两次的历史纪录。3 月 16 日，在美联储前一日紧急宣布将基准利率下调 100 个基点至 0—0.25%，并推出 7000 亿美元大规模量化宽松计划的前提下，美股开盘即触发“熔断”，道琼斯工业平均指数收盘跌幅超过 12.9%，创 1987 年以来最大单日跌幅。3 月 18 日，道琼斯工业平均指数再次触发“熔断”。在宏观政策、经济实绩和资产价格相互脱节的大背景下，美国股市出现 30% 的调整纯属正常。因此，也就不难理解美国股市在不到 10 个交易日发生 4 次“熔断”这种世界股票历史上绝无仅有的现象了。美国股市暴跌说明美国等发达经济体股市泡沫已达到前所未有的高度，各种经济风险也已达到前所未有的水平，以至于任何扰动均有可能引发市场的剧烈震荡，而疫情或其他突发事件均可成为引爆各种累积风险的“导火索”。美国股市所释放的信号在深层次上反映了市场对未来美国经济的深度担忧。

2020 年 3 月 16 日，美国加州大学洛杉矶分校安德森商学院发布的一项报告显示，美国经济正在步入衰退，预计 2020 年第二季度和第三季度的 GDP 将分别下降 6.5% 和 1.9%，全年 GDP 将较上年下降 4.0%。[①] 3 月 21 日，世界知名对冲基金桥水估计，新冠肺炎疫情将导致美国企业损失 4 万亿美元，如果没有得力的货币和财政政策支持，2020 年美国经济将收缩 6% 以上。[②] 2020 年 4 月 IMF《世界经济展望》预测，2020 年美国经济增速较上年下降 8.2 个百分点至 -5.9%。面对正在陷入的经济衰退，美国很难推出有效的应对政策工具。在货币政策上，基准利率的下限已调到零，而财政政策空间也十分有限。特朗普上台后，由于推出大规模减税措施，财政赤字水平有所回升。债务问题既是美国政府经济问题的集中反映，也是推升美国经济风险的重要因素。当前，新冠肺炎疫情导致美国股市产生如此剧烈的反应，充分表明美国的经济风险已处于高位，以至于任何扰动均有可能引发市场的剧烈震荡。而新冠肺炎疫情正在成为引爆各种累积风险的“导火索”。一旦美国的各种经济风险暴露，不仅会对美国经济带来冲击，其作为全球最大的经济体也必将对其他国家产生强大的负面溢出效应，并

---

① David Shulman, “U. S. Forecast: The Sum of All Fears”, *March 2020 Interim Forecast*, 12 March, 2020, www. anderson. ucla. edu/centers/ucla-anderson-forecast/2020-recession.

② Greg Jensen, et al., “The Coronavirus's $4 Trillion Hit to US Corporations”, 19 March, 2020.

成为影响世界经济未来走势的重要影响因素。

中长期来看，主要发达经济体的经济依然困难重重。欧洲很多国家和日本已将名义利率设置为负值，如今美国正在向它们靠拢，美联储也已将基准利率的下限调至0。正是凭借超低利率和各国央行不同版本的量化宽松政策，一些国家才勉强把GDP增速托举到1%左右。值得注意的是，负利率是非常态的，但由于很多国家的决策者承担不起经济衰退的政治后果，货币政策正常化一直仅停留在口头上。美国政府和货币当局在政策上对股灾做出如此剧烈的反应，只能是饮鸩止渴，并将会把2008年金融危机以来长期存在的结构性问题延续下去，把世界经济拖入负利率时代。货币政策很难对长期存在的结构性问题产生实质性影响，并且还会固化长期存在的所谓“三低三高”问题。

随着疫情向越来越多的新兴市场国家和发展中国家扩散蔓延，疫情对这些国家经济的冲击不断加大。在疫情蔓延较快或疫情形势较为严峻的新兴经济体，疫情对经济的短期冲击已逐步显现，旅游、航空运输、酒店、餐饮等消费服务业和外贸相关产业的正常运行受到严重阻碍，居民消费支出受到直接冲击，企业投资意愿下降。中长期看，经济活动停滞可能导致产业链、供产链、价值链重组及完整性受损。这些冲击不仅表现在实体经济遭受严重损失上，还表现在资本市场动荡、资本外流加大、债务风险上升等方面。在二十国集团领导人特别峰会上，国际货币基金组织总裁格奥尔基耶娃也警示了新兴市场和发展中国家面临的风险，包括疫情本身带来的公共卫生风险、世界经济的突然停滞、资本外流等问题。

总之，疫情已对世界经济带来巨大冲击，2020 年世界经济出现负增长将难以避免。国际社会的应对相对以往的经济危机将更为棘手，世界经济还可能会因此陷入较长时期的低迷。2020 年 3 月，美国大西洋理事会高级研究员安德斯·阿斯伦德（Anders Aslund）在报业辛迪加（Project Syndicate）刊发一篇题为“特朗普的全球衰退”的文章指出，当前的全球衰退相比 2008 年金融危机时期，最显著的区别在于特朗普执政带来的美国领导力的缺失，同时全球债务水平急遽攀升，特别是美国的公共债务占 GDP 的比例达到“二战”以来的最高水平。[①] 这使世界各国难以有效阻止和应对新冠肺炎疫情引发的世界经济衰退。

二 世界经济面临多重挑战

当今时代，国际社会日益成为一个你中有我、我中有你的“命运共同体”，面对复杂严峻的全球疫情防控形势和世界经济挑战，任何国家都不能独善其身，唯有加强合作才是世界各国应对全球挑战和建设人类美好家园的正确选择。尤其是全球主要经济体，更要加强团结、携手并进，共同担负维护全球价值

① Anders Aslund, “Trump’s Global Recession”, *Project Syndicate*, 14 March, 2020, news. cgtn. com/news/2020-03-14/Trump-s-global-recession-OQyfnPEpMI/index. html.

链顺畅和重振世界经济复苏的责任。值得欣慰的是，G20 领导人已就重振信心、维护金融稳定、恢复并实现更强劲的增长达成共识。考虑到世界经济和当前疫情的发展态势，国际社会需要继续在以下方面加强团结、形成合力。

一是塑造经济增长动力。短期来看，各国应加强宏观经济政策协调，搭配使用合理的财政政策和货币政策手段刺激经济。在这方面，G20 成员国已确定向全球经济注入 5 万亿美元资金。这向国际社会释放了全球主要经济体加强团结合作的强有力信号，有利于恢复市场信心、提振世界经济复苏的士气。这笔资金将为受到疫情冲击的全球经济提供支持，并在很大程度上缓解当前世界经济下行压力。同时，这一举措取得的积极效果，还将为进一步的资金投入和团结合作奠定坚实的基础。长期来看，经济增长关键在于劳动生产率增长。当前，无论是发达经济体还是新兴市场与发展中经济体，劳动生产率增速均处于下降通道。这需要世界各国在技术创新、国际分工、人力资本积累和体制机制改革上加强协作，共同创造世界经济增长的源泉。

二是共同维护市场开放。近年来，世界经济深受单边主义和保护主义政策的冲击。更重要的是，单边主义和保护主义还在很大程度上挫伤了各国推行对外开放政策和参与全球价值链分工的信心和决心，并导致越来越多的国家将降低对外依存度作为经济政策的核心内容之一。疫情发生后，国际经贸活动受到严重干扰，重要医疗用品、关键农产品和其他商品与服务的跨境流动受阻，全球供应链面临中断风险。对此，国际社会需要共同创造自由、公平、非歧视、透明、可预期和稳定的贸易投资环境，推动实现保持市场开放的目标。

三是有力控制债务风险。随着经济增长放缓，世界主要经济体都实施了大规模减税政策，政府债务水平屡创新高。据2019年10月IMF预测数据显示，2019年发达经济体政府总债务占GDP的比例为103.1%，比2007年高32.2个百分点；新兴市场与发展中经济体政府总债务占GDP的比例为53.3%，比2007年高17.6个百分点。在主要发达经济体中，2019年美国和日本的政府总债务占GDP的比例分别为106.2%和237.7%，较2007年分别高41.6个和62.3个百分点。[①] 同时，私人债务也大幅攀升。2019年10月，IMF发布的《全球金融稳定报告》研究了美国、中国、日本、德国、英国、法国、意大利和西班牙八个全球主要经济体并提出警告说，由于利率超低，投资者购买的高风险债券总额将可能在2021年达到19万亿美元，占企业债余额的40%。[②] 如果发生违约，很可能导致企业版的“次贷危机”。以国内生产总值（GDP）衡量的影子银行脆弱性在80%的经济体中有所加剧，这是国际金融危机最严重时才出现的情形。在一些新兴市场和发展中国家，外债压力不断加大。2007—2019年间，全球有48个新兴经济体的外债依存

① IMF，“World Economic Outlook：Global Manufacturing Downturn，Rising Trade Barriers”，October 2019.

② IMF，“Global Financial Stability Report：Lower for Longer”，October 2019.

度明显上升。在疫情影响下，世界经济增长大幅放缓，在各种大规模刺激性政策的推动下，债务风险将大大提升。

四是关注负利率政策的危害。在政策利率层面，负利率主要指央行对商业银行实施负超额存款准备金利率。在存贷利率层面，是指银行直接向储户揽收和发放名义利率为负的存贷款。在市场利率层面，负利率以前主要指债券在剩余期限内支付的利息总额低于投资者为购买债券支付的溢价，如日本和欧洲等国家和地区则出现了名义收益率为负的债券及其规模的快速增长。为应对疫情给资本市场和实体经济带来的重大冲击，美联储于 3 月 15 日紧急宣布将基准利率的下限调至零利率水平。市场普遍认为，美联储距离负利率不再遥远。负利率的出现与扩散，对世界经济带来的影响复杂而广泛，既有直接影响也有间接影响。但总体来说，它将成为各种风险聚集和累积的温床，并产生难以应对的负面效应，如挤压商业银行盈利空间、降低企业提高效率的积极性和弱化抗击风险的能力、扰乱市场机制配置资源的基础性功能、激励投机者借贷并投向高风险资产、加剧发展中国家和新兴经济体货币错配风险等。此外，负利率政策将进一步收窄各国应对经济衰退的政策空间。

五是加大防范社会矛盾激化。2019 年以来，英国、法国、意大利、西班牙、印度、伊朗、伊拉克、黎巴嫩、智利、厄瓜多尔、玻利维亚、哥伦比亚、几内亚、埃塞俄比亚等国均发生大规模反政府抗议活动并升级为暴乱，造成严重伤亡和财产损失。社会暴乱的频频发生与相关经济增长持续低迷、收入分化加大和中产阶级的萎缩以及民族、宗教矛盾升级和民粹主义思潮盛行密切相关，外部势力的干预也是很多国家暴乱不断升级的主要原因之一。从深层次原因来看，此起彼伏的国内动乱反映了新的时代背景下一些国家政府治理能力弱化、高等教育人口比例攀升带来的就业不足和就业脆弱性、信息技术普及引起的民众权利意识觉醒。联合国秘书长古特雷斯认为，虽然各国暴乱的情况各异，但很显然民众和政治机构之间的信任缺失日益严重，社会契约面临的威胁日益增长。这些问题和趋势短期内难有根本性改变，在疫情的冲击下，一些新的社会问题和矛盾不断涌现，国际社会将有可能进入较长时期的动乱多发期，并对世界经济产生深远影响。

第三节 中国在世界经济中将扮演更重要角色

中华人民共和国成立70多年来，在各种外部冲击和内部挑战面前，中国经济展现了持续向前的强大韧性和定力，不断释放持续高速增长的潜力。同以往中国经济经历的各种挑战一样，当前的新冠肺炎疫情暂时带来的负面影响不仅不会改变中国经济长期向好发展势头，还将赋予中国在世界经济中更加重要的角色。

一 中国助力国际社会抵御疫情冲击

为抵御疫情给世界经济带来的冲击，中国为有关国家抗击疫情提供了必要帮助，并同世界各国加强了协调与合作，共同应对当前世界经济面临的威胁和挑战。中国始终同世界卫生组织保持密切沟通，及时同国际社会分享疫情信息、防控救治经验和医疗研究成果，积极为发展中国家和其他有需要的国家提供医疗物资和技术支持，以实际行动推动有关各方开展联防联控和科研攻关合作，充分展现了负责任大国形象。同时，中国积极推动有关各方加强联合国、二十国集团（G20）等框架下的宏观经济政策协调，为各国稳市场、保增长、保民生和确保全球供应链开放、稳定、安全发挥了建设性作用。尽管经济发展受疫情冲击，但中国对外开放的脚步没有因为疫情而停止。为畅通全球产业链和提振世界经济增长，中国还推出了进一步优化营商环境和一系列加强国际经贸、投资和扩大金融开放的新举措。

在疫情防控方面，中方秉持人类命运共同体理念，积极为国际社会提供必要援助。从疫情伊始，中国就及时同国际社会分享新冠病毒研究信息和总结出来的相对成熟的诊疗方案和技术路线，为相关国家疫情控制提供了重要的经验和技术支撑。早在2020 年 2 月 19 日，WHO 总干事谭德塞在新冠肺炎疫情代表团通报会上就明确表示，由于中国积极努力控制疫情，使得有机会防止发生更广泛的全球危机。目前，中国的疫情防控工作已取得显著成效，现有确诊病例大幅下降，医疗系统救治患者的压力大大缓解。随着复工复产的推进，医护用品生产企业产能大幅增加，口罩、消毒用品等防护物资的短缺问题基本得到解决。作为已积累丰富抗击新冠肺炎疫情经验的国家，中国同 WHO 等国际机构密切沟通和协作，正在采取积极行动帮助国际社会抗击疫情，为发生疫情的国家尤其是疫情严重的国家和应对能力有限的发展中国家的疫情防控和减少疫情影响提供力所能及的帮助。

在应对政策方面，中国积极倡导充分发挥 G20 等国际组织的作用，积极推动宏观经济政策的国际协调和国际发展合作取得新进展。作为全球经济治理的首要平台，G20 合作机制在应对 2008 年国际金融危机和促进危机后世界经济复苏方面取得了积极成效。在世界经济再次面临衰退风险时，G20 不仅仍是各国宏观经济政策协调的重要平台，也是各个国际机构政策协调的重要枢纽。相比十年前，中国能够在推动 G20 框架下的全球经济治理方面发挥更加重要的建设性作用，并在 G20 领导人应对新冠肺炎疫情特别峰会上得到充分体现。为了凝聚全球战胜疫情的强大合力和提振世界经济复苏士气，中国国家主席习近平在 G20 领导人应对新冠肺炎特别峰会上提出了坚决打好新冠肺炎疫情防控全球阻击战、有效开展国际联防联控、积极支持国际组织发挥作用、加强国际宏观经济政策协调的倡议。[①] 同时，在疫情冲击下，更要充分挖掘“一带一路”国际合作的巨大动能和潜力，通过拓展第三方市场合作，带动越来越多的发达国家和发展中国家参与共建“一带一路”、推动区域和全球经济一体化进程，不断塑造国际经贸合作和世界经济增长的动力。

① 习近平：《携手抗疫 共克时艰——在二十国集团领导人特别峰会上的发言》，《人民日报》2020 年 3 月 27 日第 2 版。

二　中国将继续引领世界经济增长

作为世界第二大经济体，中国经济长期保持较高增速。党的十八大以来，中国积极践行新发展理念，以供给侧结构性改革为主线，着力深化改革、扩大开放，不断创造经济高质量发展的动能。2019 年，面对复杂严峻的国际环境和艰巨繁重的改革发展稳定任务，中国经济运行总体平稳，质量效益稳步提升，为决胜全面建成小康社会和决战脱贫攻坚奠定了坚实基础。据 2020 年 1 月 17 日国家统计局公布的初步核算结果，2019 年中国 GDP 总量超过 99 万亿元，稳居世界第二位；实际增速为 6.1%，远高于美欧日等主要发达经济体。[①] 中国经济带动了世界经济增长约 1 个百分点，足见中国对世界经济增长的贡献度之大。

在新冠肺炎疫情暴发后，中国经济遭受了较大冲击，但中国对世界经济的引领作用不仅不会下降，还将进一步凸显。得益于有效的疫情防控和稳定经济运行的政策举措，中国经济逐步向平稳有序的方向迈进，并展现出了较强的韧性。在中国疫情防控防输入压力不断加大的情况下，全国疫情防控形势持续向好、生产生活秩序正在加快恢复的态势没有改变。在国家政策的推动引领下，统筹疫情防控与复工复产，引领世界经济摆脱疫情冲击。目前，恢复和稳定就业、畅通交通运输、保障市场供给等各项工作

---

① 国家统计局：《2019 年国民经济运行总体平稳 发展主要预期目标较好实现》，2020 年 1 月 17 日，国家统计局网站（www. stats. gov. cn）。

有序推进，全国产业链各环节协同复工复产工作取得积极进展。得益于各项有针对性的财政货币等政策支持以及口罩、消毒用品等防护物资的充分保障，全国规模以上工业企业复工率逐步提高，部分地区的复工率已达100%。在农业生产上，通过推动农资生产企业复工复产和农村地区种子、化肥、农药等农资产品批零门店开业运营，春季生产得到有力保障。

从短期来看，中国合理运用财政政策和货币政策工具，支持各行业复工复产已取得显著成效。在财政政策上，中国适度提高赤字率，加大了对实体经济的支持力度。在落实近年已经出台的财政贴息、大规模降费、缓缴税款等政策的基础上，还出台了疫情期间特别减税降费政策。在货币政策上，通过下调商业银行和存款金融机构的法定存款准备金率等手段，为受疫情影响较大的行业、民营和小微企业精准提供信贷支持。长期来看，中国加大对创新发展的支持，促进产业链水平的提升，不断推动供给侧结构性改革取得新突破，推动经济高质量发展。中国经济稳定向好，世界经济也就有了向好发展的动力。尽管受到疫情冲击，但中国经济将对世界经济发挥更大的引领和推动作用。国际金融协会预测数据显示，2020年中国经济增速将领先世界经济增速4.3个百分点，比2019年增加0.8个百分点；领先发达经济体经济增速6.1个百分点，比2019年增加1.6个百分点。① IMF预测数

① Robin Brooks and Jonathan Fortun, “Global Macroeconomic View: Global Recession”, 23 March, 2020.

据显示，2020 年中国经济增速将领先世界经济增速 4.2 个百分点，比2019 年增加1.0 个百分点；领先发达经济体经济增速7.3 个百分点，比 2019 年增加2.9 个百分点。[①]

展望未来，中国经济发展潜力依然巨大，中国仍将是世界经济的“火车头”。中国拥有 14 亿多人口的巨大市场，人民对美好生活的需要能够创造巨大需求，仅释放扩大内需的潜力就可以保持经济平稳增长。中国的工业化、信息化、城镇化、农业现代化持续推进，新的经济发展方式正在加速形成，不断推动经济持续健康发展。同时，开放型经济新体制建设迈向更高水平，更大范围、更宽领域、更深层次的全面开放稳步推进，为更好地利用国际国内两个市场两种资源创造新的条件。由此可见，中国经济的发展动力依然强劲，对世界经济的引领作用还将进一步提升。中国将继续坚持共商共建共享原则和倡导人类命运共同体理念，为推动世界经济强劲、可持续、平衡、包容增长做出更大贡献。

（张宇燕、徐秀军）

---

① IMF，“World Economic Outlook，The Great Lockdown”，14 April，2020.

第十三章　如何应对世界经济衰退的影响

面对新冠肺炎疫情大流行引发的世界经济深度衰退，世界主要经济体迅速采取了纾困和救助政策。加强国际合作共抗疫情，稳定并恢复经济是应对疫情大流行的必然选择。这次疫情冲击导致的全球危机本质上是民生危机，建议及时推出并实施一揽子纾困救助计划，保居民就业、保基本民生、保市场主体、保粮食能源安全、保产业链供应链稳定、保基层运转，坚定实施扩大内需战略，维护经济发展和社会稳定大局。非常时期财政和货币政策要加大逆周期调节力度，同时要推出一揽子配套政策和有效改革举措。

第一节　世界主要经济体的应对政策

新冠肺炎疫情暴发之后，各国纷纷采取了包括货币政策和财政政策在内的政策应对组合，以支持疫情防控，并希望避免经济陷入“大萧条”。这里我们对美国、欧洲、日本等世界主要经济体的应对政策措施进行汇总梳理，并加以简要总结。

一　货币政策应对

货币政策方面，美联储的应对最具代表性。新冠肺炎疫情在美国扩散加剧之后，美联储迅速采取了一系列政策措施加以应对。主要包括如下三方面内容。

第一，以极快的速度，大幅下调政策利率。2020 年 3 月 3 日，美联储在原定议息会议召开之前，临时宣布政策，下调联邦基金目标利率区间 50 个基点。3 月 15 日，美联储再度在原定议息会议召开之前下调联邦基金目标利率区间 100 个百分点。连续两次降息之后，目前美联储联邦基金目标利率已经降至 0—0. 25% 区间，达到所谓的“零利率”。

第二，以超常规的手段，实施开放式量化宽松。2020 年 3 月 15 日，美联储推出了总量达 7000 亿美元的国债和 MBS 资产购买计划，开启了新一轮量化宽松（QE）。3 月 23 日，美联储又对量化宽松政策进行了升级：一是取消了购买额度上限，转为“按市场条件需要购买”。换言之，由限量量化宽松，转向不限量的、开放式量化宽松。二是将商业抵押支持证券（CMBS）纳入量化宽松的资产购买范围。

第三，重启或新创设了多种信贷支持工具，以便更多资金流向企业、居民和金融机构。一是重启了 2008 年国际金融危机时用过的“期限资产支持证券贷款便利”（TALF），以促进资金最终流向学生贷款、汽车贷款、信用卡贷款、小企业局担保贷款等底层资产。二是创设了两项新的信贷支持计划，对大型雇主进行定向支持，分别为“一级市场公司信贷便利”（PMCCF，即直接从一级市场购买投资级公司新发行的债券）以及“二级市场公司信贷便利”（SMCCF，即从二级市场购买存量投资级公司债券和相关 ETF 产品）。总体来看，美联储在美国疫情大流行之后的两周时间之内连续两次在常规议息会议召开间隙进行降息操作并开启不设上限的开放式量化宽松，如此之快的反应速度和力度均超过了 2008 年“次贷危机”时期，这在美联储历史上是不多见的。之所以如此，一方面是受到 2020 年 2 月下旬以来金融市场剧烈震荡之后的被动政策调整；另一方面，也是因为美联储已经充分认识到疫情可能给美国经济造成较大负面冲击，担心美国经济陷入严重衰退。

欧洲央行和日本央行在疫情大流行之后，也采取了与美联储相类似的应对措施。唯一的区别在于，由于欧洲央行和日本央行的政策利率已经较低，不具备继续降息的空间，因而货币政策应对是围绕“量”展开的。欧洲央行一方面增加了资产购买规模，提出在 2020 年底前实施总额为 7500 亿欧元的资产购买计划；另一方面扩大了量化宽松所购买的资产标的范围，并降低了 MROs、LTROs、TLTROs 等低再融资操作的抵押品标准。与此同时，欧洲央行银行业监督委员会还宣布临时性地降低对银行的资本金监管要求，旨在鼓励银行更多投放信贷；并要求商业银行在 2019 财年和 2020 财年不发放红利，在新冠肺炎疫情期间不回购股票；旨在希望资本金用于支持向家庭和企业发放信贷以及消化不良贷款。

日本央行在疫情扩散之后亦推出多项举措以确保金融市场稳定、鼓励信贷投放。具体包括：通过增加购买国债的规模和频率定向投放流动性；通过特殊资金供应操作向金融机构提供贷款，从而为企业部门融资提供支持；加快日本央行购买 ETFs 和日本 REITs 的节奏；临时性增加定向购买商业票据和公司债券的规模。此外，日本在疫情暴发之后也降低了对商业银行的风险考核要求，允许商业银行对公共担保贷款赋予零风险权重。这也可以看作是财政政策与货币金融政策协调配合的一种具体方式。

总之，新冠肺炎疫情大流行之后，美欧日等主要经济体均以较快的反应速度，实施了较大幅度的货币政策操作：一是在“价”上，美联储迅速降低政策利率，将政策利率压至“零利率”，引导各类市场利率下行，从而降低实体经济的融资成本。二是在“量”上，美欧日央行均增加了量化宽松购买资产的额度，同时扩大了购买资产的标的范围，向市场投放充裕的流动性，避免流动性紧缩。三是宣布阶段性地降低对银行等金融机构的考核要求，鼓励金融机构向企业和居民增加信贷投放，允许企业和居民延期偿还本息。

二　财政政策应对

如果说美欧日等主要经济体在新冠肺炎疫情大流行之后的货币政策应对策略与 2008 年国际金融危机之后大同小异的话，那么大力度的财政政策则是疫情大流行之后主要经济体应对策略的一个突出特点。美欧日等各国政府在疫情大流行之后，均推出了大规模财政支出计划。

美国政府通过 CARES 法案、新冠肺炎疫情准备和应对专项补充法案和家庭优先新冠肺炎疫情应对法案，合计推出了总额高约2.4 万亿美元的一揽子财政政策计划，规模约相对于美国 GDP 的 11.5%。具体内容包括：一是针对个人的税收返还 2500 亿美元；二是失业福利 2500 亿美元；三是针对最弱势群体的食品保障计划 240 亿美元；四是为防止企业破产的贷款、担保以及支持美联储计划共计 5100 亿美元；五是为帮助小企业保留就业岗位的小企业局贷款和担保计划共计 3590 亿美元；六是医院投入 1000 亿美元；七是向州政府和地方政府转移支付 1500 亿美元；八是国际救助资金约 499 亿美元；等等。

欧盟财政部长会议同意成员国可以为应对疫情影响和支持经济而灵活把握财政预算，可暂时不遵守欧盟的财政纪律要求，允许财政赤字超过 GDP 的 3%。截至 2020 年 4 月 9 日，欧盟及其成员国提出了总额约为 5400 亿欧元的一揽子财政政策计划，大约相当于欧盟 27 个国家 GDP 总和的 4%。具体内容包括：一是允许“欧洲稳定机制”（ESM）为欧元区各成员国提供不超过 2019 年 GDP 2% 的资金（总额为 2400 亿欧元），用于健康相关支出；二是为欧洲投资银行提供 250 亿欧元政府担保，从而向企业（尤其是中小企业）提供上限为 2000 亿欧元的资金支持；三是设立旨在保护劳动者和工作岗位的规模为 1000 亿欧元的临时性贷款工具 SURE，由欧盟成员国提供担保。

在欧盟层面，欧盟委员会提出了总额约为370亿欧元（大约相当于2019年欧盟27个国家GDP的0.3%）的财政政策计划。具体包括：设立“新冠肺炎疫情应对投资计划”，支持医院公共投资、中小企业和就业市场；将公共健康危机纳入欧盟团结基金支持范围，2020年可为疫情严重的成员国提供上限为8亿欧元的支持；在欧盟预算中拿出10亿欧元为欧洲投资基金提供担保，从而激励银行为中小企业提供融资；允许延期偿还债务。

除了欧盟层面的应对措施之外，欧洲各国在国家层面也纷纷推出了力度较大的财政政策计划：德国联邦政府提出了总额为1560亿欧元的补充预算，相当于德国GDP的4.9%。法国政府宣布了1000亿欧元的财政计划以应对疫情危机，包括流动性支持在内总规模超过法国GDP的4%。意大利政府提出了总额为250亿欧元的紧急财政计划，相当于意大利GDP的1.4%。

日本政府推出了总额为108.2万亿日元的一揽子财政政策计划，大约相当于日本GDP的20%。具体措施主要包括对受疫情影响的家庭和企业发放现金、延迟税收和社保缴纳、贷款优惠三个方面，从而实现四方面的政策意图：一是支持疫情防控，扩大诊疗能力；二是保护劳动者和企业；三是促进疫情后经济活动恢复；四是增强日本经济结构的弹性。

总之，新冠肺炎疫情大流行之后，美欧日等主要经济体均推出了较大规模的财政政策计划。其目的一方面是增强病毒检测、患者救治能力，支持疫情防控；另一方面是对受疫情影响的居民和企业进行救助和纾困，从而尽可能地保住就业机会，维持经济的基本运转。

第二节 加强国际合作应对全球经济衰退

新冠肺炎疫情已经成为21世纪以来最为严重的全球公共安全危机，成为“百年未有之大变局”中新的重大变局因素，将使得全球经济陷入衰退，程度或仅次于20世纪30年代的“大萧条”。然而不同于“大萧条”产能过剩式经济衰退，本次经济衰退源于各国前所未有的“大封锁”（Great Lockdown），即经济衰退是应对疫情的需要和必然结果。有效控制疫情是解除封锁和恢复经济的重要前提。

在全球化时代，在有效治疗药物和疫苗研制出来并被普遍推广应用之前，只要疫情不能在全球范围内得到控制，任何一个国家都无法获得绝对安全，封锁措施就不能完全解除，对经济的封锁效应便难以消除。特别是医疗卫生条件相对较弱的发展中国家，在应对疫情方面面临特殊困难。这决定了加强国际合作共抗疫情，稳定并恢复经济是应对本次疫情大流行的必然选择。

一 国际合作应对情况与面临的特殊困难

1．国际合作应对情况

目前针对新冠肺炎疫情全球大流行对全球经济造成的负面影响，已经有国家集团、国际组织、同盟国家、各国政党等以发表联合声明或联手施予纾困措施等方式采取集体行动，共克时艰。

G20是最早做出反应，倡导合作应对疫情稳定经济的国际组织。早在2020年2月23日G20本年度首次央行行长和财政部长会议召开之时，部长们就在发布的联合声明中表示："我们将加强全球风险监测，包括最近暴发的COVID－19。我们随时准备采取进一步行动应对这些风险。"[①] 之后，G20及时跟进疫情演变，认识到采取共同行动稳定经济的重要性，并在相对较短时间内制订出共同行动计划。

首先是在2020年3月6日，G20央行行长和财政部长专门针对COVID－19发表联合声明，表示"我们正在密切监测COVID－19的演变，包括其对市场和经济状况的影响。我们欢迎各国提出的支持经济活动的措施和计划。我们准备采取进一步行动，包括酌情采取财政和货币举措，协助应对病毒，在这一阶段支持经济，保持金融体系弹性"[②]。接着G20协调人在3月12日发表《二十国集团协调人关于新冠肺炎的声明》，强调"此次大流行亟须国际社会积极应对"[③]。

更为重要的行动出现在3月下旬。在G20成员国韩国和永久受邀国西班牙的建议下，G20及时进行协调，于2020年3月26日召开领导人视频特别峰会，做出"将向全球经济注

---

① G20 Finance Ministers and Central Bank Governors Meeting, "Communiqué G20", 22－23 February, 2020, Riyadh, Saudi Arabia, https://g20.org/en/g20/Pages/documents.aspx.

② G20 Finance Ministers and Central Bank Governors Meeting, "Statement on COVID－19", 6 March, 2020, https://g20.org/en/media/Documents/G20%20Statement%20on%20COVID－19%20-%20English.pdf.

③《二十国集团协调人关于新冠肺炎的声明》，2020年3月13日，外交部网站（https://www.fmprc.gov.cn/web/wjbxw_673019/t1755427.shtml）。

入5万亿美元，以抵御大流行的社会、经济和金融影响”，并“实现自由、公平、非歧视、透明、可预测和稳定的贸易和投资环境，保持市场开放”的承诺，并要求财长们尽快制订共同行动计划①。

2020年4月15日G20召开财长和央行行长视频会议，讨论了新冠肺炎疫情下的全球经济形势，落实了G20领导人特别峰会三项重要成果②：一是核准了《G20行动计划——支持全球经济渡过新冠肺炎危机》，明确了应对疫情的指导原则和下一步具体行动；二是通过了G20“暂缓最贫困国家债务偿付倡议”，以应对疫情导致的低收入国家债务脆弱性风险；三是紧急动员世界银行和IMF等国际组织资源支持发展中国家成员应对挑战③。

国际金融组织和G7集团在3月初几乎同时采取行动，拟定稳定经济措施。2020年3月2日，IMF总裁与世界银行行长发表联合声明，表示准备帮助成员国应对新冠肺炎疫情带来的生命健康和经济挑战④。次日，世界银行宣布向受新冠肺炎疫情

---

① Extraordinary G20 Leaders' Summit, "Statement on COVID - 19", Riyadh, Saudi Arabia, March 26, 2020, http://www.g20.utoronto.ca/2020/2020-g20-statement-0326.html.

② 《财政部有关负责人就二十国集团财长和央行行长会议接受记者采访答问》，2020年4月17日，财政部网站（http://www.mof.gov.cn/zhengwuxinxi/caizhengxinwen/202004/t20200417_3499844.htm）。

③ 会议要求世界银行等多边开发银行向其发展中成员提供紧急融资支持，总金额达2000亿美元，要求IMF准备好动员其1万亿美元的贷款能力，并进一步动员资源，包括研究设立新的融资支持工具等，为发展中成员提供更多资金支持和服务。

④ IMF, "Joint Statement from Managing Director, IMF and President, World Bank Group", March 2, 2020, https://www.imf.org/en/News/Articles/2020/03/02/pr2076-joint-statement-from-imf-managing-director-and-wb-president.

影响的 60 多个国家提供 120 亿美元的支持[①]。IMF 也在其网站上公布该组织将通过紧急融资、扩大现有贷款项目、减免债务的补助金和安排新融资等方式支持各国应对新冠肺炎疫情的经济冲击[②]。

3 月 3 日，G7 央行行长和财政部部长召开电话会议并发布联合声明，表示“利用一切适当的政策工具，实现强劲、可持续增长，防范下行风险”。当月 16 日，G7 领导人召开视频会议并发表联合声明，表示“我们将动用所有工具，包括货币和财政措施以及有针对性的行动，立即并在必要时尽力支持受影响的劳工、公司和行业”，并要求央行行长和财政部部长就稳定和促进经济增长措施的制定和落实进行协调[③]。

与此同时，为了应对疫情冲击下国际金融市场出现的美元短缺压力，美国借鉴应对 2008 年国际金融危机经验，利用美元互换协议减轻国际市场美元融资压力。2020 年 3 月 19 日，美联储宣布与其他 9 国央行扩大货币互换，包括向澳大利亚、巴西、韩国、墨西哥、新加坡和瑞典央行提供上限 600 亿美元以及对丹麦、挪威和新西兰央行提供上限 300 亿美元，上述互换期限至少

---

① 世界银行：《世界银行集团宣布即刻提供 120 亿美元资金支持帮助各国应对新冠肺炎疫情》，2020 年 3 月 4 日，世界银行中文网站（https：//www. shihang. org/zh/news/press-release/2020/03/03/world-bank-group-announces-up-to-12-billion-immediate-support-for-covid-19-country-response）。

② IMF，“How the IMF Can Help Countries Address the Economic Impact of Coronavirus”，March 9，2020，https：//www. imf. org/en/About/Factsheets/Sheets/2020/02/28/how-the-imf-can-help-countries-address-the-economic-impact-of-coronavirus.

③ G7，“G7 Leaders' Statement”，March 16，2020，https：//china. usembassy-china. org. cn/g7-leaders-statement/.

为6个月。美联储表示，这些贷款与美联储和其他央行之间已经建立的贷款一样，旨在帮助减轻全球美元融资市场的压力，从而减轻对国内外家庭和企业信贷供应的影响①。

随着疫情蔓延，2020年4月在全球范围内出现了更广泛的合作倡议。首先是在4月2日，中国共产党同110多个国家的240多个重要政党和政党国际组织联合发出共同呼吁，“鼓励各国在防控疫情的同时，统筹做好经济社会发展，采取有针对性的措施保护脆弱群体和中小企业，努力维护人民生活水平和社会发展进程；呼吁各国加强国际宏观经济政策协调，维护全球金融市场、产业链、供应链稳定，减免关税、畅通贸易，防止世界经济衰退；保持适度对外交往，特别是为抗疫急需的医疗器械和防护物资等跨境运输提供便利”②。

接着，77国集团与中国在4月3日发表联合声明，“呼吁国际社会采取协调和有效措施，以维持全球金融市场和供应链的稳定，包括削减关税和消除贸易壁垒，特别是对于药品和卫生保健用品，以促进贸易的畅通无阻并促进全球的经济复苏”。77国集团特别“呼吁国际社会采取紧急和有效的措施，以消除对发展中国家的单方面强制性经济措施”③。

---

① U. S Federal Reserve, “ Federal Reserve Announces the Establishment of Temporary U. S. Dollar Liquidity Arrangements with Other Central Banks”, March 19, 2020, https://www.federalreserve.gov/newsevents/pressreleases/monetary20200319b.htm.

② 《世界政党关于加强抗击新冠肺炎疫情国际合作的共同呼吁》（全文），2020年4月2日，新华网（http://www.xinhuanet.com/world/2020-04/02/c_1125806860.htm）。

③ G77, “Statement by the group of 77 and China on the covid-19 pandemic”, 3 April, 2020, http://www.g77.org/statement/getstatement.php? id=200403.

2．国际合作面临的特殊困难

面对新冠肺炎疫情和经济衰退的双重冲击，国际社会比任何时候都更需要团结一心，共克时艰。然而，国际合作却面临着前所未有的特殊困难。

一是主观困境。近年来，在部分国家贸易保护主义兴起，大国之间竞争性上升，现行国际经贸秩序面临分崩离析风险。在此背景下，大国国际合作意愿下降，在疫情面前，政治偏见屡现，推卸责任而非积极合作抗疫成为某些国家的外交优先项，导致国际合作面临与2008年金融危机时期颇为不同的艰难环境。

二是客观困境。一方面是合作控制疫情面临困境。由于抗疫物资短缺，各国陷入医疗物资的“争夺战”。另一方面是疫情控制与稳定经济之间存在矛盾。各国控制疫情客观上要求采取严格的边境封锁措施，这难以避免会导致国际贸易、投资以及人员流动受限。而稳定经济则要求各国尽可能采取开放的对外政策，取消封锁。

二　进一步加强国际合作应对全球经济衰退

1．团结合作，共抗疫情全球大流行

复苏经济的前提是疫情得到有效控制，而有效控制疫情的必然要求是国际团结合作。1958年诺贝尔医学奖获得者乔舒亚·莱德伯格（Joshua Lederberg）曾预言：“同人类争夺地球统治权的唯一竞争者，就是病毒。”当前，面临新冠病毒疫情这一人类共同的敌人和竞争者，正如习近平总书记所言：“唯有团结协作、携手应对，国际社会才能战胜疫情。”①

首先，积极推进多边合作，推动早日取得全球范围抗疫胜利。一是要尽快摒弃政治偏见，以人类命运共同体意识共抗疫情。二是要推动国际科技合作，共同在疫情监测、病情诊断、疫苗研发等领域加强信息交流，合作进行科技攻关，争取早日取得突破性成果。此外，在疫苗研发使用上坚持不以利润为先，而以人命为先的理念，在疫苗研发成功后保证使用惠及最广大人群。三是要积极填补世界卫生组织资金缺口。面对世界卫生组织即将被美国切断资金供应的局面，其他世卫组织成员要积极采取共同行动，及时填补世卫组织资金缺口，保障世卫组织正常运转。

其次，要积极发挥区域合作机制作用，推动区域联防联控取得积极成效。习近平主席在G20领导人应对新冠肺炎特别峰会上倡议“要探讨建立区域公共卫生应急联络机制，提高突发公共卫生事件应急响应速度”。抗击疫情，区域合作必不可少，特别是相对于全球，区域的国家之间文化相近，在合作抗疫方面面临的阻碍相对更少。目前，中韩已成立由两国外交部牵头，卫生、民航等多部门参加的疫情联防联控合作机制，对双方加强疫情防控沟通协调发挥了积极作用。对于中国而言，区域合作可以扩大到东亚范围。具体合作方面，可以考虑推动东盟—中日韩（10+3）平台建立东亚层面的区域联防联控合作机制，同时借

① 《2020年3月24日同哈萨克斯坦总统托卡耶夫通电话》，2020年3月24日，新华网（http://www.xinhuanet.com/politics/leaders/2020-03/24/c_1125762683.htm）。

助亚洲开发银行、亚投行等金融机构对区域抗疫提供资金支持。

再次，探索开展双边合作新模式，点对点扶助共抗疫情。目前欧美虽然是疫情“震中”，然而对全球而言，最糟糕的情况是医疗卫生条件相对较为落后的发展中国家和最不发达国家成为新的“震中”。因此要提前做好应对准备，除了通过多边和区域合作积极支援这些国家，还可以考虑参照中国各省市对口支援湖北各市的模式，鼓励发达国家或者疫情得到有效控制的发展中国家对口支援疫情严重的发展中国家和最不发达国家。支援方式包括分享抗疫经验，提供医疗队、防疫物资、资金支持等。最重要的是，在未来保证这些国家的国民能以支付得起的价格获得治疗药物和疫苗。

2. 协调一致，应对全球经济衰退

稳定经济是应对疫情期间的题中应有之义。随着疫情消退、“大封锁”状态结束，促进经济恢复是各国的首要任务。全球协调行动，是提高稳定和恢复经济政策行动有效性的优先选择。

首先，正如 G20 合作帮助全球经济走出 2008 年金融危机一样，疫情应对过程中尽可能稳定全球经济，并帮助衰退的经济尽快复苏需要强有力的多边合作。多边合作的重点在于：一是要减少阻碍跨境贸易和全球供应链的贸易壁垒和非贸易壁垒，尽快修复国际贸易和全球价值链。鉴于在经济下滑时，个别国家更倾向于采取贸易保护主义，因此需要很大程度地发挥 G20 在协调全球贸易政策方面的作用，尽可能达成减税、减少非关税壁垒的合作协议。二是要稳定全球金融市场，通过协调货币金融政策，减少资本大幅流动。三是要给予财政拮据的国家更多的多边援助，包括提供优惠融资、赠款和债务减免等。

其次，要积极发挥区域合作机制构建的经济金融安全网功能。对于中国而言，可以考虑在启动东盟—中日韩（10＋3）“清迈协议多边化/东盟中日韩宏观办公室”（CMIM/AMRO）机制，积极发挥其金融救助功能。同时，积极发挥“一带一路”、上海合作组织、金砖国家以及与非盟、阿盟、中东欧、拉共体等区域性合作机制作用。对于欧盟国家而言，可以考虑对财政困难成员进行适当救助，减免部分债务，特别是对受到疫情冲击比较严重，财政状况又不甚乐观的南欧国家成员。

再次，要探索新的双边合作的可能性，搁置分歧，扭转时局。一方面，中美分别作为最大的发展中国家和发达国家，应该暂时化干戈为玉帛，继续发挥国际合作共同应对危机的引领作用。另一方面，面对国际金融市场动荡，各国可以根据现实需要，考虑通过货币互换协议稳定汇率，保证金融市场流动性。

第三节　建议实施一揽子纾困和救助政策

这次疫情冲击导致的全球危机本质上是民生危机，疫情冲击打乱了正常的经济循环，尤其是对于中小微企业和低收入群体造成极大的困难。疫情在全球蔓延，各国都采取了积极的防控措施，受检测技术、治疗药物和疫苗研发等关键技术因素制约，国内外疫情传播的范围和时间具有极大的不确定性。应充分认识疫情防控的艰巨性和长期性，在常态化疫情防控中全面推进复工复产，恢复正常经济社会秩序。抓住战略机遇期，坚持底线思维，化危为机，建议及时推出并实施一揽子纾困和救助政策，保居民就业、保基本民生、保市场主体、保粮食能源安全、保产业链供应链稳定、保基层运转，坚定实施扩大内需战略，维护经济发展和社会稳定大局。

一　建议及时推出并实施一揽子纾困和救助政策

面对疫情冲击，要从维护国家经济安全和社会稳定的战略层面，高度重视中小微企业的生存问题。需从疫情经济学的视角加以审视，在疫情被完全控制之前，有计划地把有限的救助资源优先投向国内基本民生领域；救助收入流和现金流面临断裂的中小微企业和居民，加强疫情防控治疗行业发展；纾困救助政策应最大限度、最高效地把资金送到最短缺的中小微企业和居民手中。政府实施的一揽子纾困救助政策要充分发挥市场配置资源的决定性作用，尽量避免在中长期引发结构扭曲问题。

考虑到疫情全球大流行的发展趋势仍存在极大的不确定性，经济恢复到常态可能需要更长时间，一揽子纾困救助政策可以先按照两年（2020—2021 年）进行准备，实施过程中视情况发展变化再作灵活调整。具体而言，一揽子纾困救助政策主要包括如下六个方面内容。

1. 救助暂时陷入困难的中小微企业，旨在稳定就业

可由暂时陷入困难的中小微企业向银行提出救助申请，要求

企业不裁员，提供2019 年企业所得税和增值税、银行账户收支记录等数据，过去有良好纳税记录的企业优先获得救助。这部分救助贷款利息由中央财政和地方财政共同负担，具体比例可按照税收分成比例确定。

2. 救助中低收入群体，旨在扩大消费

建议中央财政通过增加一般公共财政赤字率和发行一般性长期国债筹集资金，针对人均收入后 1/2 的群体（约 7 亿人）实施现金救助，这部分支出计入中央财政一般公共预算支出，属于临时救助性支出，因此而增加的财政赤字也是临时的。假设按照每人每月 500 元设计，每月总计 3500 亿元，占 GDP 的比重约 0. 35%，可以先连续发放 3 个月。3 个月后再综合考虑疫情发展、持续时间、通胀水平、政策效应等因素决定是否继续发放，全年累计发放规模占 GDP 比重控制在 1%—3%。地方政府可根据本地情况适当增加现金救助发放力度。

3. 放开落户限制，旨在促进城镇化、都市圈和城乡融合发展

破解利益固化的阻力，全面放开 1000 万人口以下城市落户限制，提高基本公共服务均等化水平，释放农民进城和外来人口落户所能激发的消费和投资潜力，释放城镇化和都市圈的巨大发展潜能，为中国经济发展和内需启动注入活力。

4. 执行灵活的房地产政策，旨在满足居民的刚性需求和改善性需求

坚持“房住不炒”，真正落实“一城一策”，推出全国性的

人地挂钩政策，综合考虑各地房地产价格、房屋空置率、库存水平、人均住房面积、外来人口等更多因素，有序放松各地房地产限售限购政策，满足居民刚性需求和改善性需求，重视妥善解决开发商融资难问题，赋予地方政府更大自主权。在过去五年人口净流入城市，根据人口流入量建设适量的政策性公租房。公租房建设应选址合理，与产业布局融合，防止政策套利。

5. 健全消费环境，旨在释放潜在消费需求

完善都市圈发展环境，解决城市停车难和交通拥堵难点，放开汽车限购。支持物流行业发展，降低物流成本，完善冷链物流，扩大网络消费和线上消费。规划引导健康消费，完善医疗保健疾病预防制度，加大城市公共体育设施建设。

6. 加大新老基建投资力度，旨在为未来发展精准赋能

专项债项目适当向都市圈所在地区倾斜，降低资本金比例，加大国土整治力度，推进都市圈轨道交通和地下管网等公共工程建设，提高投资效益，并创造以工代赈就业机会。实施全国公立医院改扩建提升工程。从转型升级视角促进企业投资新基建，对企业相关投资贷款给予贴息支持，推动5G等新技术及相关新基础设施建设，鼓励5G终端产品消费，尽快形成5G产业链。

二　非常时期财政和货币政策要加大逆周期调节力度

面对百年一遇的全球大流行病冲击和全球性民生危机，为了

配合实施上述一揽子纾困和救助计划，非常时期财政和货币政策要明确反危机目标，加大逆周期调节力度，强化政策落实。

1. 提高赤字率，增加专项债发行规模，发行特别国债

面对百年一遇的全球大疫情的剧烈冲击，建议将一般公共预算赤字率提高到5%以上，新增赤字重点用于纾困救助暂时陷入困难的中小微企业和中低收入群体。增加地方政府专项债发行规模，合理扩大专项债资金充当项目资本金的范围，重点投向都市圈基建和全国公立医院改扩建提升工程。发行特别国债（非赤字型国债），筹集资金主要用于补充银行资本金、支持地方中小银行改为政策性银行以提升对地方中小微企业服务能力等方面。

2. 较大幅度降准和降息

建议显著下调法定存款准备金率，2020年第二季度可累计下调2—3个百分点，以对冲政府一般债、专项债和特别国债发行造成的流动性冲击，确保金融体系和实体经济流动性合理充裕。实施较大幅度的“非对称降息”：一方面，运用公开市场操作工具，引导贷款利率和债券发行利率显著下行，降低实体经济融资成本；另一方面，在CPI维持高位的情况下，暂不下调存款基准利率。运用定向再贷款、再贴现等工具，加大对疫情防控重点地区、重点行业和重点企业的支持力度。通过补充资本金和发行永续债，增强银行放贷能力；对疫情可能导致的坏账进行压力测试，及时果断地处置不良资产。

第四节　建议推出一揽子配套政策和有效改革举措

一　高度关注疫情对全球产业链供应链的短期冲击和中长期影响，加快实施供应链补短板工程

一是基于美国、德国、日本、韩国等不少国家与中国供应链联系密切的实际情况，密切关注海外的疫情走势，对海外疫情防控提供力所能及的帮助。

二是加快推进中日韩区域一体化进程，强化东亚地区产业链供应链的整合和协调。

三是针对机械设备、汽车与船舶制造、发电设备、航空航天、精密仪器、医疗器械、医药化工等重点进口产品疫情期间的供应保障情况进行摸排，做好供应链替代和“备胎”准备。

四是抓紧构建全球供应链风险预警评价指标体系，通过自主创新、关键供应商自给、实施供应链备链计划等方式，在传统产业与战略性新兴产业领域加强供应链弹性建设。

五是着眼于中长期，维护和夯实中国制造业基本盘，加快补齐创新能力短板、供应链“卡脖子”短板、企业跨文化经营能力短板以及国际协作能力短板，对不同所有制企业一视同仁，防止企业过快外迁。

六是完善和强化飞机制造等行业高端人才跨国交流机制。

二 紧盯脱贫目标不放松，坚守稳就业保民生底线

一是采取更大力度超常规措施，扎实解决好最后“0.6%”等重点人群、“三区三州”等重点地区的深度贫困问题，短期内仍然需要政府强有力的主导。

二是高度重视新脱贫人口、贫困线以上低收入群体因抗风险能力较弱而可能出现的返贫问题，重点以边缘之上人口为主，强化市场性脱贫通道，巩固已取得的扶贫成果。

三是优化“收官战”阶段工作机制，对于无劳动能力贫困人口等确实无法通过发展型手段促进脱贫的困难群体，要及时发挥社会政策的兜底功能。

四是鼓励短期内难复工的季节性返乡农民工统筹安排全年就业预期，参与乡村振兴相关建设，减轻收入损失和生活支出压力。

五是优化统筹疫情防控和生活性服务业的全面恢复，并通过扩大消费等举措促进中小微服务业企业和个体工商户快速“回血”，修复就业损失。优化城市管理模式，引导无固定场所摊贩有序恢复营业，支持灵活就业。

六是针对困难企业继续实施社保减缓、贴息贷款期限延长、房租减免等针对性援助措施。针对劳动者持续完善就业服务保障，简化失业补助申请程序，扩大失业保险的给付范围，强化困难人员就业援助和创业辅导。以面向就业困难群体为主，在城市管理、治安联防、生态保护等领域新设保民生公益岗位，发挥政

府劳动力储备制度和“最后雇主”的功能。

此外，就业机会收缩期同样是人力资本投资机会成本低的窗口期，做好专升本和研究生扩招工作，并鼓励求职者参与更多培训和学习，在延迟就业的同时增大社会人力资本储备。还要及早防范就业机会收缩、无业人口增多引发的影响社会稳定等次生问题。

三　扩大开放合作，稳定外贸和外资

一是在国内疫情有效控制情况下，要积极推进出口企业的复工复产，在满足国内需求的情况下促进防护服、呼吸机、口罩等防疫医疗物资出口，帮助海外疫情防控。

二是进一步落实《中华人民共和国外商投资法》，改善营商环境，防止因疫情导致过快产业转移和企业外迁。在做好疫情防控的前提下，确保海关运行效率，保障贸易便利化水平。出台2020年版外商投资准入负面清单，进一步放宽市场准入，鼓励外资向新兴产业、高新技术、节能环保等领域进行投资。

三是继续降低关税，特别是推动对其他国家进行医疗物资临时减税。

四是继续扩大对内开放，加快落实电力、电信、铁路、石油、天然气等行业和领域对民营企业开放。

五是积极推动并引领G20发挥合作应对疫情与经济恢复作用，推动成立G20疫情应对与经济稳定工作组，积极利用此次中国应对疫情的经验在国际治理中发挥更大作用。

四 及时推出有效改革举措，补齐制度短板

一是全面落实负面清单管理，降低企业创新创业和并购门槛。

二是推出跨省人地挂钩政策，促进土地指标在省级层面转移，解决人口流入城市土地指标不足的问题。

三是完善公共卫生领域体制机制。扩大医学、护理类专业招生规模，加大对医学、护理类学生支持力度。推进医疗系统收入改革，建立有效的、有实质意义的家庭医生制度，提高医疗服务水平，缓解医患矛盾。继续简化异地医保报销手续。把各类社会保障提高至全国范围进行统筹。

四是全面拓展“放管服”改革，提高政府服务质量。大力推进数字政府建设，继续优化政府服务环境，提高政府服务效率，简化审批过程。

五是加快自然人破产制度建设和信用制度建设，化解自然人债务负担。允许居民、自然人申请破产，为其在下一个经济周期的生活就业提供新的机会。

六是加快国企股权划转社保基金改革步伐，提高国有资本运营效率。

五 树立底线思维，防范各类输入性风险

在疫情防控的特殊形势下，2020 年的经济工作必须树立底线思维，守住不发生系统性风险的底线。

一是严密防范海外疫情输入风险。密切跟踪海外疫情发展态势，加强与世界卫生组织及重点国家的信息交流和政策沟通，做好信息收集、分析、预测工作，及时了解全球各地疫情扩散动态和防疫工作进展情况。加强各类海关的检疫、防疫工作。对来源于疫情暴发地及其周边地区的人员和货物，实施重点检疫观察；参照国际惯例，对疫情较为严重地区的人员采取限制入境措施。做好海外疫区中国公民的信息统计工作，研判大规模撤侨的必要性和可行性，准备应急方案。

二是防范重大金融风险。做好疫情形势下系统重要性金融机构的压力测试，确保商业银行体系稳健。通过新增资本金等形式，对冲疫情产生的坏账压力。防范海外资本市场恐慌情绪向国内外溢传导，防范资产价格暴涨暴跌。密切关注国际收支形势变动，尤其要警惕短期热钱过快流入的衍生风险。在维护人民币汇率双向波动弹性的基础上，防范汇率短期阶段性升值加剧外贸企业经营困难。及时研判一些新兴市场国家因美元流动性收缩、国际收支恶化等问题而可能引发的外债危机和本币汇率危机，提前准备预案，应对其扩散为新兴市场大面积经济危机的局面。在利用好国际油价低迷的契机、加大原油进口、改革扩大石油战略储备和商业储备体制机制的同时，也要警惕油价暴跌可能引发的地缘政治次生风险，影响中国石油供应链安全。

三是防范外部因素扰动粮食安全。抓住农村农业领域当前受冲击相对较轻之“机”，更加重视农业生产，警惕播种面积持续非粮化倾向，健全种粮激励机制，强化粮食高水平自给能力。防范口粮进口通道阻塞，影响居民食品消费结构，确保谷物自给水平，加大科技兴粮投入，优化结构，大幅提高口粮品质。同时要防范缺口较大的核心粮食产品进口受阻，影响部分食品制造业和养殖业的正常运转。

（李雪松、汪红驹、冯明、李双双、张彬斌）

第十四章　走出疫情的人文经济学

新冠病毒在全球范围内大面积传播蔓延，对经济的冲击也大幅超出预期，在欧美甚至引起经济“大萧条”的担心。在中国，有关疫情影响的一个重要争议是2020年的经济增长是否还应设定目标？如果是，应设在什么水平？以及为实现此目标需要多大的政策支持力度？疫情对经济的影响是我们思考当前和未来一段时间经济运行和政策应对的关键。

我们想强调的是，疫情冲击和一般的经济周期波动不同，也不能和20世纪30年代的“大萧条”或2008年的国际金融危机相比。疫情的源头是和经济没有关系的外生的冲击，其影响经济的传导机制和经济内生的冲击（比如股市“崩盘”或金融危机）并不相同。疫情关乎人的健康和生命安全，疫情冲击不是单纯的经济问题，我们在思考宏观政策时应该有人文经济的视角。

第一节 经济预测面临巨大不确定性

许多国家都在实施各种形式的社交隔离措施，以减缓病毒的传播。在全球疫情蔓延早期，欧美很多国家迟迟不愿意采取这些措施，部分欧洲国家甚至寄望于牺牲一部分“心爱的人”以达到“群体免疫”的效果。随着疫情的蔓延，欧美国家终于行动起来，开始推动社交隔离，经济活动停摆也随之而来。中国最早发生疫情，也最早采取严格的隔离措施。在这些措施下，中国仅用较短时间就控制住了国内的疫情，然而经济上也遭受了巨大打击。

我们做经济预测是基于对近期经济运行机制的理解，基本上是线性外推，背后的假设是模型不变。然而在经济遇到巨大的外生性冲击时，这个假设就不合理了。中国 2020 年 1—2 月的经济数据，包括工业增加值、社会零售和投资等数据，大幅低于预期①，美国近期的初次申请失业人数大幅超出预期，都显示了机制变化带来的误差。当前，我们看未来发展，仍然面临超出常规的不确定性。

首先，冲击的源头——疫情的未来演变存在较大的不确定性。我们可以假设三种情景。

① 国家统计局：《1—2 月份国民经济经受住了新冠肺炎疫情冲击》，2020 年 3 月 16 日，国家统计局网站（http：//www. stats. gov. cn/tjsj/zxfb/202003/t20200316_1732232. html）。

情景一，全球疫情在未来2—3个月得到有效控制。按照光大证券研究所量化分析组的估算模型，假设各个大陆均采取类似意大利封城后的隔离措施，那么欧美主要国家在2020年4月中旬达到新增高峰，而疫情发展较晚的南美洲和非洲将在5月中上旬达到新增高峰。如果隔离措施力度没有那么严格（类似美国4月初的情况），那么欧美主要国家在4月下旬达到新增高峰，而南美洲和非洲将在5月下旬和6月上旬达到新增高峰。

情景二，发展中国家疫情波浪式发展，蔓延时间延长，在感染者跨区迁移的假设下，全球疫情或呈现波浪式发展的态势，并显著推迟本次疫情结束的时间。所谓波浪式发展，是指疫情严重地区的人口基于安全考虑向低风险地区迁徙，造成低风险地区疫情的首次或多次暴发。而这又会促使该地区人口向其他低风险地区迁徙，使得后者疫情首次或多次暴发，甚至周而复始。从全球来看，由于发展中国家疫情的防控能力相对较弱，南亚、南美和非洲未来出现疫情波浪式发展的概率较大，这可能使得全球疫情结束的时间拖至2020年下半年甚至更久。在这种情况下，世界各国政府更需要通力合作，援助发展中国家进行感染者的识别、隔离和救治工作。同时，这也意味着其他国家必须延长“外防输入”的措施管控，这对全球经济的拖累将大于第一种情形。

情景三，新冠病毒流感化，与人类长期共存。[1] 更糟糕的情

① Stephen M. Kissler, etc. , “Projecting the Transmission Dynamics of SARS-CoV-2 through the Post-pandemic Period”, *MedRxiv*, 2020.

形是新冠病毒以“游击战”的形式在全球各地区、各季节轮番传播，经常变异出新的亚型。流感每年在全球可导致 25 万—65 万呼吸道疾病相关死亡。[①] 新冠病毒的致死率高于流感病毒，因此每年致死人数可能也会高于这个数字。这不仅会给经济活动带来更长期的影响，也给全球的医疗系统带来更多挑战。从当前形势看，有效治疗手段和疫苗的研发都需要时间，各国政府需要在更长时间跨度内分配社会资源以应对新冠肺炎疫情。

其次，疫情对经济冲击的力度存在非常规的不确定性。在疫苗研发成功之前，控制疫情只能靠隔离措施，而隔离对经济活动的影响不是我们一般理解的供给与需求冲击，它体现为一种物理限制，社交隔离使得人们不能外出工作和消费。一般的经济周期波动，一个重要影响因素是价格的灵活性，价格越灵活，经济自我稳定的机制就越强。比如，需求降低导致失业增加，工人接受工资下降，后者改善企业的盈利空间，促使企业增加对劳工的需求，就业便会增加。但疫情下，我们面临物理限制，价格调整失灵，冲击完全落在量上，实体经济包括就业、经济增长受到的影响大。一般的经济分析和预测都是建立在我们对价格弹性的理解和把握上，在价格不能发挥作用的极端情况下，预测的不确定性大幅增加。

超出常规的不确定性意味着预测犯错的可能性非常大，对疫

---

① Iuliano A. D. , Roguski K. M. , Chang H. H. , et al. , “Estimates of Global Seasonal Influenza-associated Respiratory Mortality: A Modelling Study”, *The Lancet*, 391 (10127), 2018, pp. 1285 – 1300.

情演变预测过于乐观与过于悲观两种情形都存在，但犯错的成本却不一样。假设 6 个月后回头看，如果我们现在对疫情演变的判断过于乐观，过早或者过度放松隔离措施，导致的结果是疫情反复，但经济恢复较快。而如果我们现在对疫情演变的判断过于悲观，没有及时和充分放松隔离措施，导致的结果是疫情得到有效控制，但经济恢复慢，就业和经济增长受损大。

这两类误判，究竟哪个对经济社会的危害更大？后者对经济活动影响较大，但经济损失可以补回来，前者导致疫情反复，生命损失难以挽回，而为了最终控制疫情需要付出的经济代价将会更大。显然，犯第二类错误（对疫情演变的判断过于悲观）的代价比较小。政策面临的难题是如何在保障人的生命安全与健康，以及维护正常经济活动之间平衡，这涉及如何看待隔离措施的收益与成本。

第二节 隔离的经济账该怎么算？

面对疫情冲击，一个根本的问题是“隔离”挽救的生命与经济损失，孰轻孰重？这是个既容易回答又不容易回答的问题。当我们面对亲人或者个体的生命安全时，答案比较清楚，生命是无价的。但就整个社会来讲，我们不可能无限制投入资源以挽救生命，比如不会因为要避免交通事故而不发展高速公路，也不会因为要避免空气污染而禁开所有的化工厂。也就是说，就整个社会来讲，就公共政策来讲，生命是有价的。

这次疫情冲击下，与经济停摆造成的损失相比，通过社交隔离的方式来控制疫情拯救生命是否“值得”，或者说怎么把握好这个度，成为很多人关心的问题。那我们究竟如何看待隔离带来的更多生命延续和更多经济损失之间的经济账呢？

经济学文献有个概念叫统计生命价值（Value of Statistical Life，VSL）。经济学家 Thomas Schelling 在 1968 年的论文“你拯救的生命或许就是你自己的”中提出用统计生命价值估算生命的货币价值，从统计学角度计算社会为了降低单位死亡风险而愿意支付多少金钱。[①] 举个例子，假如一个社会愿意支付 1 万美元来降低 0.1% 的死亡风险，那么这个社会评估这一条生命价值就等于 1000 万美元。对社会而言，VSL 方法将每一条生命都赋予了一定的货币价值。尽管伦理争议的声音不绝，但 VSL 逐渐成为公共政策领域相对被接受的计算生命价值的方法。根据美国环境保护局的计算，2020 年美国 18 岁及以上人群的 VSL 平均值为 1150 万美元。[②] 现在 VSL 作为衡量人们为降低风险的支付意愿指标，以及为提高安全性的边际成本的指标，已经广泛应用于对医学、环境和运输安全等公共政策的评估领域。

就本次疫情而言，通过 VSL 可以计算社交隔离所挽救的生命价值，这样就可以跟社交隔离所带来的经济损失进行比较。最

---

① Schelling, Thomas C. , “The Life You Save May Be Your Own”, *Problems in Public Expenditure Analysis*, 1968, pp. 127 – 161.

② 2015 年，美国环保署估算 2020 年 VSL 值将达到 990 万美元（以 2011 年美元计价），我们根据通货膨胀进行调整，以 2020 年美元计价，这一估计值约为 1150 万美元。

近，Greenstone 和 Nigam 在 2020 年 3 月的一篇论文中（“Does Social Distancing Matter?”），利用隔离措施带来的不同年龄阶段死亡率降低的概率，估算“社会隔离”的经济收益（表 14 - 1 的左半部分）。[①] Greenstone 和 Nigam 认为新冠肺炎疫情期间，如果美国采取社交隔离会降低不同年龄阶段人口的死亡率，那么到 2020 年 10 月左右，一共可以挽救 176 万个不同年龄阶段人员的生命，共计可避免 7.9 万亿美元的社会损失。

利用 Greenstone 和 Nigam 的方法，我们假设中国由于采取隔离措施，新冠肺炎的死亡率在不同年龄阶段降低的幅度与美国相似，同时中美的单位 VSL 和中美人均 GDP 成正比。这样我们近似计算出，中国本次隔离大约可以拯救 590 万个不同年龄阶段人员的生命，用 VSL 计算社会收益约 34 万亿元人民币。

表 14 - 1 显示，新冠肺炎疫情下美国因采取隔离措施避免的社会损失，整体近 8 万亿美元。此外，从隔离造成的经济损失来看，假设美国因为隔离导致每天的经济活动减少 20%—40%，90 天左右的封城隔离措施可能使得美国全年 GDP 较预计减少 5%—10%，对应的经济损失为 1 万亿—2 万亿美元。对美国而言，隔离的社会收益远大于隔离带来的经济冲击。

同样从 VSL 角度，由于隔离措施使中国避免了约 34 万亿元人民币的损失，约为中国 2019 年 GDP 的 35%。我们同样假设中

① Greenstone, Michael Nigam and Vishan, “Does Social Distancing Matter?”, *Becker Friedman Institute for Economics Working Paper*, No. 2020 - 26, March 2020.

表 14－1　按 Value of a Statistical Life 计算中国和美国隔离措施带来的收益

年龄（岁）	隔离降低死亡率（%）	美国人口数（百万人）	占总人口比例（%）	美国隔离降低的死亡数（人）	美国单位 VSL（万美元）	美国隔离措施 VSL 收益（万亿美元）	中国人口数（百万人）	占总人口比例（%）	中国隔离降低的死亡数（人）	中国单位 VSL（万元）	中国隔离措施 VSL 收益（万亿元）
		美国					中国				
0—9	0. 001	39. 8	12. 4	398	1470	0. 01	159. 3	11. 4	1593	1598	0. 03
10—19	0. 003	41. 4	12. 9	1242	1530	0. 02	146. 9	10. 5	4407	1663	0. 07
20—29	0. 015	45. 0	14. 0	6750	1610	0. 11	196. 3	14. 1	29445	1750	0. 52
30—39	0. 041	42. 7	13. 3	17507	1580	0. 28	213. 4	15. 3	87510	1717	1. 50
40—49	0. 078	40. 2	12. 5	31356	1380	0. 43	226. 7	16. 2	176820	1500	2. 65
50—59	0. 311	42. 9	13. 3	133419	1030	1. 37	203. 2	14. 6	631978	1120	7. 08
60—69	1. 137	36. 4	11. 3	413868	670	2. 77	149. 7	10. 7	1702262	728	12. 40
70—79	2. 632	21. 3	6. 6	560616	370	2. 07	70. 2	5. 0	1848408	402	7. 43
80 +	4. 818	12. 4	3. 8	597432	150	0. 90	29. 5	2. 1	1423474	163	2. 32
总计				1762588		7. 96			5905898		34. 00

注：VSL 为 2020 年价格。

资料来源：US EPA、中国国家统计局。

国因隔离导致每天经济活动减少约 20%—40%，那么 90 天左右的全国隔离措施，可能导致 2020 年 GDP 减少 5 万亿—10 万亿元人民币，约为 5%—10% 左右的年度 GDP。对中国而言，采取隔离措施的社会收益也同样远大于其可能造成的经济损失。

实际上，采取隔离措施所带来的社会收益可能比表 14－1 中估算得还要大。它还能通过其他途径增加社会收益。第一，隔离可以降低新冠肺炎疫情带来的预期的不确定性，有利于人们规划未来。第二，隔离措施不仅有助于控制新冠肺炎疫情的传播，也减少其他传染病的传播、降低交通等意外死亡的概率。第三，隔离措施还减少医疗资源挤兑，提高其他疾病患者存活的概率。

对如何衡量生命的价值，可以说见仁见智，以上的估算当然也有争议。列出这些数字，主要是想强调疫情冲击的特殊性。

我们在思考 2020 年中国经济面临的下行压力时，不能简单地和 2020 年原本的增长目标，或者 2019 年的经济增长比较，来评估损失有多大，也不能简单地和历史上的“大萧条”或国际金融危机比较。疫情本身是来自自然界的灾害，明知道隔离措施对经济活动冲击大，各国政府仍有意为之，为的是减少对民众生命与健康的损害。经济增长促进民众的福祉，隔离措施保障生命安全也促进民众的福祉，两者要综合起来看。

第三节　政策纾困，也是社会保险

肯定隔离措施的价值和必要性，不代表宏观政策对隔离措施导致的经济问题没有反应，实际上各国政府都在采取应对措施。宏观政策措施在范围和规模上都超出了常规的理解，但大的方向是纾困，而不是刺激经济。物理隔离措施导致生产和消费停顿，企业和个人面临收入陡降和现金流紧张，政策应对是对个人和企业尤其是中小企业加大补贴，财政政策（减税降费、转移支付）和结构性信贷（或者说政策性金融）是主要措施，当然也包括央行增加流动性供给以抚平金融市场的恐慌情绪。

之所以说政策的定位应是纾困而不是刺激经济增长，是因为隔离措施使得人们的生产和消费活动受限，货币刺激的作用不大。纾困政策的作用是帮助受冲击的企业和个人渡过难关，避免大规模的企业破产和长久失业，这样疫情消退后经济活动能很快反弹并恢复正常。疫情的冲击如同按下机器的暂停键，纾困好比维护机器，只要机器还在，暂停键取消后经济就会较快恢复常态。

纾困的一个重要视角是结构性，与收入分配联系在一起。这次疫情下的“无接触经济”凸显收入分配的结构新性质。过去我们关注的重点在于极少数富人（1%）和绝大多数人（99%）之间的差距。这次疫情下，收入差距扩大更多体现在“无接触经济”从业人员（占20%—30%）和“接触经济”从业人员（占70%—80%）的分化。在这次疫情中金融、教育、科技、高端服务等行业从业者没有受到过多的影响，他们可以通过线上远程开展工作，但制造业和低端服务业等从业人员，承受了很大的冲击。

如何理解“接触经济”从业人员受到的冲击和政策救济？在纾困的视角外，还有一个社会保险的视角。隔离措施防控疫情具有外部性，需要所有人配合，一部分人不配合就会使效果大打折扣。对于“接触经济”从业人员来讲，配合隔离措施的收益具有社会性，但成本（不工作的损失）是否应完全由自身承担？显然从社会整体利益来讲，这种个人的损失应该社会化，即由整个社会分担。这种社会保险最终只能由政府承担。

这也是为什么这次疫情下财政政策在各国都发挥了主要作用。但由于各国在社会治理机制、发展阶段、历史路径等方面存在差异，社会保险机制在各国的落地也不同。欧洲财政政策的一个重要特征是企业的工资负担（70%—80%）直接转移给政府财政（包括个体经营户），初步为三个月；美国则主要靠现有的失业救济体系外加一次性发放现金。政策差异导致的结果是美国的失业人数大幅增加，而欧洲则没有出现大规模失业。美国的现金发放虽然吸引眼球，但实际上欧洲的社会保障发挥了更好的作用。

美国的现金发放政策有点像“直升机撒钱”，应对需求冲击有效，但应对供给冲击效果有限。实际上，大规模失业本身将加剧这次疫情对美国经济供给端的冲击，或者说是供给冲击的一个重要载体。尽管这样的失业大概率是短暂的，相关失业人员也得到政府救济，但失业毕竟意味着劳动者和雇主的分离，不利于人力资本的保值与积累，和欧洲相比，美国的模式不利于疫情过后经济活动的恢复。

中国这次应对疫情的政策措施也明显和以往应对经济下行压力的政策不同，更多地与救助企业和个人联系在一起，包括有针对性地免征增值税和退税、阶段性减免企业社保费、贷款财政贴息、企业缓缴住房公积金、延期申报纳税等。但和发达国家尤其是欧洲相比，中国的社会保障体系还处在发展阶段，存在纾困措施落地难的问题。正因为这样，对中国来讲，应对疫情的关键是从供给端出发保就业，比如把救助企业和要求不裁员结合起来，这样有助于可持续的经济增长。

第四节　供需平衡与增长目标

社会上对疫情冲击的属性，到底是供给还是需求受冲击较大，存在争议。在疫情暴发期，隔离措施限制人们外出工作和消费，所以是供给和需求的双冲击，而在疫情消退后需求和供给又会同时恢复。这是和一般的经济波动相比最大的不同。在经济周期下行期或金融危机时，经济面临需求不足，体现为增长和就业下行，同时伴随通缩压力。疫情冲击下，增长和就业下行，但没有通缩压力。这种差别的一个含义是，以需求刺激为导向的宏观政策可能带来物价上升压力，宏观经济运行体现为滞胀的特征。

按这样的逻辑推理下来，中国未来经济面临两方面的挑战。

首先，从动态的角度看，供给和需求问题可以相互转化。就中国而言，疫情在本土的大规模传播基本已被阻断，民众在

2020 年第一季度的劳动供给不足带来其收入下降，意味着第二季度的总需求将会受到影响，因此一定的需求管理有合理性。这个视角对当前的美国尤其欧洲可能不适用，因为供给对需求的外溢效应没有中国的情形大，反映了欧美政府社会保险措施的作用。

其次，对于全球化的经济来讲，由于疫情在不同国家蔓延的时间点有差异，一国的供给冲击可能外溢为对另一国的需求冲击。进入 2020 年第二季度，随着中国复工复产的稳步推进，外需（出口订单）不足成为一个重要障碍，内部需求刺激存在一定的合理性。

那么如何理解动态和开放经济环境下的供需平衡问题？现阶段总需求不足是主要矛盾吗？全球范围来看，不存在需求与供给错配的问题。2020 年第一季度中国面临供需的双冲击，2020 年 3—5 月欧美面临供需双冲击，之后可能是其他国家和地区。例如，3 月 19 日，特斯拉宣布两座美国工厂暂时停产，3 月 21 日，意大利宣布全国非必要行业的生产活动一律停止。中国在第二季度的外需订单少了，但外部的供给（进口供应）也少了。

在正常情况下，一个可以用来缓解通胀压力的渠道是进口。但疫情的蔓延会抑制海外供给，在全球疫情没有明显缓解的背景下，不能低估供给端的约束。大规模的需求刺激可能更多体现为通胀上升压力，而不仅仅是贸易逆差（2008 年国际金融危机后中国的大规模刺激导致贸易顺差大幅下降）。

一个根本的问题是，供给和需求冲击哪个更重要？首先，疫情冲击是实体变量冲击，不是名义变量冲击（比如货币政策紧缩），货币政策的对冲作用有限。更深层次来讲，隔离措施带来的物理限制降低货币的作用，货币经济条件下一般不适用的萨伊定律这时反而适用了，也就是供给创造需求，或者说供给才是最重要的。以需求刺激为导向的政策风险是滞胀和资产价格上涨，尤其是房地产泡沫。

供给比需求重要的判断对经济增长的目标也有含义。一般来讲，宏观政策在总需求管理方面已经建立了一套相对成熟的机制，但对缓解供给的约束作用有限。换言之，当供给成为主要矛盾时，经济增长受到的约束比较刚性。关键是这样的刚性约束对经济增长的影响存在巨大的不确定性，这是在重新确立2020年的增长目标时需要重视的问题。

一个客观理性的方式是把2020年上半年作为一个特殊时期，将新冠肺炎疫情看成一个百年不遇、政策无法对冲的灾害，宏观政策以促进经济增长在下半年恢复到潜在水平为导向，比如5%—6%的同比增速。这样做的好处是“忘记”已经发生的、不以人的意志为转移的特殊冲击，着眼于未来的可持续增长，提振民众的信心。实际上，如前文所述，隔离措施保障人民群众生命安全的价值远超其导致的GDP损失，GDP只显示了防控疫情带来损失的一面，无法体现保障民众生命安全的一面。给定疫情的特殊性，我们需要综合看待2020年的经济社会发展。

第五节 走出疫情的供给侧结构性改革

在如何走出疫情的政策制定上，提升供给能力应是重点。新冠肺炎疫情全球大流行之下，社会各界对于政策取向的争议较大，尤其是在美国推出2万亿美元的救济法案，并意欲再推出2万亿美元的基建方案后，对于中国是否也应推出救济或者基建刺激方案的争论更多。基于以上分析，走出疫情的关键是重视供给端，当前政策的着力点应该是在控制疫情态势的同时，采取有效措施促进复工复产和保就业。

稳妥而有序地退出社交隔离，是未来几个月内恢复正常生产生活的政策关键。退出社交隔离的前提是疫情扩散被严格控制在小范围内，不会再挤兑短期相对有限的医疗和医护资源。在新冠病毒疫苗成功研发之前，我们至少需要在两方面持续发力，一是大规模的新冠病毒检测隔离体系，二是有效的流行病学调查。这不仅需要社会投入较大的人力物力，还依赖于高效的社会组织和管理体系。

中国目前的疫情防控面临“内防反弹、外防输入”的艰巨任务。要把疫情蔓延控制在小范围内，不仅要对内部和外部输入的有症状患者进行检测隔离，还要对无症状感染者进行检测隔离，同时追踪检测这些感染者的接触者以及他们的接触者。检测范围越大、检测周期越短，定位接触感染者越准确，疫情的蔓延范围就越可控。“及时发现、及时隔离”是把疫情的扩散严格控制在小范围内并逐渐退出社交隔离的关键所在。而这项工作是一项社会系统工程，需要医疗、社区、公安、海关、科研等多部门协同。

就宏观政策本身而言，无论是从国内还是从国际的视角来看，目前的讨论对疫情的供给侧冲击重视不够，存在过度强调不对称的需求刺激的风险。这有可能对经济造成更大的衍生伤害，埋下滞胀的种子。

因此，宏观政策应该以恢复和增强供给能力为重点，在加大2020年第一季度社会保险补偿落地力度的同时，避免没有供给能力形成的纯粹需求刺激措施。这有两方面值得探讨，一是如何把增加需求和促进新的供给结合起来，二是如何维护现有的供给产能。

具体来讲，有以下可能，首先，是政府加大投入力度，在检疫检验环节、防疫物资生产等相关领域，在受到疫情冲击而产生了供给缺口的农业、物流等领域创造一批临时性或通用型的就业岗位，包括以工代赈的形式。其次，大力放松市政管理措施，允许或者补贴鼓励民众以摆摊等自主择业的方式增加就业和供给能力。再次，减税或者提供定向纾困资金的力度来提高企业的存活概率，防止产能急剧收缩，包括加大并真正有效发挥财政对小微企业融资担保的扶持。最后，引导公共和私人部门更大力度地投资数字经济的基础设施和技术，在提升服务业效率的同时，增加“无接触经济”的就业机会。

应对百年不遇的大灾，财政扩张的力度应该突破惯性的约束，对应疫情对经济的冲击，增加 GDP 10% 左右的一次性政府债务有必要也合理。关键是如何用好这种资源转移，促进经济的可持续发展。

以上只是几个具体可能的例子，重要的是思维范式。疫情是需求和供给双冲击，也超越经济层面，宏观政策不应是传统的需求刺激导向，大规模基建不可取，指望房地产拉动需求更不应该。政策应对需要人文经济的视角。

（彭文生）

参考文献

一　中文文献

习近平：《在决战决胜脱贫攻坚座谈会上的讲话》，《人民日报》2020 年 3 月 7 日第 2 版。

习近平：《在统筹推进新冠肺炎疫情防控和经济社会发展工作部署会议上的讲话》，《人民日报》2020 年 2 月 24 日第 2 版。

蔡昉：《城市发展中的人口、政府和公共服务》，《国外社会科学》2020 年第 2 期。

蔡昉：《经济学如何迎接新技术革命?》，《劳动经济研究》2019 年第 2 期。

蔡婷贻等：《全球供应链波动：脆弱与韧性》，《财经》2020 年第 5 期。

范周：《文化产业中小微企业利用直播技术迎来发展机遇期》，《中国经营报》2020 年 3 月 20 日。

郭晓鸣、高杰：《新冠疫情对脱贫攻坚的冲击及应对建议》，中国社会科学院城乡发展一体化智库《研究专报》2020 年第

5 期。

何帆等：《新冠疫情四重冲击，全球化要倒退?》，《财经》2020 年 3 月 18 日。

胡善联：《在国家治理体系框架下加强医药卫生体系治理能力的建设》，《卫生经济研究》2020 年第 1 期。

黄群慧：《百年目标视域下的新中国工业化进程》，《经济研究》2019 年第 10 期。

黄群慧：《从高质量发展看新型基础设施建设》，《学习时报》2020 年 3 月 18 日。

刘长全、王术坤、韩磊：《新冠肺炎疫情对中国奶牛养殖业的影响及对策建议》，中国社会科学院城乡发展一体化智库《研究专报》2020 年第 3 期。

刘裘蒂：《疫情冲击下的全球供应链重组》，《中国新闻周刊》2020 年 3 月 16 日。

刘奕：《以大数据筑牢公共卫生安全网：应用前景及政策建议》，《改革》2020 年第 4 期。

刘奕、夏杰长：《共享经济的理论和政策研究动态》，《经济学动态》2016 年第 4 期。

陆旸、夏杰长：《疫情对服务业冲击的影响及对策》，《中国经济时报》2020 年 3 月 2 日第 4 版。

马传茂：《超过 170 颗卫星的监控数据：目前工业企业复工接近 5 成》，《证券时报》2020 年 2 月 27 日。

美团研究院：《月增 7.5 万注册骑手，外卖成为就业蓄水池——新冠肺炎疫情期间美团新增骑手就业报告》，《美团研究院调查研究报告》2020 年第 14 号，2020 年 3 月 8 日。

清华大学经济管理学院商业模式创新中心调研组：《疫情之下，如何为中小企业纾困解难》，《光明日报》2020 年 2 月 14 日第 7 版。

滕泰、刘哲：《经济不会“大萧条”，救助政策出手要快》，《经济观察报》2020 年 4 月 1 日。

魏后凯：《疫情之下做好三个统筹 全面打赢脱贫攻坚战》，《中国国情国力》2020 年第 2 期。

魏翔、夏杰长：《减损失降成本助中小企业渡难关》，《经济日报》2020 年 2 月 9 日第 4 版。

夏杰长：《开创现代服务业发展新格局》，《财贸经济》2015 年第 12 期。

夏杰长、丰晓旭：《新冠肺炎疫情对旅游业的冲击与对策》，《中国流通经济》2020 年第 3 期。

夏杰长、谭洪波：《服务贸易之商业存在：规模、竞争力和行业特征》，《财经问题研究》2019 年第 11 期。

徐飞彪：《疫情冲击，世界经济前景如何?》，《半月谈》2020 年第 6 期。

徐奇源等：《应对全球供应链“灰犀牛”冲击》，《财经》2020 年第 5 期。

叶兴庆等：《新冠肺炎疫情对 2020 年农业农村发展的影响评估与应对建议》，《农业经济问题》2020 年第 3 期。

张平、杨耀武：《疫情冲击下增长路径偏移与支持政策——基于对企业非均衡冲击的分析》，《经济学动态》2020年第3期。

张瑞娟、董莹：《新冠疫情对农业社会化服务组织的影响》，《中国发展观察》2020年第3—4合期。

赵建国、李贤儒：《投资进入规制改革是否提升了公共医疗服务质量?》，《财经问题研究》2019年第11期。

中国企业联合会课题组：《中国制造业500强企业复工复产率达97%，产能利用率近60%》，《21世纪经济报道》2020年2月24日第9版。

中国社会科学院农村发展研究所家庭农场发展监测研究团队：《新冠肺炎对家庭农场生产经营的影响及对策建议》，中国社会科学院城乡发展一体化智库《研究专报》2020年第3期。

祝坤福等：《新冠肺炎疫情对全球生产体系的冲击与我国产业链加速外移的分析》，《中国科学院院刊》2020年第3期。

[美] 洛伊斯·N. 玛格纳：《医学史》，刘学礼主译，上海人民出版社2017年版。

[美] 曼昆：《经济学原理——宏观经济学原理》（第5版），梁小民、梁砾译，北京大学出版社2009年版。

[英] 普拉提克·查克拉巴提：《医疗与帝国——从全球史看现代医学的诞生》，李尚仁译，社会科学文献出版社2019年版。

《2020年在新型冠状病毒疫情影响下，中国手机游戏下载量及用户规模分析》，中国产业信息网（http：//www.chyxx.com/industry/202003/838945.html）。

《世界投资报告 2019》，2019 年，联合国贸发组织，https：//unctad. org/en/PublicationsLibrary/wir2019_ overview_ ch. pdf.

蔡昉：《疫情冲击下关于经济应对政策的五个特征化事实》，2020 年 4 月 14 日，新浪网（http：//finance. sina. com. cn/zl/china/2020-04-14/zl-iircuyvh7793923. shtml）。

陈玉宇：《少损失 40 万亿！中国的"疫情账"是怎么算出来的》，2020 年 4 月 1 日，搜狐网（https：//www. sohu. com/a/384887496_99982005）。

付凌晖：《对一季度部分指标变化的几点看法》，2020 年 4 月 20 日，国家统计局网站（http：//www. stats. gov. cn/tjsj/sjjd/202004/t20200420_1739722. html）。

国家统计局：《1—2 月份国民经济经受住了新冠肺炎疫情冲击》，2020 年 3 月 16 日，国家统计局网站（http：//www. stats. gov. cn/tjsj/zxfb/202003/t20200316_1732232. html）。

刘旭颖：《"云旅游"搭建新消费场景》，2020 年 3 月 20 日，中国商务新闻网（http：//www. comnews. cn/article/ibdnews/202003/20200300041214. shtml）。

民航局：《2020 年 Q1 民航全行业累计亏损 398 亿元》，2020 年 4 月 15 日，新浪网（http：//finance. sina. com. cn/stock/relnews/hk/2020-04-15/doc-iirczymi6521935. shtml）。

孙克：《疫情对数字经济发展及宏观经济的影响如何?》，2020 年 2 月 12 日，数智网（http：//www. smartcn. cn/208052. html）。

雪球：《回顾百年历史上的六次灾难，给我们带来什么启示?》，

《巴伦周刊》2020 年 4 月 4 日，https：//xueqiu. com/9487181048/146068566。

杨霞：《疫情下的快递业：短期全面复工难，加盟网点压力大》，2020 年 2 月 9 日，搜狐网（https：//www. sohu. com/a/371749978_313745）。

二 英文文献

Adda, J. , "Economic Activity and the Spread of Viral Diseases: Evidence From High Frequency Data", *The Quarterly Journal of Economics*, 131 (2), 2016.

Almond, D. , "Is the 1918 Influenza Pandemic Over? Long-Term Effects of in Utero Influenza Exposure in the Post-1940 Us Population", *Journal of Political Economy*, 114 (4), 2006.

Atkeson, A. , "What Will be the Economic Impact of Covid-19 in the Us? Rough Estimates of Disease Scenarios", *National Bureau of Economic Research Working Paper Series*, No. 26867, 2020.

Baker, S. R. , Bloom, N. , Davis, S. J. and Terry, S. J. , "Covid-Induced Economic Uncertainty", *National Bureau of Economic Research Working Paper Series*, No. 26983, 2020.

Barro, Robert J. , Jose F. Ursua, Joanna Weng, "The Coronavirus and the Great Influenza Epidemic: Lessons from the 'Spanish Flu' for the Coronavirus' Potential Effects on Mortality and Economic Activity", *NBER Working Paper*, No. 26866, 2020.

Barro, R. J. , Ursúa, J. F. and Weng, J. , “The Coronavirus and the Great Influenza Pandemic: Lessons From the ‘Spanish Flu’ for the Coronavirus’s Potential Effects On Mortality and Economic Activity”, *National Bureau of Economic Research Working Paper Series*, No. 26866, 2020.

Bartik, A. W. , Bertrand, M. , Cullen, Z. B. , Glaeser, E. L. , Luca, M. and Stanton, C. T. , “How are Small Businesses Adjusting to Covid-19? Early Evidence From a Survey”, *National Bureau of Economic Research Working Paper Series*, No. 26989, 2020.

Bell, C. and Gersbach, H. , “Growth and Enduring Epidemic Diseases”, *Journal of Economic Dynamics and Control*, 37 (10), 2013.

Di Tella, Rafael, Robert MacCulloch and Andrew Oswald, “Preferences over Inflation and Unemployment: Evidence from Surveys of Happiness”, *American Economic Review*, 91 (1), 2001.

Eichenbaum, M. S. , Rebelo, S. and Trabandt, M. , “The Macroeconomics of Epidemics”, *National Bureau of Economic Research Working Paper Series*, No. 26882, 2020.

Faria-E-Castro, M. , “Fiscal Policy During a Pandemic”, *Federal Reserve Bank of St. Louis Working Paper Series*, No. 2020 – 006D, 2020.

Feenstra, Robert C, “Integration of Trade and Disintegration of Production in the Global Economy", *Journal of Economic Perspectives*, 12 (4), 1998.

Greenstone, Michael and Nigam, Vishan, "Does Social Distancing Matter?", *Becker Friedman Institute for Economics Working Paper*, No. 2020 – 26, March 2020.

Grossman, Gene, and Elhanan Helpman, "Outsourcing in a Global Economy", *Review of Economic Studies*, 72 (1), 2005.

Guerrieri, V., Lorenzoni, G., Straub, L. and Werning, I., "Macroeconomic Implications of Covid-19: Can Negative Supply Shocks Cause Demand Shortages?", *National Bureau of Economic Research Working Paper Series*, No. 26918, 2020.

IMF, "Global Uncertainty Related to Coronavirus at Record High", 4 April, 2020, https://blogs.imf.org/2020/04/04/global-uncertainty-related-to-coronavirus-at-record-high/.

IMF, "Maintaining Banking System Safety amid the COVID-19 Crisis", 31 March, 2020, https://blogs.imf.org/2020/03/31/maintaining-banking-system-safety-amid-the-covid-19-crisis/.

Iuliano A. D., Roguski K. M., Chang H. H., et al., "Estimates of Global Seasonal Influenza-associated Respiratory Mortality: A Modelling Study", *The Lancet*, 391 (10127), 2018.

Jofre-Bonet, M., "Health Care: Private and Public Provision", *European Journal of Political Economy*, 16, 2000.

Karsten. S. G., "Health Care: Private Good vs. Public Good", *A-*

merican Journal of Economics and Sociology, 54 (2), 1995.

Keogh-Brown, M. R., Smith, R. D., Edmunds, J. W. and Beutels, P., “The Macroeconomic Impact of Pandemic Influenza: Estimates From Models of the United Kingdom, France, Belgium and the Netherlands”, *The European Journal of Health Economics*, 11 (6), 2010.

Kermack, W. O. and Mckendrick, A. G., “A Contribution to the Mathematical Theory of Epidemics”, *Proceedings of the Royal Society of London*, Series A, 115 (772), 1927.

Kocornik-Mina., A. Thomas, K. J. McDermott, G. M., and Rauch., F., Flooded Cities, *American Economic Journal: Applied Economics*, 12 (2), 2020.

Kremer, M., “Integrating Behavioral Choice Into Epidemiological Models of Aids”, *The Quarterly Journal of Economics*, 111 (2), 1996.

Lee, J. and Mckibbin, W. J., “Globalization and Disease: The Case of SARS”, *Asian Economic Papers*, 3 (1), 2004.

Ludvigson, S. C., Ma, S. and Ng, S., “Covid19 and the Macroeconomic Effects of Costly Disasters”, *National Bureau of Economic Research Working Paper Series*, No. 26987, 2020.

Mckibbin, W. and Sidorenko, A., “Global Consequences of Pandemic Influenza”, *Reports from a Turbulent Decade*, 10*th Anniversary Collections*, *The Lowy Institute for International Policy*, 2013.

Rajkumar, A. S. and Swaroop, V., “Public spending and outcomes:

Does governance matter?", *Journal of Development Economics*, 86, 2008.

Rothschild, M., and Stiglitz, J. E., "Increasing Risk: I. A definition", *Journal of Economic Theory*, 2, 1970.

Samuelson, Paul A., "Where Ricardo and Mill Rebut and Confirm Arguments of Mainstream Economists Supporting Globalization", *Journal of Economic Perspectives*, June 2004.

Schelling, Thomas C., "The Life You Save May Be Your Own" *Problems in Public Expenditure Analysis*, 1968.

Sevket Pamuk, "The Black Death and the Origins of the 'Great Divergence' Across Europe, 1300 – 1600", *European Review of Economic History*, 12, 2007.

Stephen M Kissler, etc., "Projecting the Transmission Dynamics of SARS-CoV-2 through the Post-pandemic Period", *MedRxiv*, 2020.

Tassier, T., "The Economics of Epidemiology", *Springerbriefs in Public Health*, Springer, 2013.

UNCTAD, *Global Investment Trend Monitor: Impact of the Covid*-19 *Pandemic on Global FDI and GVCs* (updated ananlysis), 27 Mar 2020, https://unctad.org/en/PublicationsLibrary/diaeiainf2020d3_en.pdf.

UNCTAD, *Investment Policy Monitor*, No. 23, 2020, https://unctad.org/en/PublicationsLibrary/diaepcbinf2020d1_en.pdf.

Wang, T. and Hennessy, D. A., "Strategic Interactions Among Private and Public Efforts When Preventing and Stamping Out a Highly Infectious Animal Disease”, *American Journal of Agricultural Economics*, 97 (2), 2015.

World Bank, *Global Value Chain Development Report 2019*, 2019, https://www.worldbank.org/en/topic/trade/publication/global-value-chain-development-report-2019.

Young, A., “The Gift of the Dying: The Tragedy of Aids and the Welfare of Future African Generations”, *The Quarterly Journal of Economics*, 120 (2), 2005.